师范类专业“整合连贯型”人才培养模式改革系列教材
高等学校精品课程教材
总主编：罗明东

U0826848

心 理 学

——基础教育心理学原理与应用

（修订本）

主 编｜张 洁 王 荔 李云峰 尹绍清
李 里 段若荧 李昌茂 查明华

副主编｜廖 竣 朱 蕾 周 波 吕天甫
徐惠萍 罗 承 赵云龙 曾 蕾
曾 涌 肖大兴 余秋梅 高桂梅
林 园 曾 谋

云南大学出版社

图书在版编目（CIP）数据

心理学：基础教育心理学原理与应用/罗明东等主编.—昆明：云南大学出版社，2011（2017 重印）
ISBN 978-7-5482-0361-2

Ⅰ.①心… Ⅱ.①罗… Ⅲ.①基础教育—教育心理学—师范学校—教材 Ⅳ.①G44

中国版本图书馆 CIP 数据核字（2011）第 016191 号

心 理 学
——基础教育心理学原理与应用（修订本）

主 编 张 洁 王 荔 李云峰 尹绍清
李 里 段若荧 李昌茂

策划编辑：邓立木
责任编辑：李 平 邓立木
装帧设计：猎鹰创想丨书籍设计
出版发行：云南大学出版社
印 装：昆明市五华区珵煜教育印务有限公司
开 本：787mm×1092mm 1/16
印 张：17.5
字 数：331 千
版 次：2011 年 2 月第 1 版
印 次：2017 年 2 月第 13 次印刷
书 号：ISBN 978-7-5482-0361-2
定 价：29.00 元

地 址：昆明市翠湖北路 2 号云南大学英华园内（邮编：650091）
发行电话：（0871）65033244 65031071
网 址：http：//www.ynup.com
E-mail：market@ynup.com

前　言

心理学是高校教师教育专业教育学科类课程体系中的一门主干课程，是师范类专业学生必修的教育专业理论课，它对师范类专业各门学科课程具有较强的指导和辐射作用。本书是由昆明学院副院长、二级教授、博士、云南省学术技术带头人及国务院政府特殊津贴专家罗明东教授倡导并牵头的高等学校“本科教学质量工程”建设项目，也是云南省“整合连贯型”师范类专业人才培养模式改革创新实验区、云南省师范类专业公共教育学科课程教学团队和云南省新型师范类专业人才培养模式改革创新研究的建设与改革成果之一，还是教育部全国教育规划课题“西部新建本科院校‘整合连贯型’基础教育师资人才培养模式改革创新（FFB108116）”的阶段性研究成果之一。本书的编写是在云南省教育厅高教处的指导下，由昆明学院、文山学院等高校相关教师参与、集体合作的产物，是由云南大学出版社出版发行的“师范类专业‘整合连贯型’人才培养模式改革创新系列教材”之一。

本书的主要特点是：以“整合连贯型”基础教育师资人才培养模式改革思想为指导，以奠定师范类专业学生对整个基础教育的把握为基础平台，以促进师范类专业学生从事教师工作职业能力的全面发展与特色优势突出为目标，以拓宽师范类专业学生就业口径和社会适应空间为特征，克服了传统师范类专业心理学教材仅重视师范生学习普通心理学或仅就基础教育某一阶段为重点研究对象（如小学生心理或中学生心理）的缺陷，从教材的内容与形式上进行新的改革尝试，即以整个基础教育作为研究对象，以普通心理学为线索，整合青少年发展心理、学生学习心理、教师心理与教学心理、群体心理与德育心理、组织心理与班级管理心理、心理健康与诊断等研究成果，强调结合基础教育工作实际对心理学原理的阐释以及在基础教育工作中的具体应用与操作为重心，突出理论性与实用性的结合，有利于师范生通晓整个基础教育工作流程，把握整个基础教育师生心理活动规律与教学心理活动特征，形成科学、完整的基础教育教学观，为师范生拓宽就业口径，从事基础教育教学工作奠定坚实的理论基础和发展平台。本书不仅可以作为高等学校师范类专业学生的教材，也可以作为全国硕士研究生入学统一考试教育类专业基础综合考试、中小学教师资格证书考试及各级各类教育学院、教师进修学校辅导教材。

本书的编写思想和框架结构思路由罗明东教授负责,王荔教授参加了本书框架的设计与统稿。全书由罗明东、王荔、印义炯、李里、查明华、段若茨主编,廖峻、周波、陆晓燕、李怡、徐惠萍、邓选梅等老师参加了编写。本书的编写还得到了云南教育厅副厅长和福生、高教处处长王永全等同志的关心与指导,编审邓立本对本书的出版做了大量工作,在编辑过程中,责任编辑李平花费了心力,特在此说明并致谢!

由于师范类专业"整合连贯型"人才培养模式改革创新工作起步时间不长,正处在试点探索过程中,对体现这一思想的心理学教材的编写亦是一次新的尝试,同时,鉴于我们的能力、学术水平的局限,疏漏之处在所难免,敬请专家、学者批评指正。

编　者

2011 年 1 月 6 日

修订说明

本书是由楚雄师范学院校长、二级教授、教育学博士、博士生导师、国务院政府特殊津贴专家、云南省中青年学术技术带头人罗明东教授倡导并担任总主编的高校师范类专业“整合连贯型”人才培养模式改革系列教材之一。“整合连贯型”教师教育模式反映了我国传统师范教育模式改革的最新成果，是云南本土产生的原创性科研成果。该模式自2009年提出以来，先后成为云南省教育厅高校“本科教学工程”建设系列项目：云南省高校人才培养模式创新实验区、云南省师范类专业人才培养模式改革创新研究重点项目、云南省高校教师教育公共课程教学团队项目、云南省高校精品课程建设项目以及省级规划教材、精品教材建设项目。同时，还以“西部新建本科院校‘整合连贯型’基础教育师资人才培养模式改革创新研究”为项目，被国家教育部列为全国教育科学规划研究课题（FFB108116）。经过多年的探索实践，高校师范类专业“整合连贯型”教师教育模式改革成果于2013年3月获云南省第七届高等教育教学优秀成果一等奖，受到云南省人民政府表彰奖励（见云南省人民政府文件云政发〔2013〕50号）。2013年6月，《“整合连贯型”：教师教育模式改革的新探索》一书荣获云南省第十六次哲学社会科学优秀成果一等奖，再次受到云南省人民政府的表彰奖励（证书号16B014）。

此次修订，在坚持罗明东教授倡导的“整合连贯型”教师教育模式改革思想为主线的同时，把教育部颁布的教师教育课程标准和教师资格证书考试大纲等文件的要求与精神亦予以体现，使教材更具实用性和针对性。在修订过程中，得到了云南省教育厅高教处的指导，是楚雄师范学院、昆明学院、云南师范大学、大理学院等高校相关单位教师集体协同合作的产物。本书的主编是：张洁、王荔、李云峰、尹绍清、李里、段若荧、李昌茂等，副主编是：廖竣、朱蕾、周波、吕天甫、徐惠萍、罗承、赵云龙、曾蕾、曾涌、肖大兴、余秋梅、高桂梅、林园、曾谋等。由于“整合连贯型”教师教育模式改革是一项探索性的工作，鉴于能力、学术水平的局限，错漏之处，敬祈指正。

修订编者

2013年12月

目　录

第一章　心理学与教育

心理现象是人与动物共有的,但人是万物之灵,人的心理与动物的心理有本质区别,而这个本质区别就是:"人是教育的产物。"(康德语)人可以接受教育,有丰富多彩、极其复杂的心理现象。面对21世纪高度发达和快速发展的社会,要提高人的素质,使人们更加健康、幸福和快乐地生活,心理学发挥着越来越重要的作用,渗透到我们每个人的生活中,成为与我们每个人联系最为密切的科学。

第一节　心理学的研究对象

一、心理学的研究对象

心理学源于西方哲学,西方哲学源于两千多年前的古希腊。从苏格拉底、柏拉图、亚里士多德开始,都把"心"的探讨,视为哲学上的主要问题之一。例如,古希腊哲学家亚里士多德(公元前384—前322)就写了《论灵魂》一书。我国古代也有众多的著名思想家、哲学家对此进行了探讨。如荀况(公元前298—前238)认为,先有身体而后才有精神,精神依附于身体。王充(27—约97)在《论衡·论死》中指出:"人,物也,物亦物也,物死不为鬼,人死何故独能为鬼?"范缜(450—515)明确地认为,身体是主体,而精神只是身体的作用。到了19世纪末,受生物科学的影响,心理学才开始脱离哲学,逐渐成为一门独立的科学。此后,心理学的内容不断变更,但名称仍旧不改。心理学的英文"psychology",是由希腊文中的"psyche"与"logos"两字演变而成;前者意指"灵魂",后者意指"讲述",合起来就是:心理学是阐述心灵的学问。这一界定不含科学意味,只具有哲学意义。到19世纪末,科学心理学萌芽出现,心理学一度被界定为:心理学是研究心理活动的科学。至此,心理学开始被列入科学的范畴。

作为一门独立的科学自有它特定的研究对象,心理学是研究人的心理现象及其规律的科学。人的心理活动极为复杂,行为表现形式多样,但它的构成一般分为心理过程和个性心理两大方面。

(一)心理过程

心理过程有认识过程、情感过程和意志过程。

我们是通过五官来认识客观世界的，我们可以闻到气味、听到声音、看见颜色；用手触摸各种物体时，能感受到冷、热、软、硬、光滑、粗糙，这就产生了各种不同的感觉。感觉是一种简单的心理现象，是对物体个别属性的反映。在感觉的基础上，对事物的个别属性进行整合，用一个词把它标志出来，那就是知觉，如国旗和国歌、花草和树木。知觉是对事物整体属性的反映，知觉比感觉要复杂一些。

人们不仅能够感觉和知觉周围的事物，同时对感觉和知觉经历过的事物还能记住它。当这些事物再次出现时，我们能够认出它来，或者虽然事物并没有出现在眼前，而我们却能够在头脑中回忆起它来，这就是记忆。这是在感觉、知觉基础上发展起来的一种心理过程。

我们记忆事物的材料多了，对这些材料进行分析、归纳和总结，能发现事物的本质和规律；在实践活动中，我们需要制订一个计划或方案，理解一道数学题，分析一些材料时，我们需要利用感知的材料和已有的知识进行分析与思考，这种对事物间接和概括的反映就是思维。思维是一种更为复杂的高级心理现象。

我们不仅能直接感觉、知觉各种事物，记住并回忆过去曾经感知过的事物，同时还可以在感知、记忆、思维的基础上，在头脑中对记忆表象加工、改造形成一种新的形象，这就是想象，如世上本来没有什么孙悟空，但《西游记》里却创造出一个胆大、可爱、本领高强、敢于和恶势力斗争的形象。想象和思维一样，也是一种高级的心理过程。想象是人的创造活动的一个必要因素，它与思维有着密切的联系。

以上这些心理现象就是认识过程，包括感觉、知觉、记忆、思维和想象。

人们在认识客观事物的过程中，不会无动于衷，而总会要表现出一定的态度和产生内心体验，如愉快、满意、喜悦、难过、气愤、痛苦等，这就是情绪、情感的表现。人对客观事物不仅感受它，认识它，同时还要改造它。为了改造客观事物就要提出目标，制订计划，选择完成计划的方式、方法，还要坚持不懈地努力，克服种种困难，以达到预期的目的，这类活动就叫做意志行动。在意志行动中，与达到预期目的并和克服困难相联系的心理活动，就是意志。

认识过程、情感过程和意志过程都称为心理过程，它是心理学研究的一个重要方面。

心理过程要能达到预期的效果，必须有积极的心理状态相伴随，所谓心理状态，是指心理活动所具有的独特状况和相对稳定的性质。注意是一种积极的心理状态，伴随着认识过程、情感过程和意志过程的始终，是心理过程顺利进行、保证心理过程指向和集中于反映对象的必要条件，使心理活动处于积极的状态并获得相应的驱动力。一般而言，人的自觉、清晰反映客观现实的心理活动，是以注意状态为基础并由注意状态相伴随的。注意作为一种比较紧张、积极的心理状态，是意识活动的基本特征。由于注意能够对刺激、信息进行选择、整合与调节，所以它是心理过程的必要前提和基本条件。

（二）个性心理

受遗传、教育、生活经历、职业活动和其他因素的影响，不同的人的心理会形成各不相同的特点，这就是个性心理。个性心理主要包括个性倾向性与个性心理特征。

人在认识事物、总结经验、作出决策时，总带有一定的倾向性，不同的个体又有不同的倾向特点，所以称为个性倾向性。个性倾向性是个体对客观现实的态度、意向和动力系统，它决定着个体对客观现实的态度和对活动对象的选择与趋向，决定着个体追求什么、拒绝什么以及个体心理活动与行为反应的社会意义。个性倾向性主要包括需要、动机、兴趣、理想、信念、世界观和价值观等心理现象。其中，需要是心理活动的基础和行为的积极性源泉，动机是心理活动的推动力，世界观是个体意识倾向系统的最高调控者。

个性心理特征是个体身上经常表现出来的、稳固的心理特点，它集中反映个人精神面貌和心理生活的特殊性与典型差异性，是人们在心理方面的类型差异与特质区别。人在认识客观事物和改造客观事物的过程中，不仅有各种心理活动，而且还形成个人的不同的个性心理特征，从而构成人们心理上的差异。例如，有的人才华横溢，善于写作；有的人能歌善舞，富有表演才能；有的人逻辑性很强，长于数学；有的人善于辞令，有组织和交往的才能……这些都是人们能力上的差异。有的人自负，有的人自卑；有的人热情，有的人冷漠；有的人活泼好动，有的人沉默寡言；有的人温柔，有的人暴躁……这些都是性格和气质方面的差异。能力、性格和气质统称为个性心理特征。

心理过程和个性心理是密切联系、不可分割的。一方面，个性心理是通过心理过程形成的。如果没有对客观现实的认识，没有对外界事物的情感体验，没有对客观现实的主动积极改造的意志行动，人的动机、信念、世界观、性格、能力是不可能形成的。另一方面，已形成的个性心理又可以调节心理过程的进行，并在心理过程中得以表现，如人们的兴趣、动机不同，他们的认识活动的指向、内容也有所不同；性格不同的人，情绪的表现也不同。因此，心理过程和个性心理二者是既有区别，又相互联系，相互制约的。它们是一个整体，我们在了解、考察个人的心理活动时，必须保持系统与整体的观点。

人的心理现象包括心理过程和个性心理。意识是人特有的心理现象，是心理活动的高级形式，是自觉的心理活动。心理现象的结构示意图如下：

- 心理现象
  - 心理过程
    - 认识过程：感觉、知觉、记忆、思维、想象
    - 情感过程
    - 意志过程
    - （以上三者）注意
  - 个性心理
    - 个性倾向性：需要、动机、兴趣、信念、世界观
    - 个性心理特征：能力、性格、气质

图1－1　心理现象的结构示意图

二、心理学的任务

任何一门科学都有自己的任务，而科学任务的确立又主要是依据该科学研究对象的特点及实践需要来确定的。心理学作为一门独立的科学也有其基本任务和各分支领域的特殊任务。

（一）心理学的基本任务

心理学的研究对象既然是人的心理现象，那么心理学的基本任务就是为了预测、了解、指导、控制和调节人的心理与行为活动的生理机制、心理事实与规律。主要包括以下内容：

首先，心理是脑对客观事物的反映，因此，心理学应科学地揭示与说明人的心理是怎样由客观事物引起和怎样在人的头脑中进行活动的规律。也就是说，心理学既要研究心理活动对客观事物的依存性，也要揭示客观事物如何引起脑的活动而产生心理活动的生理机制。

其次，探讨人的认识、情感和意志是怎样产生、发展和完善起来的，揭示人的认知与情意活动有哪些活动规律。

再次，阐明人的个性心理有哪些差异以及这些差异形成的原因，同时探讨人的良好个性品质的特点及其形成、培养与调适应遵循的心理规律。

另外，探讨人的心理过程与个性心理的关系，研究人的个性怎样影响心理活动，心理活动如何调节人的行为活动的规律，即研究心理活动是怎样反作用于并指导人们变革现实的。

总之，通过以上对问题与课题的研究，达到明确与确定心理事实，揭示人的心理机制与实质，掌握人的心理规律，提高实践活动的效率，促进人的心理健康发展的目的。

（二）心理学的分支

现代心理学的研究已深入人类实践的各个领域，心理学的任务也越来越广泛。目前，心理学已经发展成复杂的、有许多分支的科学，心理学的主要研究领域包括理论心理学、应用心理学两大类，感知、教育与学习、发展、个性与个别差异、情意与动机、社会心理、异常或变态心理与行为、心理咨询与治疗已成为心理学八大研究主题。

1. 理论心理学领域

普通心理学。它是研究一般正常人的各种心理现象及其一般规律的科学。

按专题内容不同，还可分成感觉心理学、知觉心理学、记忆心理学、思维心理学、情感心理学、个性(或人格)心理学等，这是心理学的入门学科和主干。

在普通心理学基础上，属于横断面的理论心理学分支主要有：变态心理学、缺陷心理学，而后者又可细分为智力落后儿童心理学、聋哑人心理学、盲人心理学等。

属于纵向发生、发展方面的理论心理学分支有：比较心理学、年龄及发展心理学，其中，后者包括婴幼儿心理学、儿童心理学、青年心理学、成年心理学、老年心理学等。

属于研究方法和不同方向的理论心理学分支有：实验心理学、心理统计、心理测量、心理学史、社会心理学、生理心理学和神经心理学等。

2. 应用心理学领域

心理学的应用前景非常广泛，属于应用心理学分支的主要有：

教育心理学。包括学习心理、教学心理、学科心理和德育心理及教师心理等。

工业心理学。按研究的内容和对象不同，该心理学又可分为工程心理学、劳动心理学、企业管理心理学、人事心理学、广告和消费心理学等。

医学心理学。包括病理心理学、临床心理学、心理咨询与治疗、心理预防和心理卫生等。

军事心理学。包括指挥员心理学、战士心理学、军事工程心理学等。

司法心理学。包括犯罪心理学(刑事心理学)、诉讼心理学、侦缉心理学、审判心理学、惩治或劳动教养心理学等。

此外，还有文艺心理学、商业心理学、民族心理学和运动心理学等。

三、心理学的发展简史

对于心理学的发展历史，德国著名心理学家艾滨浩斯说过："心理学有其漫长的过去，但只有短暂的历史。"这看似矛盾的话却是对心理学发展历史的高度概括。

所谓心理学有其漫长的过去，是指人们很早就注意到心理现象，并开始探讨心理学问题。人类的心理学思想源远流长，无论是在中国还是在西方，各种心理学思想的出现都可以追溯到几千年前，早在古希腊时代及我国春秋战国时代就已经有了心理学的萌芽。

古希腊博学多才的亚里士多德(Aristotle，公元前384—前322)在《论灵魂》中对灵魂的实质、灵魂与身体的关系、灵魂的种类与功能的问题从理论上进行了探讨。他强调感觉经验对认识活动的重要性，他把理性分为被动理性和主动理性等观点，对心理学的产生和发展具有开创性的贡献。

17 世纪，法国哲学家笛卡儿（R. Descartes）用反射概念解释动物行为和人的某些无意识行为，以及关于身心关系的思想和他对理性和天赋观念的重视等，对现代心理学的产生与理论发展有重要影响。

17 世纪，英国哲学家洛克（J. Locke）倡导经验主义，反对理性主义的“天赋观念”，认为人的记忆来自观念联想。他强调人类的一切知识均来自后天经验，人的心灵犹如一块“白板”，不分善恶，其后来的一切改变，完全决定于后天的经验。他把观念分为由感觉得来的观念和由反省得来的观念两种，并认为它们最初都是简单观念，而复杂观念是由简单观念借助联想而形成的，从而为日后的联想心理学奠定了基础。

中国有着悠久的历史和极其丰富与优秀的文化遗产。现代心理学虽然是由西方传入的，但是，我国古代思想家早就有过许多关于心理问题的论述。例如，战国时代荀况论述的“形具而神生，好恶、喜怒、哀乐臧焉”（《荀子·天论》），认为先有身体而后有心理，心理依附于身体，早就认识到心理是身体的一种机能。王充（27—约 97）在《论衡·论死》中认为，精神为血脉所生，“人死血脉竭，竭而精气灭”。南北朝时范缜（450—515）在《神灭论》中，更进一步提出“形者神之质也，神者形之用也”，“形存则神存，形谢则神灭”。他们都认为先有身体后有心理，心理是身体的机能。后来，清代王清任（1768—1831）更明确提出“灵机、记性不在心在脑”（《医林改错》上卷）的科学论断。我国先秦时期著名的思想家孔子、孟子、荀子等人关于人性的本质、人性和环境相互关系的论述，对我国古代教育思想和心理学思想的发展，也产生过非常重要的影响。

自然科学的发展也为科学心理学的形成和发展作出了巨大贡献。达尔文发表于 1859 年的《物种起源》一书中提出了生物进化论的思想及遗传、环境、个别差异、适应等观念，对后来心理学的研究及理论发展有重要的影响。19 世纪中叶，生理学已发展成为一门独立的科学，特点是神经生理学和感官生理学的发展，对科学心理学的诞生，产生了重要的影响。柏林大学教授缪勒（J. Miiller, 1801—1858）首倡了神经特殊能量说及神经细胞之间电化作用产生神经冲动的观点，主张大脑的功能是分区的。缪勒的弟子赫尔姆霍丝（H. Helmholtz,）用实验证实了神经特殊能量说，为实验心理学的发展奠定了方法论基础。

所谓心理学只有短暂的历史，是指心理学真正成为一门科学的历史是非常短暂的。尽管早在几千年前人们就开始思考心理问题，形成了心理学的思想，但在几千年的历史长河中，由于科学发展水平的局限，人们始终不能对心理问题进行实证的研究，而只能用哲学思辨的方法来探讨心理问题，这使得心理学一直是哲学中的一部分，是哲学的附庸。到 19 世纪，随着科学，特别是实验科学的逐渐成熟，为用实证方法研究心理问题提供了可能性，心理学才逐步具备了成为一门独立科学的条件。以生物学为媒介，哲学与生理学结合，用实验的方法来研究心理问题，为心理学独立，形成科学的心理学创造了条件。现在心理学界一般认为，科学心理学诞生的标志是1879年德国心理学家冯特（W. Wundt，1832—1920）在德国的莱比锡大学建立了世界上第一个心理学实验室，系统从事心理物理学的实验而开始的。从这以后，心理学脱离了哲学，成为一门独立的科学。所以，心理学真正成为一门科学的历史只有一百多年，和许多成熟的科学（如物理学、化学、生物学等）相比，还显得非常稚嫩。

在这一百多年的发展历史中，心理学取得了长足的进步。在19～20世纪不断出现的众多心理学派别，基本构成了现代心理学发展的历史线索。

四、心理学的主要流派

（一）构造主义心理学

该学派主要代表人物是现代科学心理学的创始人冯特和他的学生铁钦纳（E. B. Titchener，1867—1927）。构造主义认为心理学的研究对象应该是人们的直接经验即意识，心理学的研究任务就是分析心理经验的结构，寻找心理的元素。所有复杂的心理现象都是由这些元素构成的。而在研究方法上，构造主义强调采用内省的方法。构造主义作为心理学历史上的第一个学派，其进步意义在于使心理学研究摆脱了思辨的模式，成为一门独立的科学。但构造主义采用纯内省的研究方法很快遭到了心理学界众多的批评，于20世纪20年代之后逐渐衰落。

（二）机能主义心理学

该学派创始人是美国著名心理学家詹姆斯（W. James，1842—1910），主要代表人物杜威（J. Dewey，1859—1952）等。机能主义也认为，心理学的研究对象是意识，但机能主义认为意识并不是个别元素的简单集合，而是川流不息的“意识流”过程。机能主义认为心理学研究的主要任务不是发现构成意识的元素，而是描述意识的进程与状况，描述意识对社会适应的功能。例如，对思维的研究，构造主义关心的是什么是思维，机能主义则关心思维在人类适应行为中的作用。机能主义的这个特点，推动了美国心理学研究向实用主义的方向发展。20世纪以来，美国心理学一直比较重视在应用领域的研究，这和机能主义的思潮是分不开的。

（三）行为主义心理学

行为主义是科学心理学历史上一个有非常重要影响的心理学流派，其创始人是美国心理学家华生（J. B. Waston，1878—1958）。华生在1913年发表了《在行为主义者看来的心理学》一文，宣告了行为主义的诞生。

华生认为，心理学是一门科学，科学的研究只限于以客观的方法处理客观的资料。内省不是客观的方法，用内省法所得到的意识经验也非客观的资料。因此，华生反对研究意识，反对内省的研究方法，主张心理学要用客观的、实验的方法来研究外显的行为。华生主张，只有从可观察的刺激、反应方面去进行研究，心理学才能成为像物理学、化学那样严格的科学。刺激—反应（S－R）就是华生行为主义的公式。

行为主义对心理学研究的科学化有巨大的贡献，推动了心理学研究在客观研究的道路上前进。但行为主义的主张过于极端，抛弃了心理学研究的重要内容——意识，不研究心理的内部结构和过程，不研究脑的内部活动，因而被讥讽为“无脑的心理学”。

（四）格式塔心理学

格式塔心理学是20世纪初在德国涌现的一个心理学流派，主要代表人物有德国心理学家韦特海默（M. Wertheimer，1880—1943）、苛勒（W. Kohler，1887—1967）和考夫卡（K. Koffka，1886—1941）。格式塔（Gestalt）是德语的音译，为“完形、整体”的意思。格式塔心理学反对把意识分解为元素，强调心理作为一个整体的意义，强调知觉经验虽来自外在刺激，但各个刺激可能是分离零散的，我们由之所得的知觉却是有组织的，即整体大于部分之和。例如，由四条直线所构成的正方形，我们所知觉到的，并不是两条横线和两条竖线之和，而是一个完整的正方形，即在四条直线之外，另加了一层“完形”的意义。格式塔心理学在知觉、学习、思维等方面进行了大量的研究，这些研究到现在仍是心理学研究中的宝贵财富。

（五）精神分析心理学

精神分析学派是由奥地利精神病医生、著名心理学家弗洛伊德（S. Frued，1856—1939）所创立的。其理论主要源于治疗精神病的临床实践经验，他重视对人类异常行为的分析，强调心理学主要应研究潜意识现象。潜意识对人的心理和行为有巨大的影响，人类的一切行为都是根源于潜意识中的某些欲望和动机。人格学说是弗洛伊德理论中的核心成分。弗洛伊德认为，人格是由本我、自我和超我三部分构成的，这三者保持平衡，人格就能正常发展，如果三者失调，就会导致神经症。弗洛伊德把人格发展分为口唇期、肛门期、性器期、性潜伏期、生殖器期五个阶段。弗洛伊德是一个泛性论者，他把人的一切问题都归因为性的问题，即他认为，人的一切行为动机，都有性的色彩，都受性本能冲动的支配。神经症的产生，就是由于性本能冲动受到压抑而得不到满足的结果。精神分析理论也进一步指出，在性的后面有一种潜力，这种潜力常驱使人去追求快感，这种潜力被叫做力必多（libido），又称性力。

精神分析论是一种影响非常大的心理学理论，同时也是20世纪对人类文化最有影响的思想理论之一。精神分析论的提出开辟了潜意识心理研究新纪元，开创了人格动力学和变态心理学的研究领域，对心理学的发展有着重要的贡献。

（六）人本主义心理学

这是由美国心理学家马斯洛（A. Maslow，1908—1970）与罗杰斯（C. Rogers，1902—1987）于20世纪50年代创立的。这是继行为主义、精神分析之后的心理学第三势力。人本主义心理学强调研究健康人的心理或者健康的人格；强调研究人类中出类拔萃的精英；强调人的潜能和价值，人性美好；强调环境和人的自我概念对行为的作用。他们把人看做是自己命运的主人，是一种积极的人性观，注重人的独特性，认为人的行为主要受自我意识的支配，要想充分了解并解释人的行为，就必须考虑到人们都有一种指向个人成长的基本需要。该学派不仅仅了解人性，而且主张改善环境以利于人性的充分发展，从而达到自我实现的境界。这种人性观为心理咨询与治疗领域孕育了一套新的人本主义思路与方法。该理论方向虽是正确的，但不能用实验来证明，而是采用思辨方法，有一定的困难与局限性。

（七）认知心理学

认知心理学不是某人独创的，而是吸取了各派的合理成分，兼容并蓄逐渐演化而成的。早期认知心理学以瑞士著名心理学家皮亚杰（J. Piaget）为代表，20世纪20～50年代，信息论、控制论和系统论都曾对他产生过深远影响。1967年，美国心理学家奈塞尔（U. Neisser）《认知心理学》一书的出版被看做现代认知心理学诞生的标志。认知心理学研究对象是思维等复杂的心理过程，包括知觉、注意、学习、记忆、问题解决和决策以及语言的使用等。该领域的心理学家发展了一套自己特有的研究方法，如反应时记录法、口语报告法、计算机模拟等。认知心理学从狭义而言即指以信息处理为主题的心理学；从广义而言即指包括记忆、理解、想象、思维等行为与心理过程在内的心理学；现代认知心理学以信息加工观点研究内部心理活动的规律除认知过程外，还包括情感、意志、个性心理特征以及教育心理、社会心理等方面的规律。

五、当代心理学的研究取向

（一）积极心理学

积极心理学（positive psychology）是近年来在西方心理学中出现的一种新的研究取向，他们对二战以后西方心理学中悲观的、消极的研究取向提出了尖锐的批评，其创始人是美国当代心理学家赛里格曼（M. Seligman）等。他们主张心理学要以人固有的、潜在的建设性力量以及美德和善端为出发点，用一种积极的心态解读人的心理现象，激发人内在的积极力量和优秀品质，以帮助人最大限度地挖掘自己的潜力并获得美好的生活。积极心理学主张人的生命系统是一个开放的、自我决定的系统，他既有潜在的自我冲突，也有自我完善的内在能力，个体一般都能自我决定其最终发展状态。心理学应把自己的工作重心放在研究和培养人固有的积极潜力上，通过培养或发掘人的这种积极力量而使之成为真正健康并生活幸福的人。积极心理学在研究视野上摆脱了主流心理学过分偏重个体层面研究的缺陷，在关注个体心理研究的同时，强调对群体和社会心理的探讨。在研究方法上依然继承了西方现代主流心理学的实证主义方法论取向，在积极情绪、主观幸福感、积极人格特质的研究中大都采用的是访谈、调查、量表等研究方法，而在其理论建构和研究实践中仍然继承了人文主义和科学主义心理学的诸多合理成分。

（二）进化心理学

进化心理学（Evolutionary psycholosy）也是近年来在西方心理学中出现的一种新的研究取向，主要是探索人心理机制的形成及其影响。其主要创始人是美国当代心理学家巴斯（D. Buss）、考斯麦茨（L. Cosmides）等。进化心理学在很大程度上受到达尔文自然选择进化论的影响，认为人类的许多心理和生理机制并不都是与人类的出现而一同出现的，而是在人类发展的某个时期出现的，是进化的结果。进化心理学认为，要充分理解人的心理现象就必须了解这些心理现象的起源和适应功能，即心理机制的产生及其作用。自然选择不仅发生在身体、器官和行为层面，而且也发生在认知层面，信息加工过程为了解决现实的问题而不断地进化。心理机制是在人对压力的适应与选择中形成和发展起来的。进化心理学虽然具有一定的合理性，但大多数心理学家仍然相信，人的社会行为更多地受文化和环境因素的影响。

第二节　心理的实质

什么是人的心理？它的实质是什么？这是心理学要解决的一个根本问题。心理现象作为一种客观存在的现象，人们早已比较熟悉。但是，真正要弄清心理究竟是一种什么性质的现象，它是怎样产生的，却非人人都很清楚。对这个问题人们历来有许多不同的看法，有的把心理看成是非物质的、至高无上的灵魂活动，是产生宇宙万物的本源，说什么“天下无心外之物”；有的把心理与物质、心理与生理看成相互平行、独立存在的两种实体；有的庸俗地认为，人脑产生心理，如同肝细胞产生胆汁一样；有的则把人的心理比做一架机器，认为心理像照镜子一样，是脑对客观现实的机械反映；有的又把人和动物等同起来，忽视了人的社会性本质。只有用辩证唯物主义与历史唯物主义的观点作为指导进行研究，才能对人的心理的实质作科学的解释。根据这种观点，科学的心理观认为：心理是脑的机能，是客观现实的反映；而人的心理是人脑对客观现实的主观、能动的反映。

一、心理是脑的机能

辩证唯物主义首先肯定人的心理对脑这个特殊物质的依存性，强调人的心理是物质的、肉体的器官，即人脑的产物和机能。

(一)脑是心理的器官

人的心理是怎样产生的？在哪儿产生的？正确认识心理与脑的关系，人们经历了一个相当漫长的过程。在古代由于科学不发达，人们只有通过感性认识来了解客观世界，人们能感觉到自己的心跳，曾认为心理活动是心脏产生的。因为人在情绪激动时，总伴有心跳加速、血流加快的体验。所以，汉字中与精神活动有关的字，多带"心"部，如情、思、忆、想等。后来，人们在日常生活中逐渐发现人入睡后，虽心脏仍在跳动，却不能反映外界现实；人在酒醉时，被药物麻醉时或脑受损伤时，人的心脏无大变化，人的心理活动却不正常了，人们这才逐渐认识到脑是心理的器官，心理是脑的机能。

生理解剖学的发展，进一步促进了对脑机能的认识，特别是临床方面的经验与发现证实了脑在心理活动方面的功能。例如，法国医生布洛卡(Broca，1824—1880)于1861年发现大脑左半球颞下回有"语言运动中枢"，该区受损伤，人就失去了说话的能力。随后，人们又发现大脑颞叶中回有"书写中枢"，颞叶上回后部有"言语听觉中枢"等，如果这些部位受损伤，相应的心理活动就产生障碍。这些临床的经验与事实，都大大丰富了脑是心理的器官的知识。

"反射"概念的提出和条件反射学说的建立，使心理的生理机制的研究进入了一个新的阶段。17世纪法国学者笛卡儿(R. Descartes，1596—1650)提出了"反射"的概念。他认为，动物的活动和人的不随意活动都是借助神经系统所实现的对外界刺激所作的有规律的应答活动，即反射。俄国生理学家谢切诺大(Й. M. Сеченов，1829—1905)把反射的概念推广到人的一切活动领域，认为有意识或无意识的生命的全部活动就其产生的方式来说，都是反射。这一理解，对于心理现象的科学说明是一个飞跃。1900年，俄国生理学家巴甫洛夫(N. П. Павлов，1849—1936)对动物和人的反射活动进行了大量的实验研究，创立了条件反射学说，进一步揭露和证实了人脑与人的心理活动之间的密切关系。

(二)人的神经系统的结构与机能

为什么人的心理在人脑中产生呢？为什么脑是心理的器官？这主要是由脑的复杂结构及其功能决定的。

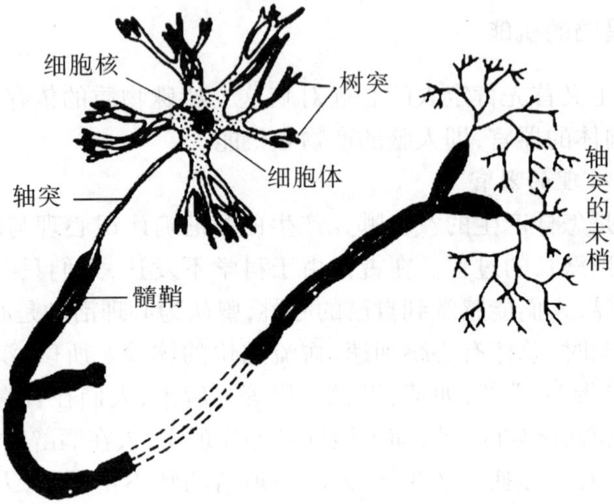

图1-2　神经元模式图

人的神经系统可分为周围神经系统和中枢神经系统两部分。

1. 神经元

神经元即神经细胞，它是组成神经系统的基本单位。人的大脑是由140亿～160亿个神经元和大量具有支持与营养作用的胶质细胞组成的。神经元由细胞体、树突、轴突三部分组成。细胞体的大小、形状不一，直径在4～150纳米之间。胞体的最外层是胞膜，内有细胞核，其间是细胞质。细胞体的主要功能是接受及整合信息。树突是从细胞体延伸出来的许多短而粗的分枝，其功能是接受刺激并向细胞体方向传导信息。轴突是由细胞体另一端延伸出来的管状物，也称神经纤维。它比树突细而长，可从几微米到1米。轴突的主要功能是把细胞体发出的信息传导给另一神经元或效应器。轴突的传导速度为每秒3～120米。轴突的末梢有许多膨大的部分叫突触，它与其他神经元的树突或胞体相接触，起着神经元之间相互联系的作用，可比喻为信息交换站。据估计，一个神经元可以有1 000～10 000个突触，可以同时接受或传递上千个信息。（见图1－2）

2. 周围神经系统

周围神经系统分布在人的全身，包括脑神经、脊神经和植物性神经。其中，分布在头部的叫脑神经，共12对；分布在四肢和躯干部的称脊神经，共31对；另外，同肠胃等内脏、腺体器官相联系的还有植物性神经系统。周围神经主要是起传递信息和神经冲动的作用。根据它们所起的功能性质不同，又分传入神经和传出神经两种。传入神经又称感觉神经，主要把感觉器官得到的信息，向中枢神经部位传递；传出神经又称运动神经，主要把来自中枢部位的神经冲动向效应器官传递。周围神经系统分布于全身，起到了把脑和脊髓与身体的其他器官联系起来的作用。

3. 中枢神经系统

中枢神经系统是由脊髓和脑组成的。

脊髓是低级中枢,位于脊椎管内,由中间的灰质和外周白质构成,共分为31个节,每节有一对脊神经发出。它除具有低级中枢一般简单的分析综合功能外,其基本机能是进行简单的反射和信息传导活动。

脑是高级中枢。主要包括延脑、桥脑、中脑、间脑、小脑及大脑两半球等部分。延脑、桥脑被称为活动中枢,小脑是平衡协调中枢。中脑是姿势、随意运动、定向反射中枢及视听反射中枢。间脑由丘脑与下丘脑构成,分别为传入神经转换站及情绪中枢。

大脑两半球是人类智慧活动的器官,是全部神经系统的高级部位。大脑两半球主要由表面的灰质和深部的白质所组成。表面的灰质部分又叫大脑皮层,这是中枢神经系统的最高级部位,它是人的心理器官最重要的部分。大脑皮层有140亿~150亿个神经细胞,可分为四个叶,即额叶:语言、智慧、运动中枢;颞叶:听觉中枢;枕叶:视觉中枢;顶叶:躯体感觉中枢。(见图1-3)

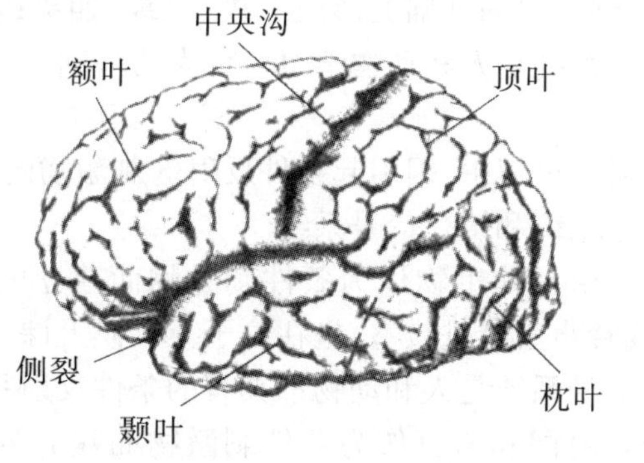

图1-3　大脑左半球简图

(三)神经系统的基本活动方式

神经系统是以什么方式保持机体的完整统一,又是如何实现有机体与环境的平衡呢?神经系统活动的基本方式是反射,反射也是心理活动产生的方式。

1. 反射与反射弧

反射是指在神经系统的参与下,有机体对内外刺激产生的规律性的反应。例如,有某种声音刺激时,我们会将头、耳转向声源的方向;在马路上见到交通信号,红灯亮了就停止,绿灯亮了就行进等,都是在神经系统的调节下,对刺激产生的有规律的应答活动,即反射。

反射活动都是通过神经系统来实现的,实现反射活动的神经通路或神经机构叫反射弧。它是由感受器、传入神经、神经中枢、传出神经与效应器五个部分组成的,但效应器的活动并不是反射活动的终止。通常情况下,由效应器产生的反应动作或神经冲动的反应过程还会作为一种刺激引起有机体的神经冲动,该神经冲动又会沿着效应器的传入神经返回传导到中枢,这种效应过程传入神经冲动叫做“反馈”。反馈的信息将对效应器的活动作进一步的调节,以保证有机体活动的连续性、完整性与准确性。

2. 条件反射与无条件反射

反射活动可分为无条件反射与条件反射两种。无条件反射是从遗传获得的反射活动,不需要任何学习和训练就可以实现的反射,如咳嗽、眨眼、呕吐、吮吸、膝跳等。无条件反射的神经通路是固定的神经联系。人和动物都有无条件反射,也称本能的或种族的反射。

条件反射是在无条件反射的基础上,经过后天的训练学习建立起来的反射活动。例如,学生听到上课的铃声就走进教室,人们见到酸梅就流口水等都属条件反射。条件反射的神经通路是暂时接通的,如不经重复或强化,已建立起来的神经通路就会消退。人和高等动物不仅可以在无条件反射的基础上形成条件反射,还可以在已有条件反射的基础上形成二级、三级、四级以及语言信号的条件反射。这种条件反射系统是人和动物学习与行为的基础。

3. 两种信号系统

在建立条件反射的过程中,因引起条件反射的刺激物的性质不同,又可将条件反射分为第一信号系统和第二信号系统。

第一信号系统是由具体事物作为条件刺激物而建立的条件反射系统。例如,学生听到上课的铃声就走进教室,坐在位子上等候上课。铃声起到了上课的信号的作用。第一信号系统是人和动物都具有的条件反射系统。

第二信号系统是由词和语言作为条件刺激物而建立的条件反射系统。例如,某学生没有听见上课的铃声,只要别人告诉他“已经打上课铃了”,他同样会走进教室准备上课。词语起到了具体刺激物“铃声”的信号作用,是信号的信号,所以称做第二信号。第二信号系统为人类所独有,它是人的各种复杂的心理活动的基础。

在人身上,两种信号系统总是密切联系、协同活动的。正是由于两种信号系统的联合作用,才使人能更好地适应与改造环境。

二、心理是客观现实的反映

心理是脑的机能,脑是心理的器官,但这并不意味着脑本身可以单独地产生心理。心理就其内容来说,是客观现实的反映,而客观现实是心理的源泉。人的头脑只是反映外界客观事物的器官,只是人的心理产生的自然前提,它提供了人的心理产生的可能性，而要把这种可能性变为现实性，必须依靠外界的客观现实和人的实践活动。

(一)客观现实是心理产生的源泉

所谓客观现实，就是指不依赖人的意志、思想和心理而存在的一切东西，包括自然环境和社会生活两个方面。自然环境又可分为自然界和人造自然。

(1)自然界是指不依赖于人而存在的山川、河流、森林、原野、太阳、月亮、宇宙、四季、气候变化等等，这个自然界是我们祖先赖以生存的最古老的环境，是人生活和斗争的自然基础，直到现在，自然界仍是人类生存和劳动的重要环境。

(2)人不只适应自然环境，而且还改造自然环境。如大坝、水库的建立，改造的良田，耕种的土地，人造公园及兴建的工厂、矿井等等，都是人造自然。人在改造自然的过程中，不但表现了人本身的积极力量，同时把人所具有的智慧、技术、文化、艺术都体现在改造的对象上。人的心理水平发展到什么程度，人对自然就改造到什么程度。这种人改造的自然环境就成为人的重要环境，影响着人的心理活动。

(3)社会生活。社会生活对人的心理起着决定作用。例如，1920 年在印度发现被狼哺育的两个女孩，小的叫阿马拉，约两岁，不久就死了，大的叫卡马拉，约八岁，但她的心理发展水平只相当于六个月的婴儿。她们是人生的小孩，也有人脑这个精致、复杂的结构，但从小脱离了社会生活环境，没有语言交际，在自然环境中和狼一起生活，结果没有正常人的心理发展水平。卡马拉一直活到 1929 年。她刚被发现时，完全是狼的习性，四肢爬行，用双手和膝着地休息；舔食流质的东西，只吃丢在地上的生肉；怕水，从不让人给她洗澡；怕火、怕强光，夜间却视觉敏锐，每到深夜就号叫，白天蜷伏在墙角里睡觉；从不穿衣，即使天气寒冷，也撕掉给她御寒的衣服和毯子。返回人类社会后，卡马拉学会了站立，第四年学会了 6 个单词，第六年学会了直立行走，第七年学会了 45 个单词，同时学会了用手吃饭、用杯子喝水，到 17 岁死亡时，只相当于正常儿童 4 岁的心理发展水平。可见，人的正常心理功能是离不开社会生活的。

人作为社会的一员，总是处在一定的社会关系中进行生产和生活的，并在相互交往的过程中形成了人与人之间的关系。人在这种社会生活中就形成了人所特有的思维、意识和主观世界。人的社会生活条件不同，人在社会关系中所处的地位不同，心理活动的内容、倾向和水平也有所不同。没有人的社会生活，也就不可能形成人的心理。因此，社会生活是人的心理的决定因素。

从心理产生的方式来看，无论是简单的心理现象还是复杂的心理现象，其内容都可以在客观世界的事物中找到它的源泉。颜色感觉是不同波长的光作用视分析器的结果；声音则是物体振动压缩空气作用听分析器的结果；看到一面红旗，是因为客观现实有一面红旗存在，因而在人的头脑中便产生红旗的印象。复杂的心理现象如社会主义思想，也不是凭空产生出来的，而是资本主义社会的矛盾冲突在工人阶级头脑中的反映。

离奇古怪的思想、幻觉、做梦以及神话也是以客观现实为原型的，人头脑中荒诞的形象、鬼神迷信的观念，初看起来似乎和客观现实没有任何联系，但构成它们的原始材料也来自客观现实。如文学作品中塑造的孙悟空、猪八戒的形象只是把猴子、猪的形象拟人化而已。所以，客观现实是人的心理活动的源泉，人的心理都是客观现实的反映，它以映象的形式存在于脑中。

（二）心理是客观现实的主观映象

人不是像镜子那样消极地、被动地反映客观现实，而是积极地、主动地反映客观现实。人在反映客观现实的过程中，逐渐形成了具有丰富内容的主观世界和不同的心理状态以及个性心理特征。反过来，这些心理内容、状态和特点又影响和调节主体对现实的反映。无论在反映的选择性、准确性、全面性和深刻性上都可以表现出来，所以对客观现实的反映具有主观性，是客观与主观的统一。

由于每个人知识经验、目的动机、兴趣爱好、态度体验不同，因而对现实的反映也不一样。不同的人对同样事物，以及同一个人在不同条件、不同时间、不同阶段对同一事物反映都不一样。同样是一株杨树或柳树，不同的人有不同的联想反映，农民觉得它可以遮阴或做建筑材料；哲学家则感叹“毁树容易成材难”的人生哲理；多情的诗人则吟出“唯有垂杨管别离”的诗句；画家关心的是树的色调明暗变化。这都充分说明心理反映的产生不单纯是客观影响的结果，而是通过主体的内部特点而折射出来的，由于主体内部条件不同，同样的外部影响可以引起人们不同的心理反映，这都说明心理反映具有主观性。

心理是客观现实的主观反映，并不是对心理客观性的否定，正是由于人们心理的主观性，才使人们的心理更加丰富多彩。当然，人的心理的观念性与客观实在的物质也不是绝对对立的。因为人的心理是由客观物质所决定的，它是脑的机能，是对客观现实的反映。同时，心理的东西在一定条件下还可以转化为物质的东西，因此如果超出认识论的界限，把物质和精神即物理的东西和心理的东西的对立当做绝对的独立，那是极大的错误。

（三）心理是在实践活动中产生和发展的，具有能动性

科学的心理学特别强调人的心理的基础是社会实践，认为没有社会实践就没有人的心理，心理是在实践活动中产生和发展起来的。但在实践活动中，人的心理的产生和发展既非像镜子反映物像那样机械刻板，也不像动物适应环境那样消极被动，而是一种积极能动的反映。

心理反映的能动性，表现在心理的发生、发展是以实践活动为基础的。一般认为，客观现实并不能直接、主动地成为人的心理内容，各种现实环境也不能机械决定人的心理发生和发展，只有当客观现实与人的需要发生联系时，人因此去

积极主动作用于客观现实，心理才能得以发生和发展。所以，人总是在实践活动中反映客观现实的。在实践活动中，人通过作用于客观事物和人际交往，发展了自己的感知觉；通过解决实践中的问题，思维得以发展；通过完成各种活动，能力得以形成与提高；通过操作各种事物，发展起各种技能。并且，在实践活动中，人产生各种复杂的情绪体验，形成各种不同的意志品质，加上实践活动的社会性与多样性，人们就形成了不同的个性心理特点。

心理反映的能动性，还表现在心理反作用于客观现实，对人的实践活动的调控方面。具体表现在以下三个方面：

第一，人对外部现实的反映具有目的性和选择性。人总是根据自己的需要、信念、知识、经验和个性特征，有目的、有选择地对客观事物予以反映，并根据当前的活动任务，操作一定的客观事物。

第二，人要求认识客观现实的本质与规律。人不会满足于对客观事物某些现象的直接感知，而要将感性材料去粗取精、去伪存真、由此及彼、由表及里地进行加工，达到对客观事物的本质特征及内在联系的认识。

第三，能维持与调节目的性的活动。人既能在活动前在头脑中以观念形式形成活动的成果，并依据这种观念性的活动成果指导活动进行，又能在活动过程中根据活动的具体情况，不断修改、校正头脑中原有的观念与计划乃至成果。

实践活动不仅是人的心理发生发展的基础，同时实践也是检验人对现实反映是否正确的标准。判定一个人的认识是否符合客观现实，对现实的反映是否正确，不是依主观上觉得如何而定，而是依客观上社会实践的结果如何而定。当人根据对现实的认识进行活动的时候，活动产生的结果便检验着反映是否正确。正因为通过实践活动，人的心理才能正确反映客观现实，认识事物的本质和发展规律，所以人能够改造自然、改造社会，控制自然力量和社会力量，并利用外界环境来为自己服务。

总之，人的心理是人脑对客观现实的主观、能动的反映；在这种反映中，外界事物的影响总是通过反映者的内部特点而折射出来的；这种反映是通过实践活动而实现的，通过实践活动检验和校正着心理对客观现实反映的正确性；心理又执行着实践行为的调节机能。

第三节　心理学与教育

心理学与教育的研究对象都是人，它们的任务都是为了提高人们的生活质量，促进人类的文明、进步和幸福。心理学与教育是密切联系、相互促进的。教育要取得成效，提高效率就必须符合学生的身心发展规律；而教育实践又不断地为心理学家们提出了研究课题，并检验着心理学理论，促进心理学的繁荣和发展。

一、心理与教育的关系

(一)学生的心理发展水平是教育的依据与前提

教育实践告诉我们,虽然教育对促进学生身心的发展起主导作用,但是学生的身心发展规律也制约着教育这种主导作用的发挥,教育必须遵循学生身心发展的规律。因此,学生的心理状况是教育的依据与前提。

心理学研究发现,不同年龄的个体具有该年龄段特有的心理特征。比如,从思维方面看,学前儿童主要是动作思维占优势;小学低年级学生思维具有较强的具体性与形象性,抽象思维还比较差;初中学生抽象思维已有较大发展,但还经常需要具体的感性经验作支持;高中学生抽象思维已经充分发展起来,并居于主导地位。教育应根据学生在不同年龄阶段的心理特点,从学生的心理实际出发,针对不同的学生,采用不同的教育内容、形式与方法。否则,教育不但难有成效,相反还会造成一些心理问题和教育问题。

据此,教育必须依据学生心理发展中的这些规律,遵循由具体到抽象、由浅入深、由简到繁、由低级到高级的顺序,不"揠苗助长",并且依据学生的心理发展具有个体差异的事实,努力做到因材施教,使每个学生都得到发展。

(二)教育能够促进学生的心理发展

教育一方面要依据学生的身心发展水平来开展,另一方面能极大地促进学生心理水平的提高。

人的心理发展是人与周围现实相互作用的结果。虽然儿童的身心发展具有某种自身的特点,并不意味着儿童的心理活动不依赖于外部影响。事实上,外部影响对心理发展具有重要甚至关键的意义。在促进心理发展的各种外部条件中,教育起主导作用。教育之所以在促进学生心理发展中起主导作用,这是因为:首先,教育是一种有目的、有计划、有组织地培养人的活动,它能够依据学生心理发展的规律,选择恰当的内容,采取有效的方法,设置恰当的组织形式,来对学生进行系统的培养。其次,教师是受过专门训练的,他们所拥有的教育观念、知识、技能,能有效地影响学生的发展。最后,教育能对各种环境因素有效地加以控制或利用,以保证学生的心理健康发展,等等。

有关教育促进中小学生心理发展的事例随处可见。"野生孩"由于缺乏教育,其心理水平非常低下,心理发展受到严重障碍,为我们提供了有力的反面例证。比较不同教育条件下的人们,我们还可以发现他们之间的心理发展水平存在着较大的差异,良好的教育与人的心理的健康发展有着某种正向的联系。利用专门性的教育与训练,还可以促使学生某些心理机能得到较好的发展。

（三）心理研究有助于提高教育教学质量

心理学从理论上阐释了人的精神现象，阐明了心理的内在机理与活动规律，探索了人的心理发展变化的规律及其与生理、环境的相互联系，为我们正确理解人的精神生活、人性与个性等提供了科学的知识，这对科学的教育观念和教育思想的树立、教育原则的制定、教育方式的选用、教育组织形式的构建、教学氛围的营造等，提供了理论上的根据。心理学的科学研究及其成果，已成为从事教育工作的有效工具和进行教育活动的理论依据。所以，将心理学的发现应用于学习过程，使之帮助我们对学习过程有更好的理解，寻求影响学习的质与量的各种因素。心理学应用于教育，给了我们一种鉴别儿童个体的相似与差异的方法，从而使我们有可能为他们创造出更适宜的学习环境。它还为评价我们自己作为学习者和教育者的优势与弱点提供了方法，这对于任何从事教育的人都是一种有用的知识背景材料。

此外，心理学的许多研究成果直接应用于教育教学，也有助于提高教育质量和教学水平。例如，认知失调理论是20世纪出现的一种心理学理论。这种理论认为，个体的认知结构由个体对有关环境、自身与自身行为等方面的知识、意见或信念等认知元素组成。如果构成认知结构中的各认知元素不一致，个体就会在认知方面感到失调，心理上会体验到不平衡的紧张感，进而激发起某种动机，发动行为，以寻求认知协调，达到心理平衡。在知识学习方面，运用认知失调理论有助于激发学生的学习动机与积极性。教师在课堂教学中，可以利用新教材内容与学生旧知识间的差距，有意识地引起学生的认知不平衡感，诱发学生对新信息的积极探索倾向与求知欲望。

（四）教育实践丰富和深化着心理研究

心理学一方面将自己的研究成果应用于教育过程中，促进教育的科学化，提高教育质量，增强教育效果。另一方面，教育过程中出现的各种新现象与问题又向心理学提出新的研究课题，呼唤着心理学进行更深入的研究。教育以自身的实践活动丰富了心理学的研究内容及其价值。

例如，学校教育中有关学生的学习活动与学习成就的讨论引发并丰富了心理学中的智力与非智力因素研究。科学的智力测验就是因为教育实践的需要而产生和发展的。为了研究公立学校中成绩落后学生的教育问题，心理学家比奈（A. Binet）与其助手西蒙（T. Simon）于1904年设计了一个专门测验学生智力状况的量表，即“比奈—西蒙智力量表”。从此，智力测验和心理测量成为心理学研究的重要内容。同样，非智力因素的研究也是教育实践的产物。在教育实践过程中，人们发现学生的智力状况与学习成绩之间并无完全的因果关系。相反，学生对学习的兴趣、情感状态、学习的坚持性、战胜困难的决心、对成就的期望等人格方面的特征，却极大地影响着学生的学习效果。于是，从20世纪80年代初开始,我国心理学界开始了对非智力心理因素的研究。研究结果表明:学生的学习成绩是智力与非智力心理因素相互作用的结果,智力心理因素是学生学习的基础因素,非智力因素是影响学生学习成绩的非常关键的因素。此外,当前素质教育中要求重视学生心理素质的培养,积极开展心理健康教育,也使学校心理学研究和心理健康教育研究得到丰富与发展。

二、心理学的教育作用

(一)测量与描述学生的心理状况与发展水平

学生的心理状况与发展水平是教育必须依据的前提条件,而学生现实的心理状况以及发展趋势究竟如何,就需要借助心理学方法对其加以具体测量与描述。

若不能对心理现象进行测量与描述,便难以对它进行理解与控制。为了理解与说明学生在教育过程中出现的心理现象,心理学首先应当对学生的心理与行为加以测量。心理学运用有关心理测量工具,对学生的智力、学习态度、个性特征等进行测量。心理学研究还针对教育过程中学生表现出的一些心理问题,编制一些心理问卷,对学生的心理活动与学校教育中的心理现象进行分析。心理学对学生心理及学校心理问题的有效测查,使教育工作者能较全面地把握学生的心理状况与发展水平,把握在教育过程中反复出现并经常起作用的心理特征,正确认识教育过程中主体心理活动的规律。

在有效地测量学生心理活动与行为反应的基础上,心理学还对各种学生的心理特性与发展状况,甚至一些心理事实进行科学的描述。科学地描述心理发展的水平与状况,能使我们对学生心理的了解达到较完善的理性程度,获得有关心理发展较全面的知识。例如,在长期的研究中,儿童发展心理学已对儿童活动特征、规律与水平进行了理性的、科学的描述,积累了大量的知识,这些知识已经不只是停留在心理活动、心理事件的现象方面,而是从内部联系加以抽象、概括,并揭示出各种关系,有些甚至已成为经典的原理、规律。比如,瑞士著名心理学家皮亚杰(J. Piaget)的儿童认知发展理论,就是对儿童认识活动及其阶段进行科学描述的结果。

(二)解释与说明教育情境中的心理现象与问题

人的心理是一种精神现象,具有内隐、流动、多变的性质,理解并说明它是相当困难的。但是,心理学必须正确地理解和明确地解释它。解释与说明心理现象,最根本的就是找出观察到的心理现象或心理事件的基本原因的过程。不仅包括把已知事实组织起来以形成与事实相符的理论,而且包括就事件之间的关系提出需要证明的假设。

在学校中可能会经常发现:一个残缺家庭的学生,在集体生活中显得孤独、自卑;一个学生非常聪明,但是学习成绩却很差;一个后进生,因为当上了小组长而发生了转化等。心理学为教师提供了理解与说明这些事件和现象的心理学知识,并从科学角度恰当地予以解释与说明。对上述学生行为,教师可在充分调查、测量、研究的基础上,运用有关的心理学理论进行解释与说明。比如,将缺乏父母爱的学生的行为,解释为由于需要层次的低级发展而导致归属需要的缺失;把学生智商高而学习成绩不佳的现象归因为学习动力不够,抱负水平或志向水平不高;后进生由于职责的变化而造成的行为转化,则完全可能是由角色扮演而产生的社会责任感增强的结果。

能够正确地解释与说明教育过程中出现的心理现象是心理学的价值所在。对于教育中的诸多问题,心理学解释它们、分析它们,寻找它们形成、产生的原因,从而为教育者认识各种心理问题提供正确的指导。

(三)预测与控制教育主体的心理活动与行为反应

心理学的研究目的在于,通过对人的心理的准确测验与科学描述,正确地理解与说明人的心理活动,最终预测与控制人的心理活动与行为反应。在学校教育中,教育者必须预测学生的未来发展与教育对学生的促进作用,并且依据学生的心理发展或个性特点,指导学生个体或学生班级的活动。此外,教育者也应该对自身的心理活动与行为进行控制,以保证教育活动有序、有效地进行。

根据心理学研究的目的与学校教育的需要,心理学在预测师生在学校生活中可能出现的心理活动,控制他们在学校情境中的行为方面发挥着重要作用。学校情境中的心理与行为表现虽然复杂,但是师生的心理活动及其发展变化总是有规律的,师生的行为反应与主体的内部特质和外部情境也是有因果联系的。因此,心理学能够对它们的发展与变化作出准确预测。例如,在测量分析了儿童的智力与个性特征之后,就可以在一定程度上预测其今后的学业成就,甚至未来的事业成就。

研究学生或教师的心理活动、行为反应不能仅停留在预测方面,还需要对它进行控制,使师生的心理、行为朝着教育目标健康地发展。心理学所研究的正是对心理活动的控制,心理学要掌握人类的心理活动,就要掌握控制心理的技术。心理学为教育和教学提供了控制、调节师生心理活动与行为反应的技术与知识。比如,根据学生注意发展的特点,制定实施课堂组织与调整学生注意的策略,以保证学生的注意与认知始终集中于课堂教学。为了有效地调控学生的个体行为,心理学还发展了调整群体心理气氛的技术,科学地运用正负强化的手段,影响学生个体行为,使之与集体目标趋同。此外,在形成学生良好的心理品质与矫正不良的行为习惯方面,心理学通过控制、调节各种因素与条件,积极引导学生朝着教育目标规定的方向前进。

三、心理学与教育改革

心理学自从由冯特创立并成为一门独立的科学以后，许多心理学家用实证的方法研究心理问题，这些实证的研究大量来源于学校教育。早期比较有名的教育改革研究是美国心理学家杜威（J. Dewey，1859—1952）。1896 年杜威发表了论文《心理学中的反射弧概念》，他根据儿童是如何通过伸手抓烛火被灼痛取得经验教训而获得智慧，以后再见烛火就不会上当受骗等事例，说明了有机体是如何通过反射弧这个回路适应环境的，从而为机能心理学的科学解释提供了理论依据。正是有了这一理论，机能心理学摆脱了由冯特所规定的纯科学的束缚，为心理学应用于教育改革开辟了前进的道路。这就是杜威所提倡的进步教育。1898 年，杜威在美国心理学会年会上，以学会主席身份发表就职演说。他强调：心理学是教育理论与教育实践的基础。杜威指出，健康的教育应当是学生所学的和已学到的东西，两者之间取得彼此连接和交互关联在一起的知识、技能，这才是最好的进步教育。因此，他大声疾呼地积极推行进步教育，即实用主义和机能心理学的教育革新运动，并取得了相当的成就，一时声誉大振。1919—1921 年间，杜威被邀请来华讲学，宣传他的进步教育和民主教育两年两个多月。

20 世纪 60 年代，世界上一些科技发达的国家（主要是美国与苏联）掀起了一场教改试验的热潮。这一改革的热潮除有政治原因外，主要跟当代信息革命有关。众所周知，人类面临着一种新的社会形势，即由于计算机的出现与不断更新，引起了科技的迅猛发展及知识量的急剧增长。它要求人们，特别是未来的一代具有适应信息化社会与创造生活的更大能力。然而，学校教育仍然按部就班地让学生过分依赖教师去掌握零散而易老化的知识，而不大重视智力的发展，用这种老办法培养出来的人势必难以应付未来生活的挑战。解决这种矛盾的办法之一是进行教学改革。教学改革的核心正如当时所提出的口号，叫做“教会学生学习与思维”。引起人们注意与深思的是，这场教改的主要倡导者与试验者，如美国的布鲁纳（T. S. Bruner）和苏联的赞可夫（Д. В. Занков）都是教育心理学家。

布鲁纳的主张称做“课程改革论”。其主要内容是：第一，任何教学必须使学生掌握该学科的基本结构，即基本的原理、概念、规律与体系，形成并发展其认知结构。他引用心理学的规律指出，知识的概括水平越高，就越有利于迁移与运用；知识越简要，就越有利于记忆与检索。第二，任何学科的基础知识都可以用适合儿童年龄特点的方式及早地教给儿童，使他们有学习的准备。第三，提倡发现法，大力发展学生的创造性思维。第四，培养与激发学生的学习兴趣，靠内部诱因支持学习。

赞可夫进行了“教学新体系”的实验。他认为，“如果学生主要是死背教材而很少对它进行思考，那么这样的积累知识对于形成世界观是未必有任何益处的”；“无论学校的教学大纲编得多么完善，学生在毕业后必然会遇到他们所不熟悉的科学上的新发现和新技术……只有具有一定的品质，有较高发展水平的人，才能更好地应付这种情况”。他坚信“在儿童的发展上可以取得比现在更大的效果”，但必须对教育体系进行根本的改革；而教改的目的就是使教学在最大限度上促进学生的观察力、创造性思维能力、实际操作能力以及情感、意志、性格的发展。为此，他进行了长达十几年的教改实验，并根据实效提出了五条与教育心理有关的原则。第一，以高难度进行教学的原则。应当向学生提供有可能理解、能满足于求知欲而又有一定难度的教学内容，同时引导学生通过努力去克服障碍加以掌握。只有这样，才会调动学生思维的积极性与精神力量，并促进智力向“最近发展区”前进；否则，智力、情感与意志将由于缺乏锻炼而衰退。第二，以高速度进行教学的原则。高速度，是指把浪费在反复咀嚼或单调地重复已知材料上的教学时间用来讲清概念，学生懂了就往下进行，让学生在学习新课或使用中自然而然地记住该记的材料，或通过观察，思考与争论去加速扩大知识面。学生有了知识的广度，就有可能更好地去把握事物的联系，形成概念的体系，从而也就更深刻地理解与更加巩固地记住各种知识。第三，理论知识起主导作用的原则。尽管感性知识、经验是人类认识的出发点，但教材与教学不能使学生只停留在这一认识水平上，或去重复人类认识事物的漫长过程，而应当引导他们通过抽象思维迅速形成各种事物的概念与概念体系。学生一旦有了这种概括的结构，就能通过迁移或有意地运用它们去理解其他领域的现象，出现举一反三或科学论证的能力。第四，使学生理解学习过程的原则。调动学生学习的自觉性与积极性，不仅要使学生了解学习的目的、意义，而且应当使他们意识到各学科合理的学习过程，即教会学生怎样学习。第五，使所有学生(包括差生)都得到发展的原则。一般说，优等生中能力属于高水平的较多，而差等生的能力也并非都是低的，即使是低的，经过教学工作，特别是针对他们的心理特点在发展上下工夫，也同样可以促使其进步。所以，任何教改必须致力于使每一个学生都能在发展上尽其最大的可能性，取得最大的成果。

当前对教育改革影响最大的是建构主义思想，他们对学习和教学作了新的解释，这是学习和教学理论在心理学家杜威、维果斯基、皮亚杰和布鲁纳等的思想基础上的又一次大综合和大发展，是为改革传统教学而进行的又一次大胆尝试。学生是自己的知识的建构者，这正是其主体性的内在根据。学生的主体性不是我们仁慈地赋予他们的，而是他们作为学习者天生具有的，只有认识了学习的建构性才能真正认识到学生的主体性所在。建构主义教育思想和主张对我国当前的基础教育改革产生了巨大影响。

上述教改的试验与主张，其成败得失还有待于进一步总结与评价，但给人以启发的是:教改势在必行,提出教改方案必须有心理学的依据,而心理学本身也会在教改试验的问题研究中获得进一步发展。我们国家也正在进行基础教育课程改革,教育工作者想要在这方面作出贡献,就应当学习心理学并结合教改开展心理学的研究。

四、师范生学习心理学的意义

心理学与教育教学关系密切,从宏观的教育思想到微观的教育手段,从学生的学习到教师的教学,从学生良好品德的形成到教师自身的专业发展,教育中的每一个环节几乎都离不开心理学的参与。作为未来的教师,掌握必要的心理学知识对其未来从事教师教育工作以及自身的健康发展均具有十分重要的意义。

(一)掌握必要的心理学知识是师范生未来从事教育教学工作的必要条件

教师的知识结构是教师顺利从事职业的前提条件和基础。一般认为,教师的知识结构由四个方面构成:即学科专业性知识、条件性知识、实践性知识和文化知识。其中,条件性知识主要是指教师所具有的教育学和心理学知识。它是关于教师"如何教"的知识,具体表现为教师关于学生如何发展的知识、关于教与学的知识和关于学生评价的知识,它能够对学科专业性知识的教授起到一个理论支撑作用,是教师从事教育教学工作的重要保障。作为一名教师,对所教学科拥有较多的知识,只是解决了教什么的问题,而掌握了心理学的原理和方法,则有助于解决如何教和怎样教得更好的问题。师范学生将来的教学对象主要是处于儿童青少年阶段的中小学生,对儿童青少年心理发展特点和规律,如认知发展特点、情绪情感发展特点、人际关系发展特点等的学习和了解,有助于教师根据不同年龄阶段学生的心理发展特点恰当使用和及时调整教育教学手段或策略,从而使教育教学工作达到预期的目标。同时,师范生通过掌握心理学的知识和理论,有助于将来从心理学的角度分析、研究和解决教书育人过程中出现的其他各种问题。

教师担负着教书与育人的双重任务。要培养学生健康人格和良好的品德,教师必须了解学生人格和品德形成与发展的规律。当代心理学研究所提出的关于个体人格和品德形成与发展的基本原理、规律是学校实施思想品德教育的重要理论基础,同时也能够为检验学校德育的实效性和科学性以及学生品德的评定提供具体的科学指导和依据。

(二)学习心理学有助于师范生更好地适应大学生活,促进其身心健康发展

根据当代心理发展理论,处于青年初期的大学生,正面临着向成人过渡的时期,其发展仍具有过渡性的特点。一方面,大学生在生理上已经完全发育成熟,其认知能力已经进入皮亚杰所提出的形式运算阶段,并且出现了辩证思维能力,思维的各种品质,如灵活性、深刻性、独特性和系统性等已经达到成人水平。另

一方面，大学生还没有真正进入成年期，他们还没有完全拥有成年人的地位与特权，在经济上没有实现独立而主要依赖父母和家庭的支持，没有稳定的工作。在一些重大问题上他们还不能作出完全独立的决策，通常要听取父母、老师或者其他成年人的意见，其生活还存在多方面的不确定性。

与此同时，大学生面临着一系列新的发展主题，包括专业知识的学习，寻找和确定未来的职业道路，选择伴侣并发展亲密关系，确立自己的价值观，等等。在自我方面，大学生也需要对以前形成的重要认同进行反思和筛选，并将它们整合到一个新的同一性结构和自我系统之中，从而建立起稳定的自我同一性。这些都是大学生面临的新任务甚至是挑战。特别是近年来，我国社会处于一个剧烈的转型时期，社会竞争加剧，生活中的不确定因素增加，大学生面临的挑战与压力也在不断增加，大学生心理健康问题已经引起社会各界的广泛关注。因此，如何积极适应大学阶段的学习生活，有效地应对专业学习、日常生活以及个人发展中遇到的困扰与问题是当前大学生面临的一个重要问题。通过心理学的学习，掌握人的心理活动特点和规律，有助于大学生深入地认识自己、了解他人，学会自我调节的方法，提高自身的心理素质，更好地应对自己大学生活中的挑战和任务，从而实现个人在专业学习和其他方面的更好发展。

此外，大学阶段是系统学习专业知识，培养和发展专业创造力的重要阶段。大学生要在学业上取得成功，不仅需要主观上勤奋与努力，还需要掌握科学的学习方法和策略。学习心理学，有助于大学生更深入地掌握学习的规律与特点，获取有效的学习以及创造性解决问题的策略和方法，提高学习能力与效率，培养和发展自己的创造力。

第二章　注　意

注意,人们给它"心灵的组织者"的美称,是因为它是一切心理活动的窗户,没有它,知识的阳光就照不进人的心灵。注意是人类进行各项活动的基本前提,它对于人们的学习或工作起着至关重要的作用,无论做什么事情,只有集中注意力,才可能取得成效。否则,将事倍功半,甚至功亏一篑。

第一节　注意概述

一、注意概念

(一)什么是注意

在纷繁复杂的大千世界中,每一瞬间都有无数的刺激作用在人的身上。如果人对每一个刺激都要作出反应,那就一定会变得手忙脚乱、六神无主、一事无成,最终瘫痪在招架不住的环境之中。在同一时间内,人只能注意少数的对象,而不能注意所有的对象。由于心理活动对一定对象的指向和集中,这些少数的对象就被清晰地意识到,而同时存在的其他对象,或者没有被意识到,或者意识得比较模糊。注意总是心理活动对某些对象的集中,同时也是心理活动从其他对象上的离开。因此,注意是心理活动对一定对象的指向和集中。人处于注意状态时,其心理活动总是指向于一定的对象:或者感知着某种对象,或者回忆着某件往事,或者沉思于某个问题,或者想象着某种形象。在某一瞬间内我们的心理活动有选择地朝向于一定的对象,就显示出通常所谓的注意状态。在注意时,不仅心理活动指向于一定的对象,而且集中于一定的对象。注意的集中性可以用心理努力的程度来表示。这可以有两种情况:一是在同一时间内各种有关的心理活动共同集中于一定的对象;二是同一种心理活动不仅指向于一定的对象,而且维持着这种指向,使活动不断地深入下去。因此,无论是各种有关的心理活动的指向和集中都是一个人的注意状态。注意的对象既可以是外部世界的对象和现象,也可以是我们自己的行动、观念或内心状态。

注意是智力活动的基础,是有效地进行学习和劳动时所不可缺少的条件,良好的注意力可提高我们的工作、学习效率。如果没有注意,那么我们就会"视而不见、听而不闻"。苏联教育家乌申斯基十分强调注意在教学中的作用,他说:

"注意正是那一扇从外部世界进入到人的心灵之中的东西所要通过的大门。"所以,注意在人的心理活动中起着重要的作用,在人的实践活动中有着重要意义,注意保证了人对事物更清晰的认识和作出更准确的反应,因而是人们获得知识、掌握技能、完成各种智力操作和实际操作的重要心理条件。各种实践活动,往往都是在良好的注意状态下才能完成,特别是在教学活动中,能否集中学生的注意,是提高教学质量的前提。

(二)注意的基本特征

注意的指向性和集中性是注意的两个基本特征。

1. 注意的指向性

注意的指向性是指心理活动从众多的事物中选择出要反映的对象。人在觉醒的时候,周围发生的事物种类繁多,有的是注意主体感兴趣的事,有的是注意主体不感兴趣的事。在同一时间,人们对外界事物反映的数量是有上限的,也就是说人的心理不能同时反映周围的一切事物,只能选择一定的事物作为反映的对象。例如,"两耳不闻窗外事,一心只读圣贤书";我们在看电影时,只对影片的主要情节加以反映,而对一些不影响我们理解故事情节的细节忽略不计;在思考问题时,我们也只对有助于解决问题的信息加以反映,而不对那些无关信息反映。被指向的事物是注意的中心,人们对它的反映比较清晰、鲜明,其余事物则成为注意的边缘或注意的背景,从而被人们所忽略。

2. 注意的集中性

注意的集中性是指心理活动倾注于所选择对象的稳定和深入程度。聚精会神、全神贯注、专心致志等都是注意集中性的表现。比如,医生在做复杂的外科手术时,他的注意高度集中在病人的病患部位和自己手术动作上,与手术无关的其他人和物,便落在了他的意识中心之外。因此,如果说注意的指向性是指心理活动朝向哪个对象,集中性就是指心理活动在一定方向的强度或紧张度。心理活动的强度越大,紧张度越高,注意也就越集中。

人在选择某一事物作为注意的对象时,就包含了指向和集中这两个方面,因此,指向性和集中性是密不可分的。指向性是集中性的前提和基础,没有指向就谈不上集中,而集中性又是指向性的体现和发展。当注意的对象发生转移或变化时,指向性体现明显;深入研究某一事物时,集中性体现明显。

(三)注意的外部表现

人在集中注意于某个对象时,常常伴随有特定的生理变化和外部表现。注意最显著的外部表现有下列几种。

1. 适应性运动

人在注意听一个声音时,把耳朵转向声音的方向,即所谓"侧耳倾听";人在注意看一个物体时,把视线集中在该物体上,即所谓"目不转睛";当人沉浸于思考或想象时，眼睛朝着某一方向“呆视”着，周围的一切变得模糊起来，而不致分散注意。

2.无关运动的停止

当注意力集中时，一个人会自动地停止与注意无关的动作。最典型的例子是，当学生注意于教师的讲课时，他们会停止做小动作或交头接耳，表现为异常的安静。

3.呼吸运动的变化

人在注意时，呼吸变得轻微而缓慢，而且呼吸的节奏也改变。一般说，吸得更短促，呼得更长。在注意紧张时，还会出现心跳加速、牙关紧闭、握紧拳头等，甚至出现呼吸暂时停歇的现象，即所谓“屏息”。

4.神态特殊

当注意集中时，还常常伴有某种特殊的表情动作，如握紧拳头、牙关紧咬、两眼呆视、如痴如醉等。特别是面部表情有比较明显的变化，眼神、口型、眉毛与眼角等都表现出特定的形态。

注意的这些外部表现，为判断和研究人的注意提供了客观指标。比如在课堂上，有经验的教师根据学生的外部表现，可以判断出学生是否在注意听讲。曾有人把课堂上学生注意的外部表现归纳为以下六种类型：

(1)集中型：鸦雀无声、目光有神、全神贯注、听得入迷；

(2)疑惑型：情绪紧张、眉头紧锁、疑虑重重、焦虑不安；

(3)活跃型：发言积极、思维活跃、气氛欢快、议论纷纷；

(4)顿悟型：群情振奋、豁然开朗、眉飞色舞、喜笑颜开；

(5)厌倦型：心烦意乱、死气沉沉、东倒西歪、昏昏欲睡；

(6)松散型：漫不经心、松松垮垮、东张西望、交头接耳。

教师根据学生的这些表现，可以采取相应的措施，调节自己的教学，吸引学生的注意。值得注意的是，注意作为一种内部心理状态，它和外部行为之间并不总是一一对应的。如在课堂上，学生可能用眼睛盯住教师，装出一副认真听讲的样子，而实际上，他的注意全然不在教师讲课内容上，而指向与教学无关的其他事物，“小和尚念经，有口无心”，有经验的教师应能加以识别。

二、注意与心理过程

注意本身不是心理活动过程，因为它没有自己特定的反映对象和内容。注意是伴随心理过程而存在的心理特征，它总是在感觉、知觉、记忆、想象、思维、情感、意志等心理过程中表现出来，是各种心理过程所共有的特性，它不能离开一定的心理过程而独立存在。教师在教学中常提醒学生“注意了”、“请注意”，好像注意本身有反映的内容一样，其实这里教师只是把注意所指向和集中的心理过程内容,如注意听讲、听回答,注意看板书、看课文,注意记字形,注意想问题等省略了。注意虽不是独立的心理过程,但任何一个心理过程自始至终都离不开注意,注意是各种心理过程的共同特性,任何感知、记忆、思维等心理活动,如果没有注意的参与就无法进行下去。只有注意"听"、"看",才能够从外界获得、加工信息,才能听得见、看得见。

三、注意的功能

注意从其发生来说是有机体的一种定向反射,当这种反射产生时,大脑皮层形成一个优势兴奋中心,它使人对一定对象产生清晰的反映。大脑皮层上的注意神经元和定势细胞的反应活动是某些注意现象产生的生理基础。额叶在高级注意(如人特有的有意注意)中起着决定作用。人类由于有第二信号系统不仅使人的注意带有有意性的特点,而且使注意得以较长时间地、自觉地予以维持。脑干网状结构在注意中起着重要作用,它使大脑皮层和整个机体保持觉醒状态,使注意成为可能。注意的功能有:

(1)选择功能:选择重要信息,屏蔽无关信息。客观世界是纷繁复杂的,它向人们提供了大量的刺激,这些刺激有的对人很重要,有的不那么重要,有的则毫无意义,甚至会干扰当前正在进行的活动。人要正常的生活与工作,就必须选择那些有意义的,符合人的需要,与当前活动有关的信息进行反映,而排除无关刺激的干扰。人脑的这种选择有用信息、排除干扰的功能,就是注意的选择功能。

(2)保持功能:保持对象处于意识中心,保证深加工顺利进行。人只有在这种持续状态下,使注意对象的映象或内容在意识中保持下来,才能进行进一步的加工、处理,以得到清晰、准确的反映,直到达到活动目的为止。在一定时间内,注意维持着活动的顺利进行。

(3)调节和监督功能:调节和监督心理和行为的进行。在同一种活动中,注意的调节功能表现为,它可以排除和抑制来自内部和外部的干扰,调节心理活动朝着一定的方向或目标更顺利、有效地进行。当人们从一种活动转向另一种活动时,注意也起了重要的调节作用。只有在注意的调节之下,才能完成活动的转变,并顺利地执行各种新的任务。

四、注意的分类

根据注意的目的性和维持注意是否需要意志努力,可以将注意分为无意注意、有意注意和有意后注意。

(一)无意注意

无意注意是事先没有预定目的,也不需要付出意志努力的注意,又称不随意注意。无意注意无预定目的，自觉性较差，保持时间较短，但人在无意注意状态下消耗精力少，不容易疲劳。无意注意主要是由周围环境的变化引起的，当周围环境中出现了某种新异的刺激物，人就自然地把注意指向这种刺激物，并试图认识它。例如，在安静的教室里，突然一个同学的铁皮文具盒掉在地上，大家都会不由自主地向他望去。刺激物的强度对于引起无意注意具有重大作用。强烈的刺激物，如强烈的光线、巨大的声响、浓郁的气味，都容易引起无意注意。

无意注意虽然主要是由外界刺激物引起的，但是也决定于人本身的状态。同样的一些客观事物，由于感知它们的人的状态不同，就可能引起一个人的注意而引不起另一个人的注意。这首先是由人们的需要、兴趣和对那个事物的态度决定的。一切事物，如果它们跟满足需要有关，如果它们跟人的兴趣相符合，如果人对它们抱有积极的特别是富有感情的态度，那么，它们就很容易成为无意注意的对象。人的心境对无意注意也起着很大的作用，它在很大程度上决定着什么事物容易引起注意。疲劳或精神健旺的状态也对无意注意有重大的影响。一个人在过度疲劳的情况下，常常不能觉察到那些在精神健旺时很容易引起注意的事物。人在精神健旺的状态下最容易对新鲜事物发生注意，注意也能持久。

（二）有意注意

有意注意是事先有预定目的，需要付出意志努力的注意，又称随意注意。例如，学生按教师的要求比较两种相似植物的特点时所表现出的注意，就是有意注意。有意注意事先有预定目的，自觉性较好，保持时间较长，但人在有意注意状态下消耗精力多，很容易因疲劳导致注意分散。

人的这种有意地集中和保持注意的能力，是在劳动过程中逐步发展起来的。假若人没有这种能力，要实现持久的、有组织的劳动活动是根本不可能的。有意注意是人类所特有的一种心理现象。第二信号系统是有意注意的支柱。因为有第二信号系统的参与，人们就能很轻松地以“词”为中介并按照一定的任务来确定自己的活动。这时人的心理活动的指向和集中作用，即使在当前没有具体事物存在的情况下，也能够借助“词”而实现。

有意注意的集中和保持，即便在有干扰的情况下也是可能的。这些干扰因素可能是外界的刺激物（如分散注意的无关声音、强烈的光线等），也可能是机体的状态（如饥饿、渴等），更可能是一些无关的思想和情绪等。这些来自外界的和机体内部的刺激有的有助于有意注意的集中和保持，有的则是需要克服的干扰刺激。因此，必须采取一些特别的策略来把注意保持在需要完成活动（任务）所要求的事情上，同时还必须消除或减少外界无关刺激物的影响。个人爱好和兴趣，尤其是那些稳固的兴趣也支配着有意注意，而注意和兴趣的关系常是间接的。人对于活动的直接结果的认识也有助于注意的保持，对任务的理解和完成任务的愿望对保持有意注意起着重要作用。

（三）有意后注意

有意后注意是事先有预定目的，但不需要付出意志努力的注意。有意后注意是心理活动对个体认为有意义或有价值的对象的指向与集中，是在一定的条件下由有意注意转化而来的。它的形成有两个条件：一是要对活动有浓厚的兴趣；二是活动的自动化。有意后注意是一种高级的注意，具有高度的稳定性，是人类从事创造性活动的必要条件。有意后注意先有预定目的，自觉性较好，可以长时间坚持。人在有意后注意状态下消耗精力较少，不容易疲劳，工作效率高。生动、有趣的教学内容和引人入胜的教学方法是引起并保持有意后注意的最有效的条件。

无意注意、有意注意和有意后注意在实践活动中是紧密联系的。有意注意可以发展为有意后注意，而无意注意在一定条件下也可以转化为有意注意。例如，开始时，人们从事某项活动只是由于它本身有趣；后来，人们逐渐认识到它对工作、生活的重要性，便自觉地、有目的地去从事该活动，并克服一定的困难，使活动坚持下去，这时无意注意就转化为有意注意。如果人们对该活动有浓厚兴趣，并形成自动化行为，就转化为有意后注意。

第二节　注意的规律及理论

一、注意的基本规律

（一）无意注意的规律

引起无意注意的原因很多，概括起来有两个方面：一是客观刺激物本身的特点；二是人的主体状态。

1. 客观刺激物的特点

（1）刺激物的奇特性。刺激物的奇特性是引起无意注意的最重要的原因。所谓奇特性是指刺激物的异乎寻常的特性。它又分成绝对奇特性和相对奇特性。绝对奇特性是指人们从未经验过的事物及其特征。例如，新来的同学，天空的彩虹，大街上刚出现的比较特别的广告，这些都容易引起人们的注意。相对奇特性是指刺激物特性的异常变化或各种特性的异常结合。例如，同班同学换了个发型、穿了件新衣，这类异常的变化也能引起我们的无意注意。

（2）刺激物的强度。强烈的刺激物，例如，一声巨响、一道强光、一种浓烈的气味，都会不由自主地引起人们的注意。不仅刺激物的绝对强度能引起人的注意，刺激物的相对强度在引起无意注意上也有重要的意义。例如，夜晚，周围很静，这时候房间内时钟的滴答声，或者邻居在房内的走动所导致的响声，都能引起我们的注意。而在白天周围环境噪声的掩盖下，这些微弱的声音就不为人们所注意。

(3)刺激物与衬托背景的关系。在静止的背景下,变化着的刺激物和活动着的刺激物容易引起人的无意注意。例如,夜空中的流星,迎面飞来一块石头,都会吸引我们的注意。对象的运动不仅指连续的运动,也指断续的运动。例如,天空中一闪一闪的星星,夜晚一明一暗的霓虹灯,都很容易引起人们的注意。

(4)刺激物之间的对比关系。刺激物在强度、形状、大小、颜色和持续时间等方面与其他刺激物差别显著时,就容易引起人们的无意注意。例如,“鹤立鸡群”,“万绿丛中一点红”,教师用红笔批改作业等,就体现了这一规律。

2. 个体的心理状态

无意注意虽然主要是由外界刺激物引起的,但也取决于人本身的状态。同样,一些刺激物,由于感知它们的人本身的状态不同,可能引起一些人的注意而不会引起另一些人的注意。属于人本身的状态有以下几个方面。

(1)需要和兴趣。凡是能够满足人的需要,符合人的兴趣的刺激物,往往容易成为无意注意的对象。例如,建筑师在旅游的过程中,比较容易被各式各样的建筑物所吸引,而对乒乓球有浓厚兴趣的人则会经常关注乒乓球比赛的消息,这就是由于他们职业和兴趣需要的缘故。

(2)个体的情绪和精神状态。人的情绪常常会影响人的注意。如果一个人心情比较好,那么即使平时不容易引起注意的事物,这时也容易引起他的注意;相反,如果一个人比较忧伤的话,那么平时容易引起注意的事物,这时也不容易引起他的注意。人当时的精神状态对无意注意也有重大影响。人在过度疲劳、瞌睡时,许多平时容易注意到的事物,这时也不易察觉;但当人处于精神饱满状态时,注意的水平就会明显提高。

(3)个体的知识经验。新异刺激容易引起人们的注意,但如果新异刺激不为人们所理解,它仍然引不起人们的注意。例如,野外一块古老的瓷片能引起考古学家的注意,却引不起没有考古知识的人的注意。

(二)有意注意的规律

有意注意的引起和维持是一系列心理因素共同作用的结果。

1. 对目的、任务的理解

有意注意是有预定目的的注意。人们对活动的目的、任务的重要意义理解得越清楚,对完成任务的愿望越强烈,那么与完成任务有关的一切事物也就越能引起和保持人的有意注意。例如,学生上课前进行预习,事先了解一节课要讲的内容,知道哪些地方自己没有看懂,那么听课的时候,就容易产生有意注意,就能更有效地在课堂上选择信息。

2. 活动的合理组织

在明确活动的目的、任务的前提下,合理地组织活动,有助于集中有意注意。

(1)智力活动与实际操作相结合,有利于引起和保持有意注意。例如,在阅读有一定难度的科学论文时,边读边做笔记,就有利于注意长久地保持而避免注意的分散。

(2)提出问题,有利于加强注意。问题提出来了,任务就明确了,人们为了回答这些问题就必须关注有关这个问题的事情。在课堂教学过程中,教师适当地向学生提些问题,这样不仅可以检查学生对知识的掌握情况,而且对学生集中和保持注意有着重要作用。

(3)提出自我要求,有助于集中注意。根据任务的需要,经常暗示自己"一定要专心,不要走神儿",这样就可以起到集中注意的作用。

3. 稳定的间接兴趣

间接兴趣是引起和保持有意注意的重要条件之一。所谓间接兴趣,是指对活动结果的兴趣。间接兴趣越稳定,就越能对活动的对象保持有意注意。例如,人们开始学习外语时,常常觉得记单词、学语法非常枯燥、乏味;但当学习者认识到掌握了外语这一工具后,可以很好地吸收外国先进经验,与外国朋友进行交流,他就能够努力克服困难,专心致志地学习外语了。

4. 坚强的意志力

有意注意不仅在没有干扰的情况下进行,有时在有干扰的情况下仍然要求坚持进行,这就需要用坚强的意志排除干扰,才能维持有意注意。对注意的干扰,可能是外界的刺激物,也可能是机体的某些状态(如疲劳、饥饿、疾病等),还可能是一些无关的思想和情绪等等。人们如果想集中注意,除了采取一定的措施排除干扰外,还要用坚强的意志与干扰作斗争。这样既能锻炼意志,又能培养有意注意。

(三)有意后注意的规律

有意后注意形成的条件有两个。

1. 个体对活动浓厚的兴趣

个体对活动的兴趣是维持注意的动力,个体对活动的兴趣越浓厚,维持注意所需要付出的意志努力则越小。例如,你在对心理学没有兴趣时,学习心理学需要付出艰苦的意志努力,这时的注意是有意注意;当你对心理学产生了兴趣时,心理学的书籍、杂志很容易引起你的注意,你无须付出意志努力就能保持自己的注意,这时的注意就是有意后注意。

2. 活动的自动化

活动的自动化可以大大减轻个体监控活动所需要的精力,活动的自动化程度越大,维持注意所需要付出的意志努力则越小。例如,骑自行车活动中的注意就是一种有意后注意。平时我们在骑自行车时,很少付出意志努力,这是因为骑车已成了自动化的活动。

二、注意的理论

（一）过滤说

英国布罗德本特（Broadbent，1958）最先提出注意的过滤器理论。该理论的基本假设是，信息加工受通道容量的限制。来自外界输入的信息是大量的，但是人的神经系统高级中枢的加工能力是有限的。为了避免系统超载，就需要过滤器加以调节，选择出一些信息进入高级分析阶段，而其余的信息则迅速衰退。通过过滤器的信息受到进一步的加工而被识别或存储。这种过滤按“全或无”的方式进行工作，一个通道通过信息同时就关闭其他通道，当环境需要的时候，过滤器又转换到另一个通道，使有关信息通过，同时阻断其他通道，不让信息通过。

布罗德本特用过滤器模型对注意是这样解释的，但这种理论无法解释人对有意义材料的信息加工和注意分配等现象，因为布罗德本特的过滤器是按“全或无”的原则进行工作的。

（二）衰减说

衰减说理论由特雷斯曼（A. M. Treisman）提出的。该理论认为，当外界输入的信息通过过滤装置时，被注意或被追随的信息能完全通过，不被注意或非追随的信息也能通过，只是在强度上出现衰减。该模型指出，不同刺激类型的激活阈限是不同的，对个体有重要意义的信息，例如自己的名字、危险信号等的激活阈限低，容易被激活，从而接受进一步的信息加工（见下图）。

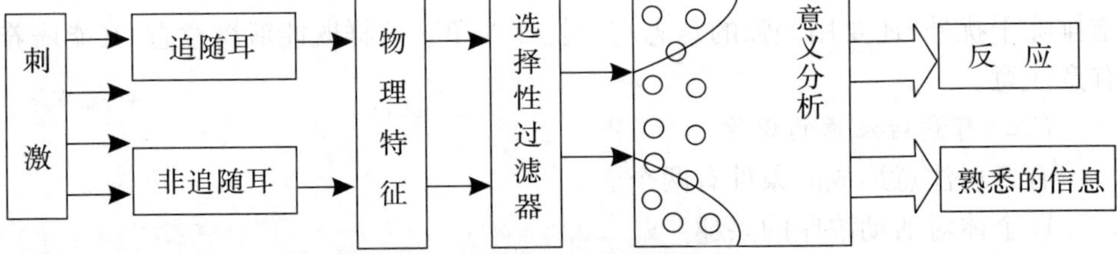

注意衰减器信息加工模型

对于注意的过滤装置的具体作用，罗德本特的理论和特雷斯曼的理论有不同的观点，前者认为它起到瓶颈的作用，而后者认为它发挥衰减的作用。上述两种理论还对外界刺激信息的选择的作用各自保留自己的意见，前者认为选择主要依据刺激的感性特性进行，而后者认为依据言语选择，同时还包括对刺激的语义特性的分析。

（三）完全加工说

这种学说认为，对信息的选择是发生在模式识别之后，人们能够不受限制地同时对大量信息进行分析，而人类信息加工受阻则在于个人不具备记住这种分析结果的能力。因而,堵塞是一种记忆堵塞,而不是对信息加工的堵塞。

(四)智源限制说与资料限制说

智源限制理论把注意看做心理智源,认为对输入进行操作的智源在数量上是有限的。如果一个任务没有用尽所有的智源,那么注意就可以指向另外的任务。注意的有限性不是过滤器作用的结果,而是从事操作的智源的有限数量所决定的。

资料限制说认为,当执行某项任务时不是受智源的限制,而是由资料的质量问题所造成的。如果输入的资料较差,即使再加上一些智源,也不能改善作业成绩。如要被试在有噪音的房间里觉察一种音调,这就是资料限制任务。

显然,智源限制理论可以解释许多实验结果,而且这一理论不涉及信息加工阶段的分析,因此也不必要问在加工序列的哪个阶段有过滤器。这个理论的最大缺陷是不能作出预测。

第三节　注意与教育

一、中小学生的注意品质

(一)注意的品质

注意的品质也称为注意的特征。注意有一系列的品质特点,其中最重要的有广度、稳定性、转移和分配。

1. 注意的广度

注意的广度也称为注意的范围,指在同一时间内能清楚地把握对象的数量。我们所说的"一目十行"指的就是注意的范围问题。

影响注意广度的因素主要包括两个方面:一是对象的特点,对象越集中,排列越有规律,注意的广度也就越大;二是个体经验和心理状态,个体对自己熟悉的事物注意范围大,心情处于紧张状态下注意范围小。

2. 注意的稳定性

注意的稳定性是指对一定的事物或是一类活动注意所能持续的时间。这是注意在时间上的特征。注意的稳定性也有广义和狭义之分。广义的稳定性是指注意保持在一类活动上的时间的长短。我们知道,人在注意时,并非总是指向一个对象,而是指向于所有有利于任务(活动)完成的事物。狭义的稳定性是指保持在同一对象上的注意所持续的时间。人把注意长时间指向和集中于同一对象是非常困难的。注意的稳定性与人的主体状态和对象的特点有关。

从事的活动的意义对自己越大,对活动的兴趣越浓,并抱有积极的态度,则注意的稳定越持久。一个越善于与困难作斗争的人,其心理活动指向和集中在对象(活动)上越容易。与注意稳定相反的状态是注意分散,即分心。影响注意稳定性的重要因素有:①是否有明确的任务;②是否进行积极的思维活动;③注意的对象是否内容丰富;④活动的方式是否多样化;⑤个体的情绪和身体状况等。

3.注意的转移

注意的转移是人们根据新活动、新任务,及时、有意地调换注意对象,即把注意从一个对象转移到另一个对象上去。注意转移的难易和快慢,主要取决于原来注意的紧张度、前后活动的关系、个人的兴趣和情感强弱、个体的神经类型及已有的习惯等因素。一般来讲,如果原来注意的紧张度高、前后活动关系不大、人们依恋并沉浸于前一活动或新注意的对象不大符合自己的情感需要和兴趣,注意的转移就困难;反之,就较容易。

值得一提的是:分心和注意转移是两个截然不同的概念。分心是注意被无关刺激从当前需要注意的事物中引开,而注意的转移是根据任务(活动)的需要,主动地把注意从一个事情上转向另一个任务(活动)上。

4.注意的分配

注意的分配是指个体的心理活动同时指向不同的对象的特点,也就是通常所说的“一心二用”。在现实生活中,许多活动要求我们同时做两件以上的事情。例如,教师在讲课时,一边讲授,一边板书或操作电脑,一边要观察学生的情况并及时调整教学活动。

注意的分配是有条件的。通常来说,人很难同时完成两件要求高度集中注意的事情。人们能否实现注意的分配,主要取决于活动的熟练程度。如果同时进行的多项活动中只有一项是不熟悉的,其余活动都已达到“自动化”或“半自动化”的程度时,注意就能较好地分配到这一项活动中来。

二、中小学生注意的发展

学生注意的发展主要表现为个体在注意的目的性、注意的广度、注意的稳定性、注意的分配、注意的转移等方面的发展。

(一)注意目的性发展的特点

在教学的影响下,中小学生注意的目的性不断提高,其具体表现是有意注意日益在学习活动中发挥重要作用。

学前儿童做事情时心不在焉的现象很突出,其原因是学前儿童主要依靠无意注意来调节行为,有意注意水平极低。在小学低年级阶段,无意注意仍占优势,中年级以后才逐渐形成有意识地保持注意的习惯。初中生同小学生相比,有意注意有了较大的发展。在学习中,他们的有意注意起着重要作用,能按教学要求使注意指向和集中在学习内容上,保持注意的时间也比小学生长些。但是,无意注意仍有一定的作用,体现为对客体的直接兴趣以及客观对象的鲜明特点对他们仍然具有强烈的吸引力。进入高中阶段,有意注意已占主要地位,他们能够有意地调节和控制自己的注意,使之指向和集中于需要学习的事物。有些学生有钻研精神,能高度集中注意,搞好学习,克服困难。这样就为中学生系统掌握知识提供了很好的条件。

(二)注意稳定性发展的特点

中小学生注意的稳定性不断增强。学生注意的持续时间随年龄增长而延长,年龄越小,注意在一定对象上的时间也越短。

据有关研究材料统计,5~7岁儿童聚精会神地注意某一事物的时间平均是15分钟,7~10岁是20分钟左右,10~12岁是25分钟左右,12岁以上是30分钟左右。在中学阶段,随着学生自制力的发展,初中生已经能较长时间稳定地集中注意于某项活动和某个内容,他们的注意保持45分钟已无困难。因而课堂教学就不需要再像小学生那样,在一节课内变换几种教学形式和方法,只用某种适当的教学形式和方法,也能完成教学任务,保证教学效果。但在初中阶段,学生的情绪仍有冲动的特点,有时也难控制自己的注意,在一些学生中还有分心走神的毛病。注意的稳定性到高中阶段增长的速度逐渐缓慢,这可能与高中生注意稳定性趋于成熟有关。

(三)注意广度发展的特点

随着年龄增长,中小学生注意的广度在不断扩大。中学生注意的范围比小学生有了长足进步。据研究,小学生在0.1秒内只能看到2~3个客体,初中生就能看到4~5个客体,而高中生则已达到成人的水平了,能看到4~6个客体。例如,中学生阅读适合自己程度的读物时,可以达到很快的速度;在观察直观教具时,既能知觉教具的整体,又能抓住主要特征。

(四)注意分配能力发展的特点

随着年龄增长,中小学生注意的分配能力也在不断发展。总体来说,小学生的注意分配能力还较低,难以同时兼顾两件事情。初中低年级学生在注意分配时也会出现顾此失彼现象,注意了抄写就忽略了听讲。初三以上的学生由于各种技能技巧的稳定性有了提高,才使注意分配能力逐渐向较高水平发展。高中生在学习过程中能够根据不同活动的性质和任务,较好地分配自己的注意。例如,高中生既能听讲,又能抄写;既能注意教师讲解的主要问题,又能注意问题的前后联系。这种有机结合,说明高中生的注意分配能力已日趋成熟。

(五)注意转移能力发展的特点

中小学生注意转移能力的发展相对来说要缓慢得多。一般而言,小学生注意转移能力很差。初中低年级学生的注意转移也还有一定的困难。随着经验的积累日益丰厚,智力得到良好的训练和发展,心理活动的有意性逐渐增强,高中生注意转移能力才得到较快发展，大多数学生能自觉地根据活动任务把注意从一种对象转移到另一种对象上。

三、中小学生注意力的培养

注意是学习活动中最重要的心理条件。许多学习成绩不理想的学生存在一个共同的缺点，就是注意力涣散，表现为漫不经心，懒懒散散，粗心大意。因此，培养中小学生的注意力非常有必要。这应从以下几个方面着手。

（一）培养间接兴趣

兴趣和注意有密切的关系，它是培养注意力的一个重要的心理条件。对于有兴趣的事物，就会在大脑皮层形成优势兴奋中心，使注意力高度集中，使人记忆敏锐、思维活跃，对所学内容能清晰地反映；相反，没有兴趣，就会对事情漠然置之，很难集中注意力。

间接兴趣是引起和保持有意注意的重要条件之一。有时活动本身缺乏吸引力，但活动的目的与结果使人感兴趣，为了完成活动任务，活动本身则成为有意注意的对象。因此，为了引发学生学习的间接兴趣，教师在一门课开始时应阐明本门课的学习意义和重要性，让学生明确认识到本学科知识对他们所具有的价值，以引起他们对学习结果的兴趣，从而调动他们对该门课学习的积极性，来唤起他们的注意。

（二）养成良好的学习习惯

良好的学习习惯有助于提高注意力。首先，要使学生养成力图把握重点的学习习惯。不管是听课、读书或者是做作业，都要认真思考。认真思考的过程不仅能把注意力吸引过来，还能使认识得到加深，并产生愉快的体验，使注意力稳定。其次，要使学生养成劳逸结合的学习习惯。疲劳是集中注意力的大敌。长时间连续工作，彻夜不眠地看书，使人疲劳，因而大脑神经兴奋水平降低，注意力难以集中。例如，长时间开车的司机会因疲劳驾驶出现事故，这是非常危险的，有些人为此付出了惨痛的代价。学生在学习过程中，也一定要注意劳逸结合，保持精力充沛的状态，才能增强注意力集中的水平。

（三）保持良好的心理状态

导致注意分散最重要的因素是自己不稳定的心理状态，因此，保持良好的心理状态是维持注意的重要条件。首先，能不能使注意集中，自信心是关键。静下心来以后，就要相信自己能够集中注意，全神贯注地听课，于是就获得好的效果；如果没有信心，认为自己的注意集中不起来，那就会真的出现注意不集中，就会出现失败。其次，心情愉快有利于注意集中。心情舒畅或联想愉快的事情能帮助注意的集中。最后，心情平静有益于注意集中。情绪稳定有助于个人控制自己的心理状态，使自己集中精力，指向学习目标。在需要注意集中之前，要先使心神安定下来,“只要能静下心来,就等于集中了一半的精力”;反之,一个心情焦躁、烦乱的人要想集中注意是很困难的。

(四)重视集中注意的自我训练

苏联心理学家普拉托诺夫说:“要想使自己成为一个注意力很强的人,最好的方法是,无论干什么事,不能漫不经心!”培养自己注意力的可靠途径就是训练自己能在各式各样的环境条件下都专心学习或工作。一旦确定了要干的事,你就有计划、有目的地集中注意,去干好要干的事,不受其他刺激的影响和干扰。无论读书、学习还是干其他事情,都应把它们当做锻炼注意力的机会和场合,经常训练就会逐步形成良好注意的习惯。

在进行集中注意的自我训练时,要注意培养学生对不良刺激的容忍力。安静的环境有利于注意的集中,嘈杂烦乱的环境容易分散注意。有干扰的环境是难以避免的,培养自己抗干扰的能力十分必要。对于抗干扰要特别注意的是,不管是对外部的还是对内部的(内心的烦乱)干扰,应处之泰然。这种内心的安静比环境的安静更为重要,因为环境的干扰只有通过内心的干扰才能起到分散注意的作用。所以,不加强自己抗干扰的能力,而抱怨外界干扰,既是不公正的,也是无益的。对分散注意的刺激的烦恼和愤怒,比刺激本身更能强烈地分散我们的注意,犹如火上浇油一般。在这里需要的是耐性和韧性,并加强自我约束。在注意力的训练中,加强锻炼自我调节控制和自我管理的能力是非常重要的。

四、注意规律在教学中的应用

注意是学生进行学习的必要前提,也是教师顺利完成教学的重要条件。因此,教师在教学过程中只有根据注意的规律,组织好学生的注意,才能使教学收到良好的效果。

(一)根据注意的外部表现了解学生的听课状态

前面我们谈到,人们在注意状态下有明显的外部表现。在课堂教学中,学生如果是认真听讲,注意教师的教学活动,也会有相应的外部表现。教师通过观察学生的外部表现,既能够判断学生是否在专心听讲,又能够了解自己的教学效果,从而保证课堂教学的最优化。课堂上,学生表现出积极的神情和适应性的动作,说明他们在全身心地关注教学,教师可以利用这种积极的学习状态深化知识教学,启发思考,培养创造性。相反,学生若是做小动作,或漫不经心,或心浮气躁,就说明注意力有所分散,教师应该及时提醒,同时也要灵活地组织教学,帮助学生把注意力集中到课堂教学中来。

(二)无意注意的规律在教学中的应用

无意注意是由客观事物的特点和人的内部状态引起的,它既可以成为顺利进行教学的积极因素,又可造成学生学习上的分心。因此,教师在教学过程中,应尽量防止和排除那些分散学生注意的不利因素，充分利用教学的积极因素。

1. 优化教学环境

为了尽量避免分散学生注意因素的出现，应该注意：①学校应该在远离公路、铁路和闹市的地方。②教室要与音乐教室、操场有一定距离，使学生的学习环境尽可能安静。③教室内的布置要适当。④教师的穿着打扮要大众化。⑤教室要保持空气新鲜，光线充足。⑥教育学生遵守纪律，上课不迟到，使学生把注意力集中在学习上。

2. 教学内容要丰富、新颖、系统、严密

①新颖、系统、严密的教学，容易引起和稳定学生的兴趣，提高学生的注意力；相反，内容贫乏、零乱，脱离实际的教学，学生不感兴趣，注意容易涣散。②教学内容的难易程度要适当，太难太深、太易太浅的内容都不会引起学生的兴趣。③教师的教学应结合学生的实际，在已有知识经验的基础上，不断增加新信息和新内容，循序渐进，逐步深入，才容易引起学生的注意。④既不要生怕学生不懂，不厌其烦地重复，又不能超出学生接受水平，一味地赶进度，这些做法都无法使学生的注意保持在所学的内容上。

3. 教学方法要生动、活泼、灵活、多样，富有启发性

①教师要尽可能利用刺激物的特点来吸引学生对教学内容的注意。②讲授重点的地方要加强语气，适当重复，一边讲一边写黑板，以引起学生的注意。③把讲述、提问、演示与学生看书、回答、做练习、做实验等各种教学手段有机地结合起来。④启发式教学是引起和保持学生注意的重要手段。教师要善于启发学生动脑思考，激发学生的学习积极性，使学生兴趣盎然。⑤正确而合理地运用直观教具也有助于引起学生的兴趣。⑥教师讲话要生动、形象、有趣，每句话都应该让学生听清、听懂，声音的高低快慢要适度，要有抑扬顿挫的变化。⑦板书要整齐，字迹要工整。这样，就容易引起学生的无意注意。

（三）有意注意的规律在教学中的应用

学习是一种紧张艰苦和持久性的活动，会遇到困难和干扰，只依靠无意注意，难以完成学习任务。学生要搞好学习，必须学习那些没有兴趣，但又必须学习的知识，这就得靠有意注意来引起和维持。因此，教师在教学中要遵循有意注意的规律去组织教学。

1. 提高学生学习的自觉性，培养间接兴趣

①教学活动中要做到“教有方向”，“学有目标”。②对于那些学生没有直接兴趣的学科和教材，或者学习中遇到的新问题、新任务、新要求，更要引导学生对学习结果的向往和追求，以引起学生的有意注意。

2. 加强组织纪律教育，建立教学常规

①建立正常的教学常规，使学生养成严肃认真的态度对待学习活动，这有利

于增强学生有意注意的力量,从而减少注意的分散。②培养学生在家庭、学校和社会生活中严格遵守纪律和作息制度,养成自觉组织和安排学习、休息和娱乐活动的习惯,具有深远的教育意义。

3. 严密组织课堂教学

这是维持学生有意注意的一个重要条件。①教师讲授的内容和时间的安排必须严密紧凑,使教学一环扣一环,环环相扣。②教师要善于面向全体学生,安排与提出富有启发性的问题,让所有学生都积极投入紧张的学习活动,减少注意分散的机会,从而保证有意注意长时间地处于稳定的状态。

(四)运用无意注意和有意注意相互交替的规律组织教学活动

高度集中注意要消耗相当的体力和脑力,所以长时间地集中注意,必定使人疲惫不堪。怎样使学生在学习活动中始终积极地注意而又不疲劳呢?在教学活动中,教师要适当地运用无意注意和有意注意转换的规律,把有意注意和无意注意交融在每一个认识活动中。例如,一节课中教学内容安排应该有难有易,教学方式应稳中有变,使学生的注意有张有弛。教学的各个环节要有机联系,尽量杜绝造成注意涣散的机会,使学生快乐地完成学习任务。在教学过程中,不能把注意的转换简单地归结为让两种注意按着一定的程式轮番交替地出现。教学是一门极其复杂的艺术,只有一般的规律可循,没有固定的模式可仿效,在如何运用两种注意转换规律的问题上同样如此。运用无意注意和有意注意转换的规律,可让学生在有目的的学习活动中快乐地学习。

第三章　感觉与知觉

人的所有的信息最初都来自于人们的感知觉,感知觉是最简单的心理现象,是人们认识世界的开端,一切较高级、较复杂的心理现象都是在感知觉的基础上产生的。因此,要了解人的丰富而复杂的心理活动,必须从感知觉开始。

第一节　感觉和知觉概述

一、感觉概述

(一)感觉的定义

当人们认识一种事物时,首先认识事物的颜色、声音、气味、温度、硬度等个别属性。客观事物的这些个别属性通过我们的各种感觉器官反映到大脑中,大脑便获得了外部世界的各种信息,我们也就产生了相应的感觉。所以,感觉是人脑对直接作用于感觉器官的客观事物的个别属性的反映。这一表述阐明了感觉反映的是当前直接作用感觉器官的事物,而不反映过去的、间接的事物;感觉反映的是事物的个别属性,而不反映事物的整体;只有在接受刺激的感觉器官健全的情况下,才能产生正常的感觉。感觉是脑反映现实的最简单的心理过程,通过感觉,个体可反映事物的各种各样的特性,如颜色、气味、重量、硬度、声音、温度等等。另外,感觉所能反映的,不仅是个体身外的各种事物的个别特性,而且也包括个体本身的各种特性(如体温、饥饿、疼痛等)。感觉是一种最简单、最低级的心理现象,是人和动物都具备的,但人的感觉与动物的感觉有着本质的区别。首先,人的感觉是在社会实践活动中产生并发展起来的,它既不是主体自发地形成的,也不是客体机械地移植注入的。其次,人的感觉有第二信号系统的参与,在反映事物的个别属性时,词发挥着重要的作用,所以,感觉既能被人意识到,同时也受人的意识的调节。因此,并不是一切作用于我们的感觉器官的客观事物都能引起感觉,我们对客观事物的作用也不是一成不变地产生相同的感觉反应。

虽然感觉现象最为简单,却是必不可少的心理过程,一切较高级、较复杂的心理现象都是在感觉的基础上产生的。感觉是认知活动的起点,是意识的心理活动的重要来源,是意识对外部世界的直接反映,也是人脑与外部世界的直接联系。感觉为我们提供了内外环境的众多信息,只有通过感觉,人才能认识到事物的颜色、气味、形状、软硬和大小等特性，从而进一步了解事物的多种属性。人类依靠多种感觉从周围环境获得必要的信息，以保证正常生存所需。心理学家所做的感觉剥夺实验证实，感觉是个体认识客观世界的开端，是个体关于世界的一切知识的最初源泉，没有感觉，人的认识活动将产生严重障碍。

资料：

贝克斯顿(Bexton)等人于1954年首次报告了感觉剥夺的实验结果。在实验中，他们要求被试安静地躺在实验室的一张舒适的床上。室内非常安静，听不到一点儿声音；一片漆黑，看不见任何东西；两只手戴上手套，并用纸卡卡住。吃喝都由主试事先安排好，用不着被试移动手脚。总之，来自外界的刺激几乎都被"剥夺"了。实验开始，被试还能安静地睡着，但稍后，被试开始失眠，不耐烦，急切地寻找刺激。他们想唱歌，打口哨，自言自语，用两只手套互相敲打，或者用它去探索这间小屋。被试变得焦躁不安，老想活动，觉得很不舒服。实验中被试每天可以得到20美元的报酬。但即使这样，也难以让他们在实验室中坚持这种实验到2～3天以上。这个实验说明，来自外界的刺激对维持人的正常生存是十分重要的。

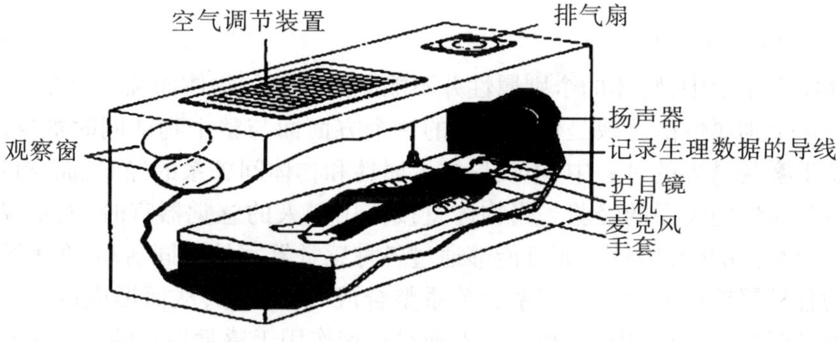

图3－1　感觉剥夺实验装置

（二）感觉的生理机制

感觉的产生是由于两个方面的因素起作用而造成的，一是有机体的内外环境中不断变化的事物或现象，形成了刺激；二是有机体对刺激作出了反应。从神经生理学的角度分析，感觉的产生经历着这样的过程——首先，有机体内外环境的刺激直接作用于感觉器官，在这里，刺激能量转变为神经脉冲；然后，经由传入神经，把神经脉冲传递到中枢；最后，在大脑皮层的相应感觉投射中枢产生特定的感觉。按照巴甫洛夫的解释，感觉是整个分析器对刺激物个别属性分析与综合的结果，是人脑对单一刺激物所形成的条件反射。

要理解感觉的生理机制，必须注意以下三方面的问题。第一，感觉器官是在进化过程中对专门刺激的长期适应的结果。对于每一种感觉器官，适宜的刺激物只有一种。第二，感觉的产生总是要伴随着相应的应答性活动的。这表现为有机体的某些动作或植物性神经活动过程的产生，同时又以适应性的反应信号向中枢神经系统发出神经冲动，以调节整个有机体的全部反射活动，这就是通常所说的“反馈”。第三，从接受刺激至产生应答性的感觉反应，有一个潜伏期。在不同的感觉反应中，潜伏期是不同的。

（三）感觉能力的发展与补偿

人的感觉能力可以测量，尽管正常人通过遗传而具备的感觉能力差别甚小，但不同的人的各种感觉能力还是存在差异的，这主要是由于后天的生活实践活动不同使然。感觉能力的发展与补偿主要是通过训练与实践。例如，磨床工人能看到0.000 5毫米的空隙，而一般人只能看到0.1毫米的空隙。

心理学的研究表明，当人的某种感觉丧失后，还可以由其他感觉来补偿。例如，盲人就是由于失去视觉而从听觉能力的发展得以补偿。感觉之间的相互补偿，其机制是在一定条件下，各种不同形式的能量进行了相互转换。

二、知觉概述

（一）知觉的定义

在实际生活中，物体的个别属性并不能脱离具体的物体而独立存在。因此，人对物体个别属性的反映是作为物体的一个方面而与整个物体同时被反映的。人在认识客观世界的过程中，不仅形成了属性和物体间关系的经验，而且也形成了物体各属性间关系的经验。当物体直接作用于人的感觉器官时，人不仅能够反映这个物体的个别属性，而且能够通过各种感觉器官的协同活动，在大脑里将物体的各种属性按其相互的联系和关系整合成一个整体，从而形成该事物的完整映象，这就是知觉。因此，知觉是人脑对直接作用于感觉器官的客观事物的整体的反映。知觉对事物的反映不是指对事物各种感觉刺激的简单总和，而是对事物多种属性和各部分之间相互关系的综合反映，是比感觉复杂的心理过程。通过感觉，我们只知道事物的属性；通过知觉，我们才对事物有一个完整的印象，从而知道它的意义。感觉是知觉的基础，知觉是感觉的深入。知觉需要各种感觉系统的联合活动，知觉不仅受感觉系统生理因素的影响，而且极大地依赖一个人过去的知识和经验。

（二）知觉的生理机制

知觉是由多种分析器协同活动而实现的。知觉产生的生理机制有以下几种情况。①当事物的属性、成分同时或先后作用于同一分析器时，便引起该分析器内的神经兴奋，这时，经过大脑的分析综合活动，就形成了对事物的整体反映。

②事物的各种属性相互联系、相互依存,构成复合刺激物。它们通常作用于不同的分析器。当复合刺激物作用于我们的感官时,引起了大脑皮层不同区域的神经兴奋。这时兴奋区域相互沟通,在各个分析器之间建立起暂时神经联系,同时恢复了经验中相应的暂时联系。另外,大脑通过分析,把事物的关键属性从背景中区分出来并通过一系列的神经过程进行分析综合活动,实现对感觉信息的加工,从而形成事物的整体映象。③复合刺激物的各个成分以及复合刺激物之间都可以形成各种不同的相互关系。这些关系反映在大脑中就形成了关系反射。当复合刺激物的各种成分以不同的关系相互联系、组合时,大脑就反映出不同的知觉整体。在复合刺激物各个成分中,起决定作用的是其关键性的成分。只要关键性的成分保留,尽管其他成分改变了或丧失了,仍然不会破坏业已存在的"关系"。

在分析知觉机制的过程中,必须注意两个问题:一是在多种分析器的活动中,常常以一种分析器为主,特别是视觉分析器和听觉分析器两者在许多知觉中起着主导作用;二是在知觉过程中,第二信号系统活动起着重要的作用,这在刺激物提供的信息不足时尤为明显。因为第二信号系统可以激活头脑中的第一信号系统的图式,恢复已有的知识经验和相关的形象以补充对当前事物的知觉,使人的知觉更具有随意性和目的性。

(三)错觉

在知觉中,不论是对物或对人都可能发生不正确的反映,从而引起错觉。

错觉的种类很多,如视错觉、听错觉等,最常见的是视错觉。造成错觉的原因是极其复杂的,有生理的因素,也有心理的因素。

有些错觉是暂时的,一旦真相大白,错觉就会消失,但是有些在特定条件下产生的错觉,往往带有固定的倾向,只要条件具备,错觉就会产生。

错觉在实际活动中具有消极和积极两方面的作用。起消极作用的错觉常常混淆人的视听,扰乱人的心智,影响人的正确判断;起积极作用的错觉则已被人们广泛地加以应用,如军事上的伪装,魔术、化装等行业的以假乱真手法等。

三、感觉与知觉的关系

感觉是人脑对直接作用于感觉器官的事物的个别属性的反映,是反映现实最简单的心理过程。知觉是人脑对直接作用于感官的事物的整体反映,是将各种感觉有机地结合而成的综合的、整体的反映。感觉和知觉是两个不可分割的基本心理过程。人们之所以能依靠知觉反映事物,是因为在这之前或同时已经积累了有关感觉。例如,第一次认识一种水果,要通过看、触、嗅、尝等多种分析器活动一一了解水果的各种属性,熟悉以后,下次一看就知道它是什么。所以,感觉是知觉的基础,但知觉不是感觉的简单相加。例如,一个气球,它的颜色是红色的,形状是圆的,并且有弹性,但是,如果你只是被简单告知这三种属性,并不能确定它究竟是什么东西。因为知觉是按一定的关系来整合个别的感觉信息、形成一定的结构的,并根据个体的经验来解释由感觉提供的信息。因此,知觉印象中的事物的个别属性,是整体中的个别,是被关系联结起来的个别,而不是孤立感觉的机械总和。例如,我们看到的红是红花的红,我们听到的声音是乐曲中的声音,这些属性已经与特定的客体相联系,并具备了一定的意义。在这个意义上,不与任何具体事物相联系、完全没有客体意义的感觉是很少的。

(一)联系

感觉和知觉的联系在于,它们都是人脑对当前客观事物的反映,即都是客观事物直接作用于感觉器官时在人脑中所产生的对当前事物的反映。感觉是对物体个别属性的反映,而知觉则是对物体整体的反映。没有对物体个别属性反映的感觉,就不可能有反映事物整体的知觉。因此,感觉是知觉的有机组成部分,是知觉的基础,而知觉则是感觉的深入和发展,对某个物体感觉到的个别属性越丰富、越精确,对该事物的知觉也就越完整、越正确。在现实生活中,人一般都是以知觉的形式直接反映客观事物的,感觉只是作为知觉的组成成分而存在于知觉之中,很少有孤立的感觉存在。由于感觉和知觉的关系如此密切,所以人们常常把它们合起来统称为感知觉。

(二)区别

知觉和感觉又存在着区别。首先,感觉和知觉是两种不同的心理过程。感觉是介于心理和生理之间的活动,它的产生主要通过感觉器官的生理活动过程,以及客观刺激的物理特性,相同的客观刺激会引起相同的感觉。而知觉则是纯粹的心理活动,它的产生是在感觉的基础上对物体的各种属性加以综合和解释的心理活动过程,处处表现出人的主观因素的参与。其次,由感觉到知觉,其间要经历一个主观选择的过程,即从感觉到的各种属性中选取一部分属性加以综合和解释,这在很大程度上依赖于一个人的过去经验,并受个人当时的兴趣、需要、动机和情绪的影响。同时,人的态度和需要也会使知觉具有一定的倾向性。再次,从感觉和知觉的生理机制来看,感觉是单一分析器活动的结果,而知觉则是多种分析器协同活动的结果。

第二节　感知觉种类及规律性

一、感觉的种类

感觉可以分为外部感觉和内部感觉两大类。外部感觉是个体对外部刺激的觉察,主要包括视觉、听觉、嗅觉、味觉、皮肤觉。内部感觉是个体对内部刺激的觉察,主要包括机体觉、平衡觉和运动觉。

(一)视觉

视觉是可见光波刺激视分析器所产生的感觉。视觉的适宜刺激物是波长380~760纳米的电磁波,也叫可见光波。可见光波只占电磁波范围的1/70。380纳米以下的紫外线,760纳米以上的红外线,人的眼睛都不能感觉到。视觉中的色调、明度、饱和度,是由光波的物理性质决定的。

视觉现象主要包括视觉后象和闪光融合、颜色视觉。

1. 视觉后象和闪光融合

作用感受器的刺激停止以后,感觉并不立刻消失,还能保留一个短暂的时间,这种暂时保留的感觉印象叫后象。后象在视觉中表现特别明显。例如,我们看电影电视就是依靠后象,后象可以使断续的刺激引起连续的感觉。但是,引起连续感觉的刺激频率必须达到一定界限。刚刚引起人连续感觉的最小频率叫临界频率。临界频率所引起的心理效应是闪光融合现象。它是指断续的光刺激达到临界频率时看到的不再是闪光而是融合的不闪的光。

2. 颜色视觉

颜色视觉是由不同波长的光波决定的。人眼可以分辨150多种光波,因而能产生多种多样的彩色感觉,其中主要有红、橙、黄、绿、青、蓝、紫七种彩色感觉,而日常人们看见的都是由不同波长的光线混合起来的光。

视觉在人类的感觉世界中占主导地位,不仅人类的绝大多数(80%以上)信息通过视觉得到的,而且当视觉信息与其他同时传入的信息相互矛盾时,人大数根据视觉信息作出反应,其他的信息则被撇在一边不予理会。

(二)听觉

听觉是声波作用听分析器所产生的感觉。人的听觉是仅次于视觉的一种重要的感觉。人类的语言及其他所有与声音有关的信息都是靠听觉获得的。引起听觉的适宜刺激是20~20 000赫兹之间的声波。低于200赫兹的次声和高于20 000赫兹的超声,人耳都不能听见。40岁以上的人的听力上限通常降至12 000赫兹。人最敏感的声波频率为1 000~4 000赫兹。

人所听到的音高、音强、音色,都是由声波的频率、振幅与波形等物理特性所决定的。频率高的声音,使人听到的是高音;频率低的声音,使人听到的是低音。振幅大的声音,使人感到是强音;振幅小的声音,使人感到是弱音。不同物体(如各种乐器)发出的不同波形,使人听到不同的音色。

听分析器也是人类重要的信息通道,它接受10%以上的信息,对我们的生活和学习有很重要的作用。

(三)其他感觉

1. 肤觉

刺激作用于皮肤引起的各种各样的感觉,叫肤觉。肤觉的基本形态有四种:

触觉、冷觉、温觉、痛觉。肤觉感受器在皮肤上呈点状分布，称触点、冷点、温点、痛点。身体的部位不同，各种点的分布及其数目也不同。

肤觉对人类的正常生活与工作有重要意义。没有肤觉，人们就不能觉察到危险存在，不能感觉到体温的适宜，因而也就不能逃避伤害、调节体温。有了肤觉，人们才可以认识到物体的软硬、轻重等特征，而且把它和视觉联系起来，人们还能准确认识物体的大小、粗细、形状。

2. 嗅觉

嗅觉是由挥发性物质的分子作用于嗅觉器官的感受细胞而引起的一种感觉，作为嗅觉感受器的嗅细胞位于鼻腔上部两侧的黏膜中。据估计，人的嗅觉细胞约有1 000万个，德国牧羊犬的嗅觉细胞有22 400万个。

一般来说，嗅觉的感受性很高。对不同刺激物，嗅觉的感受性不同。环境条件（如空气的清洁程度、湿度）以及机体健康状况（如感冒）都对嗅觉感受性有较大的影响。

3. 味觉

味觉的适宜刺激是溶于水的化学物质，其感受器是分布在舌头上的味蕾。人的基本味觉有酸、甜、苦、咸四种，其敏感部位分别在舌的两侧、舌尖、舌根、舌面。味觉常常和嗅觉相互配合，相互影响。

4. 运动觉

运动觉是反映身体各部位的位置和相对运动的感觉，其感受器位于肌肉、肌腱、韧带和关节中。运动时，由于肌肉的收缩或拉长以及关节转动等，使感受器兴奋并向大脑发放神经冲动，引起身体运动和位置的感觉。

5. 平衡觉

平衡觉又称静觉，是对人体做加速或减速的直线运动以及旋转运动所产生的感觉。平衡觉的感受器是位于内耳的前庭器官，包括半规管和前庭两部分。半规管反映人的旋转运动，当身体旋转时，半规管内的感觉纤维作出反应；前庭反映人的加速或减速直线运动，当人做直线加速或减速运动时，耳石（前庭内具有纤毛的感觉上皮细胞上的一种极细小的晶体）便改变了自己与纤毛的相对位置，从而产生兴奋。

平衡觉与视觉、内脏感觉相联系。当前庭器官兴奋时，人会出现头晕目眩、呕吐恶心等现象。例如，晕船、晕车就是前庭器官受到刺激引起的，当然，这种状态经过训练是可以得到改进的。

6. 机体觉

机体觉又称内脏感觉，是对内脏感觉及饥渴等的感觉。其感受器位于脏器壁上，它们将内脏的活动及变化的信息传入中枢。一般当内脏器官工作正常时，各种感觉便融合成人的一般自我感觉；只有当内脏器官受到特别强烈的刺激，机体觉才能鲜明地被觉察，产生饥渴、饱胀、便意、恶心、疼痛等感觉。

二、知觉的种类

知觉是多种分析器协同活动的结果。根据何种分析器在知觉过程中占主导地位，可以将知觉分为视知觉、听知觉、嗅知觉、味知觉等；根据人脑所认识的事物特性，可以把知觉分为空间知觉、时间知觉和运动知觉。根据知觉对象的不同，可把知觉分为物体知觉和社会知觉。

（一）物体知觉

物体知觉是以物质存在形式为对象的知觉，包括如下三种形式：

1. 空间知觉

空间知觉是人脑对物体的空间特征的反映，包括形状知觉、大小知觉、方位知觉、距离知觉等。空间知觉在人与周围环境的相互作用中有重要作用。一个人不能认识物体的形状、大小、方位、距离等空间特征，就不能正常地生活。

空间知觉是通过后天学习获得的，它是由视觉、触觉、动觉等多种感觉系统协同活动的结果，其中视觉起着主要的作用。

（1）形状知觉。形状知觉是靠视觉、触摸觉和动觉来实现的。物体在视网膜上投影的形状，眼睛观察物体时沿着对象轮廓进行运动的动觉刺激，都是物体形状的信号。在用手的摸索感知物体形状时，触摸觉和动觉也起着重要的作用。所有这些连续性的刺激，给大脑提供了物体形状的信息，经过大脑的分析和综合，产生了形状知觉。

（2）大小知觉。大小知觉也是靠视觉、触摸觉和动觉来实现的。在同等距离时，大的物体在视网膜上的成像大，小的物体在视网膜上的成像小，因此根据视网膜上物像的大小就可以知觉对象的大小。在不同距离时，远处的大物体的成像可能与近处小物体的成像相等，甚至远处大物体的成像反而小于近处小物体的成像，但是，人们仍然能比较正确地反映它们的实际大小，保持知觉大小的恒常性。这是因为对象通常是在比较熟悉的环境中被知觉，所以熟悉的物体就提供了对象距离和实际大小的线索，这些线索同视觉、触摸觉、动觉所提供的信息在一起，形成了大小知觉。但要说明的是，在距离过远时，大小知觉的恒常性就会降低，而视网膜成像大小的作用就会增大。

（3）方位知觉。方位知觉是对人或物体的空间位置与方向的知觉。动物和人都具有方位知觉的能力，例如，信鸽从千里之外能准确飞回自己的老窝，人能分辨上下、前后、左右等。

方位知觉是各种感觉协同活动的结果。不同物种在方位知觉中凭借的感官不完全相同，例如，鸽子主要是靠地球磁场的影响，蝙蝠主要依靠回声定位，而人则主要是依靠视觉和听觉来辨别方位。

视觉定位。当人用眼睛环顾周围时,环境中的物体就在视网膜上形成了不同的投影。物体在视网膜上投影的相对位置不同,以环境中某些熟悉的物体的位置为参照点,就形成了物体的方位知觉。当然,在主要以视觉定位时,触摸觉、动觉、平衡觉也发挥了补充作用。

听觉定位。由于人的耳朵位于头的两侧,这样,一侧声源发出的声音到达两耳时经过的距离就不同。两耳离开声源的距离不同所造成的两耳声音刺激强度差别、时间差别、位相差别就成为人对声音方位知觉的主要线索。

2. 时间知觉

时间知觉是人对客观现象延续性和顺序性的反映。时间知觉有四种形式:

(1)对时间的分辨。例如,先吃饭,再午休,接着去上课等。能够按时间顺序把这些活动区别开来,就是对时间的分辨。

(2)对时间的确认。例如,知道今年是 2011 年,去年是 2010 年等。

(3)对持续时间的估量。例如,知道这节课已上了一刻钟,这门课程已开了两个月等。

(4)对时间的预测。例如,知道再有 10 天就要参加英语等级考试了,两个月后就是寒假等。

在时间知觉中,人的估计误差和个别差异很大。一般而言,人对于 1 秒左右的时间估计最准确,短于 1 秒的时间常被高估,长于 1 秒的时间常被低估。同时,时间知觉的个体差异也十分明显,如有经验的运动员能以精确的时间感来控制动作的节奏,有经验的教师能准确地把握授课的时间分配和教学进度。

影响时间知觉的因素很多,大致包括以下几种:

(1)感觉通道的性质。在判断时间的精确性方面,听觉最好,触觉次之,视觉较差。

(2)事件的数量性质。在一定的时间内,事件发生的数量越多,性质越复杂,时间估计得越短;反之,人们倾向于把时间估计得越长。例如,同是一节 45 分钟的课,如果内容丰富,饶有趣味,学生会觉得时间过得很快;相反,如果内容贫乏,枯燥乏味,学生会觉得时间过得真慢。在回忆往事时恰恰相反:同样一段时间,经历越丰富,越觉得时间长;经历越单调,越觉得时间短。

(3)主体的兴趣情绪。人对自己感兴趣的事情,会不觉得时间的延续,从而产生对时间的低估;相反,人对自己没兴趣的事情,会觉得时间流逝缓慢,从而产生对时间的高估。在期待某种事件时,会觉得时间过得真慢;在力图逃避某种即将发生的事件时,会觉得时间过得很快。

3. 运动知觉

运动知觉是人脑对物体空间位移的知觉。物体的运动总是在一定的时间和一定的空间中进行的,因此,运动知觉跟空间知觉、时间知觉有着不可分割的联系。

运动知觉对动物和人的适应性行为有重要意义。它为动物提供了猎物和天敌来临的信号，猫捉老鼠、虎捕小鹿，成功的捕食依赖于对猎物运动速度的正确知觉。它也为人类正常的生活与工作提供了前提条件。例如，行人穿越马路，既要估计来往车辆的距离，也要估计它们行驶的速度；球场上的接球与传球，也都离不开对物体运动速度的正确估计。运动知觉也是通过多种分析器协同活动实现的，并且十分复杂，实际运动的物体可以被知觉为运动的，实际不动的物体也可以被知觉为运动的。

（二）社会知觉

1. 社会知觉的定义

“社会知觉”的概念最初是由美国心理学家布鲁纳（J. S. Bruner）在1947年提出的，用以表示他对知觉的一种新观点，其主要含义是指知觉过程受社会因素的制约。但以后，这个概念有了新的含义，把社会知觉规定为是对社会对象的知觉。社会对象包括个人、社会群体以及大型的社会组织，从这个意义上来说，社会知觉包含广泛的内容。它不仅包括一个对另一个人的知觉，而且包括个人对群体、群体对个人、群体对群体的知觉，以及个人间和群体间关系的知觉。因此，可以简言之，社会知觉是对人和社会群体的知觉。

对人的知觉与对物的知觉虽然都服从普通心理学所揭示的知觉的一般规律，但对人的知觉有其不同于对物知觉的特殊规律。对物的知觉尽管包含着客体的意义，可是这种知觉所反映的主要还是客体的外表形象。但当对人有知觉时，人们并不是停留于被知觉者的面部表情、身体姿态、行为举止这些外在表现上，而是要根据这些外部特征了解其内部心理状态和心理活动，包括需要、动机、兴趣、信念、观点、个性特点等等。可见，社会知觉有其特性，它比对物的知觉更为复杂，正确地认识他人（即社会知觉）是我们搞好教育和教学工作的前提条件。

2. 社会知觉的种类

（1）对别人的知觉。对别人的知觉，主要是指通过对别人外部特征的知觉，进而取得对他们的动机、感情、意图等的认识。俗话说，“听其言、观其行而知其人”。这就是说，我们认识一个人要根据他的言论和行动。其实，这里所说的行动，从心理学上来看，不仅是行为举止，也包括人的面部表情、身体的姿势以及眼神等。

（2）人际知觉。人际知觉是对人与人之间关系的知觉。人际知觉的主要特点在于有明显的情感因素参与知觉过程。人们不仅相互感知，而且会彼此形成一定的态度。在这种态度的基础上会产生各种各样的情感。例如，对某些人反感，对另一些人同情，对第三种人喜爱，等等。在人际知觉过程中产生的情感决定于多种因素。例如，人们彼此之间接近的程度、交往的多少、彼此相似的程度等都对人际知觉过程中的情感产生很大影响。一般来说，人们越是彼此接近、交往频繁，有较多的相似之处，就越是会产生友谊、同情和好感。

(3)自我知觉。自我知觉是指一个人通过对自己行为的观察面对自己心理状态的认识。人不仅在知觉别人时要通过其外部特征来认识其内部的心理状态；同样也要这样来认识自己的行为动机、意图等。当然，一个人观察别人与观察自己是有区别的。这种区别在于：①人们观察自己时所掌握的信息要比观察别人时更多。例如，一个人虽然学习成绩并不太好，但却是作了最大的努力，这在自己看来是心中有数的，但如果别人观察他的行为就不一定能够了解；②观察自己与观察别人有熟悉和陌生的区别，对自己行为的知觉比对别人更熟悉，这是因为自己的知识、经验和过去的经历要比对别人知道得更多些；③观察者与被观察者的区别。在知觉别人时，自己是观察者，别人是被观察者，而在自我知觉时，自己既是观察者又是被观察者。

尽管自我知觉与对别人的知觉有上述区别，但这并不是说自我知觉一定比对别人的知觉更正确。

3. 社会知觉偏差

做好教育和教学工作，特别忌讳对学生的片面认识。然而，在现实生活中，出于受到各方面条件的限制而不能全面地看问题，往往造成对学生的认知的偏差，以致作出错误的推测、判断和评价。在社会知觉方面的偏差包括：

(1)首因效应。首因即最先的印象。在人对人的知觉过程中，给人留下的第一个印象是至关重要的因素。如果一个人在初次见面时给人留下了良好的印象，就会影响人们对他以后一系列行为的解释，反之也如此，尽管这些印象有时是不全面、不真实的。

心理学中曾经做过一个实验：给两组大学生看一个人的照片。在看这张照片之前，对一组大学生说，照片上的人是一个屡教不改的罪犯；对另一组大学生说，照片上的人是一位著名的学者。然后，让这两组大学生分别从这个人的外貌来说明他的性格特征。结果对同一张照片作出了截然不同的解释：第一组大学生说，深陷的目光里隐藏着险恶，高耸的额头表明死不改悔的决心；第二组大学生说，深沉的目光表明他思想的深刻性，高耸的额头表明了在科学道路的探索上无坚不摧的坚强意志。这一实验充分说明了第一个印象对于社会知觉的重要影响。

(2)晕轮效应。晕轮效应是指当对一个人某些特性形成好或坏的印象之后，人们就倾向于据此推论其他方面的特性。好像明亮的月光使周围的星星黯然失色一样，一个突出的特征掩盖了其他特征，所谓“一好百好”、“一坏百坏”。晕轮效应往往在判断一个人的道德品质或性格特征时表现得最明显。

美国社会心理学家阿希用实验证明了晕轮效应。他给被试看一张列有五种品质(聪明、灵巧、勤奋、坚定、热情)的表格,要求被试想象一个具有这五种品质的人。被试普遍把具有这五种品质的人想象为一个理想的、友善的人。然后,他把这张表格中的热情换为冷酷,再要求被试根据这五种品质(聪明、勤奋、坚定、冷酷、灵巧)想象出一个适合的人。结果发现,被试普遍推翻了原形象,而产生了一个完全不同的形象。这表明,热情—冷酷的品质起着晕轮作用,影响了对一个人的总体印象。

(3)刻板印象。刻板印象是指对某个群体形成一种概括而固定的看法后,会据此去推断这个群体的每个成员的特征。生活在同一地域或同一文化背景的人们,常常表现出许多相似性,如同一民族、同一职业、同一年龄段的人,在思想行为上也比较接近。比如,人们认为医生是人道的;会计总是精打细算、斤斤计较的;工人总是身强力壮、性情豪爽的;山东人是豪爽的;上海人是精明的;等等。这些特点被概括化、固定化以后,人们便据此去推断每一位医生、会计、工人,或者山东人、上海人,于是产生了刻板印象和偏见。

(4)近因效应。近因效应是指最后给人留下的印象有强烈的影响。为了说明近因效应,曾进行过一项实验:向两组大学生介绍一个陌生人。对第一组先讲述这个人的外倾特征,中间插入一段其他的作业,例如,让学生做一些不太复杂的数学习题,再讲述他的内倾特征。对第二组,先讲述他的内倾特征,中间插入一段其他的作业,再讲述他的外倾特征。然后,让这两学生分别想象出对这个陌生人的印象。在这种情况下,后半部描述的特征会使学生留下深刻的印象。这就是近因效应在起作用。

心理学的研究证明,近因效应在人的社会知觉中起重要作用,特别是在感知熟悉的人时,如果在熟悉的人的行为上出现某种新异的表现,近因效应起更大的作用。

三、感觉的规律

(一)感受性及感觉阈限

感觉的产生,首先必须有作用于各种感受器的适宜刺激。外界某种性质的刺激,只能引起某种感觉器官的反映。也就是说,每一种感受器只对一种形式的能量特别敏感,而这种能量就是这种感受器的适宜刺激。适宜刺激引起相应的感觉,需要一定的强度,如果达不到一定的刺激强度,便不能产生感觉,这就是感受性和感觉阈限问题。

1. 感受性与感觉阈限成反比

感受性是分析器对适宜刺激的感觉能力。同是一种刺激,这个人感觉到了,另一个人感觉不到,就说明他们的感受性不同。用什么来衡量、标志人们感受性的高低呢？感受性是用感觉阈限的大小来度量的,而感觉阈限是能引起感觉的、持续一定时间的刺激量。因此，感受性与感觉阈限成反比关系。

每一种感觉都有两种类型的感受性和感觉阈限：绝对感受性和绝对感觉阈限，差别感受性和差别感觉阈限。

2. 绝对感受性与绝对感觉阈限成反比

并不是所有的刺激都能引起人的感觉，只有达到一定量的刺激才能引起人们的感觉。刚刚能引起感觉的最小刺激量，称为绝对感觉阈限。凡是达不到最小刺激量的刺激物，其刺激强度都在阈限以下，不能引起感觉。对这种最小刺激量的感觉能力，称为绝对感受性。绝对感受性和绝对感觉阈限在数量上成反比例关系，即绝对感觉阈限越小，绝对感受性越大；反之，绝对感觉阈限越大，绝对感受性越小。这种关系可用如下公式表示：

$E=1/R$（E 代表绝对感受性，R 代表绝对感觉阈限）

绝对感觉阈限可因刺激物的性质和有机体的状况而有所不同，活动的性质、刺激强度、刺激持续的时间、个体的自身状态等，都会影响绝对感觉阈限。

人的绝对感受性很高，晴朗的黑夜中，40 公里处的烛光，能引起人们的视觉；安静状态下，6 公尺处表的滴答声，能引起人们的听觉；2 加仑水中，加 1 茶匙蔗糖，能引起人们的味觉；一滴香水扩散到一幢六层楼公寓，能引起人们的嗅觉；从 1 公分外，一片蜜蜂翅膀落在脸颊上，能引起人们的触觉。

3. 差别感受性与差别感觉阈限成反比

刺激物引起感觉之后，如果刺激量发生了变化（增多或减少），也会引起感觉的变化。但是，并不是刺激的所有变化都能引起感觉的变化，例如，在 100 克的重量上如果只增加 1 克的重量，我们就感觉不出两者的差异。只有当刺激变化到一定量时，才能使我们感觉到差别。能引起差别感觉的刺激物的最小变化量，称为差别感觉阈限。对差别感觉阈限的感觉能力，称为差别感受性。差别感觉阈限和差别感受性也成反比例关系。即差别感觉阈限越小，差别感受性越大；反之，差别感觉阈限越大，差别感受性越小。

产生最小差别感觉，刺激物的变化量与原刺激量之间的关系在一定范围内是一个常数，用公式表示为：

$\triangle I/I=K$（I 为原刺激量，△I 为刺激物的变化量，K 为常数）

这一公式就是著名的韦伯定律。研究证明，韦伯定律只是在中等刺激强度的范围内才是正确的。且不同的感觉，韦伯常数（K）是不同的。如重量在 300 克左右时为 1/50；盐水的味觉每公斤为 1/5。

（二）感受性的变化与发展

1. 感受性的变化

人的各种分析器的感受性会随条件和机体状态的不同而发生变化。引起感受性变化的主要因素有以下几个方面：

（1）感觉适应。由于刺激物的持续作用而使感受性发生变化的现象叫感觉的适应。这是在同一感受器中，由于刺激在时间上的持续作用导致对后来刺激的感受性发生变化的现象。感觉的适应可以引起感受性的提高，也可以引起感受性的降低。通常，强刺激可以引起感受性降低，弱刺激可以引起感受性提高。此外，一个持续的刺激可引起感受性下降。

适应是较普遍的感觉现象。俗话说："入芝兰之室，久而不闻其香；入鲍鱼之肆，久而不闻其臭。"这就是嗅觉的适应现象。视觉适应可分为明适应和暗适应。从光亮处走进已灭灯的电影院时，开始什么也看不清，过一段时间，就能分辨物体的轮廓，这是视觉感受性提高的暗适应。反之，离开电影院，从暗处到光亮的地方，开始时也是耀眼发眩，一片明亮，但过一会儿就能看清周围的物体，这是视觉感受性降低的明适应。除此之外，肤觉、味觉的适应也特别明显，听觉的适应不太明显，痛觉的适应则极难产生。正因为如此，适应现象具有很重要的生物学意义，使人能在变化万千的环境中，作出精确的反应。

（2）感觉对比。感觉对比是同一感受器接受不同的刺激而使感受性发生变化的现象。感觉的对比可以分为两种：同时对比和继时对比。

几个刺激物同时作用于同一感受器时产生同时对比。例如，"月明星稀"、"月暗星密"；灰色的长方形纸片放在黑色背景上看起来比放在白色背景上更亮些。

刺激物先后作用于同一感受器时产生继时对比。例如，吃过糖之后，接着喝白开水，觉得淡淡的；吃了苦药之后，再喝白开水，觉得甜甜的。

（3）感觉的相互作用。人的各种感觉不是孤立存在的，在一定条件下，各种感觉都会发生程度不同的相互影响，其规律是：弱刺激能提高另一种感觉的感受性，而强刺激则使另一种感觉的感受性降低。

在现实生活中，人接受环境的信息常常是多通道同时进行的，不同感觉的相互作用时有发生。例如，强烈的声音刺激会使牙痛更甚；重的物体在轻松的音乐声中感觉会轻些；在绿色光照条件下会提高人的听力，而在红色光照下会增强人的握力等等。

（4）联觉。联觉是指一种感觉兼有另一种感觉的现象，是感觉相互作用的一种特殊形式。颜色感觉容易产生联觉。如红色象征革命和吉庆，红色的旗帜会使人感到威武庄严；绿色象征春天，表示青春和健美，使人感到一派生机，给人以喜悦和宁静的感觉。红、橙、黄等色，类似于太阳和烈火的颜色，往往引起温暖的感觉，称之为暖色。蓝、青、绿等色，类似于蓝天、海水和树林的颜色，往往引起寒冷、凉爽的感觉，称之为冷色。

在其他感觉中也能产生联觉。例如，人们经常说"甜甜的嗓音"、"沉重的乐曲”等,这些都是一种感觉兼有另一种感觉的心理现象。

联觉现象在绘画、建筑、花布设计、环境布置等方面经常得到应用。

2. 感受性的发展

人的感受性,无论是绝对感受性,还是差别感受性,都具有极大的发展潜力。人的感受性的发展受以下条件的影响。

(1)社会生活条件和实践活动是感受性发展的基本条件。专门从事某种特殊职业的人,由于长期使用某种感觉器官,相应的感受性就得到较高的发展。如炼钢工人能够根据钢水的火花判断炉火的温度;印染工人能够分辨出几十种浓淡不同的黑色;熟练的汽车司机,侧耳一听,就能听出发动机运转的异常声音等等。以上这些人的感觉能力有如此惊人的发展,并不是他们先天具有的特异功能,而主要是在后天生活和劳动实践中长期锻炼发展起来的。

(2)有计划的练习可以提高感受性。实验证明,一个人只要有健全的感觉器官,其各种感觉都有很大发展的可能性。为了发展学生的各种感受性,教师应对学生的各种感觉进行有目的的训练。如音乐、绘画、雕刻、诗歌、戏剧等艺术活动都能训练学生的感觉,使他们的感觉能力得到发展。

(3)感官的机能补偿作用。感觉的补偿作用是指某种感觉缺失以后,可以由其他感觉来弥补。例如,有些盲人有高度发达的听觉和触觉,可以通过自己的脚步声或拐杖击地时的回响声来辨别附近的建筑物、河流、旷野等地形,可以通过触摸觉“阅读”盲文。有些聋哑人振动觉特别发达,他们甚至可以把手放在钢琴上感受振动,来欣赏乐曲等。作为教师要充分利用各种教学和课外活动,有意识地对儿童的各种感觉能力加以训练和培养。

四、知觉的基本特征

人的知觉活动表现出四种基本特性。

(一)知觉的选择性

人对同时作用于感觉器官的所有刺激并不都发生反映,而只对其中少数刺激进行反映。人的这种对外来信息进行选择而作进一步加工的特性称为知觉的选择性。由于知觉的选择性,才使人能够把注意力集中到少数重要的刺激或刺激的重要方面,排除次要刺激的干扰,从而能更有效地认识外界事物,适应外界环境。

人从纷繁的刺激物中主动地选择少数刺激物并对其进行反映,被选择的刺激物就是知觉的对象,而同时作用于感觉器官的其他刺激物就成了背景。对象和背景的转换,是知觉最基本的特点。

知觉对象从背景中分离出来受如下因素影响:

1. 客观条件

(1) 对象和背景本身的特点。一般来说,明亮的光线、巨大的声音、轮廓清晰、特征明显的物体容易成为知觉的对象,而暗弱的光线、细小的声音、轮廓模糊、特征不明显的物体则不易成为知觉的对象。例如,公鸡、母鸡外部特征明显,容易分辨;而雌兔、雄兔就扑朔迷离了。

(2) 对象和背景的差别。对象和背景的差别越明显,越容易成为知觉的对象。"万绿丛中一点红",很容易成为知觉对象;白兔跑到雪地里很难找到。

(3) 对象的运动和变化。在相对静止的背景上,运动的物体容易成为知觉的对象。如漆黑的夜空里,流星很容易成为知觉的对象。

2. 主观条件

图 3-2 对象和背景转换双关图

在实践中,当人们同时面临着很多刺激时,客观上这些刺激彼此之间并不存在着轻重缓急,但在主观上则有着轻重之别。一般来说,人总是把那些与自己的需要、兴趣、知识经验、活动目的和任务相联系的刺激作为对象,把其他的刺激作为背景。例如,上课时学生总是把教师的讲课声音作为对象,而把教室内的其他声音作为背景。但是,在知觉过程中,哪些刺激成为对象,哪些刺激成为背景,并不是固定不变的。在一种情况下作为知觉对象的刺激,在另一种情况下会变成背景,而原来是背景的刺激又会变成知觉的对象。图 3-2 是知觉对象和背景相互转换的最显著的例子。若以黑色为背景,是两个侧面人脸;若以白色为背景则是一个花瓶。人在观看这一刺激图形时,尽管刺激同时作用于视觉器官,但由于人具有知觉选择能力,一会儿把它看成花瓶,一会儿把它看成两个侧面人脸,花瓶和侧面人脸经常交替出现,但不能同时看见花瓶和侧面人脸。

人的知觉选择性,其实就是人把知觉对象从背景中分离、辨别和确认出来的规律,这对于直观教学,培养学生的观察力,广告设计、工业产品的检查,军事伪装和搜索等,都具有重要的意义。一个人通过长期练习和经验积累,不仅可以提高对某一类对象的知觉分辨能力,而且这种知觉选择能力还可以迁移到对其他的知觉辨认任务上。

(二) 知觉的整体性

人的知觉是一个主动加工处理感觉信息的过程。当直接作用于感官的刺激在不完整的情况下,人根据自己的知识经验,对刺激进行加工处理,使自己的知觉仍保持完整性的特性,称为知觉的整体性。

客观事物不仅具有多种属性,而且是由不同的部分所组成。当客观事物作为刺激物对人发生作用时，由于时空条件的限制，只有它的部分或个别属性分别或先后作用于人的感觉器官，尽管它们在感觉形象上是不完备的，但在人的主观上却能全面地知觉它。图3－3上的直线虽然并不连贯，但是人也会把它看成是一个三角形而不会把它看成为几个角。

图3－3 知觉的整体性

影响知觉整体性的客观因素有：①对象各组成部分的强度关系。物体的各部分所起的作用是不同的。知觉对象关键性、最具代表性、刺激性强的部分往往决定对整体的知觉，其弱小部分常被忽视。例如，观看所熟悉人的漫画，我们可以从被歪曲的画面上，立即辨认出来。②对象各组成部分的排列特点。被感知事物的接近、相似、闭合、连续等因素影响着知觉的整体性。③对象各组成部分之间的结构关系。有时刺激物的个别部分改变了，但各部分的关系不变，仍能保持整体的知觉。例如，一首乐曲由不同人演唱，用不同乐器演奏，都能被人们知觉为同一首乐曲。各部分之间的关系一旦改变，知觉的整体形象就会变化。例如，四条相等的直线，组成垂直的封闭图形，是正方形；同样四条直线，组成不垂直的封闭图形，就变成菱形了。可见，物体各部分的关系是知觉整体性的基础。

知觉的整体性有赖于人的知识经验。当知觉对象提供的信息不足时，知觉者常常运用经验对残缺部分进行补充整合，从而获得整体印象。如对一块曾经知觉过的大理石，只要看一眼，就知道它是光亮的、坚硬的、冰凉的。知觉的整体性尤其是关键部位的作用提高了人们知觉的速度，例如，辨别个别笔画和辨别整个字的时间是相同的。但这也使人们容易忽略部分和细节，例如，校对时对整个文句的感知会抑制对个别错别字和错误标点的感知。

（三）知觉的理解性

人在知觉事物时，往往根据自己的知识经验，对感知的事物进行加工处理，赋予它确定的含义，并用语词加以概括，从而把它标志出来的特性，称为知觉的理解性。

对知觉对象的理解有两种基本形式：一是概括化的认知，即把知觉对象归入某个较一般、较广泛的类别。如汽车是“交通工具”，狗是“动物”；二是分化认知，即把知觉对象归入一个严格确定的类别。如平行四边形有“两组对边，平行且相等”，鸟有“羽毛、温血、卵生，是脊椎动物”。

知觉的理解性主要受个人的知识经验、言语指导、活动任务以及态度等多方面因素的影响。

（1）知识经验。人的知识经验多寡，会影响其知觉的理解性。例如，一份新电器产品设计图纸，技术人员就会比一般工人知觉更深刻、更精确，而且知觉的速度也更快。同一个事物,知识经验不同的人,对它的知觉的内容也会有差别,因而理解程度也不同。不同的知识背景和理解力影响对同一对象的知觉。图 3 －4 是一个斑点图,正是以知识、经验为基础的理解作用,使我们填补了画面信息的不足;把对象知觉为一个有意义的整体。

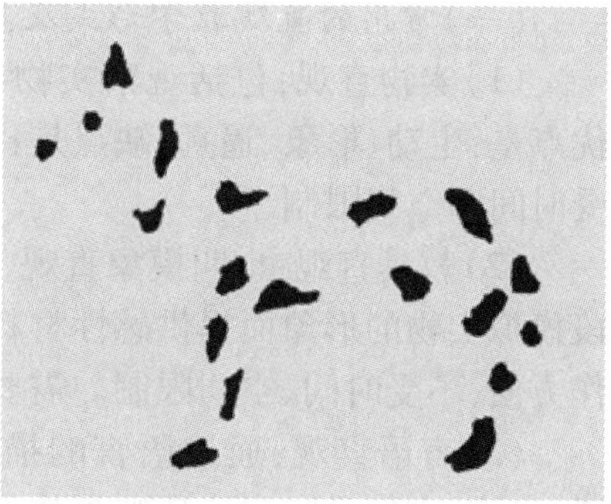

图 3－4　斑点图

(2)言语指导。由于言语能够指示知觉的内容,当外部的对象标志不明显时,通过言语的指导,可以唤起人的过去经验,有助于对知觉对象的理解。

(3)活动任务及对知觉对象的态度。

(四)知觉的恒常性

知觉的恒常性是指当知觉条件发生变化时,知觉的印象仍然保持相对不变,这就是知觉的恒常性。在视知觉中,知觉的恒常性十分明显。

视知觉的恒常性包括大小恒常、形状恒常、亮度恒常、颜色恒常。从不同的角度看同一扇门,视网膜上的投影形状并不相同,但人们仍然把它知觉为同一扇门,这是形状恒常性。一个人由近及远而去,在视网膜上的成像是越来越小的,但是人们并不会认为这人在慢慢变小,这是大小恒常性。煤块在日光下反射的光亮是白墙在月色下反射的光量的 5 万倍,但看上去我们仍然认为煤是黑的,墙是白的,这是明度恒常性。家具在不同灯光的照明下颜色发生了变化,但人对它颜色的知觉保持不变,这就是颜色恒常性。

知觉恒常性主要是由于过去经验的结果,能够使人不受外界条件变化的影响精确把握物体的本身特点,正确反映客观事物,这样就保证了人能够根据物体的实际意义来适应环境。恒常性消失,人对事物的认识就会失真。那么,人类适应环境的活动就会变得十分困难。因此,知觉的恒常性是人有效从事社会生活活动的必要条件。

第三节　感知规律在教学中的应用和观察力的培养

一、运用感知规律进行直观教学

根据感知规律,正确地运用直观性原则,可以激发学生的学习兴趣和热情,引起学生对教学内容的知觉,从而有助于学生对所学知识的理会、理解和掌握,提高教育、教学的质量。

（一）常用的直观教学形式及其特点

（1）实物直观：包括观察实物与标本、演示性实验、教学性参观等形式。其优点是：生动、形象、逼真，缺点是：本质属性易被其他非本质属性掩盖，并且容易受时间和空间限制。

（2）教具直观：也叫模象直观，指通过模型、仪器、图片、图表、幻灯等教学手段模拟实物的形象而提供感性材料。其优点是：可以突出事物的重点与本质，操作方便，不受时间、空间限制。需要注意的问题是对象大小之间的正确比例。

（3）言语直观：通过语言的描述、比喻、夸张提供感性材料。其优点是：灵活、经济、方便，缺点是：反映事物形象模糊。

三种直观教学各有优缺，相互配合使用才能受到良好效果。

（二）遵循感知规律，提高直观教学效果

（1）根据感知对刺激强度依存性的规律，教学中教师音量要适当，板书字迹要清楚，教具不要太小。

（2）根据感知中对象与背景的对比规律，在进行教学时应力求使对象与背景有明显的差别，如讲到重点处，应声音放大些；重点内容或容易错的地方板书可用彩色粉笔标出；相似部分可进行对比教学等。

（3）根据相对静止的背景上运动对象容易被感知的规律，教师在直观教学方面应采用活动教具，设法使教具变静为动。

（4）根据感知的组合律，凡是在时间上、空间上接近的事物容易被感知为一个整体，在教学中，要注意使作为学生感知对象的事物组合得当，使学生易于产生清晰的感知觉。如板书布局合理，语言抑扬顿挫间歇适当，教具行距适中，颜色分明等，还要尽量课前讲完一个问题，以保持内容的完整性。

（5）感知是多种分析器协同活动的结果，在直观教学过程中，要交替使用多种感官感知对象，动员学生用多种分析器参加活动，眼、耳、手、脑都被调动起来。

二、观察力的培养

（一）观察的定义

观察是有目的、有计划、比较持久的知觉。在观察的时候、观察者要预先提出一定的目的和任务，拟出一定的计划，按计划仔细地察看知觉对象，向它提出问题，从中寻求某种答案。观察过程包含积极的思维活动，稳定的有意注意，并要借助过去经验来组织知觉。例如，一个人在校园里闲散溜达，虽然他也能知觉到鸟语花香、人流车声，但这种知觉是没有目的、没有计划的；而当教生物的教师带着学生在校园里对植株进行学习时，才是带着预期目的有步骤地进行的知觉，这就是观察。观察比一般知觉更强调理解性，思维在其中起着重要作用，因此，观察也叫“思维的知觉”。观察在人的学习、工作实践中具有重要的作用和意义。

观察是科学研究的基础。古今中外,许多伟大的科学家都具有敏锐的观察力。巴甫洛夫在他的实验室中刻有“观察、观察、再观察”的语句。观察是知识学习的条件。在系统知识的学习中,无论是语文课中对字形的辨认、对景色的描写,数学课中对物品的计数、对图形特征的认识,还是科学课中对自然现象的洞察、对生物习性的了解,都离不开观察。

观察力就是观察的能力。观察力的最可贵品质是从平常的现象中发现不平常的东西,从表面上貌似无关的东西中发现相似点或因果关系。人们在观察力的发展水平上有很大的个别差异。凡是在事业上卓有成就的人物,如科学家、发明家、教育家、作家和画家等,他们的观察力发展水平都比平常人高。人们的观察力还在类型上有个别差异。例如,有的人视觉敏锐,有的人听觉敏锐,有的人嗅觉和味觉观察敏锐等。这种类型上的差异,并不影响他们都有可能成为观察力高度发展的人。观察力是分辨事物细节的能力,是智力结构的组成部分。它是经过系统训练逐渐培养起来的。

(二)观察的品质

1. 观察的目的性

观察的目的性表现为个体在观察前能否清楚地意识到观察的目的与任务,在观察过程中能否排除干扰、有始有终地完成观察任务。观察目的强的人能主动、独立地提出观察任务,并能克服困难,持久专注地完成观察任务;反之,观察目的弱的人意识模糊,容易受到刺激物的特点和个人兴趣、情绪的支配,游离于观察的过程。

2. 观察的精确性

观察精确性强的人能细致全面地观察客体,能发现事物间的细微差别,而观察精确性弱的人则观察粗疏、笼统,容易遗漏对象的特征,对有细微差别的事物常作泛化的反应。

3. 观察的全面性

观察是否全面取决于观察是否有序以及是否动用了多种感官。观察有序的人观察系统,能捕捉到事物的全部信息,表达也有条理,而观察无序的人观察零乱,容易遗漏事物的重要细节,表达也很混乱。只动用视觉器官进行观察的人,只能获得关于事物在形状、颜色、大小等方面的属性,而善用各种感官进行观察的人,就能获得事物的各种属性,获得对事物的完整认识。

4. 观察的深刻性

观察肤浅的人往往只注意到事物外在的联系和表面特征;观察深刻的人却能透过现象看本质,发现事物内在的联系。

三、中小学生知觉发展的特点与观察力的培养

（一）中小学生知觉的特点

小学生知觉的突出特点是：随年龄增长，知觉的有意性、精确性逐渐增强。比如，低年级的小学生的知觉具有无意性强、精确性较低等特点，因而容易在学习中分心，容易混淆形近字；到了高年级时，知觉的有意性、精确性均会大幅提高。

初中生的知觉出现了许多新的特点。首先，观察事物的自觉性逐步增强。进入中学以后，每个学科几乎都要求中学生发展自觉的观察力，而且随着其自我控制能力的发展，观察的持久性也不断增强。其次，观察事物的精确度不断提高。对事物观察的精确度是与分析综合的思维能力密切相关的。随着中学生思维能力的不断发展，他们观察事物细节的感受性逐渐增强。此外，中学生对比事物的正确率也逐渐增加。再次，观察事物的概括性明显发展。由于思维的发展和思维参与到观察中去，中学生的观察逐渐变得全面和深刻。国内研究表明，初中二年级是学生观察概括性发展的转折点。最后，观察事物的方法不断完善。随着年龄的增长，中学生逐渐能够掌握观察的程序和操作要求，能够遵循从整体到部分再从部分到整体等顺序进行观察，既能进行全面观察，又能抓住事物的主要特征进行重点观察。

到了高中阶段，知觉更富有目的性和系统性，更加全面而深刻，不稳定性已很少出现。这表明高中生的知觉特性已发展到相当高的水平。但是，高中生的知觉精确性尚不够，作出的判断有时尚不准确，表明其知觉特性并未完善。

（二）观察力的培养

观察力不是自然而然生长起来的，而是在观察活动中潜移默化地培养起来的。观察力的培养应体现在整个观察的过程中。

1. 观察前要作好观察的准备

（1）明确目的与任务。目的能引起个体身心的紧张度，起着定向的作用。例如，40多位专家开会，忽然外面闯进来两个人，两人一阵厮打后被人拉出会场，主持人要求专家立刻写出刚才的见闻，结果只有4篇差错在20%以下，有25篇差错在40%以上，很多记述充满了主观臆想。尽管这里有许多有利的因素，例如，事件延续了一段时间，性质足以引起人的注意，看后马上记录，都是些善作记录的人，为什么还有许多差错？究其原因在于缺乏观察的目的性。所以，观察的目的、任务及观察结果的处理与运用要求一定要在观察前就明确提出。

（2）丰富相应的知识。缺乏文史知识背景的人在参观一些人文景观时常常走马观花；相反，具有相关知识的人参观起来就细致深入得多。这说明只有理解了的东西才能更好地感知，一个完全陌生的事物是难以引起人的观察兴趣的，即

使有了明确的观察目的,也不知如何着手去观察。所以,观察前要丰富相应的知识。

2. 观察中培养观察的技能

观察作为一项操作性极强的活动,需要掌握一定的观察技能。

(1)有顺序地观察。有顺序地进行才能保证信息加工和结果表达的条理性与全面性。观察的顺序应根据观察对象的特点而变化。观察一个事物,可以遵循空间顺序,可以从头到尾,可以从左到右,可以由近及远,可以先整体再部分后整体等。观察是一种过程,可以遵循时间顺序进行观察,有时也可以按照事物的内在逻辑顺序进行观察。

(2)多感官同时参与。作为一种特殊知觉的观察自然应该包括看,但观察不仅仅是看,还应包括其他各种感官的活动。例如,观察春天,不仅要看春天,看柳枝吐芽、看碧波荡漾、看草地新绿,还要听,听微风、听鸟语、听流水、听春耕,还要嗅,嗅花香、嗅泥土清香。各种感官的活动使得我们能够了解事物的各种属性,从而全面地认识对象。

(3)有积极的思维。观察不是纯粹的客观信息的输入,其中不可避免地要渗透主体的思维活动。例如,就感官的灵敏度而言,人的嗅觉还不如狗,人的视觉还不如鹰,但人的观察之所以能远远比动物高明,是因为人有思维活动的介入。人与人在观察水平上的差异,究其实质也在于思维参与上的差异。因此,观察的过程伴随积极的思维就是一项重要的观察技能。

观察中的思维体现在善于比较,从相似对象中寻找到不同,在貌似无关的对象中发现联系。观察中的思维还体现在善于概括规律,如从四季的更替中揭示春天与生命活动的关系。观察中的思维更体现在善于发现事物的内在联系,能够透过现象看本质。

3. 观察后及时总结观察结果

为了使观察中获得的知识成为意识的经验、巩固的经验,观察后有必要对观察的结果及时总结。总结的方式可以是口头的表述或书面的记录,记录可以是文字的,如日记、作文、报告,也可以是图画的。当然,观察结果的总结方式应该在观察前就提出,这样有利于提高观察的目的性。

第四章 记 忆

记忆是人脑对经历过的事物的反映，通过记忆使人的心理活动在时间上得以接续的保证；没有了记忆，我们只能停留在某一种心理发展水平上。记忆联结着我们心理活动的过去和现在，在一定意义上可以说，没有记忆与学习，人类只能永远处在野蛮混沌的状态，就没有我们现在的人类文明。

第一节 记忆概述

一、记忆概述

（一）什么是记忆

记忆是人脑对经历过的事物的反映。经历过的事物主要指人们在实践中曾感知过的事物、思考过的问题、做过的动作、体验过的情感等。人们经历过的事物都会在头脑中留下一定的痕迹，例如，从前见过的人，现在不在面前，我们能想得起他的姿态相貌；见到他时能认得出来。经历过的事物经过一段时间后，在一定条件下，这些痕迹便会复活起来，这种心理现象就是记忆。记忆是人脑对客观现实的反映，是比感知觉更为复杂的心理现象。因为感知过程反映的是当前作用于感官的对象，记忆则是反映过去的经验，是人脑积累经验的过程；感知是感性认识，而记忆兼有感性与理性认识的特点。

（二）记忆的重要性

记忆是心理活动在时间上的延续，是人的心理活动接续的根本保证。有了记忆，先后经验才能联系起来，从而加深人的认识，丰富和发展人的心理活动；没有记忆，就没有经验的积累，也就没有心理的发展。谢切诺夫认为，失去记忆的人仿佛是永远处在新生儿的状态之中。有了记忆，个体心理发展才成为连续不断和逐步深化的过程。所以，记忆是人们心理发展的必要条件。没有记忆，个体的心理将永远停留在初始的水平上。

记忆是人实践活动的保证。人们认识、改造自然和社会，总是在以往经验的基础上进行。没有记忆就没有以往的经验，人的实践活动就不可能顺利进行。这样，人类就只能永远处在野蛮混沌的状态，也不可能出现文明的人类社会。

记忆是任何教育和发展的必要条件。在教育过程中，要以科学的、系统的、巩固的知识武装学生，就必须加强学生的记忆。教师只有根据记忆的规律组织教学，才能使学生获得巩固的知识，并以此为基础，循序渐进，日积月累，掌握更多、更深的科学文化知识。离开记忆，人的复杂的心理活动将不复存在，知识经验的积累和学习也就无法进行。只有记忆，才能加深对事物的认识，丰富和发展人的情感，增强意志，开拓智力，巩固动作技能、技巧，不断增长自己的才干。

（三）记忆的种类

1. 根据记忆的内容划分

根据记忆的内容，可以把记忆分为形象记忆、词语—逻辑记忆、情绪记忆和动作记忆。

(1)形象记忆：是以感知过的事物的具体形象为内容的记忆。这种形象是视觉的，听觉的，触觉的，嗅觉的，运动觉的，平衡觉的，等等，如形象记忆具有显著的直观性。

(2)语词—逻辑记忆：是以语词为内容的记忆。这种记忆所保持的过去经验是被研究过的概念、定理、公式和规律等内容。它以严格的逻辑思维过程为基础，并具高度的概括性、理律性和逻辑性。语词—逻辑记忆是个体保存经验的最简便、最经济的形式，它的内容无论在数量上和质量上都超过形象记忆。

(3)情绪记忆：是以体验过的情绪、情感为内容的记忆。情绪记忆往往是一次形成的，但其印象有时比其他记忆的印象表现得更为深刻、持久，甚至终身不忘，“一朝被蛇咬，十年怕井绳”。

(4)动作记忆：是以自身的运动状态或动作形象为内容的记忆（以人们过去的操作性行为为内容的记忆），如对书写、劳动操作及某种习惯动作的记忆。

在实际生活中，各种记忆都是掺杂在一起的。比如，在体育教学中，学生头脑中既有动作概念和词语这些逻辑记忆，又有教师的优美示范的形象记忆，还有通过练习而形成的动作记忆，并常伴随有一定的情绪体验。

2. 根据记忆信息储存的时间长短划分

根据记忆信息储存的时间长短，可以把记忆分为瞬时记忆（感觉记忆）、短时记忆和长时记忆，即记忆信息的三级加工系统。

(1)瞬时记忆（感觉记忆）：瞬时记忆是指作用于感觉器官的刺激停止作用后，感觉信息并不立即消失，它还能以感觉痕迹的形式在一个极短的时间内保存下来。由于它的存在转瞬即逝，所以称为瞬时记忆。它是记忆系统的开始阶段。

瞬时记忆保留的时间非常有限。据研究，视觉的瞬时记忆在1秒以下，听觉的瞬时记忆一般都在0.25～2秒的范围内。瞬时记忆自己意识不到，但它确实存在，后像是最明显的例证。

瞬时记忆的特点是：①保存的信息具有鲜明的形象性；②保持的时间很短，但保持量很大；③以物理性质的编码为主；④保留的信息，如果受到特别注意，便转入短时记忆,否则迅速消失。

(2)短时记忆。短时记忆是指信息的保留时间一般在3秒至1分钟之间的记忆。这种记忆在日常生活、学习和工作中经常遇到。

短时记忆的突出特点是其容量的有限性。美国洛克菲勒大学心理学教授米勒通过实验,在1956年发表了《神奇的数字7±2:我们信息加工能力的限制》一文,明确提出了短时记忆的容量为7±2。后来人们利用数字、单词、字母、无意义音节等各种实验材料得到的结果都和米勒的结果一致。

短时记忆的容量是7±2,是以单元来计算的。一个单元可以是一个数字、字母、音节,也可以是一个单词、短语或句子。单元的大小随个人的经验组织而有所不同。在编码过程中,将几种水平的代码归并成一个高水平的、单一代码的编码过程叫组块。以这种方式形成的信息单位叫做块。可见,"组块"是记忆的特殊的单位,是一个有一定可变度的客体,它所包含的信息可多可少。若要增加短时记忆的容量,可以利用已有的知识经验,通过信息加工,将若干较小单位联合成熟悉的、较大的单位,扩大每个组块中的信息量来实现。对短时记忆的容量的决定因素,往往不是信息的绝对项目数,而是其组块数。研究表明,在汉字材料的组块记忆中,以4字组块的记忆效果最好,而数字材料则以4和6字组块的记忆成绩最优。

短时记忆的特点是:①信息保存的时间不太长;②容量有限(7±2个组块);③以听觉编码为主;④信息的保持易受干扰。短时记忆的信息如果经过复述、运用或进一步加工,就被转入到长时记忆中去,否则,就容易遗忘。一旦遗忘,则不易恢复。

个体的知识经验对组块有着很大的影响

蔡斯和西蒙(Chase & Simon, 1973)对象棋大师、一级棋手和业余新手的棋局记忆能力进行了研究,结果发现,对一个随机设置的棋局,大师、一级棋手和业余新手的回忆正确率没有差别;而对一个真实的棋局,大师的记忆准确性为64%,一级棋手为34%,业余新手只有18%。研究者认为,之所以产生这种差别是因为在真实的棋局中,高水平的大师和一级棋手可以利用丰富的经验发现和建立棋子之间的关系,形成组块,而在随机摆放的棋局中,大师和一级棋手的经验就很难发挥作用了。由此可见,个体的知识经验对组块有着很大的影响。

(3)长时记忆。长时记忆是指信息的保持在一分钟以上直至多年甚至终生不忘的记忆。从它的信息来源看,大部分是对短时记忆内容的加工复述,也有些信息因印象深刻而一次性进入长时记忆。长时记忆的容量非常大,至今还没有人给它确定出一个为大家公认的范围，曾有人研究提出大约是10亿比特。诺贝尔奖金（经济学类）获得者、美国心理学教授西蒙对此有过具体阐述，他认为在记忆语词方面，若以语词为组块，中国人能记2.5万至5万个汉字；若以单字为组块，最多的能记1万个汉字。西蒙估计，熟练地掌握英语，需要在长时记忆中储存5~20万个组块。这么多的信息是怎样储存起来的呢？最近的研究表明，长时记忆的信息是依不同的方式进行复杂编码，以组块的形式，有系统、有组织地储存起来的。长时记忆的信息是能意识到的，遗忘后还可以恢复。

长时记忆的特点是：①记忆组块累积多；②储存时间长；③储存有高度的编码组织，以意义编码为主。

以上三种记忆就是记忆的三级信息加工系统，或称之为记忆过程的三个阶段。其关系可用以下模式表示（见图4－1）。

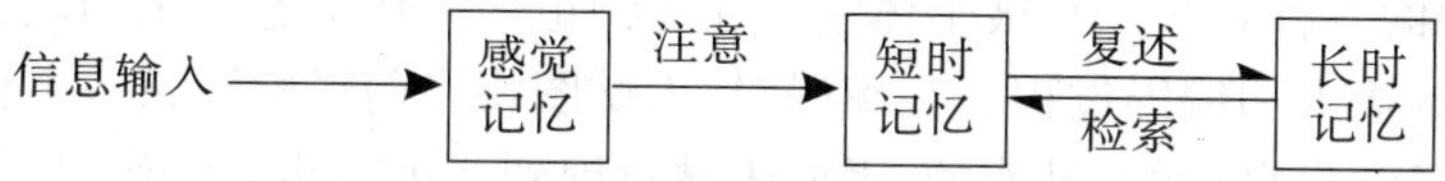

图4－1　记忆的三级信息加工系统模式

这个模式显示：当外界刺激引起感觉后，它所留下的痕迹便是感觉记忆，如不注意，便很快消失；如果给予注意，进行初步处理，便转入短时记忆。对短时记忆的信息，如不及时加工和复述，其信息也会很快遗忘或被新信息所替代。如果经过复述，就转入长时记忆。在长时记忆中，其信息被继续编码、储存起来。当需要时，这些信息又从长时记忆中提取或检索到短时记忆中来供人们提取。

（四）记忆表象

记忆表象（也称表象）是头脑里所保存的过去感知过的事物再现出来的形象。由于表象是在感知的基础上形成的，根据其起主要作用的感觉器官的不同，可以把表象分为视觉表象、听觉表象、运动表象、味觉表象和触觉表象。

由于表象是记忆的重要内容和形式，所以表象又叫记忆表象。表象虽然是在感知的基础上形成的，但又摆脱了感知的局限，它有以下特点：

1. 形象性

形象性指头脑里保持的表象是以生动及形象的形式出现的，并和过去感知时有一定的相似之处的特性。但表象和感知不同，它所反映的客观事物不在眼前，所以表象的形象性不如感知的鲜明、完整、稳定。

2. 概括性

概括性指表象所反映事物的形象，不是某一具体事物或其个别特点，而是一类事物所共有的特点，是一种类化了的事物形象，如笔、树木、房屋，都是指一类事物。但表象的概括和思维用词语概括是不同的，表象是对同一类事物的形象概括，而思维的概括则只概括事物的本质属性，舍弃其非本质属性，一般是抽象的概括。

表象的意义:①记忆表象是记忆的重要内容与形式。形象记忆与语词逻辑记忆的比例是1 000:1。②记忆表象是人们认识发展链上的中间环节,是从知觉向思维过度的桥梁。③表象是学生学习的基础。④表象是感知过渡到思维的中间环节。

二、记忆的基本过程

记忆是一个复杂的心理活动过程,它包括识记、保持、再认和回忆三个基本阶段。

识记是记忆过程的开端,是对事物的认识和了解,并在头脑中形成一定印象的过程。识记是记忆的开初阶段,是获得知识经验的记忆过程。识记具有选择性,环境中的各种刺激只有被个体注意才能识记住。从信息加工的观点来看,识记是信息的输入和编码过程。在编码时,人试图将当前经验同某一名称相联系。这一过程通常是自动的、迅速的,因而未被意识到。进一步的编码过程是使新输入的信息同已有的知识经验建立广泛的联系,从而形成知识网络。保持是识记过的经验在脑中的巩固过程。从信息加工观点来看,保持就是信息的储存。储存也是一个积极的过程,储存的信息在内容和数量上都会发生变化。保持是在识记基础上的进一步强化,是识记内容在头脑中进一步巩固和加深的过程。再认和回忆是对过去经验进行提取时的两种不同形式。再认是经历过的事物再一次出现在面前时,能够辨认出来。回忆是经历过的事物不在面前,由于某种刺激的作用,能够在头脑中重新呈现出来。回忆和再认,是在不同的情况下恢复经验的过程。例如学过的诗歌,当它再次出现时,我们知道是我们曾经学习过的,即再认,而我们不看书把它背出来,就是回忆。

从信息加工的观点来看,记忆的三个基本过程是密切联系在一起的,记忆是对输入信息的编码、储存和提取的过程。识记是信息的输入和编码的过程,保持就是信息的储存的过程,再认和回忆则是提取和输出信息的过程。三者是相互制约、相互联系、不可分割的统一过程。识记是保持的前提,保持是记忆过程的中心环节,识记和保持是再认和回忆的前提和保证,而再认和回忆是保持的结果和证明,并检验着识记和保持的效果。

第二节　记忆的基本过程及规律应用

记忆的基本过程包括识记、保持、再认和回忆,每一过程又有其不同的特点和规律。

一、识记

识记是指通过对事物的特征进行区分、认识并在头脑中留下一定印象的过程，是记忆的第一步，是获得事物的印象并成为经验的过程。识记的好坏直接影响着经验的保持和提取。

（一）根据识记是否有目的划分

根据识记是否有目的，可以把识记分为以下两种：

1. 无意识记

无意识记（也称不随意识记）是指没有预定目的，在识记过程中也不需要做一定意志努力、自然而然发生的识记。

无意识记虽然是自然而然发生的，但其作用是不可忽视的，人的相当大的一部分知识经验是通过无意识记获得的。在日常生活中，有时虽然没有给自己提出明确的识记目的和任务，也没有付出特殊的意志努力和采取专门的措施来识记某些事物，但这些事物都自然而然地保留在大脑中，成为一个人知识经验的组成部分，这就是无意识记。所谓"潜移默化"、"耳濡目染"等都是无意识记的结果，儿童的许多优良品质也是靠无意识记——潜移默化来培养的。

无意识记在人的实际活动中具有积极的意义和作用，人的相当一部分知识经验是通过无意识记获得的。在教学中正确组织学生的无意识记，让学生轻松愉快地学习，收到良好的记忆效果。因此，在教学中教师正确地组织和适当地运用无意识记是必要的。

无意识记带有极大的选择性。一般来讲，进入无意识记的内容有两个特点：①作用于人们感觉器官的刺激具有重大意义或引人注意；②符合人的需要、兴趣以及能产生较深刻情绪体验的内容。具备这些条件的信息才能进入无意识记，所以，无意识记具有极大的偶然性、片面性，单凭无意识记不能迅速获得系统的知识经验。

2. 有意识记

有意识记（也称随意识记）是指有预定目的，在识记过程中要作一定的意志努力的识记。在教学中教师给学生提出识记某些定理、公式、历史事件或外语单词的任务，这时学生不仅有了明确的识记目的，而且会采用一定的方法和措施，经过一定的努力进行识记，这种识记就是有意识记。人们掌握系统的科学知识，主要靠有意识记，所以，有意识记在学习和工作中占有重要的地位。

人的知识经验都是通过有意识记和无意识记获得的。就识记效果而言，有意识记优于无意识记。作为教师，了解识记的这一规律，有助于在教学过程中加强对学生的学习目的性教育，合理地给学生布置任务，使有意识记和无意识记结合起来，以达到良好的教学效果。

（二）根据识记时对材料是否理解划分

根据识记时对材料是否理解，可以把识记分为以下两种：

1. 机械识记

机械识记是指在材料本身无内在联系或不理解其意义的情况下，按照材料的顺序，通过机械重复方式而进行的识记。机械识记的基本条件是多次重复或复习，如对无意义的音节、人名、地名、历史年代、数字、不理解的词语等的识记。这种识记具有被动性，但能够防止对记忆材料的歪曲。对学生而言，这种识记是必要的，因为有些学习内容，如历史名称、专有名词等需要以机械重复的方式才能记住；也有些内容，由于学生知识经验的局限性，暂时不能完全理解，必须进行机械识记。机械识记在学生学习中有着突出的意义。

2. 意义识记

意义识记（也称理解识记）是在对材料内容理解的基础上，通过材料的内在联系而进行的识记。意义识记应该是学生识记的主要形式。意义识记的基本条件是理解。理解是对材料的一种加工，根据人已有的知识经验，通过分析、比较、综合、概括，来反映识记材料的内涵以及各部分之间的关系，并将其纳入已有的知识体系之中。理解了的识记材料，记得快、记得牢，也容易提取。

实验研究证明，意义识记优于机械识记。所以，在教学过程中，教师应该引导学生理解教学内容，尽量进行意义识记。但最好布置一些机械识记的内容作必要补充，使意义识记与机械识记结合起来，没有意义的东西也可以采用谐音法、歌诀法等记忆方法人为地赋予它意义，使之意义化。

机械识记虽不如意义识记效果好，但在学习中也是必要的，不能放弃。①因为学习中有一些材料是无意义的或意义较少的，就只能用机械识记，如历史年代、河流长度、元素符号、外语单词等；②有时材料本身有意义，但限于学习者的水平，一时难以理解，也只能先用机械识记，以后逐步加以理解，如小孩读古诗；③机械识记也最能锻炼人的记忆力，列夫·托尔斯泰说："背诵是记忆力的体操。"

由上可知，识记的目的、任务以及对材料的理解程度影响着识记效果。此外，识记还受材料性质、数量、识记方法、识记时的主观状态的影响。

（三）影响识记效果的因素

1. 识记的目的任务

有无明确的识记目的和任务对识记效果有重要的影响。因为有了明确的识记任务，人们就会把全部的识记活动集中在所要识记的对象上，而且会采取各种各样的方式和方法去实现它，所以识记的目的越明确，识记的效果越好。实验证明，长久的记忆任务比短暂的记忆任务巩固性要好得多。依据这一规律，教师在教学实践中，不仅应当使学生知道要记什么，记到什么程度，保持多长时间，而且应当使他们知道长久记忆学习材料的必要性。或者实行一种定期检查的制度，使学生主动地设定长期记忆的任务。否则，学生会去识记一切东西，影响学习效果。

2. 识记材料的数量和性质

材料的数量对识记效果有明显的影响。一般来说，识记需要的时间常常随着材料数量的增加而增加。要达到一定目标的识记水平，材料愈多，所用的平均时间和次数也就愈多。

材料的性质对识记效果也有很大的影响。一般来说，识记直观形象材料优于抽象材料，视觉优于听觉。

根据这一规律，教师在教学中应注意适当地安排学生识记材料的数量，在一定时间内要求识记材料的数量不宜过多。如果过分加大数量，会降低识记效果，也影响学生的积极性。

3. 识记的方式和方法

首先，无论是无意识记还是有意识记，凡是识记材料是直接操作或活动对象时，识记的效果就大为提高。有人做过编写识记提纲和不编写识记提纲的对比实验。识记同一段文章，9 天后检查，不编写识记提纲组遗忘 43.2%，编写提纲组只遗忘 24.8%。因此，教师应设法把要求学生识记的材料组织成学生活动的对象，并要求学生积极参加活动。其次，多种感官协同参加识记活动能提高识记效果。每种分析器都有专门的神经通道。识记中有多种分析器协同活动，把眼、耳、口、手、脑等的活动结合起来，可以使同一内容在大脑皮层建立多个通道联系，从而大大提高识记效果。例如，在学习地理时，如果学生仅看现成的地图，往往难以记住山脉、河流、城市等的名称；如果让学生在独立绘制地图的活动中来记，那就容易多了。最后，识记方法直接影响识记效果。不论是在全面性和深刻性上，还是在精确性和长久性上，以理解为基础的意义识记比机械识记效果要好。因为只有理解了的材料才能在头脑中长期保持，才能在以后运用它们时很快地被提取出来。这是因为理解了的东西与过去巩固了的知识经验建立了内在的联系；相反，不理解的东西即使暂时记住了，很快就会遗忘。

根据这些规律，教师在教学活动中应根据学生的年龄、个性差异以及学习科目和记忆材料的不同，指导学生运用正确的识记方法，增强识记效果。

(四)增强识记效果的方式

(1)识记的目的明确。

(2)识记材料的充分理解：①找出材料的本质特征和内在联系；②找出新材料与已有知识之间的关系和联系。

(3)识记方法的合理使用。根据材料的性质、内容、数量等，选用适宜的识记方式是提高实际效率的重要措施。整体识记法、部分识记法和综合识记法的使用,取决于学生的条件(智力和年龄)、学习的阶段(初期和后期)、教材的性质(有无意义)、教材的分量和学习的分配(部分法适用于集中学习,整体法则在分散学习时更有效)。

(4)合理安排识记材料的数量。

(5)识记材料的实际应用:①运用识记的材料解题、实验和完成作业等活动;②用识记的材料解释生活实际的有关现象和解决实际中的问题。

二、保持和遗忘

(一)保持及其变化规律

保持是识记过的知识经验在头脑中的积累、储存和巩固的动态过程,是记忆过程的中心环节。从信息论讲是信息的编码、储存过程。识记的内容被储存后,并非一成不变,其变化有质变和量变两种形式。

1.保持内容在质的方面的变化

记忆内容质的变化主要指由于主体已有的知识经验以及对材料的认识、加工能力的影响而发生的改变,表现为:①内容更加简洁、概括,不重要的细节被省略。如让一位学生复述所看过的一部电影的故事情节,一般只能讲个大概。②内容变得更加完整、具体、合理和有意义。如有人在续成故事实验中发现,被试在复述时增加了识记时没有的细节,使故事内容更绘声绘色,更接近具体事物。③内容变得更为夸张和突出。如巴特莱特曾用图画复绘方法测验保持情形,结果发现,经过十位被试者的轮流复绘,枭鸟竟变成了猫的形状。

2.保持内容在量的方面的变化

记忆内容的量变包括记忆回涨和遗忘两个方面。记忆回涨也称记忆恢复,指识记某种材料经过一段时间后测得的保持量大于识记后立即测得的保持量的现象。这种现象表现为,儿童比成人明显;无意义材料比有意义材料明显;完全不熟悉的材料比不够熟悉的材料明显。

记忆的恢复现象发生的原因比较复杂,一般认为:①学习者理解水平低。识记时不能立即把新知识纳入已有的知识体系中,通过知识经验的逐渐积累新旧知识间才建立了内在联系。②材料的相互干扰。识记后的即时测验由于受前后材料的相互干扰,各部分之间不易建立有机联系,形不成对材料的整体认识。过一段时间后,干扰消失以及材料间联系增多,整体性加强,识记的材料变成了一个有机的整体。③识记时的累积抑制。连续学习产生了神经疲劳,出现了累积抑制,经过一段时间的恢复后,便使疲劳解除,抑制消失,引起回忆量的回升。

(二)遗忘及其规律的应用

保持内容量变的另一种情况就是遗忘。

1. 遗忘的含义

遗忘是识记过的材料不能再认和回忆,或者发生错误的再认和回忆,是与保持相反的过程,是记忆内容的消失。遗忘是一种自然的正常合理的心理现象。因为感知过的事物没有必要全部记忆,任何识记的材料都有时效性,同时遗忘也是人心理健康和正常生活所必需的。

2. 遗忘的分类

根据不同的标准可把遗忘分为不同的种类:

(1)根据遗忘时间的长短,可把遗忘分为暂时性遗忘和永久性遗忘。暂时性遗忘指遗忘的发生是暂时的,在适当的条件下还能重新回忆起来,如提笔忘字,一时想不起熟人的名字等;永久性遗忘指不经过重新识记,识记的内容就不能恢复的遗忘现象。

(2)根据遗忘的内容,可把遗忘分为部分遗忘和整体遗忘。部分遗忘是指对识记材料部分内容的遗忘,如对材料细节的遗忘;整体遗忘是指识记材料整个内容的全部遗忘。

3. 遗忘的原因

(1)时间因素。遗忘在学习之后立即开始,而且遗忘的过程最初进展得很快,以后逐渐缓慢。

(2)识记材料的性质与数量。一般认为,熟练的动作和形象材料遗忘得慢,而无意义材料比有意义材料遗忘得要快。在学习程度相等的情况下,识记材料越多,忘得越快;材料少,则遗忘较慢。因此,学习时要根据材料的性质来确定学习的数量,一般不要贪多求快。

(3)学习的程度。一般认为,对材料的识记没有一次能达到无误成诵的标准,称为低度学习的材料;如果达到恰能成诵之后还继续学习一段时间,这种材料称之为过度学习材料。实验证明,低度学习材料容易遗忘,而过度学习的材料比恰能背诵的材料记忆效果要好一些。当然,过度学习有一定限度,花费在过度学习上的时间太多,会造成精力和时间上的浪费。

(4)识记材料的系列位置。人们发现,在回忆系列材料时,回忆的顺序有一定的规律性。例如,人们对于26个英文字母的记忆,一般以开头的字母如ABC效果较好,最后的几个字母XYZ效果也很好,但对字母表的中间部分则容易遗忘。在一项实验中,实验者要求被试学习32个单词的词表,并在学习后要求他们进行回忆,回忆时可以不按原来的先后顺序。结果发现,最后呈现的项目最先回忆起来,其次是最先呈现的那些项目,而最后回忆起来的是词表的中间部分。在回忆的正确率上,最后呈现的词遗忘得最少,其次是最先呈现的词,遗忘最多的是中间部分。这种在回忆系列材料时发生的现象叫“系列位置效应”。最后呈现的材料最易回忆,遗忘最少,叫近因效应。最先呈现的材料较易回忆,遗忘较少，叫首因效应。这种系列位置效应已被许多实验所证实。

(5)识记者的态度。识记者对实际材料的需要、兴趣等因素对遗忘的快慢也有一定的影响。研究表明，在人们的生活中不占主要地位的、不引起人们兴趣的、不符合一个人需要的事情，首先被遗忘；人们需要的、感兴趣的、具有情绪作用的事物，则遗忘得较慢。另外，经过人们的努力、积极加以组织的材料遗忘的较少，而单纯地重述材料，识记的效果较差，遗忘的也较多。

(三)遗忘理论

以上研究，特别是遗忘曲线的一般趋势，揭示了保持和遗忘的一般规律，但并没有解释这种趋势的原因所在。为此，不同研究者通过理论分析和实验对造成遗忘的原因进行了探讨，进而形成了以下几种关于遗忘原因的理论。

1. 衰退理论

该理论认为，遗忘的原因是记忆痕迹的衰退。由于记忆痕迹得不到强化而逐渐减弱，以至最后消退。这种借物理、化学现象解释心理现象的理论，虽然在瞬时记忆和短时记忆中有一定的说服力，也常让人较好理解，但由于缺乏实验的证明，同时在长时记忆中的矛盾现象较多而未能得到更多的认可。

2. 干扰理论

此理论认为，由于在识记和重现之间存在着对识记过的信息的提取和恢复有损害性的其他刺激，它们的干扰造成了遗忘。一旦干扰被排除，记忆就能恢复。这种理论因有大量的实验支持而为大多数研究者所接受。干扰是遗忘现象产生的主要原因所在。对此理论有所佐证的实验集中在两个方面：一是先学习的材料对后继学习效果的影响；二是后学习的材料对先前学习的影响。

先学习的材料对当前识记和回忆的干扰作用，称之为前摄抑制。前摄抑制是指先前学习材料对识记和回忆后学习材料的干扰作用。例如，学生学习了汉语拼音，当他们学习英语时，经常用汉语拼音的发音来代替英文字母的发音，这就是前摄抑制。倒摄抑制是指后来学习的材料对保持和回忆先前学习材料的干扰作用。例如，学生回忆以前所学的数学公式时，最近学习的新公式总是不断地出现，从而影响了对前者的回忆，这就是倒摄抑制的表现。由于这两种抑制是引起遗忘的重要原因，因此受到许多心理学家的注意。大量研究不仅证明了这两种抑制的存在，而且对造成这两种抑制的原因进行了探讨，认为主要有三个方面：①材料的相似性。即先后学习的两种材料在意义上、组成上或排列的顺序上有某些相似或相同的成分，会产生较大的抑制效果。②学习的巩固程度。先后两种学习材料的巩固程度也是影响抑制的重要因素。如果其他条件相同，插入材料所产生的抑制作用，将随着原材料学习的巩固程度的提高而减少。③先后两种学习的时间安排。实验证明，先后两种学习之间的时间间隔越大，倒摄抑制的作用则越小。

3. 压抑理论

这种思想首先是由弗洛伊德在临床实践中提出来的。该理论认为,遗忘是由于情绪或动机的压抑作用而造成的。如果以适当的方法消除这种压抑状态,记忆便可恢复。这种压抑作用将一些痛苦、不愉快情境下的记忆排除在意识之外,成为无意识中的记忆。这些内容之所以在平时回忆不起来,是因为它们会令人产生痛苦、忧愁等不良情绪。因此,具有"压抑"倾向的人往往采取"压抑"的方法来保护自己。为此,也称之为动机性遗忘。但事实上,并非所有与不良情绪相联系的情况都如此受到"压抑",人们可能记住他所经历的一些重大事件,这些事件作为表象保存在记忆中,能够清晰而生动地回忆起来,就像闪光灯亮时留下的照片,心理学上称之为"闪光灯记忆"。不管怎样,该理论在对遗忘因素的思考中,强调了动机、情绪等因素的作用,说明了部分遗忘现象在实践中有一定的参考意义。

4. 线索缺失理论

该理论认为,长时记忆中的遗忘是不存在的,之所以我们不能回忆出记忆中的信息,不是由于信息丢失,而是因为提取信息的线索不正确或不足造成的。只要线索充分,都可以提取出来。信息提取与应用是个复杂的过程,不能简单地用"全或无"原则来解释。现实中的一些现象和一些实验研究为该理论提供了一定的依据。如"舌尖现象",即你觉得自己一定记得某事,可当时就是回忆不出来,如果有个简单的提醒或过一段时间、换一种情境,就可以回忆出来。线索的出现总能起到加强记忆的作用。

(四)遗忘的规律

遗忘是有规律的,主要表现在以下几方面:

1. 先快后慢的遗忘进程

艾滨浩斯(H. Ebbinghaus)于 1885 年发表了著作《论记忆》,成为第一位对记忆进行科学定量研究的心理学家。他使用无意义音节作为记忆材料,自己做被试,采用节省法研究遗忘的规律。在识记材料后,每隔一段时间重新学习,以重学时所节省的时间和次数为指标,测量遗忘的进程。他将实验结果绘制成一条曲线,这就是心理学上著名的艾滨浩斯遗忘曲线(见图 4 – 2)。该曲线反映了遗忘变量和时间变量的关系,揭示了遗忘的规律:遗忘的进程是不均衡的,在识记后的最初阶段遗忘速度很快,以后逐渐缓慢,即遗忘的进程是先快后慢。

不同时间间隔后的保持量

时间间隔(d)	重学时节省时间的百分数(%)
20 分钟	58.2
1 小时	44.2
8 小时	35.8
1 日	33.7
2 日	27.8
6 日	25.4
31 日	21.1

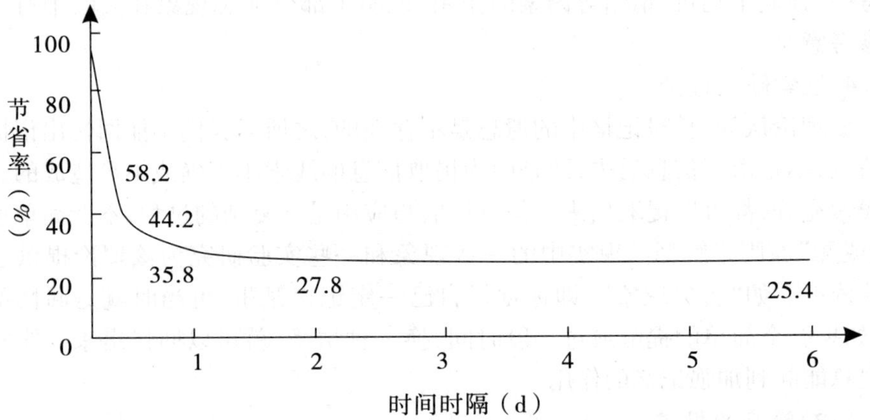

图 4-2　艾滨浩斯遗忘曲线

艾滨浩斯的遗忘曲线表明,遗忘的进程是不均衡的,有先快后慢的特点。

2. 识记材料的特点对遗忘有显著影响

熟练的技能遗忘得最慢,形象材料比抽象材料容易长久地保持;有意义材料比无意义材料遗忘慢些;理解了的内容遗忘慢,不理解的内容遗忘快;识记材料很多时遗忘快,较少时遗忘慢。对于系列材料,首尾容易记住;中间部分容易遗忘。这是因为开头部分只受倒摄抑制的影响,结尾部分也只受前摄抑制的影响,所以首尾容易记住。中间部分同时受前摄抑制和倒摄抑制的影响,所以保持的效果最差。

3. 学习程度对遗忘的影响

学习程度越高,遗忘得越慢;对材料记得越牢固,遗忘的自然就慢。研究证明,过度学习能提高保持的效果,减少遗忘。所谓过度学习是指在学习进行到刚刚能回忆起来的基础上进一步地学习。一般来说,过度学习所用时间为 150% 效果最佳。这样既不浪费学习时间,也能取得好的保持效果。

4. 科学复习，避免遗忘

复习是巩固知识、防止遗忘的有效手段，而且可以理解以前所没有理解的内容，同时为新知识的学习奠定基础。但复习并不是对已学习内容的简单重复，而应根据记忆规律，采取如下有效措施：

（1）及时复习与经常复习结合。根据遗忘先快后慢的规律，及时复习能够阻止识记后立即会出现的快速遗忘，原因是及时复习能及时强化暂时神经联系。如果复习不及时，识记的材料遗忘后再去恢复，就要花费更多的时间和精力。可见，及时复习，"趁热打铁"，可以收到事半功倍之效。及时复习后并不能万事大吉，还应有计划地经常复习，这样才能使暂时神经联系易于复活，更好地巩固知识。

（2）集中复习与分散复习结合。研究表明，在时间和条件大致相同的情况下，分散复习的效果优于集中复习。当然，合理分配复习时间要视复习材料的特点而定。数量少、难度小的材料应当集中复习；数量多、难度大的材料可以分散复习；属于思考式的材料，宜集中复习。

（3）反复阅读与尝试回忆相结合。在对复习材料没有完全熟记之前，不宜一遍又一遍地单纯诵读，而是要积极地试图回忆，即读几遍后合起书来回忆其中的内容或尝试背诵，遇到回忆不起来的部分再阅读，这就是反复阅读与尝试回忆相结合的方法。实验证明：这种方法比一遍一遍地阅读省时省力，效果更好。因为这是一种积极主动的复习方法，能够及时发现哪些记住了，哪些没有记住，使复习更有目的性，可以看到成绩，增强信心。

（4）复习的方式要多样化。单调的复习方法，会使学生产生疲劳和消极的情绪。多样化的复习方式可以使学生感到新颖，激发学生积极地从事智力活动，从而提高复习的效果。在复习时也要尽可能利用多种分析器参加活动，如复习英文单词时，要仔细看字母组合，留心听发音，认真读单词，反复书写练习，专心记词义等，通过多种感官协同活动，能够大大改善复习的效果。

（5）科学用脑，劳逸结合。学习时间长了，就会引起脑神经疲劳，从而降低记忆的效率。这时如果让大脑积极休息一下，就会迅速提高大脑活动的机能，从而防止遗忘。研究证明，学生如果在课间有 10 分钟的积极休息，便可以使脑力活动的效率提高 30%。另外，适当睡眠也是科学用脑、提高学习效率的必要措施。

三、再认和回忆

（一）再认及其规律

再认是指过去经历过的事物再次出现时能够识别出来的过程。再认是一种比较简单的心理过程，不同的人对不同材料的再认速度和正确程度有一定的差异，这与影响再认的因素有关。一般认为，影响再认的因素有三：一是对事物识记和保持的程度。识记得越清楚，保持得就越牢固，再认也就越容易；识记模糊，当然保持也不稳定,再认时必然会发生困难。二是当前出现的事物和经历过的事物之间的相似程度。如果当前出现的事物和过去的印象完全相同,便可以立即再认出来;如果当前的事物和过去的印象不完全相同,就不易把它再认出来。三是当前呈现事物的环境与过去被识记时环境的相似程度。一般来说,当前出现的事物与过去感知它时的环境差别越小,越容易再认,否则,就会给再认带来一定的困难。时过境迁,对往事难以识别就是这个原因。

线索是再认的支点,当再认出现困难时,人们往往需要寻找再认的线索,通过线索达到对事物的再认。如对久别重逢的朋友的再认,一般要以身体的某些特征作为再认的线索。

(二)回忆及科学回忆方法的应用

回忆也叫重现,是指在一定诱因的作用下,过去经历的事物在头脑中独立地再现出来的过程。如学生根据考题回忆起过去学过的内容。

根据回忆时是否需要中介物,回忆可分为直接回忆和间接回忆。直接回忆指不需要中介物直接回忆起过去感知到的某一事物,如学生对十分熟悉的公式、单词、课文,通常都可以直接地回忆起来。间接回忆指需要中介物才能想起过去感知到的某一事物。

根据有无明确目的和是否需要意志努力,可把回忆分为有意回忆和无意回忆。有意回忆指有明确的目的并需要一定意志努力的回忆,如学生课堂上对教师提问的回答。无意回忆指事先没有预定目的也不需要意志努力的回忆,如"睹物思人"、"触景生情"。

有意回忆有时不需要太大的意志努力就可以实现,有时则需要较大的努力,进行复杂的思索,才能在头脑中呈现过去感知过的事物,这种回忆叫追忆。要顺利地进行追忆,一要保持平静的情绪状态,二要根据中介线索进行正确的联想。

由一个事物想起另一个事物的心理活动叫联想,联想是事物普遍联系规律在头脑中的反映。追忆时常用的联想有:①接近联想:由一个对象联想到在时间、空间上与之接近的另一个对象,如由河想到桥,由笔想到墨,由春想到夏等。②类似联想:由事物之间的相似性而进行的联想,如由李白想到杜甫;由严冬想到冷酷。文学中常用的比喻就是类似联想。③对比联想:由一个对象联想到与之对立或相反的另一个对象,如从上想到下、从好想到坏、从错误想到正确等。④因果联想:由事物之间内在的因果关系展开的联想,如由下雪想到寒冷,由勤奋想到成就,由生病想到吃药等。

(三)再认与回忆的关系

再认和回忆都是过去经验的恢复,它们之间没有本质的区别,但在保持的巩固程度方面还是有差别的。一般情况下,能回忆的一定能再认,能再认的不一定能回忆。因此,再认容易,回忆困难。

第三节　记忆的品质与培养

一、记忆的品质

人们的记忆存在着极大的差异，记忆的品质是鉴别一个人记忆力好坏的指标，主要包括：敏捷性、准确性、持久性和准备性。

（一）记忆的敏捷性

记忆的敏捷性是指一个人在识记事物时的速度方面的特征。能够在较短的时间内记住较多的东西，就是记忆敏捷性良好的表现。记忆的这一品质，与人的暂时神经联系形成的速度有关：暂时联系形成得快，记忆就敏捷；暂时联系形成得慢，记忆就迟钝。在敏捷性方面，有的人可以过目不忘，有的人则久难成诵。但各人的特点不同：有的人记得快，忘得也快；有的人记得慢，忘得也慢。记忆的敏捷性是记忆的品质之一，但它不是衡量一个人记忆好坏的唯一标准。在评价记忆敏捷性时，应与记忆的其他品质结合起来才有意义。

提高敏捷性，要求在识记时必须抓紧时间，专心致志、聚精会神地学习。

（二）记忆的持久性

记忆的持久性是指记忆内容在记忆系统中保持时间长短方面的特征。能够把知识经验长时间地保留在头脑中，甚至终生不忘，这就是记忆持久性良好的表现。记忆的这一品质，与人的暂时神经联系的牢固性有关：暂时神经联系形成得越牢固，则记忆得越长久；暂时神经联系形成得越不牢固，则记忆得越短暂。在持久性方面，有的人能把识记的东西长久地保持在头脑中，而有的人则会很快地把识记的东西遗忘。一般来讲，记忆的敏捷性与记忆的持久性之间有正相关，记得快的人，保持的时间较长。但也不尽然，有的人记得快，但保持的时间短。

加深理解和合理进行复习，是提高记忆持久性的重要措施。

（三）记忆的准确性

记忆的准确性是指对记忆内容的识记、保持和提取时是否精确的特征。它是指记忆提取的内容与事物的本来面目相一致的程度。记忆的这一品质，与人的暂时神经联系的正确性有关：暂时神经联系越正确，记忆的准确性就越好；暂时神经联系越不正确，记忆的准确性就越差。准确性是记忆的重要品质，如果离开了准确性，敏捷性、持久性就失去了意义。

记忆的准确性依赖于对事物是非的辨别能力。因此，识记时要准确识别事物的本质属性。

（四）记忆的准备性

记忆的准备性是指对保持内容在提取应用时所反映出来的特征。记忆的目的在于实际需要时，能迅速、灵活地提取信息，回忆所需的内容并加以应用。记忆的这一品质，与大脑皮层神经过程的灵活性有关：由兴奋转入抑制或由抑制转入兴奋都比较容易、比较灵活，记忆的准备性的水平就高；反之，记忆的准备性的水平就很低。在准备性方面，有的人能得心应手，随时提取知识加以应用，有的人则不然。记忆的这一品质是上述三种品质的综合体现，而上述三种品质只有与记忆的准备性结合起来评价，才有价值。

准备性强的人，记忆的知识处于活跃状态，能随时提取出来用以解决有关问题。在知识竞赛中，虽然大家都掌握了回答某些问题的有关知识，但有的人反应很快，有的人反应很慢，这就是记忆准备性品质的差异。

记忆的准备性取决于记忆内容的组织性、系统性和熟练化程度。

记忆的各种品质在不同人身上有不同的组合，有的人记得快忘得慢，而且记得正确；有的人记得慢忘得也慢；有的人记得快忘得也快；有的人记得慢又忘得快。教师应根据学生的不同情况，采取不同的方法，帮助他们克服自己的缺点，从而不断提高学生的记忆能力。

记忆品质可以用来作为衡量个体记忆能力好坏的综合性指标：

(1)记忆的数量多，保持牢固，善于准确回忆的类型。

(2)记忆的数量多，保持不牢固的类型。

(3)记忆的数量少，保持牢固，善于准确回忆的类型。

(4)记忆的数量少，保持不牢固的类型。

二、中小学生记忆发展的特点

(一)小学生记忆发展的特点

1.有意识记逐渐占主导地位

小学生的无意识记和有意识记的效果会随年龄的增长而递增，有意识记的增长速度更为明显。一般来说，小学生入学时，无意识记占主导地位。随着年级的增长，有意识记的效果赶上无意识记的效果，最后有意识记的效果超过无意识记的效果，有意识记逐渐占主导地位。

2.意义识记在逐步发展

从记忆方法上说，小学生意义识记正在逐步发展乃至占主导地位。一般来说，学前儿童和低年级小学生主要采取机械识记的方法，中高年级小学生比较多地采用意义识记的方法。小学低年级的学生由于知识经验比较贫乏，抽象逻辑思维欠缺，对学习材料不易理解，也不会进行信息加工，因而在学习功课时较多地运用机械识记。到了中高年级，由于他们知识经验日益丰富，抽象逻辑思维不断发展，在学习活动中运用意义识记的比例逐渐增大。

3. 在形象记忆的基础上抽象记忆迅速发展

从识记的内容上说，小学生在形象记忆的基础上，对词的抽象记忆也在迅速发展。小学低年级学生，由于第一信号系统活动占优势，在头脑中和第一信号系统相联系的事物的具体形象容易记住。

到了中高年级，学生掌握的语词量不断增加，第二信号系统的活动逐渐占优势，所学课本的内容大多是些抽象的词、数字或符号，所以他们的抽象记忆也渐渐地占主导地位。但对小学生来说，他们在记忆抽象的材料时，主要还是以事物的具体形象为基础，即形象记忆仍起着重要作用。

（二）中学生记忆发展的特点

初中生识记的有意性更加发展起来。初一年级学生的无意识记常常表现得很明显，对有兴趣的材料记得比较好，对一些困难的材料记得比较差。随着教学的要求，学生逐步学会使记忆服从于识记的任务和教材的性质，因而有意识记日益占主导地位。从识记方法看，初中学生的意义识记能力更加发展起来。初中一年级学生中机械识记方法还起着很大的作用。从识记内容看，初中生的形象识记和抽象识记都在发展。抽象识记从初一年级开始加大了发展速度。

中小学生记忆发展的最大特点，就是中小学生时期的记忆力是人生中记忆力的“最佳时期”，达到了记忆的“高峰”。具体地说，有如下特点：

1. 有意识记随目的性增加而迅速发展

进入中学后，学生逐渐学会根据教材内容，独立地提出识记的目的和任务；能逐步自觉地检查自己的识记效果，主动选择良好的识记方法等。

2. 意义识记能力不断提高

进入中学以后，由于学习内容的不断增多、加深以及言语和抽象逻辑思维的发展，意义识记得到了发展。心理学研究表明，进入初中以后，中学生的意义识记就超过了机械识记，并呈直线上升的趋势；相反，机械识记运用得越来越少，其效果也越来越差。

3. 抽象记忆有较快发展

初中学生在抽象记忆发展的同时，具体形象记忆也在发展，但发展的速度已慢于前者；到了高中时期，抽象记忆发展迅速，而具体形象记忆则开始出现下降的趋势。

三、中小学生记忆品质的培养

1. 注意培养学生记忆的敏捷性

记忆的敏捷性是指迅速识记和回忆事物。应尽量做到：①唤起学生注意力，使之保持高度集中；②使用恰当的方法，使学生明确所要记忆的任务；③把相关知识恰当地串联，使需记内容与学生的认知结构有机结合，融会贯通；④准确明晰地表述知识特征和规律,使学生深刻理解所学内容。

2. 注意增强学生记忆的持久性

记忆的持久性是指记忆信息在头脑中长期留存。应注意做到:①指导学生对所学内容进行合理分类,提高学生的概括认知能力,建立良好的认知结构,加深对所学知识的总体印象;②指导学生掌握练习方法,了解遗忘规律,把基本的、重要的知识反复练习巩固,加深记忆痕迹。

3. 注意提高学生记忆的正确性

记忆的正确性是指对记忆信息的准确认知、留存和回忆表达。要注意做到:①提高学生兴趣,使之主动、专心致志地识记学习内容,指导学生经常把新旧知识、相似或相反知识加以比较,使记忆信息不断分化、明晰,获得确切含义;②讲授知识同时传授适当的记忆方法;③指导学生养成检查自己记忆效果的习惯,提问学过的知识使学生得到自己记忆状况的反馈信息。

4. 注意改善学生记忆的准备性

记忆的准备性是指在系统地、有条理记忆的基础上能及时、迅速、完整地回忆所学知识。要注意做到:①指导学生把所学知识归纳整理、系统化,形成良好的认知结构,使头脑中储存的知识井然有序,便于逻辑回忆;②教学中要突出强调分析问题的正确思路及方法,培养学生的思维品质,使其掌握记忆关联事物的方法,以便及时迅速和完整地由头脑信息库中检索出所需忆取的知识信息。

5. 注意掌握有效的记忆方法

应掌握以下方法:①选择记忆法,即对知识要区分重点,有取舍的记忆;②提纲网络记忆法,即以关键内容为中心,分析各部分知识间的内在联系,用最简练的词句或图表进行有序联结形成网络,便于记忆;③比较记忆法,即在比较、分析基础上把几个需记内容一起记忆;④口诀记忆法,即把需记内容缩编成口诀进行背诵记忆;⑤联想记忆法,即按一定的产生、发展顺序规律,将有关需记内容串联记忆;⑥改错记忆法,即把学生作业中出现错误进行分析,指出错误产生的思维认识根源,加深学生对正确知识的记忆痕迹,强化记忆效果。

6. 重视对学生记忆活动的指导

应做到以下几点:①唤起记忆的愿望。有人曾做过这样的实验,被试是几十名中学生,一张纸上有 18 个英文字母,让他们数一数里面有几个“A”,所有的人都答对了。把纸撤去后,再问剩下的几个字母是什么,竟没有一个人答全。这并不是他们的记忆力差,而是他们对这几个字母没有记忆的愿望。愿望(意图)是记忆的动力。为此,教师在各科教学中应及时给学生提出识记的目的、任务和具体要求。在此基础上,应该培养学生主动、自觉地提出记忆的任务,特别是长远的记忆目标和意图,而不应临时抱佛脚,应付眼前考试。这有利于调动他们记忆的主动性、积极性。当然,还需培养学生学习的兴趣和强烈的求知欲,充分利用他们的无意识记。②增强记忆的信心。记忆活动是一种艰苦的脑力劳动，每一种知识的记忆都是一个需要付出艰辛劳动的过程。这就要求学生必须意志坚强，信心十足。因此，教师首先要打消学生在记忆上不符合事实的自卑感，帮助他们在精神上得到解放，让他们相信自己的记忆力与一般人是一样的，谁的大脑都有这种能力，别人能记住的，我也一定能记住。其次，想方设法使每个学生获得识记成功的体验，同时又要非常敏锐地发现每个学生识记的成功之处，并予以肯定，共同分享他们识记成功的喜悦。这样他们就会逐渐地由“害怕”记忆到“喜欢”记忆，由怀疑自己的记忆力到相信自己的记忆力。③培养自我检查的习惯。再认和回忆既是检查记忆的指标，又是加强复习、巩固记忆的一种有效途径。自我测验、自我复述、自我回忆、自问自答等都是自我检验的有效方式。自我测验和自我复述的效果较好，应向学生推荐。还要帮助学生了解自己在记忆过程中的优缺点，以便自觉地、有目的地克服缺点，发扬优点。这些自我检查能力和习惯的培养，将有利于提高学生的记忆力。④讲究记忆卫生。学生记忆力的培养，除上述措施外，讲究记忆卫生也是重要一环。记忆卫生是个内涵丰富的概念，主要包括以下几方面：保持稳定而愉快的情绪；做到劳逸结合，参加文体活动；合理地遵循作息制度，保证适当的睡眠；利用最佳的记忆时间；科学地使用大脑，以及有适当的营养、清新的空气等。

第五章 思维与想象

思维和想象是高级的、复杂的理性认知活动。通过思维,人才能认识事物和现象的内在本质属性和规律。通过想象,人才能够创造出新形象。人在实践活动中,会不断遇到新的问题,产生新的需要,而思维、想象是解决这些问题和需要的必要条件,思维、想象由此成为教学中能力培养的核心之一。

第一节 思维概述

一、思维的概念

思维是人脑对客观事物的本质属性和事物之间内在联系的规律性所作出的概括与间接的反映。

思维是人类在漫长的社会历史发展过程中,为了求得自身的生存和发展,在与大自然作斗争的过程中,经历几百万年的进化,形成了对客观现实的间接的和概括的反映,是人类大脑的特有功能。思维与实践联系密切。儿童的思维不是与生俱来的,而是在同周围现实进行交往的多种多样的活动中不断发展的。

思维和感觉、知觉一样,也是人脑对客观现实的反映,是一种高级的认识活动。感觉和知觉是对客观现实的直接反映,它们所反映的是客观事物的外部现象或个别属性,是对事物的感性认识;而思维则是对客观事物间接的、概括的反映,它所反映的是客观事物的共同的本质特征和内在联系。例如,当人们看到"苹果"时,通过感觉和知觉能认识苹果的颜色、形态和口感,通过思维能认识到苹果含有丰富的营养、苹果的产地、苹果的价格与经济的关系,等等。因此,人的思维是以感觉和知觉为基础的更复杂、更高级的认识过程。

思维具有间接性和概括性特点。思维的间接性,就是人通过已有的知识经验或借助于其他事物的媒介,理解或把握那些没有直接接触过的,或根本不可能感知到的事物,以推测事物发展的进程,认识事物现实的本质,推知事物未来的发展。例如,我国历史学家根据一些远古时期的出土文物及其他相关资料,就能推知我国夏商时期的社会发展情况;心理学家通过一个人的自传性文字及媒体的报道,就能分析这个人的个性;教师根据在教学过程中对学生的仔细观察,可以了解学生的内心世界,等等。这些大脑的间接性认识,是通过人脑"去粗取精，去伪存真，由此及彼，由表及里”的加工活动，即思维活动来实现的。

思维的概括性，它包含两层意思：第一，把同一类事物的共同特征和本质特征抽取出来加以概括。例如，人们把大大小小长相各不相同的能吃的果子称之为“果树”；把果树、不结果的树等统称为称为“树”。第二，将多年观察到的事物之间的联系和关系加以概括，得出有关事物之间内在联系的结论。例如，每次看到“月晕”就要“刮风”，地面“潮湿”就要“下雨”，就能得出“月晕而风”、“础润而雨”的结论。这种概括帮助人们认识到客观事物的内在关系和规律性，对自然环境主动地进行适应。

思维的间接性是以人对事物概括性的认识为前提的。人之所以能够根据屋顶潮湿作出曾下过雨的推断，是因为知道下雨和屋顶潮湿之间因果关系的结果，而这种认识正是先由思维的概括性所获得的。因此，思维的概括反映和间接反映的特点是密切联系的。

二、思维的分类

（一）动作思维、形象思维和抽象思维

根据思维解决问题凭借物的不同而划分，可将思维分为动作思维、形象思维和抽象思维。

动作思维，是以实际动作为支柱的思维，也称操作思维或实践思维。例如，自行车坏了需要修理，师傅会拆开零件，找出坏的部位，这就是运用了动作思维。成人的动作思维以丰富的知识经验为中介，并在整个动作思维过程中由词进行调节和控制。3 岁前的幼儿的思维就属于动作思维，幼儿的思维活动是在触摸、摆弄物体的过程中进行的。

形象思维，是以事物的具体形象和表象为支柱的思维。例如，在拥堵的城市，驾驶员在出发前就会考虑沿着哪条路不容易堵车而且速度更快，在他的头脑中会出现城市的路线图，通过分析和比较，最后选择一条最不容易堵车、路况良好的路线。这种思维便是形象思维。学龄前儿童的思维主要是形象思维。文学家、艺术家和设计师经常运用形象进行思考，通过形象来表达自己的感受和思想。

抽象思维，是以概念、判断、推理等形式进行的思维。例如，学生运用数学符号和概念进行数学运算或推导；思考“人为什么活着，活着的意义是什么”这些问题时，都是利用概念、语词来进行思考，这就是抽象思维，也叫逻辑思维。它是人类特有的一种思维形式。

在成年人身上，三种思维是相互联系、相互渗透的，仅仅使用一种思维来解决问题是不太可能的。就如师傅修汽车，除了听汽车发动机声音异常外，还要结合自己的经验以及汽车发动机的原理来进行分析综合，最后找出发动机故障的原因。儿童的思维发展是先发展动作思维，然后是形象思维，再后是抽象思维。

成年人的任何一种思维形式占优势并不代表其思维发展水平上的差异，比如设计师与数学家。

（二）聚合思维和发散思维

根据思维探索目标的方向不同，可将思维分为聚合思维和发散思维。

聚合思维，又称求同思维，是指把问题所提供的各种信息聚合起来，沿着同一方向得出一个正确答案或方案。这个思维过程是利用已知经验和传统方法得到的，通常是各种信息及经验都指向这么一个最好的答案。

发散思维，又称求异思维，是从一个目标出发，沿着各种不同途径和方向去思考，探求多种答案的思维。这种思维的主要特点是求异与创新。思维的变通性（思维灵活、能随机应变）、流畅性（思维敏捷、反应迅速）和独特性（对问题能提出超乎寻常的、独特、新颖的见解）是发散思维的三个主要特点。

聚合式思维和发散式思维的区别：以数学题为例，一加一等于多少，用聚合式思维，一加一等于二。用发散式思维，一加一可以为三，一男一女组成家庭变为三或四，一个正数加上一个负数为零，一个思想的火花加上另一个思想的火花变成创意，等等。在我国传统教学中，考试喜欢追求正确答案，这种情形容易忽略发散式思维的培养，影响学生思维的创造性发展。聚合式思维和发散式思维二者是紧密联系的，当我们分析一件事情产生的原因时，可以从多种角度分析，这时是发散式思维；当通过检验一一排除各种因素，找到影响事情发展的最重要因素时，这便是聚合式思维。

（三）直觉思维和分析思维

根据思维的结果是否经过明确的思考步骤和对过程有无清晰的意识，可将思维分为直觉思维和分析思维。

直觉思维，是一种非逻辑思维，它是人脑对于突如其来的新问题、新事物和新现象，能迅速理解并作出判断的思维方式。这也是一种直接的领悟性的思维方式。例如，古希腊学者阿基米得在浴缸中洗澡时突然悟出浮力定律，达尔文在阅读马尔萨斯人口论时突然悟出“自然选择”理论等等，都是直觉思维的典型例证。在一定程度上，直觉思维是逻辑思维的凝聚或简缩，它具有敏捷性、直接性、简缩性、突然性等特点。

分析思维，也称逻辑思维，它严格遵循逻辑规律，逐步进行分析与推导，最后得出合乎逻辑的正确答案或作出合理的结论。如学生通过多步的思考和论证解决数学难题，就运用了这种思维方式。

（四）常规性思维和创造性思维

根据思维的创新程度，可将思维分为常规性思维和创造性思维。

常规性思维，也称再造性思维，是指人们运用已获得的知识经验，按现成的方案和程序来解决问题的思维方式。如学生运用已学会的数学三角形面积公式解决同一类型的问题。这种思维创造性水平低，是运用已有知识经验解决问题的过程，这种思维没有新颖性和独创性。

创造性思维，是指以新异、独创的方式来解决问题的思维，是产生新的思维成果的过程。例如，作家创作一部新的小说，发明家发明一种新的机器等。创造性思维是人类思维的高级过程。许多心理学家认为，创造性思维是多种思维的综合表现，它既是发散思维与聚合思维的结合，也是直觉思维与分析思维的结合；它不仅包括抽象思维，而且也离不开创造性想象。

三、思维的特殊形式——想象

想象与思维“两者是密不可分的”（朱智贤、林崇德，1986）。想象是人脑对已有表象进行加工改造而形成新形象的过程。我们能想象盘古开天地的情形，也能想象郑和下西洋那浩浩荡荡的船队，想象古代士兵金戈铁马的恢宏场面，这些都不是我们亲身经历过的场景，这些新形象是根据我们头脑中已有的一些表象粘贴、重组而成的。

（一）想象

想象是人脑对已有表象进行加工改造而创造新形象的过程。通过想象过程创造的新形象就是想象表象，想象表象具有形象性和新颖性的特点。

想象是在记忆表象的基础上进行的，它以直观形式呈现人们头脑中的具有形象性特征的表征，不是言语符号。在想象过程中，表象得到进一步的加工和组合，创造出新的形象。这些新形象既可以是主体没有感知过的事物形象，也可以是世界上根本不存在或还未出现的新形象。如读过《水浒传》后人们在头脑中浮现出的水泊梁山形象，都是想象的产物。

想象是以组织起来的形象系统对客观现实的超前反映。像孙悟空等形象似乎是“超现实”的，其实，任何想象不会凭空产生，孙悟空的形象来源于猴子，猪八戒的形象来源于猪，因此构成新形象的材料都来自生活，取自过去的经验，并不是无中生有。天生的聋子无法想象出优美的音乐，天生的盲人也想象不出天空的美景。这说明，想象无论新颖甚至离奇到什么程度，构成新表象的材料则永远来自对客观现实的感知。想象是反映客观现实的各种成分的形象组合过程，也是人脑反映客观现实的一种形式。

（二）想象的分类

想象是一种意向性的反映，它在某种程度上超脱现实，因此，可有意地或在无意中发生。按照想象的目的性和计划性，可将想象种类分为随意想象和不随意想象。

1. 不随意想象

不随意想象是没有预定目的、不自觉的想象。如天空中变化的浮云，时而像羊群，时而像皑皑的白雪，时而像动物……各种事物形象的想象不自觉地涌现着，变幻着。另外，当人们长久地进行机械、枯燥的活动时，注意力不集中，如冗长的会议、长久地躺在草地上休息，某种想象形象就可能不经意地浮现在眼前。这些都是不随意想象。由于不随意想象不需要人作意志努力，出现也很突然，往往对思维具有启发作用。

梦是不随意想象的一种特殊的形式。梦也是一种想象，梦中出现的形象有时显得十分新奇甚至荒唐，但组成梦境的"素材"仍然是感知过的事物。梦是想象的极端形式，梦是在睡眠状态下出现的一种想象活动。在睡眠状态下，大脑皮层处于不平衡的抑制状态，少数神经细胞的兴奋使一些表象被激活。由于缺乏意识的控制与调节，被激活的表象形成了离奇的组合，这些稀奇古怪的组合使得梦境与现实生活大相径庭。所以，古代人们将梦看成是神灵的启示。由于许多梦同现实一样生动、丰富，不少人乐于接受梦中不可思议、自相矛盾的情节。

梦是睡眠中发生的，但不是整个睡眠过程都是在梦中度过的。梦境多半在快速眼动睡眠时相中出现，内容生动离奇，但一些概念较强的、与现实联系密切的梦也在无快速眼动睡眠时相中出现。大量的梦呓、梦游和梦惊多发生在无快速眼动睡眠时相中，它们在生理学上被看成是睡眠障碍反应。人们在这种状态下被唤醒时，往往忘记了梦的内容。但是，人们往往能记住在快速眼动睡眠时被唤醒时梦的内容。所以，快速眼动睡眠时相被视为梦的一种活动标志。

梦的内容与个体的想象力关系密切。想象力丰富的人，梦境里充满了奇异的景象，而想象力贫乏的人，其梦境也往往平淡无奇。梦有时会帮助人们突破传统思维方式的定式产生顿悟，它是灵感得以闪现的一个窗口。

2. 随意想象

随意想象是有预定目的、自觉进行的想象，是意识活动的一种形式。这种想象活动具有一定的预见性、方向性，人们在想象过程中一直控制着想象的方向和内容。

根据创造程度的不同，随意想象又可分为再造想象和创造想象。另外，幻想也是随意想象的一种特殊的形式。这些想象活动具有一定的预见性、方向性，都是意识活动的形式。

(1)再造想象。

再造想象是人们根据别人的言语叙述文字描述或图形示意，在头脑中形成新形象的过程。再造想象必须以别人的描述和提示为前提，再造别人想象过的事物，虽然具有一定的独立性，但独立性差。值得注意的是，再造想象不是别人想象的简单重现，而是依据以往的经验再造出来的。如技术工人根据平面的图纸，生产出立体的产品。由于个体之间的知识经验、兴趣爱好、个性的差异，每个人再造出来的形象各不相同。例如，我们想象"床前明月光，疑是地上霜。举头望明月，低头思故乡”这首诗所描述的形象时，每个人再造出来的形象各不相同，都按各自的方式来构成新形象。可见，再造想象中也有创造性的成分。

再造想象是理解和掌握知识必不可少的条件。在接受间接经验时，概念停留在机械识记水平上是毫无意义的，只有在头脑里形成了与概念相应的形象，主体才能理解和掌握知识。概念只有作为事物原形的信息，代替物才有实在的意义。因此，课堂教学的形象化、直观化有利于知识的掌握和运用。图表、模型、标本等直观教具和生动的语言，有利于想象的发展和知识的掌握。再造想象对人格的塑造也有重要作用。再造想象是榜样言行内化过程的一种形式。儿童听了故事或看了连环画后，往往沉浸在故事情节中，想象自己亲身体验这些行为。这种想象甚至能指导他们的行为，如电视剧《霍元甲》放映后，街上会出现一些模仿影视人物的“小拳手”。所以，在政治思想教育和品德教育中，教师要用各种方式唤起学生正确的再造想象，使学生潜移默化地形成良好的品德和行为。形成正确再造想象的条件：①要正确理解词与实物标志的意义。再造想象由言语描述或图样示意所引起，如果言语不能引发表象，想象活动将难以进行。想象活动是第一信号系统和第二信号系统协同作用的结果，要形成正确的想象必须正确理解和掌握词与实物标志的意义。②丰富的表象储备。表象是想象的基本条件，表象愈丰富，再造想象的内容愈丰富；再造想象不仅对已有表象的数量有较高的要求，对表象的质量和种类也有很高的要求。正确反映客观现实的直观材料愈丰富，再造出来的想象内容就愈生动、准确。

(2)创造想象。

创造想象是不依据现成的描述而独立创造出新形象的过程。创造想象受思维的调节。思维活动由一定的问题引起，并指向问题的解决。如作家在写作前要考虑文章的主题、人物、事物等，如果不假思索、信马由缰，就很难创造出活生生的令人信服的形象来。

创造想象根据预定目的，通过言语符号对已有表象进行选择、加工、改组而产生可以作为创造性活动“蓝图”的新形象。文学家、艺术家、发明家、科学家、设计人员的创新等都是创造想象的产物。与再造想象相比，创造想象具有首创性、独立性、新颖性等特点。创造想象是人类创造性活动的一个必不可少的因素，是创造活动顺利开展的关键。创造活动由于有了创造想象的参与，才能结合以往的经验，根据预定的目的和计划将概念和形象、具体和抽象、现实与未来有机地结合起来形成创造性的新形象，构画出劳动的最终或中间产品的立体表象模型。没有创造想象，技术发明、科学研究、艺术创作等一切创造活动都无法创造。想象能力的培养具有十分重要的意义。教师在学生的作文、绘画、解题和实习等创造活动中正确运用启发教学法，创造问题情境诱导学生自己去“发现”问题，“解决”问题，是培养学生创造想象能力的一种重要途径。

发展创造想象的条件:①增加表象。没有相应的表象储备,再造想象和创造想象都很难顺利进行。创造想象有将相关表象的某些因素重新组合排列成新形象的“凑合式想象”,如狮身人面像;有将几种表象融合成新形象的“融合式想象”,如鲁迅笔下的阿Q是旧社会农村流氓无产者的典型形象。这些创造想象的形式都以丰富的表象储备为先决条件。②创造动机。社会生活不断地对个体提出创造新事物、解决新问题的需求。这种需求反映在人的头脑中就成为创造新事物的需要和动机。创造动机是创造想象的动力。③积极的思维活动。创造想象受思维的调节。思维活动由一定的问题引起,并指向问题的解决。④灵感。灵感是指创造活动接近突破时出现的心理状态。灵感首先表现为人的注意力高度集中在创造对象上。在产生灵感时,人有极高的工作效率。灵感的出现使久思不解的问题迎刃而解,常常伴随着无法形容的喜悦。

(3)幻想。

幻想是一种与生活愿望相结合并指向于未来的想象。幻想是创造想象的一种特殊形式,与一般的创造想象相比具有下述两个特征。①幻想体现了个人的愿望,是向往的形象,幻想中的形象,总是与个人的愿望相联系,体现了个人的向往和祈求,而创造想象所形成的形象则并不一定是个人所向往的形象。例如,作家创造的人物形象有的是他所喜欢的和同情的,有的(如反面人物)则可能是他所厌恶或鞭挞的。后一种形象就不是作者所向往的。②幻想常是创造性活动的准备阶段。幻想虽然是有目的的,但不像一般的创造想象那样需要付出艰苦的精神劳动。幻想不指向于当前物质产品和精神产品的创造,而是指向于未来,代表个体的愿望,故常常又是创造性活动的准备阶段。

幻想的形式有科学幻想、理想、空想三种。科学幻想是科学预见的一种形式,是创造想象的准备阶段和发展的推动力,是具有进步意义和有实现可能的积极幻想。理想是符合事物发展规律、有实现可能的积极幻想。空想是与客观现实相违背的消极幻想,根本不可能实现。空想往往使人脱离现实,长期陷入空想的人往往碌碌无为,一事无成。

四、思维的一般过程

思维是人类所具有的一种高级心理现象,是复杂的心理过程,是大脑对来自于客观世界的各种信息不断进行分析、综合、比较、抽象、概括、系统化和具体化的过程。

(一)分析与综合

分析与综合是思维的基本过程,分析是指在思想上把事物的整体分解为各个部分或各种属性,即把复杂的事物分解为简单要素分别加以思考的过程。分析需要运用已有知识作为一个分析标准,用这个标准来分析事物。例如,分析一篇鲁迅的文章,可以从思想性方面来分析,也可以从文学性来分析,还可以从当时的时代背景下来分析鲁迅写作的寓意等等;对于翡翠,可以从其物理成分来分析,也可以从其光泽度及美感度来分析,还可以从其市场价值来分析,分析是否适合,取决于人们选择的分析标准是否恰当。

综合与之相反,综合是在思想上把事物的各个部分、各种特征和属性结合起来,即把分析的结果加以整合,形成对事物的整体认识。客观事物本身的各部分和各种属性之间是有内在联系的,如果不顾客观事物本身的内在联系,任意将其不同属性、不同部分联系起来,事物的整体就不能把握。分析与综合是辩证统一的,恩格斯说:"思维既把相互联系的要素联合为一个统一体,同样也把对象分解为他们的要素。没有分析就没有综合。"因此,分析和综合是同一思维过程中彼此相反而又紧密联系、不可分割的两部分,它们彼此相互联系,相互制约。

(二)比较与分类

比较与分类是则是把各种事物和现象加以对比,确定其异同,发现其关系的思维过程。比较是以分析为前提的,是指在头脑中把事物或对象加以对比,来确定它们之间的异同点的过程。只有在思想上把不同对象的各个部分或特征区别开来,才能进行比较。客观事物的差异性和同一性是比较的基础,在相似的事物上找出差异点,如同卵双胞胎也是存在差异点的。

比较时需要有一定标准,不同的标准就不能比较,如一个人的高矮和另一个人的胖瘦就无法比较。比较是一个综合过程,如按时间来比较社会发展的历史形态,按雕工来比较木雕或石雕等工艺品。人在思维时,会运用多种角度进行比较。比较是分类的基础。分类是在思想上根据事物或对象的异同点,将对象分为不同种类的思维过程。这是根据事物的某种属性或关系进行的分类,相同的事物归为一个大类,不同的事物根据差异点划分为较小的类。这样可将事物区分为具有一定的从属关系和不同的等级系统,从而使知识系统化。分类必须有一定的标准,要根据事物的某种属性和关系来分类。例如,生物学的分类,由低到高的类别层次分别为种、属、科、目、纲、门。

(三)抽象与概括

抽象与概括是更高级的分析与综合活动。抽象是指在思想上把各种事物或对象之间的共同的、本质的属性抽取出来的过程。因此,抽象强调抽取出的事物与事物之间的本质属性,舍弃事物的非本质属性。例如,对"人"的抽象,"能思考"、"有语言"、"二足而立"是共同的、本质的属性,而"男人"、"女人"则是非本质的属性。

概括是指在头脑中把抽取出来的各种事物或对象之间的本质属性结合起来,推广到同一类事物或对象上去的过程。例如,"由四条线段组成的封闭图形"叫"四边形",这就是概括的结果。因此,概括是一种特殊形式的综合,在概括的基础上形成各种概念、规则。总之,概括是在抽象的基础上进行的,没有抽象就没有概括,它们之间是相互依存、相辅相成的关系。

(四)具体化和系统化

具体化和系统化是更高层次的思维过程。具体化是指在头脑中把抽象和概括出来的本质属性和规律运用到具体事物中去的过程。也就是说,具体化是与抽象、概括相反的思维过程,是抽象、概括的理性认识与具体的感性认识相结合的方法,是启发人们思考和发展认识的重要环节。例如,教师在讲授一个新知识点时举例说明,这就是一种具体化的过程。系统化是指在头脑中把知识分门别类地按照一定的顺序、层次整理成具有层次结构的整体系统的过程。系统化是在复杂的分析、综合、比较、分类、抽象、概括和具体化的基础上实现的,有助于我们自觉深入、牢固地掌握科学知识体系,有利于我们全方位把握事物的本质和规律。

在思维活动过程中,以上各种思维过程是紧密联系的,借助这些思维过程的不同组合,人们才能更加正确地认识世界、改造社会。

五、思维的形式

思维的形式是指人思维活动中的静态结构。就思维的形式而言,就是概念、判断、推理,无论任何内容的思维都要通过这三种形式表现出来。

(一)概念

概念是人脑反映事物本质的一种思维形式。在抽象和概括的基础上,人脑形成各种不同的概念。概念是思维的最基本单位,是思维的出发点和归宿,而且人们利用概念进行判断和推理,因此它是思维的最基本形式。

概念是用词来表达的,词是概念的语言形式,概念是词的思想内容。概念与词并非一一对应。一个词可以代表不同的概念,如在中文中"痴"表达了"痴迷"和"白痴"等不同的概念。同时,相同的概念也可以用不同的词来表示。

(二)判断

判断是指人脑反映事物之间联系和关系的思维形式,是在概括的基础上形成的对事物有所判定的思维形式之一。任何判断都是由概念组成的,都是概念的展开。单一的概念是无法进行思维活动和表达思维的,必须把多个概念联系起来,对事物有所肯定或者否定,这就构成了判断。判断主要有直接判断与间接判断、肯定判断与否定判断等类型。

(三)推理

推理是人脑从已知的判断出发推出新判断的思维形式。人们在思维时常经历着"由此及彼"的过程,如"月晕而风"、"础润而雨",人们看见"月晕"与"础润"等自然现象,就能作出"风"、"雨"将要来临的结论,这个过程就是推理。在推理的过程中,把出发进行推理的已知判断叫做前提,把由已知判断推出的新判断叫做结论。因此,要保证推理结论的正确性,推理必须具备两个条件:一是前提要真实;二是前提与结论之间的关系有一定的必然联系。

推理的种类很多,主要有归纳推理和演绎推理两种。归纳推理是从个别的、特殊的事例中推出一般结论的过程。例如,从知道金、银、铜、铁等金属能够传热,从而推出"金属可以传热"的结论。演绎推理是从一般的知识、原理中推出关于个别事物的结论的过程。例如,从"所有六岁的孩子都应该上学"和"晓明六岁了"这两个前提出发,推出"晓明应该上学"结论。

第二节　问题解决

一、什么是问题解决

(一)问题解决的含义

"问题"就是不能直接用已有知识解决,但是可以间接用已有知识解决的情境。它往往指个体面临一个不易达到的目标时的情境,即通往目标的途径中存在着障碍,可称之为遇到了问题。问题的一个根本特点是障碍,有障碍才会有问题。但客观的障碍不是问题本身,问题是由遇到障碍的个体提出来的,它总是以一定的方式被理解和表述。

一般来说,所有的问题都包含有两个部分:①条件,即问题的初始状态,是指已知的关于问题的描述;②目标,要求达到的状态,即目标状态。因此,问题的解决过程实质上就是如何在条件和目标之间架起桥梁,克服障碍,从而有效地实现由初始状态向目标状态的转化。

(二)问题解决的特征

问题种类繁多,问题解决时所采用的方式方法也不同,但问题解决有诸多共同的基本特征。

1. 问题解决具有情境性

所谓问题情境是指出现在人们面前并使人感到疑难的情境。它促使个体积极思考,运用一系列的认知技能去寻找答案。没有问题情境,就没有问题解决,问题总是由一定问题情境所引起,而问题解决的结果则是问题情境的消失。

2. 问题解决具有目的性

问题解决具有明确的目的,即从问题的初始状态出发,最终实现目标状态的过程。因此,这一过程具有明确的目的性。

3. 问题解决包含着一系列的运算

所谓运算即心理操作。问题解决需要选择和运用一系列算式(使问题从一种状态到另一种状态所采用的方法或步骤),以求得问题的答案。

4. 问题解决由认知操作来进行

问题解决必须有认知成分的参与，依赖于一系列的认知操作来进行。

二、问题解决的思维过程

问题解决的过程应怎样展开？心理学家们提出了许多观点，如试误说、顿悟说、信息加工模式等。

（一）问题解决的理论

1. 试误说

桑代克通过实验提出了试误说。他通过猫逃出迷笼的实验，提出问题解决是一个通过尝试错误的方式来排除不成功的做法的过程。

2. 顿悟说

柯勒在对大猩猩的问题解决进行实验研究的基础上，提出了与桑代克截然不同的观点。他发现，大猩猩在获取远处的食物时并没有多次尝试，而是分析问题情境之后，利用竹竿作为工具去获得栅栏外的食物。他提出，问题解决依赖于问题解决者对问题情境和各种事物之间关系的理解和顿悟，而非试误的结果。

3. 五阶段说

杜威通过对问题解决过程进行分析认为，问题解决是由五个循序渐进的环节组成的。它们分别是：呈现问题（意识到问题的存在）、明确问题（识别问题的本质和解决问题的重要条件）、形成假设（提出一个或几个似乎合理的问题解法）、检验假设（确定最可行的办法）、选择最佳假设（在权衡优劣的基础上确定最佳方案）。

（二）问题解决的思维过程

问题解决的思维过程是一个非常复杂的心理过程，它需要许多连续的步骤。我国心理学界一般把问题解决分为发现问题、分析问题、提出假设和检验假设四个阶段。

1. 发现问题

发现问题是问题解决的首要环节，发现问题是解决问题的第一步，在这一步要确定问题是什么，什么信息与解决这个问题有关。发现问题往往并不容易，它受许多因素的制约，解决者的思维习惯、所拥有的相关背景知识等都影响着发现问题的敏锐性。问题只有在被发现的时候，才能引起人们解决问题的思维活动。心理学的研究表明，善于发现问题是人类思维发展水平的重要标志，但能否有效地发现问题主要取决于三个因素：一是主体活动的积极性、主动性；二是主体的兴趣和求知欲望；三是主体的知识经验。

2. 分析问题

分析问题是认识问题的关键环节，只有认清问题的关键，才能找到解决问题的方向。这就要求问题解决者要充分利用足够的时间来沉思问题的本质，抓住问题的深层结构而非表面特征，达到对整个问题的准确解释，从而提高解决问题的效率。任何问题都包含要求与约束条件两个方面，因此，分析问题归根到底就是要分析问题的要求和约束条件，找出它们之间的联系和关系，把握问题的本质，确定解决问题的方向。当然，分析问题的方式是多种多样的，其基本方式有符号、表格、图形、意象四种，这些方式有助于人们发现各种要求与约束条件之间的关系、问题时空的大小，进而促进问题的解决。

3. 提出假设

问题解决的关键就是要找到解决问题的方案，而问题解决的方案则常常是先以假设的方式出现，经过实践验证逐步完善的。提出假设是具有创造性的阶段，也是解决问题的关键步骤。没有假设，问题就无法解决。要有效地提出问题解决的假设，就必须利用人们自己的思维、想象以及知识经验等进行反复的斟酌、酝酿，并且最终找到比较合乎问题实质的有效可行的解决方案。因此，思路开阔、经验丰富、能提出多种假设的人，一般都是善于解决问题的人。

4. 检验假设

检验假设，这是问题解决的最后一步思维过程。所谓检验假设就是通过一定的实践性方法来确定假设是否符合实际，是否符合科学规律。问题解决者需要对自己的答案进行检验，对自己的问题解决进行合理的评价。对问题解决的评价主要包括对结果的分析和对过程的分析。检验假设主要有两种方式：一是直接检验，即通过实践活动来检验。实践是检验真理的唯一标准，也是检验假设正确与否的最有效的方式。二是间接检验，即通过推论来检验。通过推论，保留正确、合理的假设，选择最佳的假设，是人们在解决问题过程中最常用的检验方式。

问题解决的上述四个阶段，不是简单地、直线式地进行的，而是反复的、交错的，并可能会出现多次循环，最后才能找到解决问题的正确答案。

三、影响问题解决的因素

问题解决的思维过程受多种因素的影响，既有主观因素，又有客观因素。当然，有些因素能促进思维活动对问题的解决，有些因素则会阻碍思维活动对问题的解决。

（一）知识经验

任何问题的解决都离不开一定的知识、技能。知识经验的积累越丰富，储存在大脑中的信息越多，就越有助于问题的有效解决。这方面的研究主要体现在专家与新手的差异上，而这种差异又主要体现在他们的知识结构、解题方式、解题策略等方面的不同上。1976 年，西蒙（Simon）等人做过这样的实验：把具有 25

个棋子的国际象棋棋盘以5秒钟的时间向国际象棋大师和新手呈现。结果发现,对于棋盘的布局,象棋大师能正确恢复23个棋子,而新手只能恢复6个左右。根据他们对国际象棋大师的研究,认为一个专家所具有的知识差不多是由5~20万个组块组成,而要获得这些知识不得少于10年。由于专家储存着大量的知识经验,因此,他们在解决问题时只需要在头脑中检索相关的知识,而不需要逐步地搜索、推理,就能迅速、有效地解决问题。

(二)情绪与动机状态

情绪对问题解决具有一定的影响。一般来说,积极、乐观、兴奋的情绪状态可以使人的思维活跃、思路开阔,有助于问题的解决。但是,紧张、恐惧、悲哀、抑郁等消极的情绪,也会抑制人的思维活动,使人的思路狭窄,从而阻碍问题解决的速度。例如,学生考试时,由于情绪过分紧张,会使其注意的范围缩小,使其思路阻塞甚至出现"记忆空白",不利于考试水平的正常发挥;如果学生能够以轻松、愉快等积极的心情迎接考试,就有利于思考,打开思路,正常地发挥水平或超水平发挥。

动机水平对问题解决的作用也特别明显。在一定范围内,问题解决的效率会随动机的增强而提高,根据"耶克斯—多德森定律",每一项工作任务都有其最佳的动机水平,动机过强或过弱都会影响作业的效率。动机强弱与问题解决的关系,可以描绘成一条"倒转的U形曲线"。在问题解决中,中等水平的动机作用是最佳状态。过强的动机水平会导致高度焦虑,从而限制了思维的开阔性和灵活性;那些能够促使解决较困难的问题的动机水平,都有助于简单问题的解决。

(三)思维定势

定势又称心向,是指由于受到过去知识经验的影响而使心理活动处于一种准备状态,从而使心理活动带有一定的倾向性。思维定势是指在问题解决的过程中作了特定加工方式的准备,它使人倾向于以一种特定的方式进行认知操作。定势对问题的解决既有积极的作用,也有消极的影响。积极的方面是使人们能够对一些常规性的问题作出迅速的解答,从而提高问题解决的效率;消极的方面是指这种固定的倾向往往限制着形成假设的范围,使人难以用一种新方式考虑问题,不利于人们灵活性、创造性地解决问题。

定势的作用还明显地表现在"功能固着"上。功能固着是一种特殊类型的定势。它是指人们在解决问题时只看到某种事物的惯常功能,而看不到其他方面的功能。例如,梳子是用来梳头的,盒子是用来装东西的,等等。人们解决问题的过程,有时需要改变物体固有的功能,才能适应新的问题情境的需要。这时,能否以一种新奇的方式去看待熟悉的物体的功能,往往是解决问题的关键。

（四）酝酿效应

当人们反复致力于某一问题的解决而又不得其解时，如果把问题暂时搁置一段时间，然后再回过头来解决，这时往往能很快找到解决的方法，这种现象称为酝酿效应。许多科学家在研究工作中都报告过这种经历。例如，法国数学家彭加勒，为了解决不定三元二次方程式的算术转化问题，曾经夜以继日地思考，但不得其解。后来，他干脆放下这一问题去海边小住。一天，在散步时，他突然意识到不定三元二次方程式的算术转化跟非欧几何上的转换是相同的，从而使问题得到解决。

酝酿效应的产生，是因为打破了解决问题不恰当的思维定势。人们在解决问题时，如果采用了不当的思维方式或解决步骤，并沿用下去，问题不能解决；如果暂时停止思考，就有可能克服原有不恰当的思路，从而涌现出解决问题的合理方法与步骤。

（五）问题情境

问题情境是个体面临的问题呈现模式与其已有知识结构所形成的差距。如果问题呈现的知觉方式与问题解决者个人的知识结构越接近，或者问题呈现的模式直接提供了适合解决问题的线索，问题就越容易解决；反之，如果问题呈现的模式与个人已有的知识结构相差很远，或者掩盖、干扰了解决问题的线索，问题解决就会越困难。

（六）思维策略

思维策略指的是个体在信息加工过程中采用的解决问题的方式、方法。它是影响解决问题过程的最直接的因素，直接影响着问题解决的速度和效率。最常见的思维策略就是算发式策略和启发式策略。启发式策略本身具有灵活性，它的选择性搜索能够使问题解决者在较短的时间内发现窍门，以找到问题的突破口。因此，启发式策略不仅是科学研究的重要课题，而且也是教育教学中着重要使学生掌握的重要思维方法。

思维策略还受个体认知特性、智慧水平等的影响。研究表明，认知方式如场独立性和场依存性、冲动性和反省性，都与解决问题的思维策略有关。

总之，影响问题解决的因素是多方面的，除了上述的几个方面以外，还有受到问题解决的策略、原型启发、酝酿效应、个性差异等因素的影响。这些因素并不是孤立地起作用，而是相互联系、相互影响，综合地影响着人们解决问题的效能。

第三节　创造思维及思维品质的培养

一、创造思维的概述

(一)创造思维的定义

创造思维是相对于常规思维而言的,它是一种具有新颖性和独创性的思维方式。创造思维是指运用新颖、独特的方法,创造性地解决问题,产生新思想、新假设、新原理的思维。创造思维是人类思维的高级形式,是智力水平高度发展的表现。创造思维不仅能揭露客观事物的本质和规律,而且能引导人们去获得新知识或以前未曾发现的问题的新解释,从而产生新颖的、前所未有的思维成果。创造性思维能力是创造性人才的重要标志。

(二)创造思维的特点

创造思维是创造活动中的一种思维过程,它的特点主要是指个体在创造思维活动中智力特征上的差异,是衡量一个人创造思维发展水平的重要标准。创造思维的特点主要包括以下三个方面:

1. 思维的流畅性

流畅性是指能在较短的时间里产生观念数量的多少,在短时间内产生的观念越多,思维流畅性就越大;反之,思维就缺乏流畅性。流畅性的主要标志是单位时间里的数量。1954 年,吉尔福特(Gulford)通过研究,认为思维流畅性可以分为四种形式:①用词的流畅性;②联想的流畅性;③表达的流畅性;④观念的流畅性。前三种流畅性必须借助语言,后一种既可借助语言也可借助动作来实现。

2. 思维的灵活性

思维的灵活性是指摒弃以往的习惯思维方法,开创不同方向的那种能力——能够变换对某一问题研究角度的能力,即思维变化多端,触类旁通,能大胆想象,创造出奇特而又有价值的事物来。美国著名心理学家吉尔福特曾编制了一套"非常用途测验"来测定人们的思维变通性。例如,一枚小小的曲别针,有一位美国小女孩能说出它的 120 种用途。一般说来,能变通的种类越多,每一种类中的数量越多,则一个人的创造性思维越高。单有数量而忽略了种类,就不能对一个人的思维的创造性作出正确评价。

3. 思维的独特性

思维的独特性是指能形成与众不同的见解,能用全新的角度、观点、策略去解决问题的能力。拥有它,在思考问题时能摆脱思维惯性。思维的独特性是"创新"能力的重要标志。吉尔福特用一种叫做"命题测验"的题目来测定人的思维独特性。给被试提供一个故事情节,然后要他们按照自己的理解给这个故事加上一个恰当的标题,然后根据标题的恰当性和新颖性评定独特性水平的高低。而有的学者拟定了许多问题,从被试的回答中分析其思维的独特性。例如,问“你能想到的所有圆形的东西有哪些?”思维的独特性是创造思维的本质特征,也是创造活动的重要前提。

(三)创造思维的过程

创造思维的过程是指在问题情境中,新的思维成果(新理论、新产品等)从萌芽到形成的整个思维过程。根据对科学家、艺术家的创造思维过程的研究分析,通过对其自述、日记、传记及其他资料等的分析,英国心理学家华莱士(Wallace, 1926)提出了解决问题的过程的一个粗略模式,认为创造思维的过程大体上经历了准备、酝酿、明朗和验证四个基本阶段。

1. 准备阶段

从事创造活动,必须有一个充分的准备期。在此期间,解决问题者首先进行积累知识经验、搜集相关材料和信息、掌握有关技能等准备工作。问题解决者要有明确创造的目的,逐渐熟悉问题,认识问题的特点,深入研究各种资料和观点,从各方面进行探索。

2. 酝酿阶段

酝酿阶段是指准备阶段所收集到的资料经过深入的探索和思考难以产生有价值的想法之后,将问题暂时搁置,不再有意识地去思考它而转向从事其他的活动。这时,从表面上看,问题被搁置了,而实际上对问题的思考在无意识地进行着。例如,平时苦思冥想的问题,最后放弃思考,夜间忽然在梦中出现了。

3. 明朗阶段

明朗阶段是指新观念、新理论、新方法、新形象产生的阶段。在这一阶段中,创造者历经对问题的周密的、长时间的思考,无意中受到偶然事件的触发而豁然开朗,产生灵感和顿悟。灵感的产生往往是突如其来的,不能被清晰地控制住,通常一些创造者采用一些特殊的甚至是奇异的手法来帮助灵感的实现,从而获得问题的解决。因此,这一阶段也叫产生灵感阶段。

4. 验证阶段

验证阶段就是对提出的新观念、新理论、新方法、新形象给以评价、检验和修正,使其趋于完善的阶段。创造者根据已有的证据,对已有的解决方案进行验证,予以修正,最后给出新方案的详细论述。如艺术家在验证阶段会将他的新观念、新设想写下或画在纸上,做成模型,进行修改,最后产生作品。只有对明朗阶段提出的新的思维成果加以验证,才能使创造活动达到理想的地步。

二、中小学生思维和想象的特点

(一)中小学生思维的特点

首先,儿童的感性经验是儿童思维发生发展的源泉。儿童进入小学后,学习成为他们的主导活动，小学正规的学习生活，各种知识的传授和学习，给儿童的思维提出了更高的要求，促使儿童的思维在幼儿期发展水平上继续发展。

1. 小学儿童思维的主要特点

小学儿童思维的主要特点有：

(1) 由具体形象思维为主要形式过渡到以抽象思维为主要形式。有经验的教师都会发现这一事实：当儿童对抽象的数学运算感到困难时，只要教师用直观教具演示或以形象的语言来进行提示，他们就能很快领悟，得出正确答案。

(2) 初入学儿童的思维虽然仍保持具体形象的特点，直到10岁以上，他们逐渐能主动采取各种策略解决问题，初步具备了形成速度概念的内部条件。

(3) 儿童的分析综合能力显然提高了。低年级的小学生还只能在直接观察事物的条件下进行分析综合。随着儿童知识经验的积累，在教学条件的影响下，小学高年级儿童已能在概念和表象的基础上进行更高水平的分析和综合。

(4) 小学生的抽象和概括能力也有了明显的发展，这种发展表现在儿童能从对事物外部特点的概括转变为对事物本质属性的概括，并且逐渐从对简单事物的概括发展到对复杂事物的概括。

2. 中学生思维的特点

儿童进入中学后，学习活动仍然是他们的主导活动，与小学所不同的是，学校以分科教学系统地向学生传授各门科学知识，教师在讲授中要求学生把握大量的科学概念并能运用这些概念进行判断和论证，独立地分析问题、解决问题。这对中学生的思维发展提出了更高的要求，中学生的思维在前一阶段的基础上进一步发展了。这种发展表现在以下几个方面：

(1) 与小学儿童相比，他们的抽象逻辑思维占了主导地位。

到了中学阶段，学生的抽象逻辑思维占有主导地位，而且初中学生和高中学生的思维也有区别。初中学生的抽象逻辑思维虽已占优势，但思维还属于经验型，他们的抽象思维还常常借助于直观的感性经验的支持，故属于"经验型"的逻辑思维。高中学生已能初步运用理论分析综合事实材料，处于经验型水平向理论型水平的过渡阶段。而高中学生理论性逻辑思维的发展，必然促进其辩证思维的发展。

(2) 与小学儿童相比，中学生已经掌握更多的概念和概念系统。

在小学阶段，随着儿童抽象概括能力的发展，儿童所形成的概念已渐趋稳定，但小学儿童所掌握的概念还是零散的。中学生在有计划、有目的的分科教学的影响下，已能掌握更为复杂的概念，了解概念间的联系和区别，进而掌握各门学科的概念系统，如平面几何中的直线、射线、线段、垂线、斜线、平行线等等。由于概念的掌握，中学生的推理能力也得到了相应的发展。

(3) 与小学儿童相比，中小学生的思维自觉性更高。

所谓思维的自觉性是指人能对自身的思维过程进行再思考。比如，要求儿童解答一道数学习题后,再要他说出自己的解题过程和解题中所采用的各种策略。国外心理学家把这种思考活动也称为“元认知”。说出解题策略对于儿童很困难,而中学生能做到,他们能够提出假设,并通过实验验证和推翻假设,自觉地运用各种策略,监控自己的思维过程。

总之,与小学儿童相比,中学生的抽象逻辑思维发展有了明显的进展,已能通过对客观事物的分析、综合,概括出事物的本质属性;已经具有较丰富的概念,并形成了概念系统;在解决问题过程中亦能提出假设,验证假设,监控自己的思维活动;他们的思维广度、深度、灵活性、批判性都比小学儿童有显著的提高。中学生的思维已开始接近成人的成熟水平,但应当注意的是初中学生和高中学生的思维水平还存在着差异,即使是在初中学生之间或高中学生之间思维发展也是不平衡的。因此,针对学生的思维特点因材施教,是教师面对的一个艰巨而重要的任务。

三、思维与教学

(一)思维的品质

教学中要以发展学生思维为主要宗旨。思维的品质是衡量思维优劣的标准或尺度。思维的品质有:思维的深刻性、思维的批判性、思维的灵活性、思维的独创性、思维的敏捷性。

思维的深刻性是指个体进行思维活动时,善于深入地思考问题,抓住事物的本质和规律,预见事物的发展。

思维的批判性是指个体在进行思维活动时,善于严格地估计所依据的资料,精细地验证拟定假设的智力品质。与此同时,只有不断自我批判,调节思维过程,才能使主体更深刻地揭示事物的本质和规律。

思维的灵活性集中表现在个体进行思维活动时,能够根据客观情况的变化而变化,即根据所发现的新事实及时修改原来的想法。

思维的独创性是指个体进行思维活动时,独立思考地创造出具有社会(或个人)价值的、具有新颖性成分的思维结果的智力品质。

思维的敏捷性是指个体能够在很短的时间内提出解决问题的正确意见的智力品质。

(二)教学与思维的关系

1. 动作思维与教学的关系

动作思维所要解决的问题的性质是实践性的,解决问题的方式是通过实际操作完成的。动作思维在教学过程中起着重要的作用,所谓“手脑结合”、“学以致用”,就是在实际操作中应用所学的知识去解决存在的问题。

2. 形象思维与教学的关系

形象思维所要解决的问题的性质是形象化的,解决问题的方式可借助表象、想象与联想等手段来实现。在教学中，学生不管学习什么学科，特别是那些理论性较强的学科，如果没有形象思维的参与，就很难理解所学的知识。

3. 抽象思维与教学的关系

抽象思维所要解决的是理论性质的问题，解决问题的方式是运用概念进行判断、推理与证明。在教学中，学生对定理、定律、法则、公式，以及事物发展、变化规律和本质属性的理解与掌握，都要依赖于抽象思维。

由此可见，动作思维、形象思维和抽象思维三者在教学过程中都是重要的，它们相互联系、相互配合而共同发生作用，这样才能保证提高教学质量。

4. 思维方法与教学的关系

从认识论的观点看，分析、综合、比较、分类、抽象、概括、系统化、具体化等是思维的过程。但是，从方法论的观点看，它们是思维的方法。

(1)要教学生掌握分析与综合的方法。在教学过程中，学生认识过程的分析与综合活动应该是辩证统一的。在学校中，教学的一项重要任务，就是培养学生掌握分析、综合的方法，形成分析、综合的习惯，还要引导他们分清问题的主与次、因与果等关系，这样更有助于学生学会分析、综合的方法，发展思维能力。

(2)要教学生掌握比较与分类的方法。任何一门学科的知识及其研究的范围和对象，都会有相同点与异同点，因此，教学必须注意运用比较的方法，才能很好地认识同中之异与异中之同。同样，在教学中也要注意运用分类方法，才能把纷繁复杂的知识，区分为具有一定从属关系的不同等级或层次的系统，从而便于记忆。

(3)要教学生掌握抽象与概括的方法。抽象是高级的分析，概括是高级的综合。抽象与概括之间是密切联系、不可分割的，抽象是概括的前提，概括是抽象的补充与发展。在教学过程中，要让学生形成科学的概念，获得正确的理论，就必须掌握抽象与概括的方法。

(4)要教学生掌握系统化与具体化的方法。教学过程也是学生积累知识的过程。经过一定的时间，把材料加以整理，使分散学习的材料构成一个完整的体系，或把各种零散的知识纳入某一种知识的体系结构之中，这就是系统化。系统化从本质上说也是一种分类，其实质上就是把概括出来的知识运用于具体事物的思维方法。在教学中，运用具体化的形式有两种：一种是把理论知识应用于实际，去解决某些具体的问题或解释某些具体的现象；另一种是列举具体的事例来说明所学的理论。具体化的作用是使理论知识与实践结合起来，避免理论知识成为形式主义的、空洞无物的、抽象化的东西。

(5)要教学生掌握类比、归纳和演绎推理的方法。教学除了让学生掌握已知的知识外，还要让学生依据已知的知识去推知未知的知识。类比方法具有凭借较少的知识和个别的熟悉的对象，去探测和推求未知的不熟悉的事物的特点，由此可能导致某种发现。所以,这是培养学生触类旁通、举一反三的必要方法。

四、创造思维的培养

(一)影响创造思维的因素

1. 社会文化因素的作用

社会、文化因素与人的创造思维关系密切。研究发现,某些种族,特别是犹太人和亚洲人,具有杰出的创造才能。研究这些创造思维能力高的种族的文化发现,它们的文化都有以下共同的特点:对文学的热爱、对教育的重视、对抽象概念(如抽象的上帝、宗教规则)的领悟以及稳定的家庭结构,以此来传递这些传统文化。

2. 学校教育的作用

学校教育对培养创造思维有巨大作用。高质量的教育为人们产生遥远联想、发散性思维或产生新异主意提供了基础。那些具有创造性质的教学方法,如发现法、自学法、研究法、类比法、模拟创造过程法等,对于创造思维能力的培养也大有益处。

3. 家庭因素的作用

家庭对于从小培养创造思维作用重大。如果家长着重儿童独立性的培养,家庭气氛民主、活泼,那么儿童就容易养成灵活的思维能力,想象力丰富,表现为独立性强和创造性水平高。

4. 个性因素的作用

个性因素与创造性的密切关系是很明显的。很多个性特点,如坚持性、好奇心、自信心、恒心、不落俗套等,本身就是创造力的组成因素。具有高创造性的人,必须能自我激励。另外,创造性个体还需要有冒险、不怕失败的精神。

另外,健康的心理状态也在很大程度上影响着创造思维的活力。过分紧张的创造冲动或过分松弛的期待灵感出现的心理状态,都不利于创造思维的进行。

(二)培养创造思维

1. 激发学习动机,培养学习兴趣和求知欲

兴趣能激励人们深入地钻研和思考问题。一个人对于某一事物产生浓厚的兴趣,就会坚持不懈地去探索、思考该事物的奥秘,发现创造的秘诀。因此,广泛而稳定的兴趣对发展创造性思维能力有其重要作用。好奇心是指激发人探究世界奥妙的一种内部动力;求知欲是指人不满足现成结论,积极地去思考探索,试图发现新思想、新观念、新问题的一种表现。因而,激发人的好奇心和求知欲就是培养人的创造意识,提高人的创造愿望和动机,为创造思维的启动和维持提供内在的推动力。

2. 创设有利于创造思维发挥的环境

每个人都具有先天性的创造潜能，但这种潜能的实现依赖于个体所处的环境。民主、和谐、宽松的环境，能激发个体的创造思维，促进创造潜能转化为现实的创造才能。教师要鼓励学生的创造性行为，要为学生营造创造性思维发挥的环境，教师的责任是启发、协助、鼓励学生主动地、独立地去发现问题、分析问题和解决问题。

3. 发展发散思维，训练思维的流畅性和灵活性

发散思维是创造思维的主要成分，因此发展发散思维对培养创造思维具有重要的作用。在教学中，教师可以教学生围绕一个问题进行多种不同方式的思考，然后从中选出一个最优的方案，发展学生思维的灵活性。

4. 采取行之有效的创造思维训练策略

在创造思维的训练方面，心理学家提出了许多具体的训练方法，其中最具有代表性的是脑力激荡法、团体讨论法和吉尔福特的策略。

(1)脑力激荡法。脑力激荡法是奥斯本(Osborn)于1939年首先提出来的培养人的创造思维的方法。其基本思想是在集体解决问题的情境中，通过暂缓作出评价，追求与众不同，以便大家踊跃思考，从而引出多种多样的解决方案。

(2)团体讨论法。团体讨论法是由戈尔登(Gordon)于1961年提出的一种激发创造性的方法。它要求选择一些性格、专长各异的人在一起自由交流思想，提出问题并解决问题，发展新的思想、新的观念。这种方法特别重视类比方法的运用，主要包括：个人类比、直接类比、符号类比、幻想类比。

(3)吉尔福特的策略。吉尔福特在总结了大量的有关培养创造思维的文献和实验的基础上，提出了一整套有序的培养创造性思维的策略。他的基本策略主要有以下的几个方面：拓宽问题训练；分析问题，常打问号；快速联想和中止评判；延长努力；列举属性；形成联系；尝试灵感。

作为教育者，应该树立正确的理念，创设适宜的条件，营造一种非评价的、安全的气氛，采用发散式的提问方式，给学生提供展示其创造性思维能力的机会，鼓励学生在解决问题中运用想象力，这些都对学生的创造思维的培养起着至关重要的作用。

第六章　情感与意志

人非草木，孰能无情，人的心理行为过程总是伴有情感、意志的参与。教学不仅是一个认识过程，而且是一个情感意志的活动过程。情感、意志作为人的重要的精神力量，对人的认识活动有着最直接的影响。

第一节　情感概述

一、什么是情感？

（一）情感的定义

情感是人对客观事物是否满足人的需要而产生的态度体验。它是对客观世界的一种特殊的反映形式。情感是以生理唤起水平、面部表情、姿势和主观感觉的变化为特征的某种状态。情绪和情感是由独特的主观体验、外部表现和生理唤醒三种成分组成的。

主观体验是个体对不同情绪和情感状态的自我感受。每种情绪都有不同的主观体验，它们代表了人们不同的感受，构成了情绪和情感的心理内容。人体在情绪状态下被唤起，这种生理上的唤起是我们在游戏、葬礼或其他活动中体验到"激动"或"感动"。

任何情感都是由一定的客观事物引起的，客观事物是人们情感得以产生的源泉。情感作为一种主观体验，它所反映的不是客观事物本身，而是客观事物与人的需要之间的关系。人对客观事物与人的某种需要之间关系的认识是情感产生的直接原因。

情感还存在着两极性，情感的两极性是指每一种情感都能找到与之对立的情感体验。在快感度方面，情感有肯定和否定两极，与主体的需要是否得到满足相联系，如愉快和不愉快、快乐和悲哀、敬仰和轻蔑、热爱和憎恨等。在紧张水平方面，情绪有紧张和轻松两极，情感的紧张程度取决于活动的性质和人的主观准备程度等；轻松经常产生于关键和紧急的事件得到解决之后。在激动水平方面，情绪有激动和平静两极。激动就是在短暂的时间内猛烈而爆发的情绪状态，它可以推动人的行为，也可以阻碍人的行为。在强度水平方面，情绪有强弱两极，如怒：微愠—愤怒—大怒—暴怒—狂怒，喜欢：好感—喜欢—爱慕—热爱—酷爱。

情感的两极性是相辅相成的，没有爱就没有恨，没有紧张就没有轻松，在一定条件下可以相互转化。

（二）情绪和情感的关系

情绪和情感是两个既有区别又有密切关系的概念，通常日常生活中二者很难区分开来。情绪一般是指个体在需要得到满足的情境中直接产生的心理体验和相应的反应。情感是指个体意识到自己与客观事物关系后而产生的稳定、深刻的心理体验和相应的反应。人的感情世界是由情绪和情感所构成的统一体，二者有紧密的联系。

情绪和情感的区别在于：①情绪通常与生理需要相联系，而情感则与人的社会性需要相联系。情绪通常是有机体在生理需要是否获得满足的情况下产生的体验。情绪是低级的，是人类和动物所共有的。情感是在人类社会历史发展进程中产生的，是与社会性需要是否得到满足相联系的体验。②情绪具有情境性和短暂性，情感则具有稳定性和持久性。情绪具有明显的外部表现，情感则比较内隐和深沉。③情绪带有较多的冲动性和外部表现，比如欣喜若狂、手舞足蹈、怒不可遏、暴跳如雷等；情感则比较深沉，而且常常以内隐的形式存在以微妙的方式流露出来。情绪发生较早，情感则发生较晚。情绪是一种原始的、低级的态度体验，是人和动物所共有的，只是人的情绪受社会性制约。

情绪和情感的区别是相对的，二者紧密联系，往往是交织在一起的，它们都是对需要是否得到满足而产生的体验，是同一类型的心理活动。从一定意义上可以认为，情绪是情感的外部表现，情感是情绪的本质内容。在一般情况下，情感的产生会伴随有情绪反应，情绪的变化又常常受情感的支配。情绪、情感是不可分割的心理过程，都是人脑对客观事物是否符合人的需要的关系的反映，都是人的主观体验，所以一些心理学家对情绪情感不加区分，都称为情感。

（三）情绪与情感的外部表现

情绪与情感的外部表现，也称为表情，它是在情绪和情感状态发生时身体各部分的机体变化的外部变现，包括面部表情、姿态表情和语调表情。

面部表情是指通过眼部肌肉、颜面肌肉和口部肌肉的变化来表现的各种情绪状态。面部表情不仅可以表达情绪，还能增强情绪的感受，并引发身体的相应反应。例如，高兴和兴奋时“眉开眼笑”，气愤时“怒目而视”，紧张时“张口结舌”，等等。眼睛不仅能传达感情，而且可以交流思想。通过观察人的眼神可以了解他（她）的内心思想和愿望，推知他们的态度。面部表情模式能精细地表达不同性质的情绪和情感，因此是鉴别情绪的主要标志。有趣的是，不同民族、不同文化背景的人有相似的面部表情，对面部表情的识别也是相似的。

姿态表情是指面部表情以外的身体其他部分的表情动作，其中以手、足的动作最明显，包括手势、身体姿势等，如人痛苦时手捶胸顿足，愤怒时摩拳擦掌等。

其中，以手、足的动作最明显，高兴时，手舞足蹈，拍手鼓掌；悔恨时，捶胸顿足；焦急时，两手相搓等。值得注意的是，不同民族、不同文化背景的人，在身段表情上存在差别。例如，有的国家摇头表示赞成，点头表示反对；而有的国家正好相反。

语调表情是通过言语的声调、节奏、音色和速度等方面的变化来表达的情绪状态，如高兴时语调高昂，语速快；痛苦时语调低沉，语速慢。同样一句话，由于说话者的声调、节奏、速度、音色等方面的不同，往往可以使人就说话人的情绪作出相当准确的识别，而听话者的感受也因之而有很大差异。

(四)情感的功能

1. 信号功能

情感的信号功能是指一个人的情感能通过表情外显而具有信号传递的功能。一个人可凭借表情来传递情感信息和思想愿望。心理学家阿尔伯特(Albert)研究了英语使用者的交往现象后发现，在日常生活中，55%的信息是靠非言语表情传递的，38%的信息是靠言语表情传递的，只有7%的信息才是靠言语传递的。表情比语言更具生动性、表现力、神秘性和敏感性。

2. 调节功能

情感的调节功能是指情感对一个人的认知操作活动具有组织或瓦解的功能。情感对于人们的认知过程具有影响作用，有积极作用，也有消极作用。大量研究表明，教师积极乐观的情感对学生的认知活动具有积极的组织功能，而消极不当的情感对学生的认知活动具有消极的瓦解功能。

3. 感染功能

情感的感染功能是指一个人的情感具有对他人情感施予影响的功能。当一个人产生情绪时，可以通过表情外显，为他人所觉察，并引起他人相应的情绪反应。研究表明，教师在课堂上的情感会影响学生的情感，而学生的情感反过来再影响教师的原先情感，情感是可以相互感染的。

4. 动力功能

情感的动力功能是指情感对人的行为活动具有增力或减力的效能。从情感的动力特征看，分为积极增力的情感和消极减力的情感。快乐、自信等积极增力的情感会提高人们的活动能力，推动人积极地行动；而恐惧、痛苦、自卑等消极减力的情感则使人精神不振，会降低人们活动的积极性。有些情感同时兼有增力与减力两种动力性质，如悲痛可以使人消沉，也可以使人化悲痛为力量。

二、情绪的分类

我国古代名著《礼记》中提出“七情”训，即喜、怒、哀、惧、爱、恶和欲等，《白虎通》中提出了“六情”，即喜、怒、哀、乐、爱、恶等。从生物进化的进程看，人的情绪可分为基本情绪和复合情绪。普纳切克(Robert Plutchik)根据自己的研究提出恐惧、惊讶、悲痛、厌恶、愤怒、期待、快乐和接受共八种基本情绪，每一种基本情绪都可以根据强度上的变化而细分，比如，强度高的快乐是欣喜若狂，强度低的快乐是微笑。复合情绪是由基本情绪的不同组合派生出来的。还有的心理学家认为，快乐、愤怒、悲伤和恐惧是基本的情绪形式。快乐是盼望的目的达到之后继之而来的紧张接触时的情绪体验，快乐程度和激动程度取决于与愿望满足的意外程度。悲哀与所热爱的事物的失去以及所盼望的东西的幻灭有关，悲哀的强度与失去的事物的价值有关。愤怒是愿望不能达到或与愿望相违背，并一再地受到妨碍从而紧张逐渐积累时发生的。恐惧是企图摆脱、逃避某种情境的情绪体验。在这些基本情绪形式的基础上，可以出现很多复合的情绪，因此，生活中的情绪、情感大多是复合情绪。

(一)情绪状态

情绪状态是指在某种事件或情境的影响下，在一定时间内所产生的某种情绪。根据情绪发生的强度、速度、紧张度、持续性等，可将情绪分为心境、激情、应激三种。

1. 心境

心境是一种微弱而持续时间较长的情绪状态，也就是平时说的心情。如心情舒畅、郁郁不欢、恬静、郁闷等。心境的特点是，从其发生的强度来看，是微弱而平稳的；从其延续的时间看，持续时间是较长的，少则几天数日，多则数年之久；从其影响的范围看，它具有弥散性，并不指向特定对象，而是使人的整个心理活动都染上某种情绪色彩。所谓“感时花溅泪，恨别鸟惊心”、“寻寻觅觅，冷冷清清”就是心境的一种写照。

心境产生的原因是多方面的。生活中的顺境和逆境，工作中的成功与失败，人际关系的融洽与否，个人的健康状况，自然环境的变化等，都可能成为引起某种心境的原因。心境对人的生活、工作、学习、健康有很大的影响。心境有积极、消极之分，积极向上、乐观的心境，可以提高人的活动效率，对未来充满希望；消极悲观的心境，会降低人的活动效率，使人丧失信心和希望。因此，教师要克服自身的消极心境影响，保持积极心境，从而顺利完成自己的教学任务。

2. 激情

激情，是指一种强烈的、爆发性的、为时短促的情绪状态，如狂喜、暴怒、恐惧、绝望都是激情的表现。激情有以下特点：从其发生的强度来看，具有强烈爆发性，发生过程十分迅猛，大量心理能量在极短时间内爆发；从其延续的时间来看，持续的时间比较短暂；从其影响的范围来看，多带有特定的指向性；从其意识性来看，具有冲动性，意识对行为的控制作用明显降低。

激情这种情绪状态通常是由对个人有重大意义的事件引起的。惨遭失败后的绝望、遭遇危险时的异常恐惧等，都是激情状态。激情状态往往伴随着生理变化和明显的外部行为表现,例如,盛怒时全身肌肉紧张、咬牙切齿;狂喜时眉开眼笑、手舞足蹈等。激情状态下人往往出现"意识狭窄"现象,理智分析能力降低,自我控制能力减弱,行为失控。激情有积极与消极之分,积极的激情能调动人的巨大潜力,高效率地完成工作和学习任务,而消极的激情使人惊慌失措或盲目冲动。人能够意识到自己的激情状态,也能够有意识地调节和控制它。因此,任何人对在激情状态下的失控行为所造成的不良后果都是要负责任的。教师要帮助学生认识自己的激情状态,使学生学会有意识地控制自己,转移注意力,做自己情绪的主人。

3. 应激

应激,是出乎意料的紧张状况所引起的情绪状态,也指人对某种意外的环境刺激所作出的适应性反应,是在突然出现的紧急情况下所产生的。人们在工作和学习中,往往会遇到突然发生的事件或危险,要求迅速地集中自己的智慧和经验,动员整个机体的力量,迅速判断并及时作出决定,以应付紧急情况,这时候产生的特殊体验就是应激。在应激状态下,表现为两种情况:一是消极的状态,手足无措、意识狭窄、陷入困境;一是积极的状态,急中生智、行动果断、化险为夷。当机体处于应激状态时,会引起机体一系列生物性反应,如肌肉紧张、心率、呼吸以及腺体活动都会出现明显变化。这些变化有助于适应急剧变化的环境刺激,维护机体功能的完整性。应激对健康有双重作用。有利方面:动员机体紧急适应系统,产生对疾病的抵抗,增强体质和适应能力。不利方面:适应机制失效会导致不同程度的心理、行为及身体障碍,产生焦虑、恐惧、抑郁等情绪。但如果人长期处于高度紧张状态,会很消耗人的体力和心理能量,破坏个体的生物化学保护机制,降低人体的免疫能力,从而有损人的身体健康。

应激状态的产生与人面临的情景及人对自己能力的估计有关。当情景对一个人提出了要求,而他意识到自己无力应付当前情境的过高要求时,就会体验到紧张而处于应激状态。情绪有积极情绪与消极情绪两类,那么,两者是对立的吗?不,由于积极情绪与消极情绪在大脑的不同部位加工,所以,同一种活动可以同时唤起积极情绪和消极情绪。

笑一笑,十年少。积极情绪对身体有良好的作用。愉快、兴奋、喜悦、大笑、微笑等都有一种感染力,引发积极向上的、愉快的情绪体验。例如,笑能使我们肺的呼吸功能增强,使肌腱放松,驱除心中愁闷,消除人际交往中自己或他人陌生感与距离感,驱除心中愁闷,帮助我们乐观地面对现实。媒体报道过的许多抗癌明星多年来与癌症作斗争,乐观坚强,幽默开朗,他们的共同特征都是具有积极情绪的人。

消极情绪会影响身心健康。过度的消极情绪,长期不愉快、恐惧、失望,会抑制胃肠运动,从而影响消化机能。情绪低落或过于紧张的人,往往容易患各种疾病。精神压力导致的身体疼痛有多种表现,主要有头痛、背痛、肠胃疼痛或眩晕等症状,严重时甚至出现身体局部麻痹,但医疗检查通常查不出来具体的病因。

(二)情感的种类

情感是同人的社会性需要相联系的主观体验,是人类所特有的心理现象。根据情感的内容、性质和表现方式的不同,人类的高级社会情感主要有道德感、理智感和美感。

1. 道德感

道德感是指人的思想意识和行为举止是否符合社会道德规范而产生的内心体验。这种体验总是和人依据一定道德观念对各种事物道德评价相关联的。当自己或他人的言行符合道德规范时,就会产生肯定的情感,如愉快感、荣誉感、敬佩感、赞赏感等;反之就会产生否定的情感,如厌恶、憎恨、鄙视、羞耻等。

在不同的历史时代、不同的社会制度、不同的阶级中,道德标准是不同的,所以道德感总是受社会生活条件的制约,有鲜明的历史性和阶级性。不过,全人类共同的道德感也是存在的,如荣誉感、责任感等。

道德感对人们的实践活动有着重要的作用。教师的一项重要使命就是帮助学生按照道德的要求,正确地去衡量周围人们的各种思想行为;同时,帮助学生在行为方面达到符合社会道德规范的要求,做一个有道德的人。

2. 理智感

理智感是人的认识需要是否得到满足而产生的内心体验。理智感是在智力活动中产生的,它总是与人的好奇心、求知欲、认识兴趣、解决问题的需要等相联系。如发现问题时的惊奇感、分析问题时的怀疑感、解决问题后的愉快感等,都是理智感的不同表现形式。

理智感是人在认识过程中产生和发展起来的,反过来又推动人的认识活动不断深化,成为人们认识世界和改造世界的强大动力,激励人去积极地从事各种智力活动,并从中体会到真正的愉悦。

3. 美感

美感是根据个人的审美标准评价事物时所产生的内心体验。它是人对自然和社会生活的一种美的体验。如对自然景观的赞美,对名胜古迹、历史文物、文艺作品的欣赏,对一切丑恶现象的厌恶、鄙视等,都是美的体验和表现。

美感受多种因素的影响。首先,美感与人的鉴赏能力和必要的知识经验有关。其次,引起美感的感受不仅有赖于事物的外部特点,同时还有赖于事物内在的特征及其意义。再次,受人们不同美的需要所制约,同一事物,由于不同的人有不同的审美标准,就会产生不同的美感。

美感受社会历史条件的制约。不同的历史阶段,不同的社会制度,不同的民族,影响着对客观事物的评价标准,因而有不同的美感。但人类共同的美感也是有的，如全世界对婴儿的喜爱都是一致的，都欣赏优美的湖光山色，这就是人类共同的美感写照。

四、情感与教育

“如果善良的情感没有在童年形成，那么无论什么时候你也培养不出这种感情来。因为人的这种真挚的感情的形成，是与最初接触的、最重要的真理的理解，以及对祖国的语言最细腻之处的体验和感受联系在一起的。”苏联教育家苏霍姆林斯基如是说。

（一）中小学生情绪情感的发展特点

美国著名心理学家霍尔（Hall）在其《青春期》一书中指出，青春期是“疾风怒涛”时期，是人生的“第二次断乳期”。这时期的中小学生情绪体验跌宕起伏、剧烈波动，情感活动广泛且丰富多彩，表现出很明显的心理年龄特征。具体表现为以下特点：

1. 爆发性和冲动性

中小学生学生对各种事物比较敏感，自我意识迅速发展，心理行为自控能力较弱。一旦激起某种性质的情感情绪，就如火山般地猛烈爆发出来，表现出强烈的激情特征，情感情绪冲破理智的意识控制，淋漓尽致地显露出他们对外界事物的爱、恨、不满或恐惧、绝望等情绪。个体的这种情绪反应往往伴随着明显的冲动性，严重者甚至伴随着攻击性行为。例如，他们高兴时手舞足蹈、呐喊尖叫；愤怒时义愤填膺、暴跳如雷、大动干戈；不满时则歇斯底里、大声抗议。

2. 不稳定性和两极性

中小学生情绪虽然强烈，但波动剧烈，两极性明显，很不稳定，很容易从一个极端转向另一个极端，对事物看法较片面，很容易产生偏激反应。如他们可能从对事物的强烈认同、肯定，忽然转向拒绝、否定；对他人强烈的爱因某些看法矛盾或冲突，忽然转化为强烈的恨。心理学家曾把处于这个时期的中小学生的情感情绪形象地比喻为“像一个钟摆”，在寻求平衡点的过程中摇晃于两极之间，这主要与这个时期中小学生的认知发展特点有关。青春期学生观察事物虽然敏锐，但较片面、表面性，无法准确把握事物的本质属性和内在规律性联系，对事物的前后因果还无法作出明确的全面估计与判断，对自己的行为尚缺乏自控能力。

3. 心境化和持久性

中小学生的情绪体验呈现明显的心境化色彩。“少年不识愁滋味，为赋新词强说愁”，说的就是这个时期。青年初期学生的情感情绪不再像童年期学生那样容易受制于外部环境的各种刺激，当外界刺激消失后，情绪会慢慢转化为心境体验，延长了情绪状态，情绪反应余波会持续相当长时间。他们的情感情绪呈现明显的主导心境和从属性心境相互并存的状态，并具有弥散性、感染性的特征。一方面,中小学生会因为成功或收获而使快乐的情绪体验延长成为积极良好的心境;另一方面,因挫折或失败会使不愉快的消极情绪延长为不良的心境。中小学生的许多不良情绪(如焦虑、抑郁、自卑、烦躁、失望等)往往具有情绪心境化色彩。

4. 外露性和内隐性

随着年龄的增大、认知范围的扩大、个人知识经验的积累、自我意识的逐渐成熟,中小学生情感情绪的自我认识、自我观察体验、自我监控的能力逐渐增强,他们逐渐学会控制自己的情感表现和行为反应。他们既表现出强烈的情感情绪反应,对外界事物的喜怒哀乐喜形于色,淋漓尽致地抒发他们的内心感受;又能表现逐渐掩饰、压抑自己的情绪,使这种情绪的表露有时往往带有很大的文饰性,并逐渐学会用理智控制自己的情绪反应。例如,这阶段的学生学会掩饰自己的真实情感情绪,在一定条件下,对自己感到厌烦的人和事(如学习、交友、感情或家庭内的亲子关系等)故意表现出无所谓甚至冷漠,或非常热心;对自己所喜欢的人表面上无动于衷,实际上内心却狂热地羡慕、痴迷对方,关注对方的一言一行。这都说明这时期的中小学生情绪的自控和调适能力是不断成熟的。

(二)克服不良情绪,提高自我管理情感情绪的能力

中小学生面对着学习、考试、升学、就业等各种问题的困惑和烦恼,而且对自己情绪的各种认识和控制能力尚未成熟,有时表现出消极、负性的情绪状态也是正常的心理反应。心理学研究认为,一般的、适度的、情景性的负面情绪反应是正常的,也是无害的;然而,持久的情绪困扰与忧虑,会使个体长期陷于不良情绪之中不能自拔,甚至出现心理障碍和心理疾病,影响学生的学习和生活,需要及时调节。

1. 调整心态,保持快乐心境

追求快乐是人的天性。怎样才能快乐呢?中小学生要了解关于快乐的相关知识。心理学家研究发现,不断增长的财富并没有带来不断增强的快乐。快乐有两个原则:适应水平原则和相对剥夺原则。适应水平原则是指快乐与先前经验有关,冬季从寒冷的冬天来到四季如春的春城会感到由衷的快乐;相对剥夺原则是指快乐是相对于他人的成就而言,是在比较中产生的,比下有余也是快乐产生的理由。中小学生学会调整自己心态,保持快乐心境有以下的途径:管理好自己的时间,快乐的人总感到自己能驾驭自己的生活,能合理支配时间;表现的快乐要面带笑容,做出微笑的表情;保证足够的睡眠;积极参加运动;对别人友善,学会分享。

2. 恰当表达情感,运用表情规则

中小学生在成长的过程中,情感越来越丰富,从而对他人产生积极和消极的影响。学会恰当地表达自己的情感是心理健康的基本心理素质。首先,要运用

语言来表达各种复杂情感。中小学生不仅可以运用丰富的语言词汇来表达自己的思想，而且可以借助于语音、语调的抑扬顿挫来揭示真实情感。其次，要借助于身段、姿势、表情等非语言形式来表达情绪变化。再次，还要学会向陌生人表达情感，而不仅仅只是在亲密和熟悉的人群中才有情感表达。人的表情是表达情绪的最敏感工具。中小学生要逐步学会准确把握和运用表情规则，掌握在符合特定社会背景下各种情绪规则的适当表达方式。此外，配合人的肢体语言可以使自己的情感情绪表达更生动、更形象、更丰富。

3. 学会自我调节，控制不良情绪

中小学生常见的情绪障碍和不良情绪主要有自卑、焦虑、抑郁、恐惧、嫉妒、易怒、紧张、冷漠等。个体一旦出现这些消极情绪，就要及时进行调节和控制。常见的健康情绪调节法主要有以下几种：

（1）认知调节法。中小学生不良情绪的产生主要是自我意识的发展不够成熟。当学生发现自己有些负性情绪时，可以通过两种方式来认识自己：一是思考自己的情绪感觉是怎么产生的；二是分析这种感觉是否由自己的想法或解释造成，是否和自己的个性、习惯有联系。美国心理学家艾利斯（Ellis）提出了“情绪ABC”理论，其中，A 是事件，B 是信念，C 是情绪与行为的结果。他认为，一个人情绪的好坏主要由自己的认知和想法决定，如果能改变一个人非理性的思想、观念和评价，就能改变他的情绪和行为。影响我们情绪反应和行为表现的并非事件本身，而是我们对此事件的解释。因此，即使遇到同一事件，如果人们所持的信念不同、评价不同，就会产生不同的情绪反应。根据此心理学原理引导中小学生，当他们处于负性情绪时，如果能找到非理性信念，辨别并驳斥，用合理信念取代之，就会产生新的合理的情绪。

（2）语言调节法。语言调节法也称“语言宣泄法”。语言是反映和影响人的情绪体验的重要工具。通过语言可以引起和抑制人的情绪。对不良情绪的合理排遣和语言宣泄是自我调节的一种好方法。当学生心中有委屈、愤怒、不平、焦虑、抑郁时，可鼓励其向老师、同学、亲人、好朋友倾诉，宣泄自己所遭遇经历的不满；或大哭一场，释放积聚的能量，调整心理平衡。此外，还可以用语言暗示来自我调节。常用的暗示法有直接暗示、间接暗示和反暗示等几种。

（3）意志调节法。意志调节法也称升华作用。培养良好的意志品质是培养中小学生健康情绪的一个重要调节手段。人的意志品质和意识能动作用能够调节情绪的发生和强度，起到升华作用，即发掘、调动思想中的积极情绪，抵制和克服消极情绪，将痛苦、烦恼、忧愁等消极情绪升华转化为积极有益的行动。在现实生活中，我们应学会将积极激情与理智、坚强意志相联系，激励自己克服各种艰难险阻去实现目标；同时，我们也应注意用理智和意志去控制、减少自己消极的激情，用意识控制情绪，不断加强自我修养。

(4)转移注意法。转移注意法是指把注意力从自己的消极情绪上转移到其他方面上。转移可分为注意转移和行动转移。注意转移是指把注意力从自己的消极情绪转移到其他方面上;行动转移是指把怒气等消极情绪转移到其他积极活动之中。例如,当怒发冲冠时,有意识地转移话题或做点别的事情来分散注意力,可使情绪得以缓解;当悲伤、忧愁情绪发生时,先避开某种对象,不去想或遗忘掉,可以消忧解愁;在余气未消时,可以通过运动、娱乐、散步等活动使紧张情绪松弛下来。

第二节 意志概述

一、意志的概念

意志是人自觉地确定目的,并根据目的调节和支配自己的行动,克服困难去实现预定目的的心理过程。意志总是与人的行动联系在一起的,但不是所有的行动都是意志行动,无意识的本能活动、盲目的冲动或一些习惯动作都不含有或很少有意志的成分。意志是人类独有的心理现象,是人意识的能动性、积极性的集中体现。

意志是内部意识向外部动作的转化,这个转化是意志对人的行动的支配和调节作用,这种支配与调节是根据自觉的目的来进行的,也是实现目的的手段。意志调节支配行动,并通过行动表现出来,如学生为争取优异成绩而刻苦学习;体育健将为了祖国的荣誉而顽强拼搏;科学工作者为科学研究而夜以继日地工作等,都是人的意志的表现。

意志对行动的调节表现为发动和制止两个方面。发动表现为激励和推动人们去从事达到预定目的所必需的活动;制止表现为抑制和阻止不符合预定目的的活动。意志的调节作用在实际活动中是统一的,如学习中要聚精会神,还要抑制无关干扰。意志不仅调节外部动作,也调节人的内心状态,当人处于危境时,用意志力来强迫自己保持镇静,稳定情绪,集中注意力以摆脱困境。这都是意志对行动的调节作用。

二、意志行动的基本特征

意志和行动密不可分。通常把在意志支配下的行动叫意志行动。人的意志行动具有以下三个特征:

(一)目的性

人的意志由于具有明确的目的性,它才能既发动符合于目的的某些行动,又能制止不符合目的某些行动。意志行动效应的大小,是以人的目的水平的高低和社会价值为转移的。目的越高尚、越远大、越有社会价值,意志表现水平就越高。

(二)与克服困难相联系

克服困难的过程也就是意志行动的过程。困难有外部困难和内部困难两种。人的意志坚强与否、坚强程度如何,是以困难的性质和克服困难的难易程度来衡量的。

(三)以随意动作为基础

不随意动作是指无预定目的的动作,随意动作则是指有预定目的、受意识指引的动作。有了随意动作,人们就可以根据目的组织、支配和调节一系列的动作,实现预定目的。随意动作是意志行动的必要组成部分,是意志行动的基础。

以上三个基本特征相互联系共存于人的意志行动之中。明确的目的是意志行动的前提,克服困难是意志行动的核心,随意运动是意志行动的基础和手段。

三、意志、情感、认识的关系

(一)意志和认识的关系

1. 意志的产生是以认识过程为基础的

首先,意志的一个特征就是具有自觉的目的性。人的任何目的,都是在认识的基础上产生的。其次,目的的确定取决于人的需要,人的需要是人对客观现实的反映,是通过人对自身需求的认识而形成的,确定目的还要分析客观条件,回顾过去的经验,设想将来的结果,要拟订方案、制订计划,所有这些都必须通过感觉、知觉、记忆、思维和想象等认识过程才能实现。再次,意志是与克服困难相联系的,任何困难的克服都离不开知识经验的指导,只有把一致行动建立在深刻的认识基础上,才能克服困难。因此,离开了认识过程,就不可能有意志活动。

2. 意志也对认识过程产生很大的影响

因为有了意志行动,才能使人的认识过程不断深入和持久,如观察活动的组织、有意注意的维持、解决问题的思维活动的开展等,都离不开意志的努力。同时,意志是认识过程顺利进行的保证,积极的意志品质对人的认识能力的发展有促进作用,人在认识过程中确定目的、克服困难,都离不开意志的努力。

(二)意志和情感的关系

1. 情感既可以成为意志活动的动力,也可以成为意志活动的阻力

积极的情感对人的意志活动起推动作用,会增强人的意志;消极的情感对人的意志活动起阻碍作用,会削弱和瓦解人的意志。如人们在从事自己喜欢的活动时,积极的情感就成为以资鼓励行动的强大推动力。如果从事自己不乐意去干的活动时,“不乐意”的情感对于这项活动而言是一种消极的体验,它妨碍着意志行动的进行。

2. 意志可以控制情感，使情感服从于理智

积极的情感由于意志的支持才能巩固和发展，消极的情感需要意志才能克服和控制。人们常说的"理智战胜情感"，就是指人们根据理智的认识，凭借意志的力量对妨碍行动的消极情感的抑制或控制。生活经验和科学实验都告诉我们，意志坚强的人能够控制消极情感，克服消极情感的干扰，把意志行动贯彻到底；意志薄弱的人往往容易被困难吓倒，使行动半途而废。

（三）情感和认识的关系

1. 认识过程是产生情感的基础和前提

人只有在认识事物的过程中，才能了解主客体之间的需求关系，从而产生情感。没有对事物的认识，不能判断它是否符合人的需要，就不能产生情感。"有所知，才有所感。"例如，聋者没有听觉，对噪音就不会产生厌恶；盲者没有视觉，对美丽的颜色就不会产生喜悦。人对客观事物的认识越全面、越深入，产生的情感也就越丰富、越深厚，这就是"知之深，爱之切"的道理。

2. 情感即可以成为认识的动力，也可以成为认识的阻力

一般说来，积极的情感是认识活动的动力，它能够促进人们以顽强的毅力去认识事物，提高活动效率。消极的情感是认识活动的阻力，它会阻碍人们认识活动的积极性的发挥，降低认识活动的效率和水平。例如，只有对科学寄予极大热情的人，才会不辞劳苦，不畏艰难，努力攀登科学高峰。学生学习落后，原因固然很多，但消极情感的阻力作用却是其中重要的原因之一。

四、意志行动的阶段

意志总是通过一系列具体行动表现出来的，受意志组织和控制的行动就是意志行动。意志行动有其发生、发展和完成的过程。简单的意志行动不需要多大的意志努力就可以达到目的，复杂的意志行动需要付出巨大的意志努力才能实现。通常把复杂的意志行动划分为采取决定和执行决定两个阶段。前者是意志行动的开始阶段，它决定意志行动的方向，是意志行动的动因；后者是意志行动的完成阶段，它使内心世界的期望、计划付诸实施，以达到某种目的。

（一）采取决定阶段

采取决定指人在行动之前，预先决定意志行动的方向和结果，规定行动的轨迹。采取决定阶段是意志行动的开始阶段，它决定了意志行动的方向和轨道，决定的采取是一个过程，不是刹那间完成的。考虑为什么做，做什么，怎样做，这是意志行动的准备。决定的采取一般包括了目的的确定、动机冲突、行动手段的选择、作出决策、制订计划等环节。

1. 目的的确定

目的是人的行动所期望的结果。在行动中，人期望要得到的结果，有时是很

明确的，有时则不一定明确。有时行动想要达到的结果只有一个，无选择余地，这时确定目的不会产生内心冲突；有时则有好几个可供选择的目的，确定目的会产生心理冲突，这时需要权衡利弊，作出意志努力，最终确定目的。

目的在意志行动中起着重要的作用。目的越明确、清晰、具体、深刻，社会意义越大，则被这个目的激发起来的毅力越大。人们通过动机斗争决定取舍，经过深思熟虑确定目的，最后才可能作出行动的决定。因此，坚强的意志是和正确而清晰的目的紧密联系的。

2. 动机冲突

在确定目的时会产生各种心理冲突或动机斗争。意志行动中的心理冲突或动机斗争是很复杂的。从形式上看，大致可以分为以下四类：

(1)双趋式冲突。个体在活动中，同时有并存的两个动机追求，同样并存的两个目的无法同时兼得时产生的难以取舍的动机斗争。这种两者选其一的状态，称为双趋冲突。孟子曰："鱼，吾所欲也；熊掌亦吾所欲也；二者不可兼得，舍鱼而取熊掌也。生，吾所欲也；义亦吾所欲也；二者不可兼得，舍生而取义也。"这是双趋冲突的一种解决办法，就是放弃其中一个目标，也可以同时放弃这两个目标而追求另一个折中目标。

(2)双避式冲突。个体在活动中，同时有并存的两个目的引起具有同样威胁性程度的动机，不能同时避开而产生的难以抉择的动机斗争。这种困扰心理的状态，称为双避冲突。例如，品学均差的学生既怕做作业又怕受处分，这两者对他都是一种威胁，但他必须选择其一。实际上这是一种"左右为难"、"进退维谷"式的冲突。

(3)趋避式冲突。个体在活动中，同一个目的同时具有趋近与躲避的两种动机。像这种对同一目的兼具好恶的矛盾心理状态，称为趋避式冲突。例如，病人既想消除疾病，又怕打针吃药；出外旅游让人向往，可又耗费时间和钱财；毕业生找工作既想待遇高，又怕太苦太累。是趋是避，有三种选择：趋强于避，不惜一切而趋之；避强于趋，不求趋，而力避不利；趋避折中，使不利降到最小限度而避之。

(4)多重趋避式冲突。个体在活动中，面对两个或两个以上的目的，而每一个目的又分别具有趋避两方面的作用。像这种对几个目的兼具好恶的复杂矛盾心理状态，称为多重趋避冲突。例如，学生想参加学科竞赛，但又怕失败丢面子；想参加校足球队为学校争光，但又害怕耽误时间太多；想找社会兼职锻炼自己各方面的能力，积累社会经验，但又怕影响学习。这种复杂的矛盾心理，就是多重趋避冲突。

从内容上看，心理冲突可分为原则性的动机冲突和非原则性的动机冲突。凡是涉及个人期望与社会道德标准、法律相矛盾的动机冲突，属于原则性的动机冲突。例如，在公共场所遇到违法犯罪行为，是见义勇为还是明哲保身；国家干部在执行公务时面对私利的诱惑，是坚持原则还是违背原则。这类原则性的动机冲突，往往会引起激烈的思想斗争。凡是不与社会道德标准相矛盾仅属于个人兴趣爱好方面的动机冲突，属于非原则性的动机冲突。例如，周末是看电影还是看画展或是在家看小说。这类动机冲突属于个人一般性的兴趣爱好，通常不会引起激烈的思想斗争。

（三）行动手段的选择

确定目的之后，要考虑如何实现。实现目的要有一定的行动手段、方法策略、途径和方法。方法科学、策略恰当，是达到目的的重要保证。切实可行的行动手段、策略使行动结果事半功倍，错误的行动手段、方法策略则事倍功半，甚至导致行动的失败。

行为方式和方法策略的选择，受行动目的影响，还与知识经验水平以及对规律的掌握有关。许多情况下，达到同一目的可能的方式和方法不止一种，需要进行选择。在选择之前要了解、比较各种方式和方法可能导致的结果及其优缺点，这就涉及行动策略。策略是为了实现某一目的而采取的斗争方式和处理问题的方法。一个有效的策略要具备两个基本条件：一是合意性，即符合自己的意愿；二是合理性，即符合客观要求。在实际生活中，二者常难以兼具，所以选择行为的方式方法时常会引起内心的矛盾和斗争。选择方法和策略，要有胆识，才可能当机立断。

（四）作出决策、制订计划

目的确定、动机冲突和行为方式方法的选择，必然导致作出决策。广义地讲，如果一个人看到至少有两种行动的可能，并且根据某种标准选择其一，力求设法加以实现，那么我们就说这个人在作出一项决策。只有一种可能性的行动或者在多种选择之间无须仔细思考的行动，都谈不上决策。寻找一条从不能令人满意的初始状态通往符合个人意愿的目标状态的道路，也就是决策。决策过程由下列一些相互连接的阶段组成：①确定问题（现状和目标分析）；②寻找各种可供选择的方法；③对各种可供选择的方法进行评价；④作出决定（在各种方案中选出一个）；⑤贯彻执行；⑥监督（各个阶段的连接）。决策过程中的意志力表现在人对目标状态的追求、选择和作决定时的信心与勇气，以及执行和监督时的毅力等。

决策付诸实施必须制订行动计划（包括行动程序）以便按计划行动，顺利实现行动目的。这就必须全面了解情况，进行调查研究，收集各种信息，进行认真分析研究，抓住重点，制订出切实可行的计划。

（五）执行决定阶段

在作出决定之后，决定的执行便是意志行动实现的关键。执行决定阶段是意志行动的完成阶段,即把头脑里的意图、愿望、计划和措施付诸实践,达到预定目的,实现对客观现实改造的阶段。这是意志行动最重要的环节,因为即使行动的动机再高尚,行动的目的再美好,行动的方法再完善,行动的计划再周密,如果不付诸实际行动,一切都是空谈,意志行动也就不能完成。

执行决定要求更大的意志努力,因为其一,执行决定的行动要求巨大的努力和坚韧,要忍受由行动或行动环境带来的不愉快体验。其二,积极有效的行动要求克服人的个性中原有的消极品质与不良习惯。其三,执行决定时遇到困难要付出大的努力,与个体已形成的消极的个性品质(如懒惰、骄傲、保守等)或兴趣爱好发生矛盾,从而使决心和信心发生动摇。其四,在执行决定的过程中,还可能产生新的期望、新意图和方法,它们也会同预定目的发生矛盾,令人踌躇,干扰行动的进程。

在执行决定时经常会遇到新情况,出现新问题,有时还缺乏应付新情况、解决新问题的知识和技能,可能使人犹豫不决。这些矛盾都会妨碍意志行动贯彻到底。只有解决了这些矛盾,才能将意志行动贯彻到底,达到预定的目的。当意志行动达到预定目的时,又会增强克服困难的毅力,提高克服困难的勇气。优良的意志品质,正是在克服困难的实际斗争中锻炼和培养起来的。

第三节　情感、意志与教学

一、情感与教学

情感是教学过程中与学生智力活动有密切联系的非智力因素。情感的培养既是教学活动的重要任务,又是提高教学效率的重要条件。

(一)情感与学习效率

耶克斯—多德森定律说明了情绪与认知操作效率的关系:在困难复杂的工作中,低水平的情绪有助于保持最佳的操作效果;在中等难度的任务中,中等情绪水平是最佳操作效果的条件;在简单工作中,高情绪唤醒水平是保证工作效率的条件。总之,活动任务越复杂,情绪的最佳唤醒水平就越低。由此可见,学生的学习效率也与情绪水平有关。随着任务的难易和情绪的高低,学习效率也会发生变化。

事实证明,情感在教学中有积极和消极两种作用。良好的情感状态能激发、加强和维持学生的智力活动,增强学习兴趣,提高学习效率;不良的情感状态则阻碍、减弱和中断学生的智力活动,削弱学习兴趣,降低学习效率。因此,教师在教学中应根据学生实际调整教学内容,注重寓教于乐,创设快乐轻松的教学气氛。讲解教学内容时,应重视学生丰富的情感体验,充分利用教师的言语与非言语表情,做到以情施教,给学生留下深刻影响,从而提高学习效率。

(二)情感与智能发展

心理学研究表明,一个人的智能发展,不仅需要其智能因素本身的培养,还需要其非智能因素的促进。情感就是一项非常重要的非智能因素,对学生的智能发展有着重要的作用。

大量资料表明,情感对人的认知活动或智能操作活动具有明显的组织或瓦解的效能。一般说,中等强度的积极情绪有利于提高学生的感知、记忆、思维等具体认知过程的活动能力,有利于综合能力和创造潜能的发挥。而消极情绪或负性情绪,或过强的积极情绪则会抑制、干扰人的认知活动,严重时甚至会完全破坏认知活动。正如苏霍姆林斯基所说:“我一千次地确信:没有一条富有诗意的情感和审美的清泉,就不可能有学生全面的智力发展。”所以,教师通过寓教于乐,可以发挥情感的调节功能,直接促进学生的智能发展;还可以充分发挥情感的动力功能,提高学生学习积极性,为智能的发展提供更多的实践机会。因为情感给人带来高涨的学习热情,将更有力地推动人进行孜孜不倦的努力,而这种努力能提供不断的、丰富的实践机会,有利于知识、技能的积累和智能的发展。

(三)情感与学习态度

学习态度是一个人对学习活动较为持久的肯定或否定的内在反应倾向。它不是一种单纯的心理成分,而是一个包括认识、情感和倾向在内的复杂的心理现象。良好的学习态度会直接影响到学生的学习效果,是学生全面发展的一个重要基础和起点。我们认为,明确学习目的、陶冶理智情感和培养学习兴趣是促进学生形成良好学习态度的三个重要方面。

明确学习目的,是为学生形成良好学习态度提供正确的认识基础,包括对学习性质、任务、意义的认识。教师应以情施教,利用师生的情感交融,发挥情感的疏导功能,提高学生对有关学习意义的说服教育内容的接受程度,明确学习目的。教师还应在教学实践中重视构建和谐的师生关系,努力挖掘学生理智活动中的积极情绪体验,让学生快乐的学习。教师应以身作则,以自身的理智感和教学语言的生动性去感染学生,促进学生理智感的发展,提高学生的学习兴趣。

二、意志与教学

(一)中小学生意志的特点

意志的发展是与自我意识的发展紧密联系的,也是在活动中完成各种任务和控制自己的行为过程中经受锻炼而发展起来的。儿童期的孩子自律性较差,需要成年人的提醒;小学阶段的孩子的独立性、自觉性都需要教师和家长的监督;少年的意志则有了明显的发展。在这一阶段,少年的自我意识迅速发展,自我价值感日益形成,有很强的自尊心,这一时期意志的独立性、自觉性、坚定性和果断性等都有明显的发展。他们不喜欢被干涉，在课业或其他活动中，都喜欢表现自己的独立性。遇到事情时，能迅速地作出决定，反应快，行动快。一旦作出决定，即使是有一定困难程度的事情，他们也愿意坚持下来。

但少年时期的意志发展得还很不成熟。由于认识的局限性，少年对意志的优劣不能正确地鉴别，意志行动难免呈现出幼稚性的一面。比如，少年会把破坏纪律误认为是勇敢，把草率行事误认为是果断，把固执误认为有毅力。

青年期是意志品质形成的重要时期。在这个时期，意志继续发展，不断完善。青年对意志品质的优劣了有了清醒的判断，很大程度上脱离了少年时期的幼稚性。青年的意志品质和少年相比，在独立性、自觉性、果断性、自制力、坚定性等方面都有新的发展，开始形成个人独特的风格。青年对行为动机、目的、计划、决策等的认识更自觉，开始自觉地考虑人生、职业等问题，在深思熟虑、冷静的思考之后能迅速地作出决断。遇到突发事件或困难挫折时，他们能审时度势，克服沮丧的心情，想方设法改善处境，渡过难关，并能够长期不懈地坚持自己的意志行动，有始有终地完成任务，达到目标。

总的来说，中小学生的各种意志品质都在不断发展，但还存在一些意志障碍，诸如意志的盲从与独断性，意志的轻率与优柔寡断，意志的动摇性，意志的失控性。意志的盲从表现在行动的懦弱、懒惰上，依赖老师和家长的督促，行为带有很大盲目性。学生的自制力有一定程度的提高，但还不够完善，特别是青春期学生的自制力还较差。许多学生误入歧途都是经不住种种诱惑，缺乏自制力而造成的。具有这种意志障碍的学生往往急于享乐，不理解成功是一个过程，无法忍受焦虑和不安。从心理防御机制上看，其冲动行为是一种对焦虑不安的防卫反应。

中小学生意志发展的特点具体表现在以下几方面：

1. 意志行动的动机和目的由动摇性逐渐趋向稳定性

年龄小的学生的行动动机和目的容易受到外因的影响而产生动摇，少年期学生的行动动机和目的的稳定性要明显增强，在学习中遇到自己没有直接兴趣的学科，但考虑到自己的使命时也能保持较好的稳定性。然而与青年期学生相比，还是容易动摇。

2. 意志行动从盲目性向自觉性发展

小学高年级的学生已经开始逐渐地学会按照自己的愿望和意图去采取行动，只是还需要成人的指导和督促。少年期学生开始能够提出自己行动的动机、目的，更富有自觉性，但大多数学生自觉性的程度还不够，还需要教师和成人的不断提醒，青年期的学生自觉性程度远远高于小学生和初中生的水平，自我管理能力大大提高。

3. 意志行动中克服困难的毅力逐渐增强

在中小学生的意志发展过程中，克服困难、坚持完成任务的毅力由弱趋强。

学龄初期的学生克服困难与完成任务的毅力较弱，容易受到干扰和诱惑，不善于应付困难。少年期学生由于知识经验和技能逐步增多，在对待困难与完成任务时，有克服困难的勇气和信心，能专心致志地进行学习。但少年期学生排除困难的灵活性不足，遇到困难时会改换自己的动机，使动机发生改变以解决困难。青年期学生在克服困难方面趋向于向成人靠拢，在毅力、方法和手段方面都比初中学生更有成效。

4. 意志行动的模仿性由无意向有意发展

学龄初期学生和少年期学生都喜欢模仿别人的行动。学龄初期学生的模仿是不自觉中进行的，往往分不清好坏地模仿别人的姿态、动作等。青年期学生模仿的性质逐渐从无意、受暗示变为有意模仿，而且更多地模仿良好的品质，追逐明星便是这一阶段最典型的表现。青年期学生的模仿更加深思熟虑，更加考虑社会性因素以及个人未来发展。

（二）意志的品质

构成意志力的稳定因素称为意志品质。人们的意志品质存在着巨大的个别差异。主要的意志品质有：自觉性、坚定性、果断性和自制力。

1. 自觉性（独立性）

意志的自觉性是人对自己行动目的的正确性和重要性有明确而深刻的认识，并根据客观规律规划自己的行为，以实现预期的目的。具有独立性的个体不易受外界环境偶然因素的影响，反应了一个人立场的坚定和信仰。具有高度自觉性的人，能够按照客观规律确定自己的目的，并能经常主动地使自己的行动符合于目的。

与自觉性相反的是盲目性（易受暗示性）和独断性。盲目性是指人无主见、无批判地接受别人的暗示和影响，见异思迁，缺乏原则性。独断性是指独断专行、刚愎自用，盲目拒绝他人合理的建议和劝告。盲目性和独断性都是消极的意志品质。

2. 果断性

果断性是指一个人在复杂的情境中迅速而有效地采取决定和执行决定的意志品质，即当机立断的能力。具有果断性品质的人，对自己的行动目的、方法及后果都有深刻的认识，在紧要关头能以高度的机智判断是非，当机立断地作出决定并及时行动。果断性是意志坚定的表现。

与果断性相反的是优柔寡断和草率。优柔寡断的特征是遇到选择犹豫不决，动机斗争没完没了，难以最终选择，执行决定时不能坚持，或迟迟不付诸行动。最著名的优柔寡断的人便是莎士比亚笔下的哈姆莱特。草率就是缺乏思考、轻举妄动，不考虑主客观条件和计划实施的可能性。这些都是消极的意志品质，是意志薄弱的表现。

3. 自制性

自制性是指人善于控制和支配自己行动的意志品质。自制性表现在两方面:一是善于促使自己去执行已经采取的决定,并能战胜与克服在执行决定中的干扰;二是善于在意志行动时抑制消极情绪和冲动行为。

与自制性相对立的是任性(不能约束自己的行动)和怯懦(畏首畏尾、惊慌失措),它们都是意志薄弱的表现。

4. 坚忍性

坚忍性是指人为了实现目的任务,坚定不懈地克服各种困难的心理品质。它包括行为的精力和毅力,精力是人从事活动的紧张度,毅力是人进行活动的持续度。一个人能够精力充沛、锲而不舍地持久工作,是意志坚忍性的表现。

与坚忍性相反的是动摇性和顽固性。见异思迁、虎头蛇尾、一意孤行,只承认自己的意见和论据,甚至坚持错误的论据,都是消极的意志品质。

(三)意志品质的培养

意志是人完成任何活动所必须具备的主观条件。但是人的意志品质不是生来就有的,而是在后天的学习与实践过程中形成的。所以意志的培养是非常重要的。培养意志的主要途径有以下几个方面:

1. 提高学生对学习目标、意义和结果的认识,激发学习动机

认识是意志的基础和前提,是意志行动达到最终目标的根本保证。在教学过程中,以对学习的认识来促进学生的意志努力,最终完成学习任务的做法,是认知和意志关系的规律在教学中的具体运用。首先,在教学中让学生明确学习的目标能激发学习的动机,能唤起积极行动去实现这一目标。因为明确的目标是意志行动的基本特征,行为目标越明确,行动的方向也就越能正确把握,对行动的推动力量也就越大。因此,教师在教学过程中应多采用目标定向或目标导向的方法,让学生明确学习目标,以引导学生的学习,并随时以目标的实现与否督促学生的意志行动,促进其学习任务的完成。其次,对学习的意义和结果的认识也能激发学生的意志努力。人的意志力量的强弱在很大程度上是由动机的强弱决定的。在学习过程中,了解学习的意义、认清学习的结果便是激发动机,进而激励意志的一种手段。所以,教师应利用一切机会积极引导学生认清学习的重要意义,引导学生展望在学习中战胜自我、获得成功后的令人向往的情境,并示以适当的奖惩措施,以激发学生通过意志努力去获得学习上的成功。

2. 激发学生积极的情感体验,增强学生的意志力量

积极的情感能激发人的行动动机,使人表现出巨大的意志力量,从而以极大的热情去战胜困难,完成任务。这正是发挥了情感的动力功能的作用。首先,教师应与学生建立起真挚、亲密的师生关系,将学生对教师的情感迁移到学习中去。在学校学习中,学生因喜爱某一位教师而克服困难努力学好这位教师所教

学科的例子,是屡见不鲜的。其次,在具体的教学活动中,教师在对学生的学习进行评价时,要以正向的、鼓励性的评价为主,不仅对成功的行为结果要及时进行表扬、鼓励,在对待失败的行动结果的评价中也应尽量让学生看到自己的成绩和进步。这样能使学生产生愉悦感,增强自信心,以促使他们敢于接受更高目标的挑战。相反,对行动结果的漠视或负性的评价,会令学生失望、沮丧,从而减弱他们的自信,使他们怯于面对下一步的考验。为了使学生获得足够多的成功以及由此而带来的积极情感体验,教师宜在教学中遵循“小步子”原则,即让学生达到的行为目标不可太高,必须适合他的现有水平,最好把一个大目标分解成若干个小目标让学生分段逐步完成,并在完成后及时给予鼓励性的评价。

3. 进行挫折教育,锻炼学生的意志

教师可在教学活动中有意设置一些困难情境,让学生经受适度的挫折,使他们在面对挫折、战胜挫折的过程中磨砺意志。但在实际操作中要注意:一要把握时机,一般来说,最好在学生的意志水平达到一定程度,对具体学习活动的意义、目的有一定认识,并在相应的情感激励的条件下实施,才能取得好的效果,否则易产生“揠苗助长”的负面影响;二要注意个别差异,应根据学生的个性特点,尤其是心理承受能力的不同而区别对待。如对心理承受能力较强而又骄傲自满的学生,可较多使用这类方法以锻炼其意志,而对自卑感强、心理承受能力较弱的学生,则应慎用这类方法。在培养学生良好意志品质的过程中,除了外部条件的教育和帮助外,学生意志的自我锻炼也十分重要。意志培养效果的好坏主要取决于学生本人自我锻炼意志的愿望和努力。教师应在教学中采取要求学生写学习日记、自己批改作业、制订学习计划等措施,启发学生培养自我检查、自我评价、自我监督、自我鼓励等良好的行为习惯。既要善于看到和发扬自己意志品质中的优点,也要勇于发现和克服自己意志品质中的缺点,从而促使自己的意志力逐渐增强。

4. 针对意志的个别差异,培养良好的意志品质

用科学的世界观和价值观武装中小学生是培养他们具有良好的意志品质的基本条件。培养意志品质时,教师应当十分注意让学生把自己的理想同现实的学习和生活联系起来,用理想来指导自己的学习和生活,自觉要求自己完成学习任务。意志行为是与克服困难相联系的,离开困难,磨砺意志就会成为一句空话。鼓励学生勇敢地克服困难,培养学生的坚定性。教师应鼓励学生克服畏惧心理,积极启发诱导,及时指出思考的方向,帮助学生掌握解决问题的思路,帮助学生排除犹豫的心理,培养学生的果断性。教学中,教师应根据不同学生不同的意志表现,提出不同的要求,采取不同的措施。在讲、练、查等环节中引导学生自我锻炼,全面认识自己,养成良好的学习习惯,逐步发展他们的自制力。总之,要针对学生意志品质的差异,进行不同的教育。对于行动盲目和易受暗示的学生,

应加强目的性教育，培养学生的目的性、自觉性和责任心；对于优柔寡断、冒险轻率的学生，应培养其大胆、果断、沉着耐心的品质；对于缺乏自信心、萎靡不振的学生，应进行正面引导，充分调动其积极性，提高其自我控制和自我调节的能力；对于软弱和胆怯的学生，应着重对其进行胆量、勇气的培养；对于缺乏毅力和恒心的学生，应激发他们奋发有为和坚韧不拔的精神。

第七章　个性和个性倾向性

个性是一个人的整体精神面貌，即具有一定倾向性的心理特征的总和。个性可分为个性倾向性和个性心理特征两大部分。个性倾向性是推动人进行活动的动力系统，是个性结构中最活跃的因素，它决定着人对周围世界认识和态度的选择和趋向，决定着人追求什么。在日常生活中，大多数人都想了解自己的个性，也很想了解他人的个性，从而使我们的生活更和谐。

第一节　个性心理概述

一、个性的定义

个性一词是从英文"personality"翻译过来的，亦可译为人格。最初来源于拉丁语"persona"，开始是指希腊罗马时代戏剧演员在舞台上所戴的面具，它代表剧中人的身份，后来指演员，即一个具有特殊性格的人。一般来说，个性不仅指一个人的外在表现，而且指一个人的真实的自我。什么是个性？心理学家对这一问题并没有一致的答案。

我国第一部大型心理学词典——《心理学大词典》中对个性的定义，反映了多数学者的看法，即："个性，也可称人格。指一个人的整个精神面貌，即具有一定倾向性的心理特征的总和。个性结构是多层次、多侧面的，由复杂的心理特征的独特结合构成的整体。这些层次有：第一，完成某种活动的潜在可能性的特征，即能力；第二，心理活动的动力特征，即气质；第三，完成活动任务的态度和行为方式的特征，即性格；第四，活动倾向方面的特征，如动机、兴趣、需要、价值观等。这些特征不是孤立地存在的，而是错综复杂、相互联系、有机结合的一个整体，是对人们的行为进行调节和控制的。"

简单地说，个性就是一个人的整体精神面貌，即具有一定倾向性的心理特征的总和。但是一定要注意，人们日常生活中以不同的方式使用"个性"这个词。例如，他们可能说某人"很有个性"或者"缺乏个性"。个性在这里指的是魅力或突出的社交性。对心理学家来说，人人都有个性，而且对社交吸引力差的人同样感兴趣，也同样要对他们的个性作出解释。另外，在心理学中，人们常把个性和人格看做是同一个概念。

二、个性的特征

个性有其独特的表现方式，由此区别于其他的心理现象。个性的特征可以概括为独特性、稳定性、整体性和社会性。

（一）独特性

个性最突出的一个方面就是它的独特性，也称为个别性。个性的独特性是指人与人之间的心理和行为是各不相同的。人在心理面貌上的差异比生理上的差异更为明显和重要。如同卵双生子可以拥有相似或相同的外貌，却不可能拥有相同的个性。一个人的个性是在遗传、环境、教育等许多因素的影响下发展起来的，这些因素及其之间的相互关系不可能是完全相同的。另外，由于个性组合结构的多样性，使每个人的个性都有其自己的特点。比如，同是沉默寡言的特征，有的人冷眼看世界，不是知音不与谈；有的是胸无点墨，故作高深。所以，每个人的个性都反映了自身独特的、与他人相区别的心理状态和表现。例如，人的兴趣、爱好是多种多样的，有人喜欢体育，有人爱好书法。人们的能力也各不相同，如有人语言表达能力强，有人富有创造性。人们在气质和性格的表现上更是多种多样，有的人脾气暴躁，有人温和，有的人勇敢坚强，有人胆小软弱。由此可见，人的个性千差万别。正如俗话所说——人心不同，各如其面。人的个性不同，就如同人们的面孔各不相同一样。

不过，个性的独特性并不排斥个性的共同性。个性的共同性是指由于受共同的社会文化影响，同一民族、同一地区、同一阶层、同一群体的个体之间具有的共同的典型心理特点。如大多数中国人的个性具有鲜明的儒家思想的烙印，中国人遇事谨慎，不过分主张己见，力求谦虚，尊重权威，主张中庸，情感表露比较含蓄，力求克己，等等。

（二）稳定性

个性的稳定性是指个体的个性特征经常地、一贯地表现在心理和行为之中。个人在行为中偶尔表现出来的心理倾向和心理特征不能表征他的个性。例如，一个处世稳重的人，偶尔表现出冒险、轻率的举动，不能据此说他具有轻率的性格特征。正是个性具有稳定性的特点，我们才能把一个人和另外一个人从精神面貌上区分开来。“江山易改，禀性难移”形象地说明了个性的稳定性。

不过，现实生活是复杂的，人与人之间的交际也是纷繁多变的，因此，作为人的生活历程的反映的个性特征，也会随着现实的多样性和多变性发生或多或少的改变。如社会地位和经济地位的重大改变、丧偶、迁居异地等，往往会使一个人的个性发生较大的甚至彻底的改变。也就是说，个性的稳定性是相对的，个性具有一定的可塑性。

（三）整体性

个性的整体性是指构成个性的各种心理成分和特质，如能力、气质、性格、动机、态度、价值观、行为习惯等，在一个现实的个人身上它们并不是孤立存在的，而是密切联系，构成一个完整的功能系统。一个正常的人能够正确地认识和评价自己，能够及时地调整个性上出现的相互矛盾的特征，因此他的内心世界、动机和行为之间是和谐一致的。正像汽车那样，它要顺利运行，各部分必须协调一致朝着一定的目标，作为一个整体而运作。当一个人的个性结构的各方面彼此和谐一致的时候，他就是健康的。否则，就会出现适应不良，甚至出现人格分裂现象，可能形成"双重人格"或"多重人格"。

（四）社会性

人是生物实体，又是社会实体。个性从其形成和表现的形式上看，受社会历史的制约。如需要、理想、信念、价值观、性格等都是受社会影响而形成的，使个性带有明显的社会性。又如，在一定的社会中，同一民族、同一阶级的人们在某些共同的生活条件下生活，逐渐掌握了这个社会的风俗习惯和道德观念，就会形成某些共同的人格特点。个性又受个人生理特征的影响。人的生物特性不能预定一个人个性发展的方向，但是个体的遗传和生物特性是个性形成的自然基础，影响着个性发展的道路和方式，也决定着个性特点形成的难易。例如，一个神经活动类型属于强而不平衡型的人，就比较容易形成勇敢、刚毅的人格特点；而要形成细致、体贴的人格特点就比较困难。相反，一个神经活动类型属于弱型的人，就比较形成细致、体贴的人格特点；而要形成勇敢、刚毅的人格特点就比较困难。所以，个性是先天自然素质和社会环境的相互选择、相互渗透的积淀物。

三、个性的心理结构

心理现象包括心理过程和个性心理。前者包括认识过程、情感过程和意志过程，具有功能性，是不稳定的信息加工过程。后者包含两方面的内容：一是个性倾向性，一是个性心理特征。个性心理是心理现象中的那些稳定的成分，它们制约和调节着心理过程，标志着个人的特点。

（一）个性倾向性

个性倾向性是指一个人对现实的态度和行为倾向。它是个性结构当中的动机系统，是人进行活动的基本动力。它决定着人对现实的态度，决定着人对认识活动的对象的趋向和选择。它是个性结构中最活跃的成分。个性倾向性一般包括需要、动机、兴趣、理想、信念和世界观等。这些成分之间并不是彼此孤立的，而是相互影响、相互制约的。其中，需要是最基本的个性倾向，是形成其他个性倾向的基础。世界观居于最高层次，它决定着一个人的总的思想倾向，是人们言论和行动的总动力。

个性并不是社会环境的消极产物，而是积极活动者，人们总是通过需要、动机、兴趣、理想、信念和世界观等内部世界去掌握社会经验、改造周围环境等。所以，个性倾向性是人活动的积极动力，它制约着人的所有心理活动，表现出个性的积极性。

(二)个性心理特征

个性心理特征是指人经常地、稳定地表现出来的心理特点，主要包括能力、气质和性格。在个体心理发展过程中，这些心理特征逐渐形成，并且不同程度地受生理因素的影响，构成个性中比较稳定的成分。

个性倾向性和个性心理特征之间并不彼此孤立，它们相互渗透、相互影响，错综复杂地交织在一起。个性心理特征受个性倾向性的调节，个性心理特征的变化也会影响个性倾向性。因此，个性是一个统一的整体结构。

四、个性的形成和发展

随着科学的发展，人们一般都承认个性是在遗传与环境交互作用下逐渐发展形成的。然而，遗传与环境因素在个性形成中，哪个起主导作用，仍然是一个需要讨论的问题。研究发现，就个性状态而言，后天环境因素的作用更大；但就个性的不同成分来看，遗传、环境的作用因个性特征和因人而异。

(一)生物遗传因素

由于个性具有较强的稳定性特征，因此个性研究者更会注重遗传因素对个性的影响。

对双生子的研究结果显示，个性的许多特性都有遗传的可能性。遗传对个性的作用，可从以下几方面分析：

第一，遗传是个性不可缺少的影响因素。

第二，遗传因素对个性的作用程度因个性特征的不同而异。通常在智力、气质这些与生物因素相关较大的特征上，遗传因素较为重要；而在价值观、信念、性格等与社会因素关系紧密的特征上，后天环境因素更重要。具有灵活特征的人其社会适应性强，后天环境对他们有更大的影响。

第三，个性发展过程是遗传与环境交互作用的结果，遗传因素影响个性的发展方向。

(二)环境因素

1. 社会文化因素

社会文化塑造了社会成员的个性特征，使其成员的个性结构朝着相似性的方向发展，而这种相似性又具有维系一个社会稳定的功能。这种共同的个性特征使得个人正好稳稳地“嵌入”整个文化形态里。社会文化对个性的影响力因文化而异，社会对顺应的要求越严格，其影响力就越大。影响力的强弱也视其行为的社会意义的大小而异，对于不太具有社会意义的行为，社会容许较大的变异；但对在社会功能上十分重要的行为，就不太容许太大的变异，社会文化的制约作用就越大。但是，若个人极端偏离其社会文化所要求的个性基本特征，不能融入社会文化环境之中，可能就会被视为行为偏差或心理疾病。

社会文化具有对个性的塑造功能，这反映在不同文化的民族有其固有的民族性格。不同的国家和地区有具体的文化特征，比如不同的语言、不同的道德理想、不同的价值观念、不同的生活方式等，都会在人的性格上打上不同的烙印。又如，中国人含蓄、内倾，沉静，三思而后行，善于节制；西方人直率、外倾，好动，情绪波动强烈，容易冲动。这种情况与中国历来倡导的礼仪、节制、忍让、和谐，西方主张竞争、冒险、强调个人愿望的满足有一定的关系。不同国家也有各自民族的性格特征。比如，俄罗斯人的坚忍与淡淡的忧郁情调，英国人的绅士风度、聪明、保守，法国人的浪漫、激情澎湃，美国人的开放、幽默，德国人的严谨、深沉，等等。每个民族的性格都与其文化传统、生活方式、生活环境有一定的关系。

2. 家庭环境因素

家庭是社会的细胞，家庭不仅具有其自然的遗传因素，也有着社会的“遗传”因素。这种社会遗传因素主要表现为家庭对子女的教育作用，俗话说：“有其父必有其子”，其中不无一定的道理。父母们按照自己的意愿和方式教育着孩子，使他们逐渐形成了某些个性特征。

大量研究结果表明：儿童个性的发展和他（她）与父母之间的关系息息相关。这意味着当我们考虑亲子关系时，不仅要注意它们对造成心理情绪失调和心理病理状态的影响，也得留意它们与领导力和天才发展的关系。

家庭教养方式一般可以分成三类，这三类方式造就了具有不同个性特征的孩子：第一类是权威型教养方式，这类父母在对子女的教育中，表现为过于支配，孩子的一切由父母来控制。成长在这种教育环境下的孩子容易形成消极、被动、依赖、服从、懦弱，做事缺乏主动性，甚至会形成不诚实的个性特征。第二类是放纵型教养方式，这类父母对孩子过于溺爱，让孩子随心所欲，父母对孩子的教育甚至达到失控状态。这种家庭里的孩子多表现为任性、幼稚、自私、野蛮、无礼、独立性差、唯我独尊、蛮横胡闹等。第三类是民主型教养方式，父母与孩子在家庭中处于一个平等和谐的氛围中，父母尊重孩子，给孩子一定的自主权，并给予孩子积极正确的指导。父母的这种教育方式使孩子形成了一些积极的个性品质，如活泼、快乐、直爽、自立、彬彬有礼、善于交往、富于合作、思想活跃等。由此可见，家庭确实是“人类性格的工厂”，它塑造了人们不同的个性特征。

3. 自然环境因素

生态环境、气候条件、空间拥挤程度等物理因素都会影响个性。例如，我国南北方因为气候不同，高原、平原、海岸地带由于地势不同，对人的性格形成有很大的影响。北方人往往粗犷、豪迈、外向,南方人往往细腻、含蓄、内向,高山地带的人意志坚毅,海岸地带的人心胸开阔,平原地带的人多克制。自然因素对人的性格的影响带有普遍性。但是,这是就一般情况而言的,并不是绝对的。比如,不论是高原、平原、海岸、北方、南方,都有意志坚毅、善于克制、含蓄内向、粗犷豪爽的人。

(三)个体的主观能动性

遗传、环境和教育的影响只是学生个性形成和发展的外因,这种影响只有通过"内因",即学生的主观能动性才能起到作用。应当说,学生的主观能动性是其个性形成和发展的动力。在相同的环境和教育条件下,由于人们对待环境教育的态度不同,形成的个性也不一样。所以,学校和家庭对学生施加的影响,必须激起他们的主观需要,使合理的要求变成他们自己的兴趣和求知欲,并以此为动力,积极参加各种实践活动,在活动中锻炼自己的才干,陶冶情趣,发展个性。

综上所述,个性是先后天的合金,是遗传与环境交互作用的结果。遗传决定了个性发展的可能性,环境决定了个性发展的现实性,个体的主观能动性是个性形成和发展的动力。

第二节　个性倾向性

一、需要

(一)需要的概念

需要是指人对某种目标的渴求和渴望。需要是人类对维持其个体生命及种族延续所必须的条件和相应社会生活的反应。人的一切活动都是为了满足需要。一种需要满足了,另一种需要随即成为下一个满足对象,这种现象表明,需要在人的一生中,始终具有动力性的特征。

需要是人类认识过程的内部动力,为了满足自身的需求,人才会去认识世界和改造世界。

需要是人产生和维持情绪和情感的中介,凡是能够满足人需要的事物,则产生肯定的情绪;凡是不能够满足人需要的事物,则产生否定的情绪。情绪就是人对客观事物与人的需要之间关系的反映。

需要推动意志的发展,人为了满足需要,必须从事一定的活动,在克服困难的过程中,锻炼其意志。

需要又是个性倾向性的基础,是人活动的基本动力,它常常以多种多样的形式,如动机、兴趣和信念等形式被反映出来。

最后,人的需要和动物的需要有着本质的区别。人的需要主要是由人的社会性决定的，具有社会性；人的需要的内容以及满足需要的手段也和动物不同；由于人有意识，人的需要受到意识的调节和控制。

（二）需要的种类

人的需要是多种多样的，需要的分类也相当复杂，一般从两个方面进行分类。

1. 根据需要的产生和起源，可以把需要分为自然需要和社会需要

自然性需要是有机体为了维持生命和种族的延续所必需的一些需要，是与生俱有的，如饮食、睡眠、休息、配偶、运动、排泄等。这种需要是人类最原始和最基本的需要。如果这些需要在相当长的时间里得不到满足，人就会死亡或不能繁衍后代。它也叫生物性需要。生物性需要是人和动物所共有的，但人的生物性需要与动物的生物性需要有根本的区别，不仅需要的具体内容不同，而且满足需要的对象和手段也不一样。动物只能依靠周围环境中的自然物来满足自己的需要，而人主要通过社会生产劳动生产出自己所需要的对象。人的生物性需要受社会生活条件所制约，具有社会性。自然需要具有以下特征：

（1）产生于人的生理机制，是与生俱来的。

（2）主要表现在以从外部获得一定的物质为满足。

（3）多见于外表，易被察觉。

（4）有限度，超过了反而有害。

（5）有周期性。

社会需要是指个体在成长过程中，通过各种经验的积累所获得的一种特有的需要，是后天形成的人的高级的需要，如相互交往、求知、爱与被爱、实现理想以及追求美等。社会需要是社会存在和发展的必要条件。这些需要并不是人生来俱有的，而是在生理需要的基础上，在社会实践和教育的影响下形成和发展起来的。和自然需要相比，社会需要受社会生活条件、社会历史条件的制约影响更大。不同历史时期、不同阶层、不同民族和不同风俗习惯，其社会需要也将有所不同。社会需要通常是由社会要求转化来的，当个人认识到社会要求的必要性时，社会要求就转化为个人的社会需要。如果人的社会需要得不到满足，虽然不会威胁到机体的生存，但人会因此感到难受，产生不舒服的感觉和不愉快的情绪。社会需要具有以下特征：

（1）是后天学习获得的，是由社会的发展条件决定的。

（2）比较内含，往往蕴藏在内心，不易被察觉。

（3）大多是从人的内在精神获得满足。

（4）弹性大，带有连续性。

2. 根据指向的对象，可以把需要分为物质需要和精神需要

物质需要是指对社会物质生活条件的需要，如对衣、食、住、行的需要，对书籍、报刊、电视机的需要等。在物质需要中，既包括生物性需要，也包括社会性需

要。因此,人的物质需要会随着社会生产的发展和社会的进步而不断发展起来。

精神需要是指对社会精神生活及其产品的需要,如爱的需要、审美需要、求知需要、娱乐需要等,是人所特有的需要。这种需要如果长时间得不到满足,将会导致个性失常,影响心理的正常发展。

物质需要与精神需要有着密切的联系。在满足物质需要的同时往往也体现了精神上的需要,如住房要求干净、舒适,衣着要求漂亮、时髦等。而满足精神需要更是离不开物质产品,如满足娱乐需要时,要有娱乐的场所或娱乐的工具。

需要是一个复杂的个性心理倾向,以上对需要进行的分类只具有相对的意义,不同类型的需要不是截然分开的,而是相互交叉的。例如,对食物的需要,就其起源来说是一种生理需要,就其对象来说是一种物质需要。同样,物质需要和精神需要也不能截然分开,为了满足精神需要要求有一定的物质的东西,如书籍、报刊、影碟机、电视机等等,这些东西同时也是人的物质需要的对象。

(三)需要的发展与层次——马斯洛的需要层次论

关于需要的结构,在心理学界存在不同的理论观点,其中最具影响力的理论之一是马斯洛的需要层次论。

马斯洛是20世纪50年代中期在西方兴起的人本主义心理学派的主要创始人。他反对行为主义和精神分析学说,创立了人本主义心理学。他在1943年提出了需要层次理论,认为需要的满足是人的全部发展的一个最简单的原则。在他看来,人的一切行为都是由需要引起的。他认为,可以把人的需要以一种渐进的层次表达出来。也就是说,必须先满足某些需要,才能满足另外一些需要。马斯洛把人的基本需要排了五个层次,如图7-1所示。

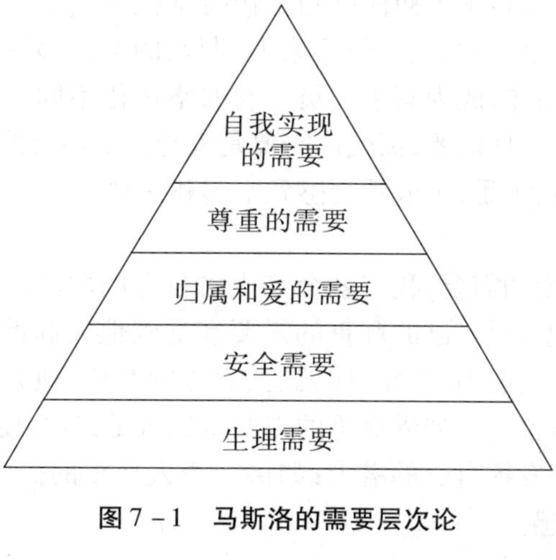

图7-1 马斯洛的需要层次论

尽管有例外,但我们总是先满足低层次的需要,然后才关注高层次的需要。

例如,如果你现在很渴,那么你的行为就会围绕着获得水而行动,当这个需要没有得到满足的时候,你不会关心结交新朋友或建立爱情关系。当然,低级需要被满足后,它也可能会使你再次去注意它。在一生的进程中,我们大部分是沿着这个层次前进的,直到达到自我实现的时候。根据马斯洛的观点,只有一小部分人可以最终达到自我实现的境地。

1. 生理需要

生理需要包括饥饿、渴和睡眠。这些都是最基本的,也是我们首先必须满足的需要。如果极度饥饿,那么,除了食物之外,人对其他东西会毫无兴趣,获得充足的食物,比起其他的诸如获得同伴的尊重或者成为艺术家等都重要。

2. 安全需要

当生理需要得到满足,我们就会被安全需要所推动。这包括需要安全、稳定、被保护、远离恐惧和混乱,以及对结构和顺序的需要。

满足安全需要的首要条件是减低生活中的不确定性。例如,儿童需要建立各种生活常规,否则就会表现出焦虑不安。马斯洛指出,健康成人的安全需要都能得到充分满足,但儿童和精神病患者,经常会有安全需要的表现。例如,婴儿看到陌生人会哭闹,爬到床边时不敢再动,等等。

3. 归属和爱的需要

当生理和安全的需要得到满足时,例如,当一个人有了工作、家庭、饭桌上有吃的,但是这些低层次需要的满足并没有带来幸福,对爱和归属的需要就出现了。马斯洛说:"……现在这个人会开始追求与他人建立友情,即在自己的团体里求得一席之地。他会为达到这个目标而不遗余力。他会把这个看得高于世界任何别的东西,他甚至忘了当初他饥肠辘辘时常把它当做不切实际或不重要的东西而嗤之以鼻。"人们总是渴望得到亲人、朋友的关心、爱护和信赖,总是希望归属于一个集体或团体,成为其中一员。与弗洛伊德不同,马斯洛指出,爱与性并不是同义的,性是生理需要,而爱的需要是人与人之间彼此关心、尊重和信任。如果爱的需要得不到满足,个人就会感到空虚和孤独。

4. 尊重的需要

满足了归属和爱的需要,我们就会产生对自尊的关注。马斯洛把这类需要分为两种基本的类型:对自己的尊重的需要和受到他人尊重的需要。对自己的尊重包括对获得信心、能力、本领、成就、独立等的愿望;他人对自己的尊重包括威望、承认、地位、名誉等。如果尊重的需要得到满足,就会使人相信自己的力量和价值,从而有利于发挥自己的潜力;如果一个人尊重的需要得不到满足,就会产生自卑感和失落感。

5. 自我实现的需要

以上几种需要得到满足后,人还会产生自我实现的需要。自我实现的需要是马斯洛独创的概念,泛指创造的需要、追求实现自我理想的需要、成就的需要等等。自我实现的需要是马斯洛个性发展理论中最高理想的目标。马斯洛在谈到自我实现的人的特征时指出,在所有具有自我实现需要的人中间,他们无一例外地都有一些共同的特点,即每个人都在这个方面或那个方面显示出具有某些独到之处的创造力或独创性;个人特有的潜能的极度发挥;个人的价值的完满实现;愿意做自己认为有意义和有价值的事情。马斯洛认为,你在社会中扮演什么样的角色,就应该做什么样的事,这种动机就叫自我实现。马斯洛指出,"音乐家必须作曲,艺术家必须绘画,诗人必须写作。如果他最终想达到自我和谐的状态,他就必须要成为他能够成为的那个人,必须真实地面对自己"。我们称这种需要为自我实现的需要。马斯洛认为,自我实现者大都是中年人或成年人,或者是心理发展比较成熟的人。他认为,真正能达到自我实现的人只有少数,如歌德、贝多芬、爱因斯坦等,绝大部分人只能在归属与爱的需要和自尊的需要之间的某一个层次上度过一生。

马斯洛晚年又把需要概括为三个大层次:基本需要(包括生理需要、安全需要)、心理需要(包括归属与爱的需要、尊重的需要)和自我实现的需要,并且还在自我实现的需要之上增加了一个超级需要。

马斯洛的需要层次论是一种比较完整地研究需要的理论,它系统地探讨了需要的实质、结构、发生、发展和需要在人类生活中的作用,它反映了人的基本需要由低级向高级发展的趋向,以及需要和人的行为之间的关系。马斯洛认为,只有基本满足了低级需要后,才会产生高级需要,最占优势的需要将支配一个人的意识和行为;高级需要出现之后,低级需要仍然存在,但对行为的影响减弱了。另外,马斯洛看到了人与动物在需要方面是有区别的,低级需要是人与动物共有的,而高级需要则是人所特有的。他的这些观点对建立科学的需要理论是有积极意义的。但是,马斯洛离开了人的社会历史条件,离开了人的社会实践,抽象地谈人性和人性的自我实现,仍然是受本能论的影响。因为社会不仅制约着人的各种需要的形成与发展,而且制约着这些需要的内容和满足这些需要的手段。所以,人类的需要是社会历史发展的结果,不仅仅是一种本能。另外,他的需要发展模式与某些人的实际需要发展情况不相一致。例如,有些人虽然缺乏基本需要的满足,但仍有所创造;有些人为了某种理想,可以牺牲自己的一切。还有,马斯洛的需要层次理论依据的观察和推理较多,缺乏实验依据和客观测量指标。

二、动机

(一)动机的概念

动机是引起个体活动、维持并促使活动朝向某一目标进行的内部动力。动机是一个解释性的概念,用来说明个体为什么有这样或者是那样的行为。人从事任何活动都有一定的原因,这个原因就是人的行为动机。动机本身是无法直接观察到的,我们只能从观察表面行为的变化来推测行为背后的动机。通过分析行为背后的动机,我们能够更好地解释人类行为的多样性与复杂性。当人们处在相同的情景时,行为却往往有很大的差异,这种差异可能源于人们能力、机遇的不同,更有可能是由于动机的不同引起的。动机能使我们更好地理解每个人行为之间的差异,以及同一个人在不同情景中行为上差异的原因。

动机可以是有意识的,也可以是无意识的。有时人会产生复杂多样的,甚至是矛盾的动机,由此形成动机冲突,当其中一种动机占优势后,才能确定行动的目标。

(二)动机的产生

引起动机的条件有两个:内在条件和外在条件。

引起动机产生的内部条件是需要。当某种需要没有得到满足时,它会推动人们去寻找满足需要的对象。如当一个人饥饿的时候,便会去寻找食物,直到把食物吃进肚里,产生饱足感为止。在这里,饥饿就是动机,它引起觅食行为。一般认为,动机是需要的具体表现。虽然动机是在需要的基础上产生的,是由需要所推动的,但需要产生之后,并不一定就成为推动人进行活动的动力。需要变成动机往往要有一个发展阶段,即需要的强度必须达到一定水平后,才能成为引起、推动或阻止某种活动的动机。

诱因是引起动机的外在条件。驱使有机体产生一定行为的外部因素称为诱因。有了诱因,人才能为满足需要去采取行动,需要才表现为活动动机去推动行为达到目标。如果仅仅有需要而没有诱因,是不会产生动机的。诱因按其性质可以分为两类:正诱因和负诱因。凡是个体趋向或接受某种刺激而获得满足者称为正诱因。凡是个体逃离或躲避某种刺激而获得满足者,称为负诱因。如对于学生的学习来说,老师的表扬是正诱因,批评是负诱因。诱因可以是物质的东西,也可以是精神的东西。

动机是由需要与诱因共同引发的。因此,动机的强度或力量既取决于需要的性质,也取决于诱因力量的大小。研究表明,诱因引起的动机的力量依赖于个体达到目标的距离。距离太大,动机对活动的激发作用就很小了。人有理想、有抱负,人的动机不仅支配行为指向近期的目标,而且能指向远期的目标。因此,空间上邻近的目标,不一定具有最大的激发作用。动机的社会意义与动机的力量也有直接的关系。成就理论告诉我们,除了目标的价值以外,个体对实现目标的概率的估计或期待也有重要的意义。

(三)动机的种类

人的行为是十分复杂的,其原因之一就是行为的原因多种多样、相互交织。因此,把人类行为的动机截然划分成几个类别并不确切。目前,心理学家对动机的分类也是众说纷纭,并没有一致的看法。但分类就是为了使所研究的问题条理化,使研究者思路清晰化,以达到便于研究的目的。所以,我们尝试从各个不同角度,根据不同标准相对地对人类的动机进行分类。

1. 根据动机的来源,可分为外在动机和内在动机

外在动机是指推动活动的动机是由外力诱发的。如学生为了获得老师的表扬或躲避老师的批评而努力学习;个体为了获得别人的赏识而努力工作,并非对工作本身感兴趣。这些活动的推动力都是来自机体外部,所以被称为外在动机。

内在动机是指推动活动的动机是由个体自身激发,是由个体的自尊心、责任感、荣誉感、求知欲等内在因素引起,因为从事这项活动,个体会感到愉快、满足,不需外力推动。如一个学生并未受到老师或家长的表扬,但学习本身给他带来了愉悦和充实,所以他仍然努力学习。这种动机是由个体内部因素激发的,被称为内在动机。美国当代著名的教育家、心理学家布鲁纳指出,内在动机由三种内驱力引起:好奇心、好胜心以及互惠的内驱力。哈洛等人的实验表明,在没有任何奖赏的情况下,猴子会拆开一些机械装置,而且随着次数的增加,愈来愈高明。但如果猴子每次操作成功,给予食物,它们的行为将发生改变:为了获取食物,操作的兴趣会降低。所以,我们一般认为内在动机比外在动机对个体行为的推动作用更为稳定和持久。

2. 根据个体需要,可分为生理性动机和社会性动机

生理性动机是由生理需要所引发的一种行为的动力。例如,饥饿动机、干渴动机等。社会性动机是由社会性需要所引发的行为的动力。例如,求知动机、交往动机、成就动机等。只有人类才具有社会性动机,它是在一定的社会生活条件下形成并发展起来的。

3. 根据动机的影响范围和持续作用的时间,可分为长远的间接动机和暂时的直接动机

长远的间接动机指持续时间长、相对稳定、影响范围广的动机。例如,确立人生目标、职业目标、四年大学生活和学习计划等都属于长远的间接动机,这类动机的产生一般来自对活动意义的深刻认识,行为的效果一时半会儿看不出来,所以具有间接性特点。

暂时的直接动机指只引起个别具体行为,维持时间短,不够稳定的动机。例如,最近要干什么?今天有什么计划?甚至中午吃什么?等等。这类动机常常是由活动本身的直接兴趣所引起,能够即时看到行为结果,所以具有直接性。同时,由于它受人即时的情绪影响,暂时性特点明显。

这两类动机的结合是行为的巨大动力,人就是既要有远大目标,也要有近期目标,并且要使长远的间接动机逐渐达成自己的直接动机。

（四）动机与行为

动机是支配行为的驱动力，动机的强度与行为表现有着密切关系。

一般来说，只有产生了强烈的动机，才能有上佳的行为表现，但不同的动机会对行为产生不同的驱动力量。对人的行为和活动具有重大意义的是人类的社会性动机，由社会性动机所引发的对行为的推动力量更为强烈。在费约所做的实验中，要求三组大学生用右手食指拉起测力计上悬挂的重达3.4公斤的砝码。对第一组被试不告诉任何理由，对第二组被试告知他们要表现自己的最高能力，对第三组被试则告诉他们，这是为了把电输送到工厂、住宅，完成这项任务有重要的意义。研究证明，在具有较强的社会性动机的被试组中，其活动效果最好。这说明，动机性质不同，其强度和所产生的效果也不同。

另外，个体对成功概率的估计和期待也影响动机的强度。阿特金森（J. W. Atkinson）研究发现，如果个体追求成功的动机水平高于回避失败的动机水平，而且对成功的估计为50%时，动机的力量最强，个体行为的积极性也就最高。

动机的强度需要有一个适宜的水平，动机过强或过弱都不利于高效率地完成工作任务。研究发现，各种活动都存在动机的最佳水平，动机的最佳水平随课题性质的不同而不同。在比较容易的课题中，工作效率随动机水平的提高而提高，随着课题难度的增加，动机的最佳水平有逐渐下降的趋势（见图7－2）。这也称为耶克斯—多德森法则。

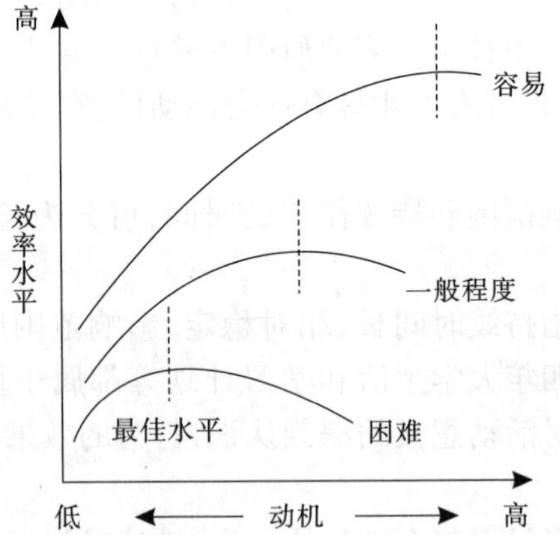

图7－2　动机强度、课题类型与工作效率的关系

三、兴趣

（一）兴趣的概念

兴趣是个体积极探究事物的认识倾向。它使人对某些事物给予优先注意，积极地探索，并且带有积极的情绪色彩。例如，对体育感兴趣的人，总是对体育方面的消息优先加以注意,常为体育竞赛活动以及有关体育方面的报道所吸引,无论是观看还是谈论体育比赛时,都情绪高昂,兴高采烈。

兴趣是在需要的基础上产生和发展的。需要的对象也就是兴趣的对象。一个人只有对某种客观事物产生了需要,才有可能对这种事物发生兴趣。例如,一个人感到了学习知识的必要,才有了学习知识的要求,然后才会产生对学习知识的兴趣。瑞士心理学家皮亚杰指出:"兴趣,实际上就是需要的延伸,它表现出对象与需要之间的关系,因为我们之所以对于一个对象发生兴趣,是由于它能满足我们的需要。"但需要不一定都表现为兴趣。例如,人有睡眠需要,但并不代表对睡眠有兴趣。

兴趣与认识、情感密切联系。如果个体对某个事物没有认识,就不会产生相应的情感,因而不会对它发生兴趣。反过来,认识越深刻,情感越丰富,兴趣也就会越浓厚。

日常生活中,我们常把兴趣和爱好作为同义语使用,实际上二者既有联系,又有区别。爱好是在兴趣的基础上发展起来的,他爱好的事物必定是他感兴趣的事物。兴趣只是认识的倾向,当它进一步发展为从事某种活动的倾向时,才成为爱好。爱好是活动中的倾向,是和活动紧密相连的。一个人对小说感兴趣,仅仅表现为阅读方面,当他积极从事写作活动时,就转化为了爱好。

(二)兴趣的分类

人的兴趣是多种多样的,按不同的标准可以把兴趣分为以下几类:

1. 根据兴趣的内容,可分为物质兴趣与精神兴趣

物质兴趣是由物质需要所引起的兴趣,表现为人对衣、食、住、行等物质生活环境、生活条件和生活用品的兴趣。物质兴趣人人都有,但如果一个人过分追求物质兴趣,将会发展成畸形的、贪婪的低级兴趣。

精神兴趣是由精神需要所引起的兴趣,表现为人对精神财富的渴望,如对学习、娱乐、社会活动等的兴趣。精神兴趣越广泛,人的精神生活就越丰富。

2. 根据兴趣的倾向性,可分为直接兴趣与间接兴趣

直接兴趣是指对事物或活动过程本身的兴趣。例如,对电视、电影、体育、绘画等的兴趣。间接兴趣是指对某种活动或活动本身并没有兴趣,但对活动的结果或事物的意义感兴趣。例如,一个学生不喜欢英语,但认识到英语的重要性,便产生了学习英语的间接兴趣。

直接兴趣和间接兴趣对于学生的学习都很重要,它能激励学生的求知欲,提高学生学习的积极性。直接兴趣具有暂时性,间接兴趣则是较为持久的。一项活动如果仅靠直接兴趣,很难持久地坚持下来,也很难深入研究;如果仅靠间接兴趣,又会使人枯燥乏味。只有两种兴趣同时存在,相互结合,才能充分发挥一个人学习的积极性。

(三)兴趣的品质

兴趣有不同的品质。

1.兴趣的广度

兴趣的广度,指兴趣的范围大小。有人兴趣广泛,有人兴趣狭窄,一般来说,兴趣广泛有利于人们获得较为广博的知识。历史上很多成就卓越的人物都有着广泛的兴趣和渊博的知识。但是,广泛的兴趣应该和中心兴趣结合起来,否则,样样都喜欢,样样都不专,结果会一无所长,难有建树。只有在广泛的兴趣上建立起一个中心兴趣,才能做到既博又专,从而取得好的成就。

2.兴趣的倾向性

兴趣的倾向性,即对什么发生兴趣。这对各个人是不同的,表现出个别差异,有人对文学感兴趣,有人对数学感兴趣,有人对音乐、绘画感兴趣等。凡对有益于人类社会的事物容易引起兴趣,其倾向性就是高尚的;凡对有害于人类社会的事物容易引起兴趣,其倾向性就是低级的。我们应通过教育,培养人们高尚的兴趣倾向。

3.兴趣的稳定性

兴趣的稳定性是指兴趣保持在某个事物或某项活动上时间的长短。人们的兴趣可能是持久不变的,也可能是变化无常的。稳定的兴趣能使人的思维长时间专注于某项活动,能使人的注意力和探索热情指向研究的问题并且进行长期的研究,从而使人走向成功。有的人常常有多种多样的兴趣,但今天对这个感兴趣,明天对那个感兴趣,浮躁多变,不能持久,这种暂时的兴趣,纵然表现得很强烈,甚至"着了迷",但由于转化太快,难以深入下去,最终难有成就。在科学上,在学习上,没有强烈持久的兴趣,很难作出任何有价值的、突出的发明创造。

4.兴趣的效能

兴趣的效能是指兴趣推动活动的力量。有的人的兴趣只满足于对事物当前的感知过程,缺乏对活动的推动力量。例如,有的人对音乐、绘画感兴趣,仅仅表现为听听音乐、看看绘画便感到满足,没有进一步表现出积极地理解它、掌握它、认识它。有的人的兴趣,不仅仅限于从客体的知觉中享受到快乐,而且渴望进一步地认识客体,掌握自己感兴趣的客体,由此而推动人们积极地探索某种事物或从事某种活动。所以,后者的兴趣可能就高于前者。

四、价值观

(一)价值观的概念

价值观是指个人对客观事物的需求所表现出来的评价,包括对人的生存和生活意义的看法,是个性心理结构的核心因素之一。它使人的行为带有稳定的倾向性。价值观是人用于区别好坏、分辨是非及其重要性的心理倾向体系。它反映人对客观事物的是非及重要性的评价,人不同于动物,动物只能被动适应环境,人不仅能认识世界是什么、怎么样和为什么,而且还知道应该做什么、选择什么,发现事物对自己的意义,设计自己,确定并实现奋斗目标。这些都受到每个人的价值观的影响。

一个人的价值观是从出生开始,在家庭和社会的影响下,逐渐形成的,一个人价值观的形成受其所处的社会生产方式及经济地位的影响,这是决定性的,在一定程度上是不可逆的。一般而言,具有不同价值观的人会产生不同的态度和行为。

(二)价值观的类型

价值观是一个多元化的复杂系统。该系统包含许多成分。每个人或多或少都具有各种成分,只是相对强弱不同,主导价值观不同。

德国哲学家斯普郎格(E. Spranger,1928)在《人的类型》一书中提出了六种类型的价值取向:经济的、理论的、审美的、社会的、政治的和宗教的。这一理论影响很大,心理学家 G. W. 奥尔波特(G. W. Allport,1960)等人据此编制了《价值观研究量表》,用于测量和研究价值观。下面是六种价值观取向的人的特点:

(1)经济型:具有务实的特点,追求财富,对有用的东西感兴趣。

(2)理论型:具有智慧、兴趣,求知欲强,富于幻想,重视用批评和理性的方法去寻求真理。

(3)审美型:追求世界的形式与和谐,以美的原则如对称、均衡、和谐等评价事物。

(4)社会型:热心社会活动,尊重他人价值,利他和注重人文关怀。

(5)政治型:追求权利、影响和声望,喜欢支配和控制他人。

(6)宗教型:认为最高的价值是统一和整体,相信神话和命运,寻求把自己与宇宙联系起来。

(三)价值观与行为

有关价值观和行为的关系,一直以来,人们普遍认为个体的价值观与行为之间具有一致性,甚至在价值观的定义中就包含价值观引导行为的作用。然而,也有研究者认为,价值观与行为之间并没有多大的关联,同时这种相关可能只体现在少数的个体上(Kristiansen & Hotte,1996)。

1. 价值观与行为相一致的观点

持这一观点的研究者认为,价值观具有激发与维持行为的作用。个体的行为是对价值观的表达,如统治与支配主要表达的是权力价值观。那些主要表达一种价值观的行为称为价值表达行为。然而,大多数行为表达的是多种价值观。通过习惯的影响,现实生活中个体在不需要意识到自己的价值观的情况下,可以表现出和价值观一致的行为。当价值观发生改变时,相应的行为也会受到影响。

核心价值观的改变会促使个体发生一系列的行为变化，如通过影响个体的价值观可以对减肥、吸烟等行为产生较为明显的干预效果（Hitlin & Piliavin，2004）。关于价值观与行为关系的一些实证研究支持了价值观与行为相一致的观点。例如，价值观与暴力行为关系的研究发现，权力价值观与中小学生自我报告的暴力行为正相关，而博爱、遵从和安全这些价值观与暴力行为负相关（Knafo，Daniel，Khoury－Kassabri，2008）。

2. 价值观与行为不一致的观点

日常生活中，人们并不总是按照他们认为重要的价值观来行事。例如，人们通常认为助人为乐和诚实很重要，但是不论从实验研究还是日常生活中，我们都可以看到，人们并没有时常帮助他人，也没有像他们自己所希望的那般诚实（Karremans，2007）。价值观影响个体的行为，但个体的行为并不仅仅是为了表达价值观。价值观表达的是人类的基本需要，这些需要激发个体的行为，只是行为的内因。在现实生活中，个体的实际行动是内外因共同作用的结果。所以，价值观与行为之间可能存在不一致。虽然实验研究发现人们会表现出与价值观相一致的行为（Feather，1995；Sagiv & Schwartz，1995），但研究中只是针对那些假定的情境，缺乏生态效度。

个体可以同时拥有两种矛盾的价值观，由于情境因素或时间压力，只能作出一种行为选择（Karremans，2007）。这时，个体的行为与其中一种价值观相一致，与另一种价值观相矛盾。

另外，相关研究表明，价值观缺乏必要的认知成分。缺乏认知因素的支持作用，使得价值观的重要性容易受到外界劝说和社会比较的影响。

第八章 个性心理特征

个性心理尤其是个性心理特征是心理学的一个重要研究领域，个性心理特征是个体身上经常表现出来的本质的、稳定的心理特征，主要包括气质、性格和能力。人的发展存在着差异，掌握个性心理特征理论对于调动学生的积极性、实现因材施教具有重要意义。

第一节 能 力

一、能力及其培养

（一）能力的概念

能力是人成功地完成某种活动所必备的直接影响活动效率的个性心理特征。例如，画家绘画除基本的物质条件外，还必须具备色彩鉴别能力、形象记忆能力、估计比例的能力。西方心理学对能力一词通常有两种表达，一种是 ability，另一种是 aptitude。ability 指对某项任务或活动的现有成就水平，这种能力往往以知识和技能的形式表现出来。例如，某人会说英语、能操作电脑等。aptitude 指的是容纳、接受事物的潜在能力，又称之为性向。如人们常说，某人是“可造之才”，或某人具有文学、音乐方面的“天赋”，就是这种意义。潜在能力是实际能力形成的基础和条件，实际能力是潜在能力的展现。二者有着密切联系。

能力和活动是紧密联系的。个体的能力是在活动中形成、发展起来的，并在活动中得以表现。因此，只有在分析特定的实际活动的基础上，才能揭示一个人的能力；人与人之间能力的高低、强弱，也只能在活动中才能加以比较。同时，能力是保证活动得以顺利完成的基本条件，是影响活动效率的基本因素。在知识、技能、时间及健康等条件基本相同的情况下，能力强的人比能力弱的人更能快速、有效地完成活动，并取得成功。不过，个体在活动中表现出来的所有心理特征并非都是能力。如认真、急躁等对活动任务的完成可能会产生一定的影响，但它们却不是完成活动必需的心理特征，而观察敏锐、记忆准确、思维灵活等特征对于完成活动才是最必需的心理特征。若缺乏这些心理特征，个体就难以顺利完成活动任务。可见，能力是直接影响活动效率、完成活动必需的心理特征。

个体要成功地完成某种活动，单凭一种能力是不够的，必须依靠多种能力的有机结合。比如教师要很好地完成教学活动,仅有良好的口头语言表达能力是不够的,还需要有准确的记忆能力、敏锐的观察能力、严谨的逻辑思维能力、整洁的板书能力以及课堂监控能力等。只有这些能力密切结合,才能保证教学活动得以顺利完成。为成功地完成某种活动,多种能力的完备结合称为才能。如果一个人在某一方面或者某些方面有杰出的才能,这个人就被称为天才。天才并非天生之才,它是在良好素质的基础上,通过后天教育、环境的影响,加上个体的主观努力发展起来的。

(二)能力与知识、技能

为了正确地理解能力概念,有必要弄清能力与知识技能的关系。能力与知识技能既有区别又有联系。

1. 能力与知识技能有区别,不能等同

首先,能力与知识技能属于不同范畴。能力是完成活动必备的个性心理特征,是心理活动的可能性;知识是个体与环境相互作用而获得的信息,是信息在人脑中的储存;技能是操作技术,它以行动方式的形式为人所掌握。例如解答算术题时,所应用的公式、定理、定义等属于知识范畴;而解题过程中思维的敏捷性、记忆的准确性等属于能力范畴;解题的基本思路和方式方法等属于技能的范畴。其次,能力的发展与知识技能的掌握并不同步。具有同等知识技能的人,却不一定具有同等的能力;有相同能力的人,知识技能可能有差异。能力的发展比较慢,而知识技能的获得速度较快。在人的一生中,知识可随年龄的增长不断积累、增多,而能力则随年龄的增长呈现出发展、停滞、衰退的变化过程。

2. 能力与知识技能又是密切联系的

一方面,能力是在掌握知识技能的过程中形成发展起来的。俗话说:“无知必然无能。”任何能力的发展都要以知识技能为基础。缺乏必要知识技能是发展能力的障碍。实践也证明,组织得当,方法合理的教学,不仅能让学生获得知识技能,同时也发展着学生的能力。例如,我们在掌握各门学科知识的同时,我们的观察能力、抽象概括的能力也得到了相应的发展。另一方面,能力是掌握知识技能的前提和内在条件。人的能力发展水平直接制约着掌握知识技能的难易、快慢、深浅和巩固程度。同一个班的学生对老师所讲知识的领会、理解程度的差异,很大程度上与个体能力差异状况有关。

鉴于能力与知识技能之间的这种关系,为满足新世纪社会发展需求,培养富有创造能力的人才,现代教育要避免单凭知识性考试成绩确定学生能力高低,把知识技能传授与能力培养有机结合起来。

(三)能力的分类和结构

1. 能力的分类

人的能力是各种各样的,一般可以分为以下几种。

(1)一般能力和特殊能力。

一般能力指各种活动所共同需要的能力,它和认识活动紧密联系着,保证人们容易和有效地掌握知识。观察力、记忆力、抽象概括力、想象力、创造力等都是一般能力,而抽象概括力是一般能力的核心。在心理学著作中,一般能力往往指的是智力。智力是各种一般能力的综合体。

特殊能力又称专门能力,指个体完成某种专门活动所必备的能力,如数学能力、音乐能力、体育能力、绘画能力等。它只在特殊活动领域内发挥作用,是完成有关活动必不可少的能力。

在活动中,一般能力和特殊能力是共同起作用的。一般能力和特殊能力的关系十分密切。一般能力是特殊能力形成和发展的基础,一般能力的良好发展,为特殊能力的发展创造了有利的条件;同时,在各种活动中,特殊能力的发展有助于一般能力的发展。但有研究表明,一般能力和特殊能力之间的这种联系也有例外,我们的社会中的确存在智商低下但在某些领域具有特殊才能的人。

(2)模仿能力和创造能力。

模仿能力是指人们通过观察别人的行为、活动来学习各种知识,然后以相同的方式作出反应的能力,它是人和动物的很重要的一种学习能力。例如,学画、习字时的临摹,儿童模仿父母的说话、表情,等等。美国心理学家班杜拉认为,模仿是人们彼此之间相互影响的重要方式,是学习必备的一种能力。模仿能力是个体早期获得知识技能的重要方式。

创造能力是指产生新思想和新产品的能力。例如,文学创作、技术革新、方法改进等都富含创造能力。它有两种表现形式,一是发明,二是发现。发明是制造新事物,例如瓦特发明蒸汽机,鲁班发明锯子。发现是找出本来就存在但尚未被人了解的事物和规律,例如,马克思发现剩余价值规律,门捷列夫发现元素周期律等。创造能力是成功完成某种创造性活动所必需的条件。

创造性思维是创造力的核心,它是思维活动的高级过程,是在个人已有经验的基础上发现新事物、创造新方法、解决问题的思维过程。发散思维是创造性思维的主要成分。一般以发散性思维的特征来代替创造力的特征。

创造能力与智力之间的关系是一个具有重大理论意义和实践意义的问题。不同的学者看法不一,其中美国加利福尼亚大学的研究者进行的多项关于智力和创造力关系的研究,得出了三个被广泛接受的结论(Lubart,1994)。首先,高创造力人群的智商都在120以上,显著高于普通人群的平均智商。这个结论说明,智商低于或等于平均水平的人不太可能成为高创造性人才。其次,创造性测验分数与120以下的智商值的相关显著高于120以上的智商值的相关。换句话说,在智商高于120的人群中,创造性的测验分数与智商的相关系数很低甚至为零相关;在智商低于120的人群中,创造性的测验分数与智商之间呈现高相关。这个结果说明,高创造性的人常常有较高的智商,但高智商不一定有高创造性。最后,智商与创造性之间的相关存在着多样性,从低相关到中等相关都是有可能的。

富于创造的人通常具有独特的个性特征。例如,董奇(1993)认为,高创造力者具有如下个性特点:①具有浓厚的认识兴趣;②情感丰富,富有幽默感;③勇敢、甘愿冒险;④坚持不懈、百折不挠;⑤独立性强;⑥自信、勤奋、进取心强;⑦自我意识发展迅速;⑧一丝不苟。

模仿能力与创造能力有密切联系,人们常常是先模仿,然后再进行创造,从这个意义上说,模仿能力是创造能力的前提和基础,创造能力是模仿能力的发展。模仿能力和创造能力的划分是相对的,两者都含有对方的成分,相互渗透。

(3)认识能力、操作能力和社交能力。

认识能力是个体用于学习、理解、分析和概括的能力。它是掌握知识、完成各种活动所必备的最基本、最重要的心理条件。操作能力是个体用于操纵、制作和运动的能力,如劳动能力、体育能力、实验能力、制作能力等。社交能力是个体参加社会生活、与他人相互交往、保持协调的能力,如组织能力、管理能力、领导能力、言语感染力等。

2. 能力的结构

能力是由多种心理品质构成的复杂的心理特性。分析能力的结构,对深入了解能力的本质,合理设计能力的测量手段,科学地设定能力培养的原则有着重要的意义。

在国外,心理学家关于能力的结构有不同的理论,这里对几种主要的理论作简略的介绍。

(1)二因素说。

这是英国心理学家斯皮尔曼(C. Spearman)提出的一种理论。他认为,智力由两种因素构成:一般因素和特殊因素。一般因素(G 因素)指在各种不同的智力活动中必然具有的一种共同的基本因素,是人的基本的心理潜能(能量),它决定着一个人能力的高低。特殊因素(S 因素),它代表个人的某种或某些特殊能力。许多特殊因素与某种一般因素结合在一起,就构成了人的智力。

斯皮尔曼的二因素论有一定的合理性,这为研究一般能力与特殊能力的实质及相关关系、制订测验这些能力的手段提供了理论基础和实验基础。但斯皮尔曼仅强调一般因素和特殊因素的区别,对二者的联系及关系未予以重视。

(2)多元智力理论。

美国哈佛大学教授、著名心理学家加德纳(Howard Gardner)提出的多元智力理论,打破传统的将智力看做是以语言能力和逻辑—数理能力为核心的整合的能力的认识。他在 1983 年出版的《心智的结构》(*Frames of Mind*)一书中提出了新的智力定义,即“智力是在某种社会或文化环境的价值标准下,个体用以解决自己遇到的真正的难题或生产及创造出有效产品所需要的能力”。据此，加德纳提出了关于智力及其性质和结构的新理论——多元智力理论。加德纳认为，智力的基本性质是多元的——不是一种能力而是一组能力，其基本结构也是多元的——各种能力不是以整合的形式存在，而是以相对独立的形式存在。

加德纳认为，人类拥有七种智力：①言语—语言智力，表现为个体顺利而高效地利用语言描述事件、表达思想并与人交流的能力，即听、说、读、写的能力。②音乐—节奏智力，表现为个体对节奏、音调、音色和旋律的敏感以及通过音乐表达自己思想和情感的能力，即感受、辨别、记忆、改变和表达音乐的能力。③逻辑—数理智力，表现为个体对事物间各种关系（如类比、对比、因果和逻辑等关系）的敏感以及通过数理运算和逻辑推理等进行思维的能力。④视觉—空间智力，表现为个体对线条、形状、结构、色彩和空间关系的敏感以及通过平面图形和立体造型将它们表现出来的能力。⑤身体—动觉智力，表现为个体控制身体动作、对事件作出身体反应以及利用身体语言等表达自己思想和情感的能力。⑥自知—自省智力，表现为个体意识自身的情绪、欲望、个性等并在自我评价的基础上形成自尊、自律和自制的能力。⑦交流—交往智力，表现为个体觉察他人情绪、欲望和意图并能据此作出适宜反应的与人相处和交往的能力。1998 年，加德纳又补充了第八种智力，即认识自然、适应世界的能力。

多元智力理论一经提出，即对教育界产生了巨大的影响。首先，它直接影响教师形成积极乐观的“学生观”。多元智力理论认为，每个人都同时拥有这八种智力，只是这八种智力在每个人身上以不同的方式、不同的程度组合存在，使得每个人的智力都各具特色。教师必须树立这种信念：每个学生都具有在某一方面或几方面的发展潜力，只要对他们提供了合适的教育，每个学生都能成才。教育工作者应该做的，就是为具有不同智力潜能的学生提供适合他们发展的不同的教育，把他们培养成为不同类型的人才。其次，多元智力理论倡导的教学观是一种“对症下药”的因材施教观。“对症下药”有两个方面的含义，一是针对不同智力特点的“对症下药”。加德纳认为，不同的智力领域都有自己独特的发展过程并使用不同的符号系统，因此，教师的教学方法和手段，应该根据不同的教学内容而有所不同。二是针对不同的学生“对症下药”。教师应根据教育内容以及学生智能结构、学习兴趣和学习方式的不同特点，选择和创设多种多样适宜的、能够促进每个学生全面充分发展的教育方法和手段。再次，多元智力理论倡导多种多样的评价观。而应摒弃以标准的智力测验和学生学科成绩考核为重点的评价观。多元智力理论所主张的教育评价应该是通过多种渠道、采取多种形式、在多种不同的实际生活和学习情景下进行的、确实考查学生解决实际问题的能力和创造出初步的精神产品和物质产品的能力的评价。教师应该从多方面观察、评价和分析学生的优点和弱点，并把由此得来的资料作为服务于学生的出发点，以此为依据选择和设计适宜的教学内容和教学方法，使评价确实成为促进每一个学生智力充分发展的有效手段。

(3)吉尔福特的智力三维结构理论。

20 世纪 60 年代，美国心理学家吉尔福特(J. P. Gwilford)提出了智力结构理论。他认为，智力结构应从操作、内容、产品三个维度来考虑，其中每一维度又由若干因素构成。

操作指智力活动过程，它包括认知、记忆、发散思维、聚合思维、评价五种因素；内容指智力活动的对象，它包括图形、符号、语义、行为；产品指智力活动的结果，它包括单元、类别、关系、系统、转换、蕴涵。一个完整的智力活动就是通过对内容(如一个特定的符号)的操作(如认知)而获得一个产品(如归入一个类别)。

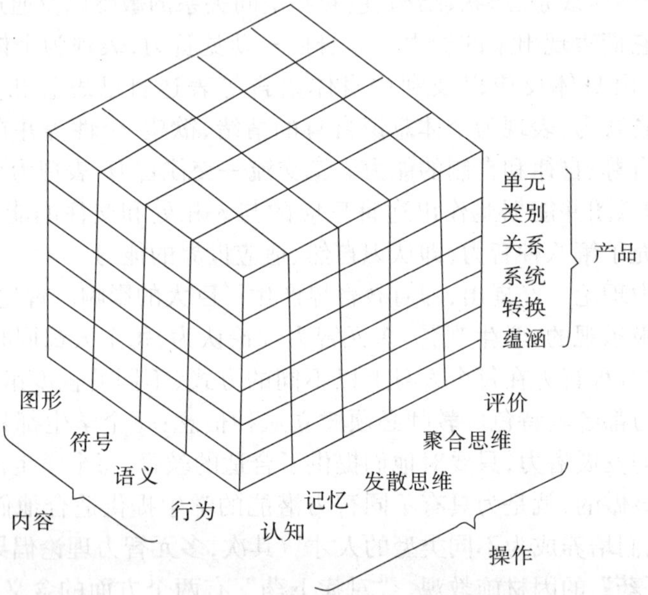

图 8-1　智力三维结构模型

吉尔福特的理论，表明人类的智力结构极其复杂，各种智力活动受内容影响而表现出不同的结果，特别是发散思维与聚合思维相结合对创造活动极为重要。

(4)智力层次结构理论。

美国心理学家阜南(P. E. Vernon)于 20 世纪 60 年代提出了智力层次结构理论。他认为，智力是按层次排列的结构。他把斯皮尔曼的一般因素(G) 作为最高层次；第二层次分两大因素群，即言语和教育方面的因素，操作和机械方面的因素；第三层次在第二层次下又分出若干小因素群，第四层为各种特殊因素，相当于斯皮尔曼的 S 因素。这个模型实际上是二因素学说的深化。

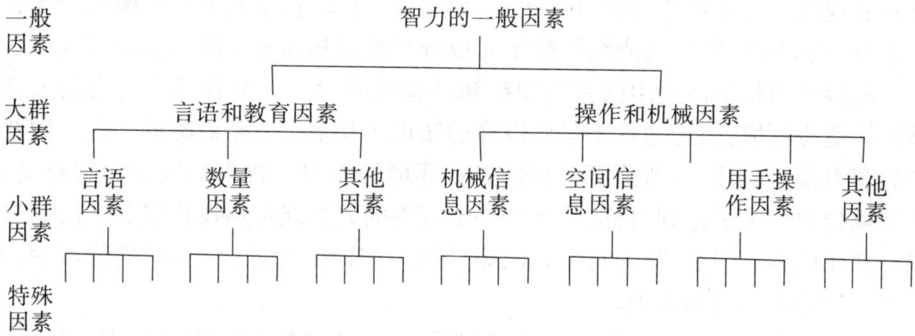

图 8－2　智力层次结构模型

(5)智力三元理论。

在多元智力理论中,各种不同形式的智力是相互独立的,美国耶鲁大学心理学家斯腾伯格(R. J. Sternberg)于20 世纪 80 年代所提出的三元智力理论却关注于将各种智力成分组合起来。斯腾伯格认为,一个适当的智力理论应该考虑智力与内在世界、外在世界以及人的经验的关系,应对智力的三个方面予以说明,即智力的内部构成成分,这些智力成分与经验的关系,以及智力成分的外部作用。由此,斯腾伯格提出人的智力是由三部分控制的理论,即成分智力、背景智力和经验智力。

成分智力是指人们在计划和执行一项任务时的心理机制,它包含三种机能的成分:元成分、执行成分和知识习得成分。元成分是指人们决定智力问题性质、选择解决问题策略以及分配资源的过程,即指控制行为表现和知识获得的过程,它负责行为的计划、策略与监控,如确定问题的性质、选择解题步骤、分配心理资源、调整解题思路等;执行成分是指人实际执行任务的过程,即指接收刺激、将信息保持在短时记忆中,比较刺激,从长时记忆提取信息,以及作出判断反应的过程,负责执行元成分的决策;知识习得成分是指获取、编码和存储新信息的过程,即筛选相关信息并对已有知识加以整合从而获得新知识的过程。在认知性智力活动中,元成分起着最重要的核心作用,它决定人们解决问题时使用的策略。例如,对类比推理过程的研究发现,推理能力强的人完成得比推理能力差的人更快,也更准确,但他们在进行解题中是先花费较多的时间去理解问题,而不是急于得出答案。

背景智力主要是指和个体生活背景相关的能力。它反映出智力是一个相对的概念,因为在不同的文化背景中,人们看重的内容是不一样的。比如,语言技能在很多地方是很重要的,但在有些地方,其他能力(如航海能力)可能更加重要。背景智力涉及内部成分与外部世界的关系。它是指根据经验调整所运用的成分从而获益的能力,或称为经验性智力。经验性智力既包括有效地应付从未见过的新异事物,也包括自动地应付熟悉的事情。在应对非常熟悉任务的时候,良好表现依赖于操作成分的自动执行，如阅读、驾车、打字时的自动编码等等；而在任务不熟悉时，良好的成绩依赖于元成分对推理和问题解决的辅助方式。

经验智力是个体运用已有的知识和经验的能力。一个有经验智力的人，能够很快适应环境，因为他善于运用以往的知识经验来解决新面临的问题。因此，经验智力指适应环境、塑造环境和选择新环境的能力。智力的这方面特点又称作情境智力。为了达到目标，凡是有一定智力的人都能运用操作成分、知识获得成分和元成分。但是，智力行为是因条件的改变而变化的，在不同的情境中，人的智力行为有不同的表现。

三元智力理论对智力提出了新的解释，并系统地探讨了内部心理过程如何与文化因素及外部环境的相互作用以产生有效的智力。但三元理论没有对三者相互作用的过程和结构进行详细的阐述，这是它的不足之处。

（四）能力的测量

中国古代学者孟子有句名言："权，然后知轻重；度，然后知长短。物皆然，心为甚。"能力具有可测量的特性，人的能力高低及差异从一定程度上可以用数量加以权衡。能力测验对于鉴别学生能力差异，评定能力高低，预测未来发展，指导职业选择，因材施教和社会上选才任事都具有极大的价值。测量能力的工具是按照标准化程序所编制的各种能力测验，可分为一般能力测验、特殊能力测验和创造力测验。

1. 一般能力测验

一般能力测验即智力测验。这是目前世界各国普遍流行的一种测验。智力测验是用标准化测量工具评定个人智力高低。世界上最早的智力测验是从我国开始的。西汉的扬雄以语言反应速度为标准判断人的智力高低。民间广为流传、迄今已为世界一些国家采用的"九连环"、"七巧板"也是测定智力的方法。

但如何用科学方法测量人的智力水平的高低？法国的心理学家比纳（Alfred Binet）和医生西蒙（Theodore Simon）解决了这个难题。1905 年，受法国政府聘请，根据鉴定低能儿童的需要，比纳和西蒙编制了世界上第一个智力量表——比纳—西蒙智力量表。比西量表问世后，许多国家将其译成本国文字并加以修订。比纳测验的关键意义在于把智力操作成绩量值化。具体的做法是，对每一个实际年龄上的儿童都制定一组问题或测验条目。每个题目代表两个月的智力。累加一个人所完成的题目数，按每题每两个月进行换算，就得到一个人的智力年龄（MA）。在具体评估一个儿童的智力时，无论其实际年龄（CA）如何，只看他最多能够做到哪个年龄的多少个题目。比如，一个 5 岁儿童完成了所有 5 岁组的题目，还完成了 3 个六岁组的题目，他的智力年龄就是 5 岁零 6 个月。这就是他实际达到的智力年龄。就用这个智力年龄代表他的智力水平。目前西方国家使用最为广泛的有斯坦福—比纳智力量表和韦克斯勒智力量表。

斯坦福—比纳智力量表是美国斯坦福大学心理学家推孟(L. M. Terman)在1916年主持修订比纳—西蒙智力量表编制而成的用于测验儿童智力水平的智力量表。此量表经多次修订,成为国际上最有影响的智力量表。这个量表是一个年龄量表,它以年龄为测验标尺,分年龄组编定条目,每个年龄组都有六个条目,每个条目代表两个月的智力。起初,斯比量表沿用比纳创造的智力年龄(心理年龄)表示儿童智力发展水平。由于智力年龄只能说明儿童智力发展的绝对水平,但不能表示智力发展的相对水平,为了清楚地表示儿童智力年龄与实际年龄之间的关系,便于不同年龄儿童智力发展水平的比较,推孟首次采用了斯特恩(W. Stern)提出的智力商数概念,用智力商数表示智力高低。智力商数或简称智商(Intelligence Quotient,简称IQ),是指个人通过测验得到的心理年龄(MA)除以实际年龄(CA)所得商数,再乘以100。其计算公式为:

$$\text{智商(IQ)} = \text{智力年龄(MA)} \div \text{实际年龄(CA)} \times 100$$

若一个8岁儿童,通过9岁组全部测验条目,其智力年龄为9岁,这个儿童的智商为$9 \div 8 \times 100 = 113$。商数乘以100是为了去掉小数,以整数表示人的智商。智商是智力年龄与实际年龄的比值,因而称为比率智商。由于人的实际年龄是不断增加的,而人的智力发展到一定水平后保持相对稳定,因此,为更准确地评价智力水平斯比量表,在1960年修订时把比率智商改为离差智商。

韦克斯勒智力量表是美国心理学家韦克斯勒(D. Wechsler)从1939年起编制的较完整、具有各年龄代表性的智力量表。该量表包括三种:韦氏成人智力量表(简称WAIS)、韦氏儿童智力量表(简称WISC)和韦氏学前儿童智力量表(简称WPPSI)。韦氏每种量表都有言语和操作两个分量表。韦氏智力量表适用年龄从幼年到老年,是西方国家最常用的智力量表。该量表废弃了智力年龄概念,首创并采用了离差智商。离差智商是根据标准分数计算出来的智商,即指一个人的成绩和同年龄组被试的平均成绩比较而得出的相对分数。韦氏假定,人们的智商是以平均数为100和标准差为15正态分布的。离差智商的计算公式是:$IQ = 15(X - M)/S + 100$。其中,X代表个体测验得分,M代表团体平均分数,S代表团体分数的标准差。$(X - M)/S$代表标准分数,是一种以标准差为单位的相对量数。假定某年龄组的平均分为75,甲生测验得分85,标准差为10,那么其IQ是115。用离差智商表示智力高低,可以确定一个人的智力在同龄人中的相对位置。

2. 特殊能力测验

特殊能力测验主要用于测量个体某方面特有的职业活动能力和潜在能力。心理学家们在分析研究的基础上,根据特殊活动所要求的心理特征,列出测验项目,进行测验设计,编制出了许多特殊能力测验,如音乐能力测验、数学能力测验、美术能力测验、飞行能力测验、文书能力测验、机械能力测验等。特殊能力测验可为职业选择、就职人员选拔和安置、特殊能力早期诊断提供有益指导。

3. 创造能力测验

创造能力测验主要用于测量被试的求异思维水平,了解被试思维的流畅性、变通性和独创性。自20世纪50年代末期开始,美国心理学家吉尔福特研究发现,智力是创造力高度发展的前提,但创造力发展却不是智力高低的线性函数,高智商的人创造力并不一定高,智商低的人不可能有高创造力。而智力测验只能测出人的一般智力,不能测出高级的创造能力,于是许多心理学家着手编制了侧重测量人的发散思维的创造能力测验,主要有芝加哥大学创造力测验、托兰斯创造思维测验和南加利福尼亚大学发散思维测验等。创造能力测验的题目多属于开放型,以1962年盖茨尔斯和杰克逊(Getzels & Jackson)设计的一套创造力测验为例,包括词汇联想、物体用途、隐蔽图形、寓言解释和组成问题五个项目。其答案也不固定,一般要求回答得越多越好,且要有新颖性和创造性。

尽管创造力测验在评分和测验效度、信度的确定方面有难度,全面测定一个人的创造能力是相当困难的,但创造力测验在一定程度上还是能够预测人的创造成就大小。利伯特(R. M. Liebert)等人指出:“对创造性的适当测量和规定只是探索的开始。创造性的程度是否和现实生活成就有关,或者它们能否预测现实生活成就,根据大量证明,回答似乎是肯定的。”创新时代、创新社会,要求现代人必须具备创新能力,创造力测验是适应时代发展需要的新动向,加强创造力测验研究是很有必要的。

第二节　气　　质

一、气质及其培养

(一)气质的概念

气质是一个古老的概念,古希腊著名医生希波克拉底(Hippocrates)在他所著的《论人的本性》一书中最早提出人体有四种体液——血液、黏液、黄胆汁、黑胆汁。这四种体液的组合,形成了人体的特质。几世纪后,罗马医生盖伦(C. Galen)用拉丁语(Temperamentum)来表示这种体液组合的概念,这即是“气质”(Temperament)概念的来源。如今所使用的气质一词来源于日语。气质一词应用的领域较多,在不同的领域中有不同的内涵。心理学中的气质概念内涵较窄,它与日常生活中运用的“脾气”、“秉性”、“性情”等意义近似。

现代心理学讲的“气质”专指一个人心理活动的动力特征,即气质是表现在心理活动的强度、速度和灵活性方面典型的、稳定的心理特征。气质表现在人的心理活动和行为中,是显露在外的动力特点,如速度与强度的特点、稳定性的特点、指向性的特点等等。由于这些特点不同,人们表现出不同的气质。理解气质的定义时应注意以下四点:

1. 气质是个体心理活动和行为的动力特征

气质的动力特点主要表现为心理活动的速度、强度、稳定性、指向性方面的特征。如一般把知觉速度、情绪和动作反映的快慢归结为速度方面的特点,把注意持续的时间长短、情绪起伏变化等则归结为稳定性方面的特点,而把心理活动倾向于外部事物还是倾向于自身内部归结为指向性方面的特点。

2. 气质受先天生物学因素影响较大,具有相对稳定性

气质,是婴儿出生后最早表现出来的一种较为明显而稳定的个人特征,是在任何社会文化背景中父母最先能观察到的婴儿的个人特点。在婴儿生命最初几星期内,对刺激的敏感度、对新事物的反应等就有明显的差异,如有的婴儿好哭、好动,有的婴儿安静、很少哭闹;就是同为哭叫,在声音大小、急缓和持续时间上也各有不同。研究表明,年龄越小,气质的表现越明显,气质的特征也越清楚。由于气质较多地依赖于先天因素,因此,气质在个性中具有较大的稳定性,人们通常所说的"禀性难移"就是指气质的稳定性与难以改变。有人对20对同卵双生子和异卵双生子的研究结果发现,同卵双生子在某些气质特征方面比异卵双生子表现出更大的相似性。

3. 气质具有一定的可塑性

气质虽然具有先天性,但并不意味着它完全不起变化,在生活环境和教育的影响下,在性格的掩盖下,气质可以得到相当程度的改造。例如,生活的坎坷或事业的挫折,可能会使一个活泼好动的青年变成一个沉默寡言、行动拘谨的人。

人的气质不仅随环境、教育、职业、主观努力的变化而变化,而且还会随着年龄的变化而变化。一般来说,少年时期兴奋性较强,抑制性较弱,表现为好动、敏捷、热情、积极、急躁轻浮;壮年时期兴奋与抑制平衡,表现为坚毅、深沉;老年时期兴奋性弱,抑制性强,表现为沉着、冷静、动作缓慢、不灵活。

4. 气质无好坏之分

气质影响个体活动的各个方面,具有某种气质特征的人,在内容完全不同的活动中显示出同样性质的动力特点。它给人们的言行都涂上个人独特的色彩,但不能决定人的社会价值,也不直接具有社会道德评价含义。相同的气质类型,既可能成为品德高尚、有益于社会的人,也可能成为道德败坏、有害于社会的人。气质不能决定一个人的成就,任何气质的人,既可能在不同实践领域中取得成就,也可能成为碌碌无为的人。

(二)气质的学说

关于人的气质及气质类型,不少学者经过探讨提出了不同的见解,因而形成了不同的气质理论。主要的气质学说有:

1. 四根说

这是由古希腊医学家恩培多克勒(Empedokles)提出的。他认为,人的身体是由土、水、火、空气四根构成的。其中,固体部分是土根,液体部分是水根,呼吸是空气根,血液是火根。每个人心理的不同是由于四根配合的比例不同。他认为,演说家是舌头的四根配合最好的人,艺术家是手的四根配合最好的人。恩培多克勒的四根说是以后气质概念的萌芽。

2. 体液说

这是古希腊医生希波克拉底(Hippocrates)提出的,他认为人体内有四种液体,即血液、黏液、黄胆汁、黑胆汁。这四种体液在个体身上的不同组合,就形成四种不同类型的人。后来,古罗马医生盖伦(C. Galen)提出了“气质”概念,进一步确定了气质类型,提出人的四种气质类型是多血质、胆汁质、黏液质和抑郁质。血液占优势的人是多血质,温而润,像春天;黏液占优势的人是黏液质,冷酷无性,像冬天;黄胆汁占优势的人是胆汁质,热而躁,像夏天;黑胆汁占优势的人属抑郁质,冷而躁,像秋天。虽然这种学说对气质的分类是不科学的,但他们对气质类型的命名,被后世许多学者所采用,一直沿用至今。

自希波克拉底和盖伦提出气质“体液说”之后,很多心理学家又进一步从体型、血型、内分泌等生物因素方面试图对气质及其生理机制加以解释。在众多气质理论中,具有一定科学依据、影响较大的是俄国生物学家巴甫洛夫创立的高级神经活动类型学说。

3. 高级神经活动类型说

巴甫洛夫认为,气质的生理基础不在于体液,而在于高级神经活动的类型,提出用高级神经活动类型解释气质。高级神经活动类型是由高级神经活动过程所特有的最重要和最稳定的特性的独特结合。他通过研究发现,神经活动过程(兴奋和抑制)有三种基本的特性:强度、平衡性、灵活性。巴甫洛夫根据这三种特性的独特结合,提出最基本的高级神经活动类型有四种:

(1)强而不平衡的类型——不可遏止型。

兴奋过程强于抑制过程。这是一种易兴奋、不易安静的类型,也称之为兴奋型。

(2)强而平衡且灵活的类型——活泼型。

兴奋和抑制都有较大且基本相等的强度,相互之间转化灵活。表现特点是,反应灵敏、外表活泼、能很快适应迅速变化的外界环境。

(3)强而平衡但不灵活的类型——安静型。

兴奋和抑制都较强且程度大体相当,但相互转化不灵活。表现特点是,新的条件反射容易形成,但不容易改造。

(4)兴奋和抑制都比较弱的类型——弱型。

兴奋和抑制都很弱,而且弱的抑制过程占优势。表现特点是,无论哪种形式的条件反射的形成都很慢,神经过程的承受能力小,也叫抑制型。

巴甫洛夫的四种神经活动类型与四种气质类型有紧密的联系。高级神经活动类型是气质类型的生理基础,气质是高神经活动类型的心理表现,其关系如表 8－1 所示。

表 8－1　高级神经活动类型与气质类型

神经过程的基本特性			高级神经活动类型	气质类型
强度	平衡性	灵活性		
强	不平衡		兴奋型(不可遏止型)	胆汁质
强	平　衡	灵　活	活泼型(灵活型)	多血质
强	平　衡	不灵活	安静型(不灵活型)	黏液质
弱			弱型(抑制型)	抑郁质

4. 艾森克的类型理论

艾森克提出鉴别人的心理类型的两个标准,把两个标准画成两条垂线,一条线代表内倾与外倾,从中间向着一端去判断,越接近端点,其外倾或内倾越为明显。另一条线代表情绪稳定与不稳定,若以此线中间为基点,往不稳定一端去判断,越往端点越不稳定;若往稳定的一端去判断,越往端点则越稳定。

根据两个维度的分析,可以把人分成稳定的内倾型、稳定的外倾型、不稳定的内倾型和不稳定外倾型四种类型。稳定内倾型表现为平静、性情平和、可信赖、克制的、有思想、谨慎、被动的,相当于黏液质;稳定外倾型表现为领导性、关心自由、活跃、随便、敏感、健谈、开朗、社交性,相当于多血质;不稳定内倾型表现为喜怒无常、刻板、有理想、悲观主义、有节制、不善社交、安静,相当于抑郁质;不稳定外倾型表现为爱生气、不宁静、敢作敢为、易兴奋、易变动、爱冲动、乐观主义、有活力,相当于胆汁质。

艾森克用双圆图来表示两个维度(见图 8－3)。可以看出,按常态曲线分布的面积大小,居中间位置的占多数,只是少数人是极端典型的类型。

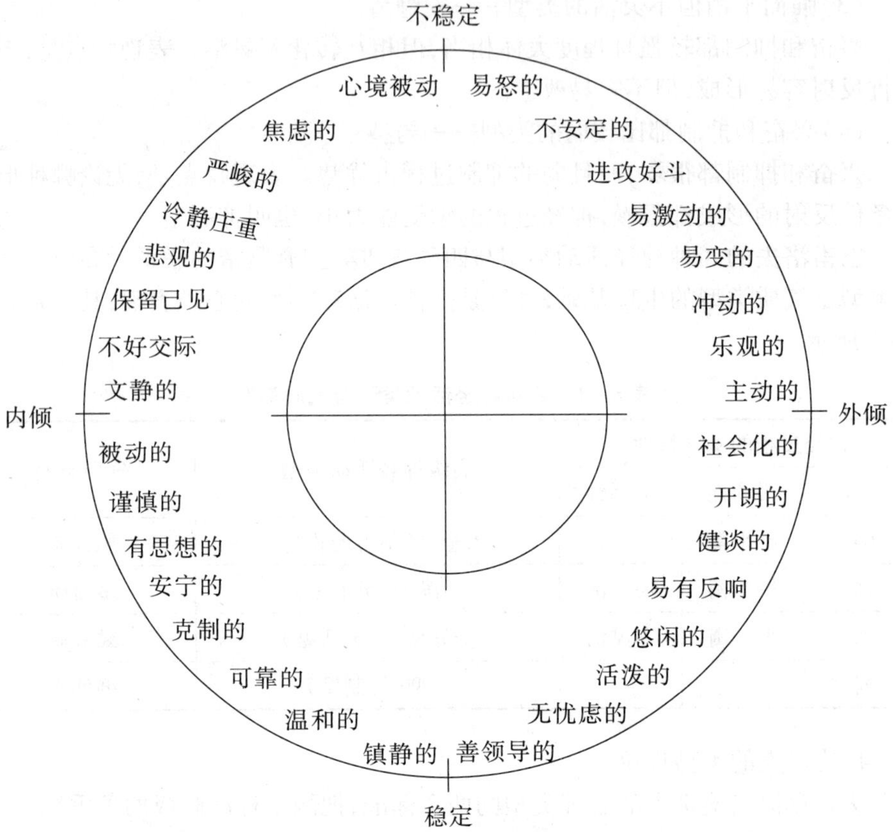

图 8－3　艾森克类型模式图

5. 托马斯的儿童气质理论

美国心理学家和精神病学家托马斯(A. Thomas)等人采用纵切面研究方法对气质进行了长达 20 年的追踪研究。他们从问题儿童入手,发现气质的作用是使一个人如何发生行为,而非意味着发生了什么行为、行为的好坏以及为什么发生行为, 因此,气质可以被看做是人的行为风格。

托马斯采用九个指标来对数百名不同年龄、不同种类的儿童进行追踪研究。他采用的九个指标是:

(1)活动水平,即儿童每天活动时间与不活动时间的比例。

(2)节奏型(规律性),儿童活动的可预料性和不可预料性。

(3)接近和退缩,指儿童对于新的刺激的反应性质怎样,是接近还是退缩。

(4)适应性,对新的情境或改变的情境儿童是怎样作出反应的? 如反应是错的,要花多大力气改正? 这是考察儿童的神经系统灵活性的一个指标。

(5)反应阈限,指外界的刺激要达到多大程度才引起儿童可观察到的反应。

(6)反应强度,指儿童在反应中要耗费多大的力量。

(7)心境的性质,指儿童表现欢乐、高兴、友好和不愉快、哭泣、不友好的行为。

(8)分心性,指儿童要用多大的力量才能改变他正在从事的某项活动。

(9)注意广度和持久性,指儿童从事某项活动的时间长短,能顾及的事情的多少,外界刺激干扰时儿童是否还能坚持原来的活动。

托马斯等人根据长时间的研究结果,发现存在三种气质类型。

第一种类型是"容易的儿童"。这类儿童平时活动比较悠闲轻松,适应性强,心情愉快,对刺激的反应强度在低到中等之间,能建立起比较有规律的吃饭和睡眠习惯,对新的规矩、食物或人适应很快。到了学龄阶段之后,这类儿童也能较好地适应学校生活。

第二种类型是"兴奋缓慢儿童"。这类儿童的特点是平时活动时不易兴奋起来,相对来说不怎么活跃,容易退缩,而且反应缓慢,反应强度比较弱,对于外界环境的改变较难适应,对竞争性工作会发生困难等。

第三种类型是"困难的儿童"。这类儿童的特点是平时不大友好,难以高兴起来,在反应时常常表现出异乎寻常的强烈,在吃饭、睡觉等日常生活上缺乏规律性,容易为新的问题、心境所困扰,而且常有过于激烈的反应。

根据托马斯的统计,被研究的儿童中有40%属于第一种气质类型,15%属于第二种气质类型,10%属于第三种气质类型,余下的35%的儿童的气质属于三者之间的混合。托马斯的理论认为,人一出生就大致可以分成这三种类型。气质的早期差异同遗传有密切关系,但后天的生活环境仍可以对气质不断地塑造,因此,先天的气质会随着经验的增加而改变,但这种改变是非根本性的、局部的改变。

托马斯的结果是根据观察得来的,而且又来自大规模的追踪研究,因而科学性是比较高的,可以说他的研究代表了迄今为止的较高水平。

(三)气质类型

气质类型是指在某一类人身上共同具有的各种心理特征的有规律的组合。也就是依据某些心理特征对人的气质所作的分类。

1. 构成气质类型的心理特征

气质是个体表现在心理活动的速度、强度、灵活性及指向性方面的动力特征,它是由许多心理活动特征有机结合在一起的复杂的心理构成物。根据现有研究,构成气质类型的心理特征主要有:

感受性。它是指人对内外刺激的感觉能力。人的感受性与感觉阈限成反比例关系。它是神经系统强度特性的表现。

耐受性。它是指人在经受外界刺激作用时表现在时间和强度上的耐受程度。它也是神经系统强度特性的反映。

反应的敏捷性。它包括两类特征：心理反应和心理过程进行的速度（记忆的速度、思考的敏捷程度、注意转移灵活程度）；对刺激的不随意的反应程度。它是神经系统灵活程度的表现。

可塑性。它是指人随外界事物变化情况而改变自己的行为以适应环境的难易程度。它的可塑性与神经系统灵活性有关。

情绪兴奋性。它是指对微弱刺激影响以不同速度产生情绪反映的特性，包括情绪兴奋性强弱和情绪外现的强烈程度。它既和神经过程的强度特性有关，也和神经过程的平衡性有关。

向性。它是指心理活动、言语和动作反应表现于外部还是内部的特性。表现于外部的称外向性；表现于内部的称为内向性。向性与神经系统强度有关。

2. 传统的气质类型及其特征

人的气质特点千差万别。为了便于研究，心理学上比较常见和流行的是根据上述心理特征在具体人身上的不同结合，将人们的气质划分为不同类型。这里仅介绍四种典型的气质类型及其特征。

（1）胆汁质。

感受性较弱，耐受性、敏捷性、可塑性均强，兴奋比抑制占优势，外向；行为表现为直率，热情，精力旺盛，情绪易冲动，心境变化剧烈，具有外倾性。

（2）多血质。

感受性较弱，有很强的耐受性、兴奋性、敏捷性和可塑性，外向；行为表现为活泼好动、敏捷、反应迅速、热情、喜欢与人交往、兴趣易变换，具有外倾性。

（3）黏液质。

感受性弱，敏捷性、可塑性、兴奋性也弱，唯有耐受性强，内向；行为表现为安静、稳重，反应缓慢，沉默寡言，情绪不易外露，注意稳定，但较难转移，善于忍耐，具有内倾性。

（4）抑郁质。

感受性很强，耐受性、敏捷性、可塑性和兴奋性均较弱，内向；行为表现为孤僻、行动迟缓，情绪体验深刻，善于观察细节，对事物的反应有较高的敏感性，外表温和，常有淡淡的抑郁的面容，多愁善感，具有内倾性。

在现实生活中，只有少数人是上述四种气质类型的典型代表或两种以上类型的混合型，大多数人是近乎于某种气质，同时又具有其他气质的某些特征，属于两种类型混合型或过渡型气质。

（四）气质测量

气质测量是研究气质特性和类型的一种手段，最常用的方法有实验法、问卷法和行为评定法等。

1. 实验法

通过实验手段了解神经过程的基本特性(如强度、灵活性、平衡性等),将有助于对气质的鉴定。

2. 问卷法

要求被试对一系列经过标准化的问题作出回答,然后分析出被试的气质特征。

3. 行为评定法

通过在自然条件下的观察,记录一个人的行为特征、智力活动特征、言语特征以及情绪特征,经过对它们的分析、判断、归纳、组合,然后对照各种类型的指标,确定一个人属于何种类型。

在日常生活中观察记录气质特征,比较容易进行。但人的气质往往受生活条件掩蔽,单纯地利用观察法去确定气质类型有不够真实或不确切的情况,因此有必要借助一定仪器测定神经过程的特性。

(五)气质与教育活动

气质类型没有好坏之分,任何一种气质类型都能表现为积极的心理特征,也能表现出消极的心理特征。例如,黏液质的人冷静、沉着、自制、踏实,但如果缺乏适当的教育可能导致对生活漠然处之的倾向;多血质的人灵活,反应快,容易适应环境,但缺乏适当的教育有可能导致肤浅、注意力不稳定等。

在教育中,不应当提出改变气质。这是因为神经系统类型特性的改造是十分缓慢的,而且目前还没有相应的改造方法,所以改变气质实际上是不可能的,也是没有意义的。教育者的任务就是在于找到适合受教育者气质特点的最佳道路、形式和方法。教师要了解学生的气质类型和特点,做到"一把钥匙开一把锁"。教师要尊重每一个学生的气质特点,才可能使教育和教学工作收到预期的效果。

教师要针对学生的气质类型因材施教,同一种教育方式对不同气质特点的学生所产生的作用是不尽相同的。例如,严厉的批评如果能使多血质的学生受到震动,而同样的批评就很可能使抑郁质的学生受到重创。针对气质特点因材施教,总的原则或出发点就是要根据每一种气质的特点,扬长避短,对于不同气质类型的学生采取不同的方式和方法。教师在教育过程中要特别关照胆汁质和抑郁质的学生。有研究表明,胆汁质的人由于愿望强烈,过度地紧张和疲劳,容易出现神经衰弱,或发展为时暴时郁的躁郁性神经症。因此,对于胆汁质的学生要抑制其强烈反应,教会他们坚韧和自制,培养他们安静、平稳地进行工作和学习的习惯。抑郁质的人往往对于艰巨、困难的任务,激烈的竞争或冲突等,感到无法忍受,容易发生情绪性歇斯底里。因此,对于抑郁质的学生,要使其在集体中获得友谊和生活的乐趣,使其在学习的成功中增强自信心,鼓励他们克服困难的勇气和培养坚强的意志力。

最后,教师本人应该正确认识自己气质的优势和不足,了解自己气质对于工作的重要性,这对于做好教育工作具有重要的意义。教师必须先受教育,这样他才能避免因自己消极气质的流露,而对学生产生不良的影响,同时了解自己的气质,对于形成良好教学风格也具有重要意义。

第三节　性　　格

一、性格及其培养

(一)性格的概念

性格一词源出于希腊文 Kharakter,意思为"印记"、"雕刻之物",后来转意为"标记"、"特征",意指由外界环境所造成的、深层的、固定的个性结构。性格是个性最鲜明的表现。性格是人对现实的稳定态度和习惯化的行为方式中所表达出的具有核心意义的个性心理特征。对这个概念可从以下几方面理解:

第一,性格作为个性的一方面,它的形成与个性有机地结合在一起。生活在现实社会中的每一个人,都意识到社会现实给予他的影响,并对这种影响有其特定的反应。如果这种应答活动获得成功,就会得到客观现实的积极强化;如果失败了则被否定。长此以往,客观事物对个体的生活不断渗透,从而通过人的认识、情感、意志过程逐渐地保留在心理机构之中,形成一定的态度体系,并以一定的形式调整着行为方式。如果其中某些反应已经巩固起来,成为他经常采取的态度和与之相应的行为方式,这就标志着这个人的性格特点。由于一个人在对待事物的态度和行为方式中总是表现出某种稳定的倾向,那么我们便能预见他在某种情况下将会如何行动。所以说,一个人的性格不只说明他做什么,也说明他如何做。

第二,因为性格是表现在人对现实的态度和行为方式中的一种稳固倾向的心理特征,所以它是个性中具有核心意义的部分。人们之间的意识倾向、能力和气质类型等各有不同,这些心理特征在一个人身上的有机结合,能体现出个人的独特风格,表征着个性的个别差异。所以说,性格是一种最能表征个性差异的心理特征。

第三,人的性格是后天获得的,是现实社会关系在人脑中的外在反映,具有社会制约性。一个人做什么,怎样做,总和人与人之间的关系相关联,并受一定道德规范约束。性格标志着某个人的行为方向和其行为的结果。它可能有益于社会,也可能有害于社会。因此,性格有好坏之分,始终有道德评价的意义。

性格的社会制约性有两种表现:其一,直接属于道德品质的性格特征,如公而忘私、与人为善,或损人利己、冷酷无情等,这些特征明显地表现出社会道德评价的意义。其二,有一些性格品质,如自尊心、虚荣心、谦虚、傲慢等,虽然不直接和道德品质相关联,但它们往往从属于个人的道德品质,也影响到人与人之间的关系,因此,它们也要受到社会道德舆论的好坏评价。

(二)性格与气质、能力

1. 性格与气质

由于性格与气质相互制约、相互影响,因而在实际生活中,人们经常把二者混淆起来,把气质特征说成性格,或把性格特征说成气质。例如,有人常说某人的性格活泼好动,某人性子太急或太慢,其实是讲的气质特点,性格与气质是既有区别又有联系的两种不同的个性心理特征。

气质与性格是有区别的。气质是个体心理活动的稳定的动力特征,而性格则是人对现实的稳定的态度和习惯化的行为方式。首先,从概念内涵看,性格的好坏取决于心理活动的方向和内容,但气质不依据心理活动的目的和内容转移。其次,气质表现的范围狭窄,局限于心理活动的强度、速度等方面,而性格表现范围广泛,几乎概括了人的社会方面的心理特点。再次,从形成发展看,气质受先天因素的影响较大,取决于个体神经类型的特点,比较稳定;而性格则受后天因素的影响较大,是在环境、教育、家庭和自身实践活动的影响下逐渐形成的,因此可塑性较大,较之于气质,易改变。最后,气质无好坏之分,与行为内容无关,不能说某种气质是积极的或是消极的,气质类型不能决定个体的社会活动价值和成就的大小;而性格主要是指行为的内容,它表现为个体与社会环境的关系,因而性格明显的有好、坏、善、恶之分,人们都希望能养成好的性格,改变坏的性格。

性格与气质又是密切联系、相互制约的。一方面,气质对性格的形成有很大的影响。首先,气质会影响个体性格的形成和发展速度。气质作为性格形成的一种变量在个体发生的早期阶段表现出来。例如,有些婴儿喜欢笑或哭,有些婴儿易安静,另一些婴儿好动。又如,形成自制力这个性格特征,胆汁质的人需要经过极大的克制和努力,而对抑郁质的人而言则比较容易。其次,气质可以按照自己的动力方式渲染性格特征,从而使性格特征具有独特的色彩。例如,同样是勤奋的性格,胆汁质者在劳动中容易表现为情绪饱满,精力充沛;多血质的人往往表现为兴高采烈、充满热情;黏液质者可能表现为从容不迫、踏实肯干;而抑郁质者则表现为善于体察事物细小变化,不声不响地工作。再次,个体行为中表现出的气质特点,在一定条件下可能被当成性格的特点。另一方面,性格主要是受社会生活条件的制约,性格又会在一定程度上掩盖或改造气质。例如,从事精细操作的外科医生一旦形成了沉着的性格就有可能改造胆汁质的冲动和行为不可遏止的气质特点。由此,在良好的生活环境和教育的影响下,不同气质类型的人可以培养成同一种积极的性格特点,而相同气质类型的人也可以培养成带有同样色彩的互不相同的性格。

2. 性格与能力

性格与能力是既有区别又有密切联系和互相制约的。

第一，性格和能力在相互制约中发展。一方面，能力的形成和发展受性格特征的制约。优良的性格特征能促使能力的形成和发展，例如学生的责任心强，努力学习，刻苦钻研，学习能力也因之得到迅速发展。勤奋的性格特征往往可以补偿某些能力的不足。俗语说："勤能补拙"、"天才出自勤奋"就是这个道理。另一方面，能力也制约性格的发展，例如学生精细的观察力的发展可以影响性格的理智特征。同时，在多种能力的形成和发展过程中相应的性格特征也发展起来。例如，从古到今的很多政治家、军事家、文学家、科学家、艺术家，虽然他们的实践领域各异，但他们都具有高度发展的能力和坚强的、不屈不挠的性格。人的特殊才能往往都是与高度能力和优良性格相联系的。

第二，良好的性格与能力的结合是获得事业成功的必要条件。一个人要在实践中取得事业成功，在其他条件相等时，一定要使智力因素与非智力因素相结合。性格是非智力因素中最重要的成分。现代社会中，非智力因素的作用尤其突出。能力平常但性格优良的人，可能有较大的成功；而能力强但性格不良的人，成功的可能性也受到影响。古今中外的很多政治家、军事家、文学家、科学家、艺术家，都具备能力与性格的良好结合。许多事实证明，良好性格催人成才，不良性格使人毁誉。爱迪生的创造发明 2 000 多项，这与他前半生具有的胆大智谋、不尚空谈的发明家性格分不开。他晚年滋生了因循守旧的顽固性格，囿于自己创造的直流电系统，极力反对新兴的交流电系统，当交流电取得决定性胜利时，他蒙受了被责令退出通用电气公司的耻辱。

第三，性格与能力是有区别的。它们是不同的个性特征，具有不同的内涵。能力是顺利完成某种活动所必需的并直接影响活动效率的个性心理特征，性格则是对现实较稳定的态度和与之相适应的习惯化的行为方式。在阶级社会里，性格被打上阶级的烙印，还具有一定的民族性，而能力只是在发展水平上受到社会历史条件的制约，没有明显的阶级性。

（三）性格的结构

性格是由各种各样的心理特性构成的。研究性格的结构就是要了解性格的心理特性，以及它们在整个性格结构中的相互关系。我国心理学教材中普遍认为，人的性格结构可分以下几方面：

1. 对现实的态度的性格特征

它是性格的最重要的组成部分。人接受现实生活的影响，总是以一定的态度给予反应。由于客观现实的多样性，因此，人对现实的态度的性格特征也是多种多样的。具体表现为三个方面：

（1）对他人、集体、社会的态度特征。表现在这方面的性格特征主要有爱国主义、集体主义、富于同情心、诚实、正直、有礼貌等；与此相对立的有对国家和集体漠不关心、自私、孤僻、虚伪等。

（2）对学习、工作、劳动和劳动产品的态度特征。表现在这方面的性格特征主要有勤劳或懒惰、责任心或粗心大意、认真或马虎、首创精神或墨守成规、节约或浮华等。

（3）对自己的态度特征。表现在这方面的性格特征主要有谦虚谨慎、自尊、自信、自律以及与之相对的骄傲、自卑、自弃、大方或羞怯等。

2. 性格的意志特征

性格的意志特征是指人在调节自己的心理活动时表现出的心理特征。

（1）对行为目标明确程度的特征，主要有有目的性或冲动性、独立性或易受暗示性、有组织纪律性或放纵性等。

（2）对行为自觉控制水平的特征，如主动性和自制力等。

（3）在紧急状态或困难情况下表现的意志，主要有勇敢、果断、镇定和顽强等。

（4）对自己作出的决定贯彻执行方面的特征，如有恒心、坚韧性、执拗、顽固性等。

3. 性格的情绪特征

性格的情绪特征是指人产生情绪活动时在情绪的强度、稳定性、持续性以及主导心境等方面表现出来的心理特征。

（1）强度特征。表现为一个人的行为受情绪感染和支配的程度以及情绪受意志控制的程度。例如，有的人情绪情感体验比较强烈，一经引起，难以用自己的意志加以控制；有的人情绪情感体验比较微弱，总能保持平静，易于用意志控制自我情绪情感。

（2）稳定性。表现为一个人的情绪波动幅度的大小。例如，有的人情绪容易波动，起伏程度大；有的人情绪一直比较平静，自我控制强，不易看出起伏波动。

（3）持续性。表现为情绪活动持续时间的长短以及影响身体、工作、生活的久暂程度。例如，有的人情绪活动维持时间短，稍纵即逝，不着痕迹；有的人情绪活动持续时间长，对自我心理影响较深。

（4）主导心境。情绪对人的身心稳定而持久的影响即形成心境状态。心境状态在不同人身上有显著差异性，因此，每个人都具有主导心境。例如，有的人总是心境开朗，振奋快乐；有的人则多愁善感，抑郁沉闷。

4. 性格的理智特征

性格的理智特征是指人在认知活动中表现出来的心理特征，又称性格的认知特征，主要指人在感知、记忆、想象和思维等认识过程中表现出来的认知特点和风格的个体差异。例如,表现在感知方面的有主动与被动、详细与概括;表现在记忆方面的有主动记忆与被动记忆、形象记忆与逻辑记忆以及记忆的快慢、保持得是否持久;表现在思维方面的有独立型与依赖型、分析型与综合型;表现在想象方面的有广阔与狭隘、丰富与贫乏。

(四)性格的类型与测量

1. 性格的类型

性格类型是指一类人身上所共有的性格特征的独特结合。这种结合使一类人的性格明显区别于另一类人的性格,由于性格的极端复杂性,至今还没有统一的分类标准。常见的分类有:

(1)根据心理机能何者占优势划分性格类型。

19世纪,英国心理学家培因(A. Bain, 1818—1903)等人根据理智、情感和意志三种心理机能在性格结构何者占优势的情况,把人的性格划分为理智型、情绪型和意志型。理智型人用理智衡量一切和支配行动;意志型人行动目标明确、积极主动;情绪型人情绪体验深刻、举止受情绪左右。除上述三种类型外,还存在着混合性,如理智—意志型等。此种分类法简单易行,在日常生活中使用方便。但要想人为地确定某种心理机能的相对优势,有时是难以实现的。

(2)根据人类文化生活的形式区别性格类型。

德国心理学家斯普兰格(E. Spranger)从社会文化学的观点出发,根据人的认识、行为表现,以及认为哪一种生活方式最有价值等标准,把人类社会基本生活领域分为六个方面,不同类型的社会生活形成人不同的价值态度和性格类型,由此把人的性格分为六种类型。理论型:以追求真理为生活目的,认识是精神生活的主要活动,情感退到次要地位;经济型:以经济的观点看待一切事物,以获得财产和利益为其生活目的;审美型:以美为最高人生意义,自我完善和自我欣赏是其生活目的,不大关心实际生活;社会型:以爱他人为人生的最高价值,重视爱,有志于增进社会和他人的福利;权力型:重视和努力获得权力,有强烈的支配欲;宗教型:坚信宗教、生活在信仰中,富有同情心,以慈善为怀,以爱人爱物为目的。

(3)根据个体独立性的程度划分性格类型。

西方一些心理学家依据场的理论,把人分成场依存型和独立于场两种类型。前者也叫顺从性,后者又称独立型。这两种类型的人是按照两种对立的信息加工方式进行工作的。顺从型的人倾向于以外在参照物作为信息加工的依据,易受附加物的干扰,易受暗示,不加批判地接受别人的意见并照办,也不善于适应紧急情况,独立性差,没有主见。独立型的人不易受外来事物的干扰,独立性较强,有坚定的个人信念,喜欢把自己意志强加于人,在紧急情况下不惊惶失措,善于独立地发现问题、分析问题和解决问题,实践中不易受外界事物的影响,能独立发挥自己的力量。

(4)根据人的不同生活兴趣区别性格类型。

奥地利精神分析学家阿德勒按人的不同兴趣把人的性格分为四种类型:统治—支配型:这种类型的人缺乏正确的社会兴趣,他们倾向于统治和支配别人;获取—学习型:这种类型的人缺乏正确的社会兴趣,他们竭力从别人那里索取一切他所能索取的东西;回避型:这种类型的人缺乏正确的社会兴趣,他们企图通过回避问题而取胜,常以碌碌无为的方式来避免失败;社会利益型:这种类型的人有正确的社会兴趣,他们试图以有益于社会的方式来解决问题。

(5)根据个体心理活动的倾向划分性格类型。

这是一种普遍采用的分类,是按个体心理活动倾向于外部或倾向于内部来确定性格类型。外倾型人注意和兴趣倾向于外部世界,感情外露、自由奔放、当机立断、不拘小节、独立性强、开朗、活泼、善于交际、活动能力强,但也有轻率的一面;内倾型人注意和兴趣集中于内部世界,富有想象,处事谨慎、深思熟虑、顾虑多、缺乏实际行动、交际面窄、孤僻、适应环境比较困难。但多数人属于中间型。

(6)根据人格特征与职业选择的关系划分性格类型。

美国心理学家霍兰德(John. L. Holland)根据人格特征与职业选择的关系把人的性格划分为六种类型:

① 现实型:这种人重物质和实际的利益,而不重视社交;遵守规则,喜安定,但缺乏洞察力;希望有一个有明确要求,能按一定程序进行操作的职业。

② 研究型:好奇心强,重分析,处事慎重,愿意从事有观察、有科学分析的、创造性的工作。

③ 艺术型:想象力丰富,有理想,好独创,喜欢从事无序的、自由的活动。

④ 社会型:乐于助人,善社交,重友谊,责任感强,愿意从事教育、医疗等方面的工作。

⑤ 企业型:有冒险精神,自信而精力旺盛,喜欢支配别人,遇事有自己的见解,愿意选择从事组织和领导工作。

⑥常规型:易顺从,能自我抑制,想象力差,喜欢有秩序的环境,对重复性的、习惯性的如出纳员、仓库管理员等工作感兴趣。

(7)以人际关系、情绪稳定性、社会适应性和心理活动向性为划分标准。

将性格分为 A、B、C、D、E 五种类型。这种观点是日本学者矢田部达朗等提出来的,是目前国际上采用的典型性格类型。

①A 型又称行为型或注意人物型,其特征是急躁,情绪不稳定,好胜心强,直爽坦率,社会适应性比较差,人际关系不甚融洽,行为常引起人们的注意或议论。

②B 型又称平衡型,其特征是情绪和社会适应性较均衡,乐观,与他人关系

协调，生活有节奏，遇事不耿耿于怀，但主观能动性不够，交际能力弱。

③C型又称平衡型、安定消极型，其特征是情绪稳定，感情内向，反应慢，较孤僻，社会适应性好，但常处于被动状态。

④D型又称安定积极型、管理者型，其特征是情绪稳定，感情外向，活跃开朗，善于交际，社会适应性平均，人际关系较好，积极主动，有组织领导能力。

⑤E型又称反常型、不安定消极型、逃避现实型，其特征是情绪低沉，多愁善感，社会适应性较差，常为琐事烦恼，不善交际，与世无争，有自己独特爱好兴趣，善于独立思考，有钻研精神。

生活中，单纯属于五种性格类型之一种的人是极少数，多数人是以一种性格类型为主兼有其他类型的某些特点。

2. 性格的测量

人的性格常通过人的言谈、行为、活动、衣着、姿势等表现出来，因此，借助于行为观察、自然实验、谈话等方法，可以对人的性格进行了解和评定，但最有效而科学的方法则是性格测验。性格测验是心理学家们设计，用于鉴别（或测量）人的性格方面心理特质的工具。性格测验不仅能鉴别性格差异，而且对医学临床诊断、心理辅导、人才选拔与任用等也具有价值。性格测验种类很多，主要包括构造明确的自陈测验法和构造不明确的投射测验法两类。

（1）自陈测验法是让被试按照自己的意见，对自己的个性特质进行评价的一种方法。自陈量表通常是由一系列的问题组成，一个问题陈述一种行为，要求被试按照自己的真实情况来回答。自陈量表的题目、记分、评分都经过标准化，比较简便实用。这类测验较常见的有：

①明尼苏达多相人格量表。明尼苏达多相人格问卷（Minnesota Multiphasic Personality Inventory，简称 MMPI）是美国明尼苏达大学教授哈撒威（S. R. Hathawy）和麦金利（J. C. Mckinley）在1940年编制完成的（修订版，MMPI－2于1989年出版）。该测验主要用于心理异常的诊断，在精神医学界及有关心理健康的工作中使用较多，也常用于科学研究。该量表内容有健康状态、情绪反应、社会态度、心身性症状、家庭婚姻问题等26类题目，可鉴别强迫症、偏执狂、精神分裂症、抑郁症等。MMPI包括10个临床量表，内容涉及疑病、抑郁、癔病、精神病态、男人气—女人气、偏执、精神衰弱、精神分裂、躁狂、社会退缩。它适合于测试16岁以上、具有小学及以上文化水平的群体。由于该量表可以同时测量性格的许多特征，因此取名为多相人格量表。MMPI共有566个题目，测验时，被试从每题后的“是”、“否”或“无法回答”三个答案中选择其中一项来回答。MMPI现在也用于正常人的人格测量，成为应用很广的客观性人格测验之一。

②卡特尔16种人格因素量表（16PF）。16种人格因素量表是美国伊利诺州立大学教授卡特尔（R. B. Cattell）根据自己研究确定的16种人格根源特质，于

20 世纪 50 年代编制的人格测验，其适用对象为 16 岁以上的青年和成人。该量表一共有 187 题，每题都有可供选用的三个答案，被试从中选择一个答案。16PF 不仅可以描述受测者的 16 种人格特质，还可以描述四项双重因素：内向—外向、适应—焦虑、感情用事—安详机警、怯懦—果断，以及四项社会成就因素：心理健康因素、专业成就因素、创造力因素和环境适应因素。16PF 是进行大范围人格调查分析和研究的较理想的问卷。此外，还有艾森克个性问卷（EPQ）、Y—G 性格测验等。

（2）投射测验。投射测验是以弗洛伊德心理分析的人格理论为依据的。投射测验是主试向被试提供无确定含义的刺激，让被试在不知不觉中把自己内在的思想感情、愿望等投射出来，以确定其性格特征。目前国际上最著名的投射测验有两种：

①罗夏墨迹测验（RIT）。罗夏墨迹测验是瑞士精神病学家罗夏（Rorschach）于 1921 年创设发表的。该测验包括 10 张内容不同的墨迹图片，其中，5 张是黑白的，3 张是彩色的，2 张是红与黑的。测试时，主试按既定的顺序，逐一出示图片，要求被试对看到的图形回答“你看见什么”或“这像什么”或“这使你想起了什么”，并从反应的部位、反应的决定因素、反应的内容和独创性四个方面评分和解释。罗夏墨迹测验不受语言文字限制，在任何不同文化环境中都可以使用，但记分和结果解释具有主观性。

②主题统觉测验（TAT）。主题统觉测验是美国心理学家莫瑞（H. A. Murray）和摩尔根（C. D. Morgan）于 1935 年创制的。全套测验由 30 张内容不明确的人物图片和 1 张空白图片组成。主题统觉测验是以图画的情境为主题，让受试者在编造故事时，不知不觉地将个人隐藏在内心的问题，借对故事情节的客观描述，投注其主观意识，从而流露出自己的欲望。施测时要求被试根据图片内容编故事，包括图中所显示的发生了什么事？引起事件的发生是何原因？画中人物有何思想情绪？演变下去可能有何结果？主试根据被试对故事的反应对其性格作出鉴定。

（五）性格的培养

人的性格不是天赋的。幼小的儿童并不能意识到自己对现实的态度，其行为方式也没有发展起来，更没有定型。儿童是在后天环境中，在成人、家庭、学校和社会的影响下，通过自己的实践活动和积极主动性，在先天素质的基础上才逐渐形成他们独有的性格。培养学生良好的性格可以从以下几个途径入手：

1. 榜样示范

榜样是中小学生模仿的对象，榜样作用在个体性格形成过程中的影响很大，教师在对学生进行具体培养时，不可忽视运用榜样的作用。早在两千多年以前，亚里士多德就说过：“人是最富于模仿性的生物，人是借助模仿来学习他最早的功课的。”模仿是中小学生认识外界和形成行为方式最具特点的途径。

教师和父母可通过树立历史上的伟人、现实中的模范和学生群体中的先进分子等作为榜样让学生学习，对这些榜样的优秀性进行模仿与认同。以学习中的先进分子作为榜样，对于其他学生来说，因为是同龄伙伴关系，年龄相近，有共同语言，而且天天在一起耳濡目染，产生的影响更大。

教师和父母本人对学生也具有非常大的榜样作用。合格的父母，不仅在物质方面合适地满足儿童的需求，也应在精神面貌方面给孩子以示范。教师作为知识的传授者、集体的领导者、纪律的执行者和监督者，理所当然地被要求成为学生模仿和学习的榜样。教师要意识到自己的这种作用，注意到自己的一言一行，尽可能对学生起到表率作用。处处为人师表，事事严于律己。要记住，“教育中的一切都应该以教育者的人格为基础”，“只有人格才能影响人格的发展和形成，只有性格才能铸造性格”。

2. 民主的教育方式

研究表明，不同的教育方式和态度是儿童性格形成的重要因素，心理学家把教育态度和教育方式主要分成民主的或宽容的、权威的或独断的和放纵的或溺爱的三种类型。研究发现，民主的或宽容的教育方式是最好的，其表现为：父母对儿童的活动在加以保护的同时给以社会和文化的训练；对孩子的活动要求给予满足的同时在某种程度上加以限制或禁止，父母和儿童之间的关系表现得非常和谐。在这种教育方式下成长的儿童，大多数表现得谦虚有礼貌，待人亲切诚恳等。

中小学生的人生观、世界观还不稳定，个性特点亦未成熟，他们已有的性格特点处在半幼稚—半成熟、半依赖—半独立状态。教师采用民主说教的方式就比较适合学生特定年龄期的性格特点，学生往往感觉到被尊重，没有被压制感，因而容易接受教师的引导。另外，学生在这一时期的自我意识也有进一步完善的要求，教师采用民主教育方式，有助于激发学生的自觉性和积极性，可促使学生按目标行动，这对他们性格发展有促进作用。

3. 发挥班集体的作用

在学校中，教师和学生之间、学生和学生之间形成一个班级集体。良好的集体和集体舆论对学生的性格形成有直接的促进作用。一个优秀的班集体内，组织领导和集体舆论的形成，教师尤其是班主任的作用很大。教师首先要培养班干部具有良好的性格品质，以树立其在学生中的模范表率作用。另外，教师要善于培养良好的集体舆论和优良的团体气氛，在团体气氛的感染之下，久而久之，无论是举止、学习和工作热情还是性格的意志特征，都会有所改变。最终，积极进取、勇敢顽强、乐于合作、活泼开朗等良好的品行经内化而成性格特征。同时还应让学生在班集体中扮演一定的角色，扮演角色实质上是一种无形的控制力量,迫使学生要扮演好相应的角色。为此,教师利用班集体中的角色扮演就能达到优化学生性格的目的。

4. 鼓励自我教育

在性格形成发展中,自我意识越来越重要,尤其到了青年期,它起主导作用。通过自我意识,个体能够塑造自己的性格,进行自我教育。正确地认识与评价自己,既不自视过高,也不自我贬低,才能形成良好的性格特点。教师应鼓励学生进行自我教育,教育学生能够运用性格规律进行自我教育,激活自我意识,加强自控力。德国哲学家黑格尔说:"一个志在有大成就的人,他必须如歌德所说,知道限制自己。"坚强的性格就是在不断的自我约束中得到锤炼塑造的。教师鼓励中小学生进行自我教育、自我督促的方法很多,如用座右铭自警、坚持写日记等都是简单易行的有效办法。

第四节　心理发展与差异教育

一、心理发展概述

(一)心理发展的概念

心理发展的含义有广义和狭义之分:从广义来讲,心理发展包含种系心理发展和个体心理发展;种系心理发展指的是从动物到人类的心理演变过程。这个过程包括两个过程:一个是动物心理的进化过程,一个是人类心理的进化过程。从狭义而言,心理发展仅指个体心理发展。个体心理发展是指人的个体从出生到成熟,再到衰老整个生命历程中的心理发展。以下所指的心理发展是指个体心理发展。

心理发展既包括量的变化,更重要的还包括质的变化;不仅指向前推进的过程,同时也包括某些心理方面衰退、消亡的过程;不仅包括语言和认知方面的发展,也包括情感、个性和社会性等方面的发展。

个体心理发展是持续一生的,大致可分为以下一些阶段:婴儿期(从出生到3岁)、幼儿期(3岁到6~7岁)、童年期(6~7岁到11~12岁)、少年期(11~12岁到14~15岁)、青年初期(14~15岁到20岁)、成年早期(20岁到30岁)、成年中期(30岁到65岁)、成年晚期(65岁以后)。儿童期和青春期是人生中最美好的一段,充满了变化、探索、活力和追求,从教育的角度而言,也是个体素质的全面培养和潜能开发的重要时期。

(二)心理发展的一般特点

个体心理发展是逐步由低级到高级、由简单到复杂不断完善的过程。在这个过程中，个体的发展有不同的特点，但同时也表现出一些共同特点。

1. 发展的顺序性

心理发展是有顺序的，这是由遗传决定的，不会因为各种外部环境的影响，或者学习、训练的作用而发生改变，出现心理发展的超越或逆转。

从心理机能上看，心理发展一般遵循感知—运动—情绪—动机—社会交往—抽象思维这样一个大的顺序。在心理过程方面，儿童心理发展也是先发展感知后发展思维，先出现外部言语活动后过渡到内部言语活动。从心理活动特点看，其发展也是从不随意到随意，从具体形象到逻辑思维，从受他人监督调控到自我言语调控。从心理发展的趋向性看，其发展是由不分化趋向分化，由整体反应到细微、精确、集中和定向反应。

2. 发展的整体性

个体心理是一个有机系统，其形成与发展是心理各个方面协调统一的过程，这就是发展的整体性。

个体心理发展的整体性首先表现在生理成熟与心理发展的协调统一上。个体心理发展是在遗传素质基础上，伴随着生理成熟而逐步发展起来的，生理成熟为个体心理的发展提供了物质条件，先有生理发育，后有心理发展。

个体心理发展的整体性还表现在心理发展是多种心理因素共同发展的结果。个体心理是由心理过程和个性心理两大方面构成的一个有机整体，在心理发展过程中，一方面，心理各种因素的发展相互联系与制约，某一因素的变化影响其他因素的变化。如感知觉的发展为思维的发展提供了多种感性材料，影响与促进了思维的发展；而思维的发展又使得感知觉更加概括、深刻和准确。另一方面，各种具体的心理形式也具有整体的特点。

3. 连续性和阶段性

个体心理发展是一个不断地由量变到质变的发展过程。这种从量变到质变的过程使个体心理发展表现出连续性和阶段性。

个体心理发展是一种连续、渐进的过程。心理发展的连续性表现在个体整个心理发展是一个持续不断的变化过程。当某一种心理活动在发展变化之中而又未出现新质变时，它就正处于一种量变的积累过程。这种一定的心理变化在未达到新质变而进行着的孕育更新的质的量变，就表现为心理发展的连续性。实际上，每一种心理过程、心理特征的发展，都以先前的状况为基础，都是对先前心理活动的继承与发展。要想从一种状况超越其中间状况，而转到另一种完全不同质的状态是根本不可能的。例如，动作思维、形象思维和抽象思维是循着一种从动作思维到形象思维再到抽象思维的顺序，整个思维的发展是连续的过程。不同年龄阶段的儿童思维状况既有上一年龄阶段的儿童思维的“影子”，又向下一年龄阶段儿童的思维发展特点趋近。

心理变化遵循发展的顺序,同时每一时期又有相对固有的特性,这就使心理发展具有阶段性。心理发展的阶段性表现为个体心理发展这个连续过程由一些具体的发展阶段组成。个体心理发展从量的积累形成量的变化,量变达到一定程度产生质变,使得个体在不同的时期表现出与其他时期不同的心理特点,于是心理发展过程中表现出明显的阶段性。心理发展的阶段性是与人的年龄相联系的。由此,心理学上把个体心理发展各年龄阶段所表现出来的一般的、典型的、本质的特征,称为心理年龄特征。说心理年龄特征是心理的一般特点,乃是由于它是某年龄阶段的个体普遍具有的;说它是典型特征,是因为它代表了该年龄阶段的个体心理特色;说它是本质特征,则是它足以作为该年龄阶段的标志,以区别心理发展的不同阶段。心理年龄特征是个体在一定年龄阶段心理水平的标尺,它是从许多同龄人心理发展事实中,通过概括并与不同年龄的人的心理进行比较而被确认的。

4. 发展的差异性

虽然儿童的心理发展按照自身固有的规律进行,但发展的模式却各不相同。个体心理发展的程序是统一的,但其发展的速度则有很大的差异。

心理发展的差异性是指不同个体在心理发展过程中表现出来的心理状况、速度、水平等方面的差别。众多心理学家的研究发现,不同的个体在心理发展过程中其"心理机制、运动系统的活动能力、感觉和知觉的灵敏度、智力、知识范围、学习成绩、兴趣、态度以及其他种种不同的心理特征……都存在着程度不等的差异性"。

造成个体心理发展的差异性的原因很多,主要与个体自身的遗传素质、后天生活环境、学习等因素有关。由于心理发展的差异性,个体之间无论是在心理发展过程中表现出的状况还是心理发展的趋势与水平等,都有一定的差异。

二、心理发展的差异

(一)心理发展的差异类型

1. 智力发展的差异

(1)发展水平的差异。

智力存在个体间的差异。研究表明,在一般的人群中智商的常态分布接近于一条钟形曲线,大部分人的智商分数趋近于平均数,在两极的人非常少(见图 8 -4)。

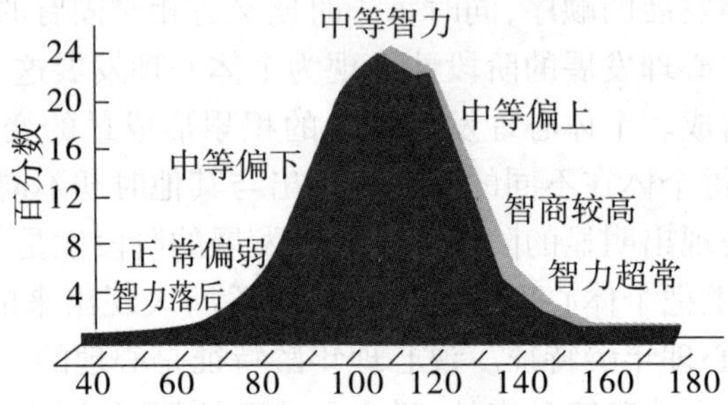

图 8-4　3 184 名儿童在斯坦福—比纳智力量表测验中的得分分布，平均分 101.8 分

资料来源：Dennis Coon 著：《心理学导论》。

表 8-2　成人在 WAIS-R 中测验得分的分布

智　商	智力水平定义	比　例
高于 130	超常	2.2
120～129	高智商	6.6
110～119	中等偏上	16.1
90～109	中等	50
80～89	中等偏下	16.1
70～79	正常临界值	6.7
低于 70	智力落后	2.2

(2)表现早晚的差异。

智力的早期表现是智力优异的标志之一，但这并不意味着智力没有得到早期表现的人就缺乏优异的智力。很多大文学家、大科学家早年并没有特殊表现，甚至还被视为低能儿，但由于自己的勤奋努力，晚些时候才放出巨大才能的光辉。如明代著名学者李贽，40 多岁前为了谋生，到处漂泊，无所作为，后来他发奋写书，晚年时完成《焚书》、《藏书》两本很有影响的巨著。清代的阎若璩，小时口吃，6 岁入学，背诵迟钝，以后勤学不已，终于成为我国著名的考据学家。

从大量晚成之才的事实中看，他们在儿童期一般都有与众不同的行为习性。如著名的数学物理学家麦克斯韦，年幼时父亲叫他画静物写生，他画的“瓶菊”都是几何图形。美国“飞机祖师”莱特兄弟，小时候天真地爬到树上摸月亮。发明大王爱迪生，小学读书时，老师讲“2+2=4”，他就问“为什么？”在这奇特的习性和思维方式上，已经孕育了才能的萌芽。教育者要善于透过现象看本质，发现孩子习性中的颖悟因素，因势利导地加以培养。对于早期不开窍的那些孩子，不要随意斥责或鄙弃他们，那种“从小三岁看老”的说法是不确切的。

最后,智力表现早晚并不意味着智力水平的高低。任何一个人,长于此,未必长于彼,世界上没有十全十美的人,非凡的能力只是在一定范围而言。

(3)结构的差异。

智力结构差异主要指由于构成智力的基本因素和组合方式不同而产生的不同智力类型、认知风格和特殊才能。具体表现为:有的人记忆力好,有的人观察能力强;有的人擅长逻辑推理,但缺乏音乐才能;也有人很擅长音乐,却在数字计算方面表现得无能,等等。以智力类型为例:

根据人们智力活动的不同特点,我们可将其分为不同的类型。

第一,分析型、综合型与分析—综合型。这是根据人们在知觉过程中的特点而划分的类型。属分析型的人,在知觉过程中,对细节感知清晰,但概括性和整体性不够;属综合型的人,富于概括性和整体性,但缺乏分析性,对细节不大注意;属分析—综合型的人集以上两种类型的优点于一身,既具有较强的分析性,又具有较强的综合性,是一种较理想的知觉类型。

第二,视觉型、听觉型、运动觉型与混合型。这是根据人们在记忆进程中某一种感觉系统记忆效果最好而划分的类型。视觉型的人视觉记忆效果最好;听觉型的人听觉记忆效果最佳;运动觉型的人有运动觉参加时记忆效果最理想;混合型的人用多种感觉通道识记时效果最显著。

第三,艺术型、思维型与中间型。这是根据人的高级神经活动中两种信号系统谁占优势而划分的类型。艺术型的人,第一信号系统(除语词以外的各种刺激物)在高级神经活动中占相对优势,而思维型的人则第二信号系统(语词)占相对优势,中间型的人两种信号系统比较均衡。

属于艺术型的人在感知方面具有印象鲜明的特点,在记忆方面易于记忆图形、颜色、声音等直观材料,在思维方面富于形象性,想象丰富,而且具有高度的情绪易感性。具有上述特点的人,比较容易发展艺术活动的能力。

属于思维型的人在感知方面注重于对事物的分析、概括,在记忆方面善于记忆词义、数字和概念等材料,在思维方面倾向于抽象、分析、系统化、逻辑构思和推理论证等。具有以上智力特点的人,有利于发展数学、哲学、物理、语言学等学科的学习和研究的能力。

(4)性别差异。

就男女在智力上是否存在差异这个问题,研究确实没有发现智商有显著的性别差异。由于测验项目都是根据对两种性别者难度相等的原则确定的,因此,不能肯定地说明智力方面是否存在性别差异。比较保险的假设是男女在总体智力上没有差异。不过,使用智力测验可以使我们了解男性和女性在智力方面的强项与弱项。

从整体上来说,女性在语词能力、词汇和需要机械式学习的项目上成绩较好，男性则在空间想象能力和数学推理能力的项目上成绩较好。

2. 非智力因素的发展差异

非智力因素是一个相当宽泛的综合性的概念，它有广义和狭义之分。从广义的角度说，凡是智力因素（观察力、记忆力、想象力、思维力、注意力）以外的一切心理因素，甚至于道德品质都是非智力因素。从狭义的角度看，我们只把动机、兴趣、情感、意志、性格五个因素包括在非智力因素内。如果说，智力是保证人们有效地进行认知活动的稳定的心理特点的综合，那么，非智力因素则是保证人们有效地进行种种活动的心理条件的总称，非智力因素不直接参与信息的加工和处理，但它影响到信息加工处理的方式及倾向性。我们要求一个人具有正确的动机、浓厚的兴趣、热烈的情感、坚强的意志和独立自主的性格。只有这样的人才能把学习搞好，将来事业才会有所作为。

非智力因素差异主要表现在个体动机、兴趣、情感、意志、性格差异上，这里主要介绍兴趣差异、情感差异和意志差异。

（1）兴趣差异。

兴趣的发展存在一定的差异，表现在兴趣发展水平上的差异、兴趣类型上的差异和性别上的差异。

①兴趣发展水平上的差异。人的兴趣的发展一般要经过有趣—乐趣—志趣三个阶段。有趣是兴趣发展的初级水平。在儿童身上表现出的是直接兴趣，如鲜艳的物体、优美的音乐、突然发生的奇异的变化，都能引起儿童的兴趣。早期儿童的兴趣是未分化的，带有直观性、盲目性和广泛性。乐趣是在有趣基础上定向发展而形成的，是兴趣发展的中级水平。这时儿童的兴趣已不只是停留在事物的表面现象了，已开始探究事物发展的原因和结果，探讨事物的内在联系。这种水平的兴趣已具有稳定性、丰富性和间接性。当人的兴趣与远大的奋斗目标相结合的时候，便由乐趣发展为志趣，这是兴趣发展的高级水平。这时，他们已在广泛兴趣的背景上形成以自己个性特性为中心的兴趣。他们对世界的发展、人生的意义、伦理道德等问题都有了兴趣。他们喜欢热烈地讨论这些问题，深刻地去体验，千方百计地想要寻找这些问题的答案。只要认为是正确的答案，他们就把它作为自己行动的指南，并为之而奋斗。总之，随着年龄的增长，具有个性倾向的兴趣越来越明显地和一个人的理想、信念相联系。不同学生兴趣发展存在水平上的差异，其兴趣处于不同层次水平。

②兴趣类型上的差异。一般情况下，学生遇到简单的、容易的、生动有趣的知识时，便会产生直接兴趣；遇到复杂、枯燥、困难的任务时，便需要间接兴趣来维持学习。学生的兴趣还有广阔与狭窄之分。广阔兴趣是中心兴趣的基础，突出中心兴趣，广阔兴趣才有实际价值。

③兴趣的性别差异。人们之间兴趣的差别是否和性别有关，在学术界还存

有争议。但从许多人的调查分析中可以看到兴趣有受性别影响的倾向。

日本曾对高校生(相当于我国的高中生)和大学生中男女学习兴趣特点进行了调查,结果表明,高校的女生比较倾向于文学,男生则比较倾向于自然科学。

我国心理学工作者对中学生学习兴趣的异同调查也表明,男生对理科的兴趣稍高于女生,女生对文科的兴趣略高于男生。

(2)情感差异。

学生情感上存在差异,表现在以下几个方面:

①情感发展水平上的差异。情绪是较低级的情感形式,它一般与人的生理需要相联系,主要表现为激情、心境和热情。在学习活动中,情绪对学习有重要影响,例如,被激情支配的人往往不能集中自己的注意力,读书、写作、听课时常常心不在焉,往往会降低或失掉理智的作用和自制力,不能约束自己的行动;而一个具有学习热情的人,会自觉地克服学习中遇到的困难,坚持不懈地进行学习。情操是一种高级社会情感,与人的社会需要相联系,其主要表现为理智感、道德感和审美感。情操是推动学习的强大动力,是一个人取得学业成就大小的先决条件。

②情感性质上的差异。从情感的性质上看,有积极的情感,也有消极的情感。一般地说,凡是与主观需要相符合并能使之得到满足的事物,就会产生肯定的、积极的情感,反之,则产生消极、悲观的情感。如果学生将学习活动作为自己的优势需要,就会产生热爱学习的情感,从而作出积极的学习行为;相反,一个厌恶学习的学生,会丧失学习的积极性。

(3)意志差异。

①意志发展水平上的差异。人的意志是随着个体年龄的增长、体质的增强、知识的丰富而逐步发展起来的。一般来说,幼儿的意志比较简单和软弱。以后,意志的发展逐步由简单到复杂、由软弱到坚强。有坚强意志的人,在学习中更能够克服困难,取得学习的成功。

②意志品质的差异。人的意志在自觉性、坚持性、果断性和自制力上是存在差异的。学生一旦有了高度的学习自觉性,就会勤学苦练,废寝忘食,迸发出高度的学习热情。这时的学习成了一种享受,而不会感到是一种负担。一个意志自觉性缺乏的学生,由于对自己学习的目的不甚明确,因此学习总处于被动状态,这样的学生很难取得优异的成绩。一个具有坚持性的人,他绝不会因有所成功而骄傲,也绝不会因有所失败而气馁。他不会被形形色色的诱惑所干扰,也不会被各种各样的困难所吓倒。自制力强的人善于控制自己的情绪,约束自己的言行,最终取得良好的成就。

3. 知识掌握的差异

知识掌握的差异主要表现在知识水平差异、学习策略差异和思维策略水平差异三个方面。这里以学困生和优生的知识掌握差异的相关研究为例加以说明。

(1)知识水平的差异。

任何人头脑中的知识都是以一种逐渐积累的方式学得的。千里之行,靠的是"积跬步"。由于种种原因,个体之间在知识的积累上存在明显的差别。这种差异既有量的差异,更有质的差异。

①知识量的差异。在一个领域中学习落后的学生,往往伴随着在这一领域内有关知识的积累的量的不足。学科知识的学习具有系统性和累积性。前面知识的掌握如果在量上不足,出现基础知识上的漏洞,那么将会对后来的学习产生非常不利的影响,导致学习上的障碍,所以,帮助差生时,要特别注意知识掌握上的查漏补缺,及时加以弥补。

②知识质的差异。优生和学困生之间不仅在知识掌握的量上存在显著的差异,而且,就已经掌握的知识来看,两者之间还存在着质的差异。这种差异主要表现为三个方面:

概念掌握水平:学困生虽然也能背诵一个概念的定义,但他们仅仅从字面上理解了定义,并未真正在头脑中形成正确的理解,这是一种十分肤浅的理解,他们把握不住相似的概念之间的区别,对概念的理解模糊不清。

基础知识和技能的熟练程度:优生对基本知识和技能的掌握十分熟练,甚至达到了自动化程度,因此思考问题时反应快,显得思维敏捷,这是由于熟能生巧的缘故,而学困生,由于基本知识和技能达不到熟练的程度,所以显得反应迟钝。

知识的组织结构程度:学困生头脑中的知识点是罗列的、水平的、堆积的,而优生头脑中的知识点是有机架构的、按层次排列的。

(2)学习策略的差异。

学习策略是影响学习成绩的重要因素之一。我国学者的一项研究测定了学习策略和学业成绩之间的相关程度。该项研究主要测查了九种学习策略:①组织策略:对学习材料进行归类组合;②搜集信息:通过各种渠道努力获得与学习任务有关的信息;③复述与记忆:通过练习活动尽力记住所学材料;④寻求社会帮助:努力寻求同学、老师或父母的帮助;⑤复习:对课文、笔记等进行温习;⑥自我评估与诊断:对自己学习的进度或质量进行检查、评定;⑦目标与计划:制定学习目标与实施目标的计划;⑧记录与自我监控:对学习状况进行记录,以监督学习目标的完成情况,及时调整学习进程;⑨环境建构:力图选择或安排有利于学习活动顺利进行的适宜环境。其中,前五种是关于学习方法的策略,后四种是关于学习过程的自我调控的策略。

(3)思维策略水平的差异。

①推理方式不同。优生:顺向推理;学困生:逆向推理。

②信息选择方式不同。优生：能识别并预期主要的、关键的内容；学困生：平均使用力量，眉毛胡子一把抓。

③策略生成、运用能力不同。国内研究表明（张庆林，1995、1997），优生能较快地丢掉盲目的试误，采用思维方向更明确的选择性搜索策略，而学困生则往往缺乏策略，通过教学能较快地学会策略，并能学会逐步总结策略，但是他们很难自己生成一个新的策略。

（二）面向差异的教育方法

1. 主体教育

（1）主体教育概念。

传统课堂教学强调全班同学进度一致，结果优生求知欲得不到充分满足，学困生往往跟不上进度，达不到教学要求。教学如何适应学生的个别差异，这是各国教育界共同关心的问题。为回答这一问题，人们设计了许多新的适应个别差异的教学模式。

强调差异的教学是充分发挥学生主体作用的教学。在班级授课之下，没有学生主体性的发挥，就不可能真正实施面向差异的教学。

中小学时期是主体人格和主体能力发展的关键期。儿童少年期是人生之中从软弱无能，一切依靠别人照顾的婴幼儿向完全成熟的、独立自主的成人过渡的时期。在这一时期不加强主体教育，就可能培育出一个被动、消极、懒惰、软弱的成人。加强中小学生的主体教育不仅是必要的，而且是可能的。

从幼儿期开始，儿童有了自我意识，开始了人生第一个“反抗期”，什么都要“我自己来”，独立自主意识已开始萌芽。进入小学和中学之后，儿童的自我意识进一步发展，独立自主的活动范围更大，进入了独立自主意识发展的第二个加速期。所以，对中小学生加强主体教育既是十分必要的，也是完全可能的。

张庆林等人的试验研究表明，主体能力主要包括：书本知识学习能力（书本知识的理解力、记忆力、概括力、系统组织能力、自学阅读能力）、解决问题的思维能力（包括审题能力、解题推理能力、思路概括能力、创造性思维能力）、自我调节能力（包括自我管理能力、情绪自我调节能力、元认知能力）和环境适应能力（包括人际交往能力、组织管理能力、适应新环境的实践学习能力）。

（2）主体教育的方法。

①开展主体意识的专题教育。通过学校集会，班级主题活动，团队活动，思想品德专栏，旨在促进主体精神发展的各种选修课等多种渠道，以生动形象、富有说服力的方式向学生进行专题教育，使他们认识到学生作为自己所从事的各项活动的主体在各项活动中的地位、作用、责任和义务。这种教育本身要成为主体意识发挥作用的楷模，学生在专题教育中要唱主角，从教育的内容、形式到具体互动的计划安排和主持，都应发挥学生的主体作用。学生自己查阅资料，搜集

证据，开演讲会、辩论会，现身说法。

②加强主体能力的实际锻炼。通过各种专题教育只能解决思想认识问题，但是，人知道了该怎么做，不一定会去那么做。所以，必须通过在各项实践活动中真正去发挥主体功能，经受锻炼，才能真正形成主体人格，并增长主体能力。

在学习活动领域，要采取一系列措施，给学生更多的自主权和选择机会，使学生日益学会更多地替自己的学习负责，逐步成为自主的、高效的学习者。例如，组织学生自己开展学习督促岗，定量选择作业，互批互改互评作业，自主班级管理，教师教学监督岗等一系列活动。开设学习方法指导选修课，向学生传授制订计划、目标管理、自我调节、自我鼓励、学习策略、思维策略等方面的方法技巧。同时要展开课堂教学模式的改革研究，提倡运用如下新的课堂教学模式：导学、自学、讨论练习，导评、自评、自我补救或复习。该教学模式充分体现了教师主导和学生主体的密切协调配合的关系。

在创造活动的领域，要采取一系列措施，培养学生的科技意识，做到从小爱科技，经常简述科学家的故事，开展课外科技活动，开设创造性思维选修课，结合各门理科学科的教学，激发学生爱科学、爱创造的热情。

在劳动和生活领域，要各方面配合，改变少年儿童的小太阳地位和自我中心态度，要开展一系列活动，使学生学会自我服务，掌握必要的劳动技能。例如，开展每天主动做一件家务事、每周学会一件家务活、建立家庭教育联合体、假日学当家、生活技能竞赛、经受磨难教育等一系列活动。

在社会交往方面，一方面适当应引导学生参加社会实践，但更重要的是在学校和家庭生活中创设人际交往的条件，让学生得到自我管理的锻炼，使学生学会人际交往的技巧，如竞争与合作、同情与利他、坦诚与宽容、原则与变通、外露与含蓄、礼仪与随和等技巧。要培养学生的社会责任感和社会公德，可以开展主动交心、化解矛盾、主动打招呼、行早间礼、合作学习、成立学代会与学生管理委员会、跨年级交友、角色扮演、行为协议、真情流露、诚意批评等一系列活动。

总之，要采取一系列教学改革措施，使学生学会做学习的主人、创造的主人、生活的主人、劳动的主人、社会的主人，形成自主、自立、自强、自信、自尊的良好性格，并显著提高学生的社会适应能力和工作胜任能力。

③优化育人环境。

2. 掌握学习

掌握学习是布鲁姆提出来的一种适应学习者个别差异的教学方式。除了智力分布两个极端的少数学生外，其余绝大多数学生的智力差异不过是学习速度的差异。布鲁姆认为，如果按规律有条不紊地进行教学，几乎所有的学生都能达到教学目标水平，即达到完全掌握学习内容的程度。学习能力强的学生，可以在较短的时间内达到这种掌握程度；学习能力弱的学生则需要花费较长的时间才能达到同样的掌握程度。传统教学的弊端,就是不管学生能力高低,在学习进度上搞一刀切,结果使学生知识掌握程度的差距日益拉大。为了克服上述的弊端,布鲁姆设计了一种掌握学习的程序。这种掌握学习的程序,是将精选的、结构化的教学目标分解成许多小目标,根据这些小目标设计成一系列相互联系的学习单元。学生在学完一个单元后,教师就进行诊断性测验,测验成绩符合要求者(掌握水平达80% ~90%)才能够进入下一个单元的学习,否则应当重新学习这一单元,并根据学生的具体情况提供"矫正学习"或"深化学习"的程序。经矫正学习,学生全部达到掌握要求后转入下一单元教学。如此循环往复,直到学完全部教材。

3. 分层教学

分层教学就是教师根据学生现有的知识、能力水平和潜力倾向把学生科学地分成几组各自水平相近的群体并区别对待,这些群体在教师恰当的分层策略和相互作用中得到最好的发展和提高。分层教学又称分组教学、能力分组,它是将学生按照智力测验分数和学业成绩分成不同水平的班组,教师根据不同班组的实际水平进行教学。分层教学的主要模式有:

(1)班内分层目标教学模式(又称"分层教学、分类指导"教学模式)。

它保留行政班,但在教学中,从好、中、差各类学生的实际出发,确定不同层次的目标,进行不同层次的教学和辅导,组织不同层次的检测,使各类学生得到充分的发展。具体做法:①了解差异,分类建组;②针对差异,分类目标;③面向全体,因材施教;④阶段考查,分类考核;⑤发展性评价,不断提高。

(2)分层走班模式。

根据学校进行的主要文化课摸底结果,按照学生知识和能力水平,分成三个或四个层次,组成新的教学集体(暂称之为A、B、C、D教学班)。走班并不打破原有的行政班,只是在学习这些文化课的时候,按各自的程度到不同的班去上课。走班实际上是一种运动式的、大范围的分层。它的特点是教师根据不同层次的学生重新组织教学内容,确定与其基础相适应又可以达到的教学目标,从而降低了"学困生"的学习难度,又满足了"学优生"扩大知识面的需求。

(3)能力目标分层监测模式。

知识与能力的分层教学由学生根据自身的条件,先选择相应的学习层次,然后根据努力的情况及后续学习的现状,再进行学期末的层次调整。这一形式参照了国外的"核心技能"原理,给学生以更多的自主选择权,学生在认识社会及认识自我的基础上,将自身的条件与阶段目标科学地联系在一起,更有利于学科知识和能力的"因材施教"。在教学上,此模式同时配合有"分层测试卡"(即分层目标练习册)。"分层测试卡"是在承认人的发展有差异的前提下,对学生进行多层次评价,对每个学生的劳动成果给予应有的肯定。实施这一评价手段,对测试内容应当重在对当堂所学内容的检测,注意对学生新旧知识结构的有机结合的检验,较高层次的学生则侧重于创造能力的检测。

(4)"个别化"学习的模式。

"个别化"学习实际上是一种广义的分层。它基于网络的"个别化"教学,关键是设计适合各类学生,又方便学生自主选择教学内容、教学目标、训练材料及考评资料等素材。学生利用网络进行循序渐进的分层学习,每达到一个目标就自动进入下一个知识模块。由于计算机数据库储存了大量的教学信息,学生在教师的指导下选择教学进度,都能得到相应的提高。

(5)课堂教学的"分层互动"模式。

"分层互动"的教学模式,实际上是一种课堂教学的策略。这里的"分层"是一种隐性的分层,首先,教师要通过调查和观察,掌握班级内每个学生的学习状况、知识水平、特长爱好及社会环境,将学生按照心理特点分组,形成一个个学习群体。利用小组合作学习和成员之间的互帮互学形式,充分发挥师生之间、学生之间的互动、激励,为每个学生创造整体发展的机会。特别是学生间人际互动,利用了学生层次的差异性与合作意识,形成有利于每个成员协调发展的集体力量。

(6)定向培养目标分层模式。

这种模式多限于职业教育,指按照学生的毕业去向分层分班教学。具体做法是:入学时进行摸底调查,既了解学生的知识和能力水平,又了解学生对就业与升学的选择,在尊重学生和家长的意见的同时,也反馈学生自身的学业情况,正确定位。然后,以学生的基础和发展为依据,分成两个层次:升学班与就业班。两个班的主要文化课安排同样的教材、同样的进度,只是教学的目标和知识的难度有区别,升学班更注重应试能力的训练,就业班则突出文化知识与职业实践的结合。当二年级学生参加水平测试并合格后,学校又给学生提供第二次选择,升学班进一步强化文化课与主要专业课,而就业班则以职业技能训练为主。

分层教学克服了备受指责的"快慢班"教学弊病,为程度差的学生开拓了一个积极的世界。与"快慢班"里程度差的学生备受打击、受人冷落的情形截然不同,分层教学让这群学生备受鼓舞、重建自信,激励他们张扬个性、超越自我。对他们来说,情感的交流、自信心的获取,以及自主性的增强、创造品格的培养等等,远比考试成绩的提高更重要,也更可贵。后者让他们眼前高兴,前者却让他们受益终生。

4. 小组合作学习

小组合作学习是根据一定的情况,将学生分成一定形式的小组,教师根据各小组的共同特点,分别与各小组接触,进行教学或布置学生共同完成某项学习任务。

在合作学习中,有五个基本要素:

(1)积极的相互依赖——学生们知道他们不仅要为自己的学习负责,而且要为他们所在小组中其他同学的学习负责,即除非小组中其他成员的学习获得成功,否则该成员自己的学习也不算成功。

(2)小组及每个小组成员的责任感——小组成绩取决于小组总的任务的完成情况,小组成绩将影响个人成绩记录。

(3)面对面的建设性的相互交流——学生们有机会相互解释所学的东西,有机会相互帮助、理解和完成作业。

(4)小组合作技能——期望所有学生能进行有效的沟通,对小组的活动提供指导,建立并维护小组成员之间的相互信任,有效地解决组内冲突。

(5)小组的自我评估——各小组必须定期评价共同活动是否良好,并明确以后应怎样提高小组活动有效性的方法和步骤。

合作学习的方式主要有以下几种:

(1)学生小组成绩分工法(Students Teams—Achievement Divisions,简称 STAD)。在 STAD 中,学生被分成 4 ~ 5 人学习小组,要求成员在成绩水平、性别、种族等方面具有异质性。教学程序是先由教师授课,然后学生们在他们各自的小组中进行互助合作学习,使所有小组成员掌握所教内容,最后,所有学生就所学内容参加个人测验,此时,不允许他们再互相帮助。学生的测验得分用来与他们自己以往测验的平均分相比,根据学生们达到或超过他们自己先前成绩的程度来计分(也叫进步制),然后将小组成员的个人分数相加构成小组分数,整个小组的成功与否取决于各个成员总的提高程度。

(2)小组游戏竞赛法(Team—Games—Tournament,简称 TGT)。TGT 与 STAD 都是教师讲授和小组活动,不同的是 TGT 以竞赛代替测验。在竞赛中,学生们同来自其他小组的成员进行竞争,以便为他们自己的小组赢得分数,每个同学的竞争对手是在学业成绩方面和他程度相似的其他组的同学;与 STAD 相同,整个小组的成功与否取决于各个成员总的提高程度。

(3)切块拼接法(Jigsaw)。在切块拼接法中,首先将学生分到不同的小组中,并且将所要学习的内容也分成几部分,小组中每人负责一个部分;然后,各个小组中学习相同内容的学生组成“专家组”(Expert Group),在一起共同讨论他们所要学习的那部分内容,直至掌握;接着这些学生分别返回各自的小组,教同组其他同学他所负责的那部分内容;最后,进行个人测试。

(4)共学式(Learning Together ,简称 LT)。要求学生在 4 ~ 5 人异质小组中学习指定的作业单(Assignment Sheets),小组共交一份作业单,依小组的成绩给予表扬和奖励,这种方法强调学生共同学习前的小组组建活动和对小组内部组员活动情况的定期讨论。

(5)小组调查法(Group Investigation,简称GI)。这一方法主要有四个阶段。阶段一:选题并分组,首先,教师向全班提出一个宽泛的总问题,然后让学生列举自己要调查的问题,教师对这些问题进行概括,删除重复的子问题,并加以归类,然后让每个学生选择参加研究某一个子问题,参加同一子问题的学生自然成组。阶段二:小组调查设计,各小组通过讨论确定调查活动的过程,进行任务分工并实施,教师在此期间提供帮助和指导。阶段三:小组总结报告,每个小组作一下介绍或展览,向全班交流他们的发现。阶段四:开展评价。

5. 借助网络的个性化教育

在现代教育技术环境中,人工智能是一门研究使用计算机来完成能表现人类智慧的任务和学科,主要包括计算机实现智能的原理,制造类似于人脑的智能人机对话,自主学习,自我检验,计算机根据学生不同的情况给予帮助、指导、判定、打分,为学生提供个别化教学环境,从而发扬人性。智能专家系统通过模仿人类专家解决问题的推理方式和思维过程,对现实生活中的问题作出判断和决策,进而部分替代了教师的工作,在一定程度上实现了教师的主体解放。智能辅助教学系统充分考虑到了学习者的个别差异,使学生能自主选择合适的教学内容和教学方法,无须教师的过多参与,进行自主性学习。

在现代教育技术环境中,虚拟现实技术能够造出最佳的课堂教学环境,将学生置于其中,以求获得最佳的教学效果。它能创造和展示各种趋于现实的学习情景,把抽象的学习和现实生活融洽起来,激发学生的思维。它可以克服传统班级授课制限制学生的主动性和独立性的缺点。用虚拟现实技术"构筑"的课堂除学习者之外的老师和同学可以是真实的,也可以是虚拟的,学习者可以是一个或多个,教学模式可以多样化,教学方法可以任意,教学进度可以多方控制。在教学全过程中,学生可以同老师一起成为教学的设计者和控制者,使师生的主体性都得以发挥。

第九章　学生与学习心理

学生的主要活动就是学习,学习心理是教育心理学的主要内容之一。在我国全面推进素质教育、深化教育改革的大背景下,对学习心理进行研究,有助于师范生和教师更为准确地理解学生行为的形成和改变的内在规律,了解学生掌握知识的心理机制,为制订学习策略、激发和培养学习动机、改变或矫正行为、提高人际交往能力、形成群体凝聚力创造条件。

第一节　学习概述

一、学习的概念

(一)什么是学习

在教育心理学中,学习是一个非常重要的范畴。从广义上说,学习包括了从低等动物到人类在后天生活过程中,通过活动、练习,获得行为经验的过程。心理学家经过多年的争论,给学习下了一个至今为大多数学者认可的定义:学习是由经验引起的比较持久的行为变化。这一界定字数虽不多,但含义深刻,它指出了学习的定义至少涉及三方面的内容。

一是学习是人与动物共有的普遍现象,无论是低级动物或高级动物乃至人类,在其整个生活中都贯穿着学习。

二是"由经验引起的"。有机体有两类经验,一类是先天遗传的经验,它是与生俱来不学而会的和有机体的成熟获得的,这些经验不属于学习的范畴。排除了遗传和成熟这两个因素后,另一类是后天习得的经验。个体在后天的环境中,因与周围环境的相互作用而导致的变化,才有可能归因于学习。

三是"比较持久"的行为变化。这里的"比较持久"是相对于"暂时的"、"短暂的"行为变化而言的。由疲劳、酒醉等原因也可引起个体行为发生变化,但这些变化随着体力的恢复及酒醒之后会趋于消失,这些行为变化通常被排斥在学习之外。大多数专家认为,行为改变持续的时间太短,就不能算做是学习。

学习发生的变化有时直接表现在行为方面,有时这种变化未必立即见诸行为,可以视为行为潜能的变化或内部心理的内容与机能的变化。当然,无论是行为还是心理的变化,都是比较持久的。

（二）人的学习

我们上面所谈的广义学习，是有机体共有的一般的学习，人的学习除了具有有机体学习的一般特征之外，还有其特定的特征。人的学习，无论在内容上、方式上及性质上都与其他动物有重要的区别。

第一，从内容上看，人的学习比动物广阔得多。动物的学习，仅仅是掌握个体经验，而人的学习，不仅是掌握个体经验，更重要的是以个体的形式掌握社会的经验。动物的活动，是一种消极、被动的适应活动，其个体经验随动物个体的灭亡而消失。而人类的实践活动，是一种有意识、有目的的活动，能将每一代个体的经验保存下来代代相传，因此，每一代新的个体能够以个体化的形式掌握这些社会经验。人除了同动物那样可以在后天生活过程中获得个体经验外，还可以以个体经验的形式来掌握人类社会千百年积累形成的社会历史经验。这些知识经验不仅以物化的形式凝聚在实践活动的成果与产品中，还以符号的形式储存在书本资料之中。

第二，从方式上看，动物的学习主要是一个自发的过程，而人的学习是在社会的传递下，以语言为中介而实现的。正是因为人的学习主要掌握的是人类社会历史经验，因此，其学习不可能自发地实现。儿童的学习要在成人的指导下进行，在成人的影响下逐渐掌握人类社会历史经验。同时，人的学习是以语言为中介实现的。语言是人们传递经验与交际的手段，也是记载人类社会历史经验的工具，个体一方面通过语言直接与别人进行交往，获得社会经验，另一方面通过语言获得记载下来的客观世界的知识，这是一种间接的交往而获得知识的过程。语言开辟了人类个体掌握社会历史经验的可能性。有了语言，人不仅能掌握具体的直接经验，而且能掌握概括、抽象的间接经验，因为语言是使事物之间关系抽象化、概括化的信号。

第三，从性质上看，人的学习是自觉的、有目的的、积极主动的过程。动物的生活方式是以其对外界自然条件的适应为特征的，其学习是不自觉的，只是消极、被动地适应其生存的环境。人不是消极、被动地接收人类的经验，而是自觉地与周围环境以及环境中的人进行作用来获得知识经验的。人掌握个体经验和社会经验不仅仅是为了满足生理和生存需要，更重要的是满足社会和发展需要，因此，人的活动具有目的性，学习具有丰富的动机，人们会在积极地作用与改造周围环境的过程中，在与人们积极的交往过程中，主动地获得知识经验。

综上所述，我们认为，人的学习即狭义学习可以定义为：学习是在社会生活实践中，在社会传递下，以语言为中介，自觉地、积极主动地掌握社会的和个体的经验的过程。

（三）学生的学习

人的学习与学生的学习之间是一般与特殊的关系，学生的学习是人的学习的一种特殊的形式，既与人类的学习有共同之处，但又有其特殊性，与动物、成人、科学家的发明有本质区别。

第一，学生的学习与人类认识客观世界的过程不同，是以掌握间接经验为主的过程。人类的认识是从实践开始的，而学生的学习则未必如此，他们不必要也不可能事事从直接经验开始，而是从现有的经验、理论、结论开始。同时，尽管学生的学习也要求个人有一定的经验基础，但学生的实践活动的目的与方式也与人类认识世界的过程有所不同。再者，学生的学习与科学家探索尚未发现的客观真理的认识活动不同，学生在学习时可能有新发现，但这种新发现常常对学生来说是新的，而就知识而言是现成的经验。因此，在教学组织和教学方法上，特别要求教师在有限的时间内把最有价值的知识传授给学生，而且注意把学校学习与实际生活和学生的原有经验相联系，鼓励学生对所学知识进行积极加工，主动完成知识的再生产过程。

第二，学生的学习具有目的性、计划性和组织性。由于学生的学习以掌握间接经验为主，于学校教育情境中在教师指导下进行，因此，是有目的、有计划和有组织的。在教学过程中，教师按照一定的教学目的，精心设计和安排学习材料的结构、学习过程的程序，有计划、分步骤地向学生传授知识，教师既掌握所教知识的内在联系，又了解学生学习过程的特点，因此，能够保证在较短时间内，采用有效的方法组织教学，帮助学生掌握间接经验，积累知识。

第三，学生的学习具有一定程度的被动性。学生的学习与人类学习一样，应该是一个主动加工的过程，但他们的学习一般只具有潜在价值，学习的结果不能立即转化为现实价值；学习不是为了适应当前的环境，满足现实生活需要，而是为了适应将来的环境，为将来的生活作准备。当学生意识不到他当前的学习与将来的生活实践的关系时，学习就表现出一定程度的被动性，需要教师或者成人督促才能取得较好的学习效果。因此，教师要注意用各种方法来培养、激发和维持学生的学习动机，提高其学习的主动性和积极性。

第四，学生的学习具有多重目的性。学生学习不仅要掌握知识经验，而且要发展能力，同时，还要培养良好品德，形成科学的世界观和正确的人生观，促进健康个性的发展。

综上所述，学生的学习是在教师的指导下，有目的、有计划、有组织地掌握系统的科学知识和技能，发展各种能力，形成一定的世界观与道德品质的过程。

二、现代学习理论

了解学习理论对理解学生的学习心理具有极为重要的价值，在教育心理学的发展过程中，出现了许多不同的学习理论，这里我们主要介绍对现代学习心理学研究有重要影响的几种理论。

(一) 奥苏贝尔的有意义学习理论

奥苏贝尔(D. P. Ausubel)是美国当代著名的认知派教育心理学家,他致力于课堂教学中学生对言语材料学习的研究,并在此基础上提出了有意义学习理论。这一理论对有意义接受学习的过程与类型、知识的记忆和遗忘、学习的组织原则以及在教学中运用“先行组织者”的方法等作了详细的阐述,在教育界和心理学界享有盛誉。

1. 有意义学习

奥苏贝尔认为,所谓有意义学习,是针对机械学习而言的。它是指在学习知识过程中,符号所代表的新知识与学习者认知结构中已有的适当观念建立实质性和非人为性的联系的过程。所谓实质性联系,是指新符号或符号所代表的新知识观念能与学习者认知结构中已有的表象、有意义的符号、概念或命题建立内在联系,而不仅仅是字面上的联系。非人为性的联系,是指符号所代表的新知识与认知结构中的有关观念表象建立的是符合人们所理解的逻辑关系上的联系,而不是一种任意附加上去的联系。

任何学习,只要在新旧知识之间建立的联系是实质性的、非人为性的,都是有意义学习的过程。划分机械学习与有意义学习的两条标准是:

(1)新的知识与学生原有的认知结构是否具有实质性联系。

(2)新旧知识之间是否能形成非人为的联系。任何机械学习都不具备实质性和非人为性这两条标准。

奥苏贝尔进一步提出,进行有意义学习必须具备三个前提条件:

(1)学习材料本身必须具备逻辑意义。材料的逻辑意义是指学习材料本身与人类学习能力范围内的有关观念可以建立非人为性和实质性的联系。

(2)学习者必须具有有意义学习的心向。所谓有意义学习的心向,是指学习者能积极主动地在新知识与已有适当观念之间建立联系的倾向性。

(3)学习者的认知结构中必须有同化新知识的原有的适当观念。

奥苏贝尔认为,只有同时满足了上述三个条件,才有可能进行有意义学习。

2. 接受学习

多少年来,人们往往把接受学习作为批评的对象,认为接受学习必然是机械学习,发现学习必然是有意义学习。奥苏贝尔认为,这种看法是不正确的,实际上,有意义学习与机械学习、接受学习与发现学习是从不同的角度对学习进行的划分,这是两个互相独立的维度,我们不能简单地将发现学习等同于有意义学习,把接受学习等同于机械学习,这是毫无根据的。无论是发现法学习还是接受学习,都既有可能是有意义的,又有可能是机械的。

接受学习是在教师的指导下,学习者接受事物意义的学习。在接受学习中,所要学习的内容大多是现成的、已有定论的、科学的基础知识,包括一些抽象的概念、命题、规则等,通过教科书和教师的讲述,用定义的方式,直接向学生呈现。因此,教师给学生提供的材料应该是经过仔细考虑的、有组织的、有序列的、完整的形式,学生接受的是最有用的材料。这种接受式学习比较适合年龄较大、有丰富知识和经验的人。

3. 先行组织者

奥苏贝尔认为影响接受学习的关键因素是认知结构中适当起固定作用的观念的可利用性。因此,他提出了"先行组织者"的教学策略。所谓"先行组织者",是先于学习任务本身呈现的一种引导性材料,它的抽象、概括和综合水平高于学习任务,并且与认知结构中原有的观点和新的学习任务相关联。因此,教师在刚开始讲课时的广泛性陈述,可以帮助学生在新知识和先前的知识间建立联系。在传统教学中,学生对教材进行机械学习的主要原因在于学生在还没有具备起固定作用的先前知识时,教师就要求他们学习某种新内容。由于学生认知结构中还没有可以与新教材建立联系的有关观念,因而使得教材内容失去了意义。因此,在学习新内容时,教师要给学生提供有助于新内容理解的"先行组织者"。

(二)人本主义学习理论

人本主义心理学家马斯洛(A. H. Maslow)、罗杰斯(C. R. Rogers)等人对美国传统教育的抨击促进了人本主义心理学在教育心理学中的渗透与应用,从而推动了人本主义学习理论的形成。下面,我们从学习与教育的目的、学习的类型与过程、学习的条件三个方面对人本主义学习理论的主要观点进行阐述。

1. 学习与教育的目的

人本主义心理学认为,学习的目的和结果是使学生成为一个完善的人,一个充分起作用的人,也就是使学生整体人格得到发展。他们认为,当代最有用的学习是学习过程的学习,即让学习者"学习如何学习",学习的重点是"形成",学习的内容则是次要的。人本主义者提出,教育的目标应该是以学习者为中心,以促进学生个性的发展和潜能的发挥,使他们能够愉快地、创造性地学习和工作为目的。一句话,就是要培养积极愉快、适应时代变化的心理健康的人。

2. 学习的类型与过程

人本主义认为,根据学习对学习者的个人意义,可以将学习分为无意义学习与意义学习两大类。所谓无意义学习,是指学习没有个人意义的材料,不涉及感情或个人意义,仅仅涉及经验累积与知识增长,与完整的人无关。而意义学习,是指一种涉及学习者成为完整的人,使个体的行为、态度、个性以及在未来选择行动方针时发生重大变化的学习,是一种与学习者各种经验融合在一起的、使个体全身心地投入其中的学习。意义学习有四个特点:第一,学习涉及个人,学习者整个人包括情感与认知都投入学习活动。第二,学习是自我发起的,即使推动力或刺激来自外界。但是,要求发现、获得、掌握和领会的感觉是来自内部的。第三,学习是渗透性的,它会使学生的行为、态度乃至个性都会发生变化。第四,学习是由学生自我评价的,因为学生清楚这种学习是否满足自己的需要,是否有助于弄清他想要知道的东西。

人本主义学习理论认为,学习的过程就是学生在一定的条件下,自我挖掘其潜能,自我实现的过程,而这一过程又必然地与"自我"的形成与发展息息相关。据此罗杰斯认为,学习是一种经验学习,它以学生经验的生长为中心,以学生的自发性与主动性为学习动力。

3. 促进意义学习的条件

人本主义心理学家提出了促进意义学习的基本条件:

(1)强调以学生为中心,突出学习者在教学过程中的中心地位。人本主义心理学家认为,教师最富有意义的角色不是权威,而是"助产士"与"催化剂",注重让学生在自我指导下学习,自由地学习,就能在最大限度上促使学生从事意义学习,使学生在学习中感到自信,独立性、创造性和自主性就会得到发展。

(2)让学生觉察到学习内容与自我的关系。一个人只会有意义地学习他认为与保持或增强"自我"有关的事情,而这种相关性将直接影响到学习的速度和效果。

(3)让学生身处一个和谐、融洽、被人关爱和理解的氛围。这种氛围由师生之间逐步扩大到学生之间。在这种促进学生成长的氛围中,不仅学习更深入有效,而且会影响学生的生活。如果在学习中受到羞辱、嘲笑、辱骂、蔑视或轻视等,则严重威胁到学生的自我,威胁到学生对自我的看法,会严重干扰其学习。

(4)强调要注重从做中学。人本主义学习理论认为,大多数意义学习是从做中学的,让学生直接体验现实问题,在切身体验中学会解决问题是促进学习的最有效的方式之一;主张构建真实的问题情境,让学生面临对他们个人有意义或有关的问题。

(三)建构主义学习理论

自20世纪80年代中期以来,建构主义作为一种新的认识论和学习理论在教育研究领域产生了非常深刻的影响。

建构主义认为,人以原有的知识经验为基础来建构自己对现实世界的解释和理解。不同的人由于原有经验的不同,对同一种事物会有不同的理解。学习是积极主动的意义建构和社会互动过程。教学并不是把知识经验从外部装到学生的头脑中,而是要引导学生从原有的经验出发,建构起新的经验。下面是对建构主义基本理念的简要概括。

1. 知识观

(1)知识并不是对现实的准确表征,它只是一种解释、一种假设,它并不是问题的最终答案，相反，它会随着人类的进步而不断地被“革命”掉，并随之出现新的假设。

(2)知识并不能精确地概括世界的法则，在具体问题中，我们并不是拿来使用，一用就灵，而是需要针对具体情境进行再创造。

(3)知识不可能以实体的形式存在于具体个体之外，尽管我们通过语言符号赋予了知识一定的外在形式，甚至这些命题还得到了较普遍的认可。但这并不意味着学习者会对这些命题有同样的理解，因为这些理解只能由个体学习者基于自己的经验背景而建构起来，这取决于特定情境下的学习历程。

2. 学生观

建构主义者强调，学习者在日常生活和先前的学习中，已经形成了丰富的经验，小到身边的衣食住行，大到宇宙、星体的运行，从自然现象到社会生活，他们几乎都有自己的一些看法。所以，教学不能无视学生的这些经验，另起炉灶，从外部装进新知识，而是要把儿童现有的知识经验作为新知识的生长点，引导儿童从原有的知识经验中“生长”出新的知识经验。

教学不是知识的传递，而是知识的处理和转换。教师不单是知识的呈现者，而应该重视学生自己对各种现象的理解，倾听他们现在的看法，洞察他们这些想法的由来，以此为根据，引导学生丰富或调整自己的理解。这不是简单的“告诉”就能奏效的，而是需要与学生共同针对某些问题进行探索，并在此过程中相互交流和质疑，了解彼此的想法，彼此作出某些调整。由于经验背景的差异，学习者对问题的理解常常各异。这些差异本身构成了一种宝贵的学习资源，充分揭示了看问题的各种角度。

3. 学习观

与以往的学习理论相比，建构主义在学习观上强调学习的主动建构性、社会互动性和情境性三个方面。

(1)学习的主动建构性。

建构主义认为，学习不是由教师向学生传递知识的过程，而是学生建构自己的知识的过程；学习者不是被动的信息吸收者，而是主动的信息建构者。学习者综合、重组、转换、改造头脑中已有的知识经验，来解释新信息、新事物、新现象，解决新问题，最终生成个人的意义。

(2)学习的社会互动性。

建构主义强调，学习是通过对某种社会文化的参与而内化相关的知识和技能、掌握有关的工具的过程，这一过程常常需要通过一个学习共同体的合作互动来完成。所谓学习共同体是由学习者及其助学者(包括教师、专家、辅导者等)共同构成的团体，他们彼此之间经常在学习过程中进行沟通交流，分享各种学习资源，共同完成一定的学习任务，因而在成员之间形成了相互影响、相互促进的人际联系,形成了一定的规范和文化。

(3)学习的情境性。

建构主义者提出了情境性认知的观点,强调学习、知识和智慧的情境性,认为知识是不可能脱离活动情境而抽象地存在的,学习应该与情境化的社会实践活动结合起来。知识是生存在具体的、情境性的、可感知的活动之中的。知识不是一套独立于情境的知识符号,它只有通过实际应用活动才能真正被人所理解。人的学习应该与情境化的社会实践活动联系在一起,学习者通过对某种社会实践的参与而逐渐掌握有关的社会规则、工具、活动程序等,形成相应的知识。

三、学习策略

学习策略是衡量学生学习能力的重要尺度,也是会不会学习的重要标志。"学会学习",使学生成为一个聪明的学习者,已成为重要的教育目标。现代心理学认为,学会学习的关键是学习策略的获得和改进。在今天这样一个信息时代,学生只有掌握了有效的学习策略,才真正拥有学习的"金钥匙",成为"会学习"的人。因此,在教学过程中,教师的任务不能仅限于向学生传授知识,更重要的是要有意识地培养和训练学生掌握与使用相应的学习策略,教会学生如何学习。

(一)学习策略的含义

学习策略没有一个公认的定义,根据已有研究可归纳为三种观点:第一,学习策略是学习的程序方法及规则。第二,学习策略是学习的信息加工活动过程。第三,学习策略是学习监控和学习方法的结合。一般认为,学习策略是指学习者为了提高学习的效果和效率,有目的、有意识地制订的有关学习过程的、复杂的方案。

学习策略的运用可促使学习者提高学习的效果和效率,有效调节个人的学习行为和认知活动。一般来说,学习策略可分为认知策略、元认知策略和资源管理策略三个方面。

学习策略具有以下一些特点:

其一,学习策略是学习者为完成学习目标而积极主动使用的,具有较强的目的性和自觉性,总是与学习的效果和效率紧密相连。

其二,学习策略是学习者制订的学习计划或方案,由大量的规则、技能和方法步骤构成,可以是学习的思路与方法,也可以是具体的活动或技巧。

其三,在学习过程中,学习策略的主要作用是对学习者学习活动进行自我调节和控制,需要学习者具备一定的元认知能力。与此同时,学习策略对学习活动进行调节和控制又是以学习者的认知策略为支撑的,是通过学习方法的运用来实现的。

其四，学习策略的种类繁多，不同的学习策略针对的任务不同，对学习目标的达成具有不同的作用，使用的范围和程序也不同。

可见，凡是有助于提高学习效果和效率的程序、规则、方法、技巧及调控方式，均属于学习策略范畴。而且，学习策略不等于具体的学习方法，是学习方法的选择、组织和加工。许多学习策略具有高度的一般性。但学习策略又不能与具体的学习方法截然分开，要借助具体的学习方法表现出来。此外，学习策略是调节如何学习、如何思考的高级认知方式，是衡量个体学习能力的重要尺度，是制约学习效果的重要因素之一，是会不会学的标志。同时，学习策略还是指向人们认知目标的一种心理操作，是个体解决问题的重要组成部分，也是促进个体认知发展的重要途径。下面将重点介绍认知策略和元认知策略。

（二）认知策略

认知策略是内部组织化的技能，其功能是调节和控制概念与规则的应用。认知策略在学习策略中起着核心的作用，认知策略的改进是学习策略改进的原因。认知策略主要包括复述策略、精细加工策略和组织策略。

1. 复述策略

复述策略主要用于记住和保持学习材料。由于短时记忆容量有限，必须采取复述的方式，即对信息进行反复重复才能将信息较长时间地保持在短时记忆中，并进入长时记忆。促进信息保持的复述策略非常多，如抄写、有意识地记、大声重复关键词、尝试背诵、一字不落地记笔记等。

复述通常是学习过程中必不可少的环节，但复述策略仅仅是一种识记策略，与其他学习策略相比，它的作用仅仅是保持信息，因而是一种较低水平的信息加工策略。只有配合其他一些能有助于学习者组织和整合信息的学习策略，才能更好地记住和掌握学习材料。这些策略就是精细加工策略。

2. 精细加工策略

精细加工策略是学习者主动把所学的新信息和已有的知识联系起来，增加新信息的意义，从而促进新知识的记忆和理解的深层加工策略。研究发现，学习者对材料加工得越细致、越深入，对知识的掌握就越牢固。当学习材料本身的意义性不强时，通过应用精细加工策略，可以人为地赋予它某种意义，以促进记忆，这类精细加工策略常常被称为记忆术。当学习材料本身的意义性较强时，也可以利用精细加工策略，进一步加深对材料的理解。下面了解一些常用的精细加工策略。

（1）记忆术。

①位置记忆法。位置记忆法是一种传统的记忆术。所谓位置就是在学习者的记忆仓库中准备好一系列位置固定的“货架”，当识记一系列材料时，如名词、短语、事物等，可以按顺序往货架上存放，以保证提取时有条不紊。

②谐音联想法。在记忆一些无意义的材料，如数字、地名、历史年代时，运用材料的谐音进行联想，往往容易记住一些枯燥的东西。比如，光速是每秒29.979万公里，有的学生要准确记住，就可用谐音联想"二酒、碘酒、汽酒"来记。运用谐音联想法时应注意，把无意义的系列材料赋予意义的同时，尽量将其转化为视觉表象，以使记忆中的材料内容生动形象，便于提取。

③歌谣口诀法。歌谣口诀法是利用音韵和节奏，把零散的、枯燥的信息编成口诀，使之合辙押韵，朗朗上口，便于记诵。比如，有的教师为了让学生能够区分"烧、浇、晓、绕、挠、翘、饶"，把这些字编成了一段歌谣："用火烧，用水浇，东方日出是拂晓，左边绞丝弯弯绕，换上提手是阻挠，右边加羽尾巴翘，丰衣足食才富饶。"在编制歌诀时，最好自己动脑筋，自己创造的东西才会印象深刻。

④语义联想法。通过联想，将要记忆的新材料与已有的旧知识联系在一起，从而赋予新材料更多的意义。实际上就是在理解的基础上，把旧知识当做"衣钩"来挂住所要记忆的新材料。例如，爱因斯坦的同事告诉他一个电话号码24361，并说不怎么好记，爱因斯坦说："这有什么难的，不就是两打加19的平方吗。"这就是运用联想帮助了记忆。

(2)意义学习中的精细加工策略。

记忆术主要是针对学习材料本身缺乏意义或内在联系时所采用的加工策略，而在意义学习中，精细加工策略主要指通过分段、总结段意、使用类比方法、回答问题、摘录、写提要、记笔记等方法对所学习的内容进行去粗取精、删繁就简、提炼关键信息。其中，记笔记是阅读和听讲中用得较为普遍的精细加工策略。研究表明，学生借助笔记可以有效地监控自己的学习过程，有助于发现新知识，建立新旧知识之间的内在联系，有利于知识的概括、总结。美国康奈尔大学的研究者曾总结出一种有效的笔记方法，称为5R笔记法，又名康奈尔笔记法。

3. 组织策略

组织策略即根据知识经验之间的内在关系，对学习材料进行系统、有序的分类、整理和概括，使之结构合理化。应用组织策略可以对学习材料进行深入的加工，进而促进对所学内容的理解与记忆。该策略侧重于对学习材料的内在联系的建构，更适用于那些需要深入理解与思考才能把握内在深层意义的学习材料。常用的组织策略有列提纲、作系统结构图等。

(1)列提纲。

列提纲就是用简要的词语、短句将整个材料内容的核心思想及其有关细节以简明、扼要的形式表现出来，使之具有内在的逻辑关系，取到纲举目张的效果。例如，历史教学中，秦末农民战争的原因可以概括为：①税多；②役多；③法酷。

(2)作系统结构图。

这一策略就是通过对零散、个别的项目、单元进行分类与排列，将其归为不同水平或不同部分,一般是把复杂信息整理成一个金字塔式的层次结构,以便于理解和记忆。

(三)元认知策略

元认知就是对认知的认知,即个体对自己的认知过程和结果的意识与控制。近年来,人们越来越关注元认知在学习和学会学习中的作用,如何发展和培养学生的元认知能力已成为学习策略研究和应用的重要内容。元认知策略是对认知活动的全过程进行指导、监控与调节的高级学习策略。元认知策略又具体分为三种:

1. 计划策略

计划策略就是根据认知活动的特定目标,在一项认知活动之前计划各种活动、预计结果、选择策略、想出各种解决问题的方法,并预估其有效性。计划策略具体包括设置学习目标、了解目前具备的学习条件、产生待回答的问题以及分析如何完成学习任务。成功的学生在开始执行学习任务之前,就会估计任务的难度、预测完成任务大约需要多长时间,完成这项任务将会遇到哪些困难,在遇到困难时如何解决等,这些估计和预测实际上是学习者在运用自己的计划策略,为学习活动作积极准备。

2. 监控策略

监控是在认知活动进行的实际过程中,根据认知目标及时评价、反馈认知活动的结果与不足,正确估计自己达到认知目标的程度、水平;并且根据有效性标准评价各种认知行动、策略的效果。监控策略包括学习时控制自己的注意,对学习材料进行自问自答,考试时监控自己的速度和时间分配。监控策略使学习者警觉自己在注意和理解方面可能出现的问题,以便找出来,加以修改。学习一份材料时,成功的学习者通常能够意识到自己哪里懂了,哪里还不懂,如果自己还不懂,问题出在哪里?是把握的信息不够,还是方法或策略不得当,等等。

3. 调节策略

这一策略是根据对认知策略的效果的检查,如发现问题,则采取相应的补救措施,及时修正、调整认知策略。元认知调节策略与监控策略有关。例如,当学习者意识到他不理解材料的某一部分时,他们就会退回去读困难的段落或者寻找其他线索,如图、表、索引等来帮助理解;在阅读困难或不熟的材料时放慢速度;测验时跳过某个难题,先做简单的题目等。调节策略能帮助学生矫正他们的学习行为,补救理解上的不足。

元认知策略总是和认知策略一道起作用的。如果一个人没有使用认知策略的技能和愿望,他就不可能成功地进行认识、计划、监视和自我调节。认知策略是学习内容材料必不可少的工具,有助于我们将新信息与已知信息整合在一起,并且存储在长时记忆中。元认知策略则监控和指导认知策略的运用,有助于我们估计学习的程度和决定学习的过程。我们可以教学生使用许多不同的策略,但如果他们没有必要的元认知策略来帮助他们决定在某种情况下使用哪种策略或改变策略，那么他们就不是成功的学习者。

（四）学习策略及其教学

随着认知学习理论的发展，人们越来越认识到，有效的学习者应当是一个积极的信息加工者，他能使用各种不同的策略来存储和提取信息，努力使学习环境适应自己的需求和目标。使学生学会学习、成为高效学习者的前提就是要掌握并且会使用有效的学习策略。实践证明，学习策略是可教的而且是可以迁移的，只要依据科学的原则，采用合理的训练方法，教师在帮助学生掌握知识的同时，也能将其培养成高效的学习者。

1. 合理选择教学模式，把策略教学与学科知识教学相结合

单纯的策略教学虽然有助于学生了解、掌握系统的学习策略，但容易让学生停留于策略本身，只记住一些“僵化”的教条，不能将其主动运用于具体知识领域的学习。合理的策略教学模式是先把一般性学习策略及使用条件教给学生，如前面介绍的复述策略、精细加工策略和组织策略等，在此基础上，再与具体的学科内容结合起来，从各学科特点出发，使一般学习策略具体化、学科化，甚至创设一些学科学习策略。在教学中，教师要善于不断探索优化教学步骤，为学生提供可供仿效的活动程序和一定的练习机会；同时要根据学生原有的学习方式和基础来启发学生的思路，让他们有意识地内化有效的学习策略。

2. 营造良好的学习氛围

研究表明，强调掌握自主与合作的学习气氛有助于促进学生使用深加工策略和适宜的资源管理策略，而在强调竞争、超越他人，服从教师指令的学习环境中，学生更多地运用表层加工策略。因此，教师应积极创设良好的学习氛围，引导学生注重新技能的获得、对学习内容的把握和理解以及自己能力水平的提高。

3. 提高学生使用策略的自我效能感

自我效能感是指人对自己是否能够成功地进行某项活动并完成任务的主观判断，即人对自己行为能力的推测。如果学生相信只要自己使用适当的策略就能有效地促进学习，他们就会有意识地运用更多的学习策略。因此，教师一方面要教给学生大量可供选用的学习方法和技能，另一方面要给学生创造机会使他们感觉到策略的效力，体验到使用策略学习的乐趣和收获，从而积极寻求、思考和使用策略。

4. 激发和维持学生的学习动机

学习动机影响着学习策略的掌握和运用，如果学生没有强烈的要求改变自己认知过程的愿望，是很难提高其学习策略运用水平的。有关研究发现，无论外部动机还是内部动机都有利于学习策略的运用。内部动机强的学生，对学习活动本身有很大的兴趣，他们会主动寻求积极的学习方法，用以加深对知识的掌握

和理解,从而促进学习策略的掌握和运用;外部动机强的学生期望赢得家长、老师的赞许、表扬,获得各种荣誉称号等,也会促使学习者注重掌握正确的学习策略。不过从长远来看,深层、稳定的学习动机更有助学生有强烈的兴趣去主动使用高水平的学习策略。

5. 指导学生监控学习策略的使用

在学习过程中,学习者只有对自己应用策略的情况进行监控并及时地调整、建构新的策略,才能保证策略的有效运用。指导学生使用策略监控的具体做法很多,最常用的方法是自我提问法。使用自我提问法,首先要制订一个有效地应用学习策略的"问题单"。教师起初要指导学生借助问题单不断自我提醒,当学生运用熟练后,就可以自动化地实现有效的策略监控。

第二节　学习动机培养

一、学习动机的概述

(一)学习动机

学习动机是指直接推动学生进行学习活动的内部心理力量。它包括两个基本成分:学习需要和学习期待,两者相互作用形成了学习的动机系统。

1. 学习需要与内驱力

学习需要是指个体在学习活动中感到有某种欠缺而力求获得满足的心理状态。它表现为学习的愿望和意向,包括学习的兴趣、爱好、求知欲和学习的信念等。当个体的学习需要没有得到满足时,就会产生相应的内驱力,促使个体去从事满足学习需要的行为活动。一旦个体的学习需要得到满足,内驱力就降低,学习的动机和行为也就减弱和停止。可见,需要与内驱力基本上是同义的,学习需要就其作用而言即为学习的内驱力。

2. 学习期待与诱因

学习期待是指个体对学习活动所要达到目标的主观估计,是学习目标在个体头脑中的反映。诱因则是指能够激起有机体的定向行为,并满足有机体需要的刺激或情境。根据性质的不同,诱因又可分为正诱因和负诱因两种。前者是个体趋向的目标,如食物、水、奖励、名誉、地位等;后者是个体回避的目标,如危险、灾难、惩罚等。学习期待是静态的,而诱因则是动态的,它将静态的期待转换成目标,因而,学习期待就其作用来说即为学习的诱因。

学习需要和学习期待是学习动机的两个基本成分,两者密切相关。学习需要是个体从事学习活动的最根本动力。学习期待则指向学习需要的满足,促使个体有更强的动力去达到目标,因而也是学习动机结构中必不可少的成分。

(二)学习动机与学习效果的关系

学习动机与学习效果之间的关系十分复杂,综合已有研究,可将二者之间的关系概括如下:

1.学习动机提高学习效果

这一点已经得到大量研究的证实。但动机对学习的促进作用并不是直接的,而是通过一些中介机制间接地起增强与促进学习的效果,其作用具体表现在:(1)唤醒学习的情绪状态。它可引起如好奇、疑惑、喜欢、兴奋、紧张或焦虑乃至冲动等情绪。(2)加强学习的准备状态。易于激活相关背景知识,降低在学习过程中对事物的知觉和反应阈限,缩短反应时间,从而提高学习效率。(3)集中注意力。即将学习活动指向认知内容和目标,克服无关刺激的影响。(4)提高努力程度和意志力。延长学习时间,加大心理投入,遇到困难甚至失败时坚持不懈,直到达到学习目的。因此,学习动机是有效学习不可缺少的因素,对学生有意义学习是十分重要的。也正因为如此,几乎所有的教师都十分注重培养和激发学生的学习动机。

2.学习效果反作用于学习动机

学习动机影响学习效果,但这种影响关系并非是单向的。奥苏贝尔就明确指出:"动机与学习之间的关系是典型的相辅相成的关系,绝非一种单向性的关系。"动机推动学习,学习又能产生动机,二者相互关联。因此,教师在强调动机对学习的重要作用的同时,也应看到所学的知识反过来又可以增强学习的动机。对于那些尚无学习动机或者学习动机不高的学生,教学最好的办法就是致力于有效地教他们掌握有关知识,让他们获得成功的体验。学生尝到了学习乐趣,就有可能产生或者增强学习动机。

3.学习动机与学习效果具有不一致性

尽管动机确实可以提高学习效果,但这并不意味着高水平的学习动机总能导致好的学习效果。造成学习动机与学习效果之间的这种不一致性的原因有二:

其一,动机本身的强度过高。一般认为,动机水平增加,学习效果也会提高,但有研究表明,过强的学习动机和过弱的学习动机一样降低学习效果。因为动机过于强烈,会使个体处于高度的紧张和焦虑状态,致使注意和知觉的范围缩小,思维受到抑制,给学习造成不良影响。在重要的考试中常有人发挥失常即与此有关。就一般而言,最佳动机水平为中等强度。

其二,其他影响因素的制约。学习动机只是影响学习效果的众多因素之一。除了动机之外,学生的知识基础、智力水平、学习策略、学习习惯、个性特点、健康状况以及教师的指导等都会对学生的学习效果产生重要影响。因此,在日常教学中,会出现这样的现象:有的学生学习动机水平较高,但学习成绩却不理想。

这就提醒教师,在教学中,培养和激发学生的学习动机固然是重要的,但也要注意改善各种主客观条件。只有这样,才能保持动机与效果的一致性。

(三)学习动机理论

不同流派的心理学家分别从各自不同的角度出发,提出了对学习动机的不同理解。下面介绍几种主要的学习动机理论。

1. 强化理论

行为主义心理学家用强化来解释动机的产生。在他们看来,由于强化可以增加行为重复出现的可能性,而不断强化可以使这种联结得到巩固和加强。那些在学习中受到强化(赞许、奖品、给予权利、高分数等)的学生将会产生进一步学习的动机;没有受到强化的学生将缺乏学习动机;受到惩罚(训斥、嘲笑、给予低分数、剥夺权利)的学生,则可能逃避学习。

这种观点在教育活动中的应用,就是要采用奖赏、赞扬、评分、等级、竞赛等各种外部手段激发学生的学习动机。但是,由于过分强调引起学习行为的外部力量,忽视甚至否定人的学习行为的自觉性和主动性,因此,这一学习动机理论存在较大的局限性。

2. 需要层次理论

需要层次理论是人本主义心理学理论在动机领域中的体现,其提出者马斯洛(A. H. Maslow)认为,人的需要由低到高分为七个层次:①生理需要;②安全需要;③归属和爱的需要;④尊重需要;⑤认知需要;⑥审美需要;⑦自我实现的需要。各层需要只有低一层需要获得满足之后,高一层的需要才会产生。

马斯洛把较低的前四层需要称为缺失需要,较高的后三层需要称为成长需要。缺失需要是由于生理或心理上有所缺失产生的,对生理和心理的健康是很重要的,必须得到一定程度的满足。但一旦得到了满足,由此产生的动机就会消失。成长需要则不同,它是在低层需要得到基本满足的基础上产生的,但其强度并不随需求满足而减弱,反而因此获得增强。也就是说,在成长需要的推动下,个体所追求的目标是无限的。无论求知还是审美,都是永无止境的。根据马斯洛对于动机的这一理解,教师首先要关心学生的缺失需要,使学生感到有安全感和自尊感。当这些基本需要适当满足后,则应充分相信自己的学生。他们天生有学习、求知和实现自己价值的愿望,关键是要善于引导,使其充分发挥出自己的潜能。

3. 成就动机理论

所谓成就动机,是激励个人乐于从事自己认为重要的或有价值的工作,并力求取得成功的内在驱动力。成就动机的主要代表人物是阿特金森(J. W. Atkinson)。他认为,个体的成就动机由力求成功和避免失败两部分组成。根据这两部分在个体的动机系统中所占的相对强度不同,可以将个体分为力求成功者和避免失败者。力求成功者的动机成分中力求成功的成分多于避免失败的成分,他们旨在获取成就,并且最有可能选择成功概率为50%的任务,因为这样的任务给他们提供了最大的现实挑战性。那些根本不可能成功或稳操胜券的任务反而会降低他们的动机水平。避免失败者的动机成分中避免失败的成分多于力求成功的成分,他们旨在避免失败,因此倾向于选择容易的任务,以使自己免遭失败;或者选择极其困难的任务,这样即使失败,也可为自己找到适当的借口,减少失败感;而对于成功概率为50%的任务,他们则会采取回避态度。

根据这一理论,在学校教育中,一方面,应对不同成就动机水平的个体安排不同的情境和难度不同的任务以充分调动其积极性。例如,对力求成功者,应当提供新颖且有一定难度的任务,安排竞争的情境来激发他们的学习动机;对避免失败者则应尽量提供那些能使其取得成功的任务,要安排少竞争或竞争性弱的环境,等等。另一方面,由于力求成功的动机比避免失败的动机具有更大的主动性,因此,对学生还应增加他们力求成功的成分,使他们不以避免失败为满足,而以获取成功为快乐,这样才能真正调动一个人的积极性。

4. 自我效能感理论

自我效能感是指人们对自己能否成功地完成某一成就行为的主观判断。这一概念最早由班杜拉(A. Bandura)提出,他把自我效能感作为人类动机过程的一种重要的中介认知因素看待,并用它解释人类复杂的动机行为。

班杜拉认为,人的行为的出现不是由于随后的强化,而是由于人认识了行为与强化之间的依赖关系后,形成对下一步强化的期待。班杜拉把期待分为两种:一种是传统意义上的结果期待,另一种是效能期待。所谓结果期待,是指人对自己的某一行为会导致某一结果的推测。所谓效能期待,是指人对自己行为能力的主观推测。它意味着人是否确信自己能够成功地进行带来某一结果的行为。当人确信自己有能力进行某一活动时,他就会产生高度的"自我效能感",并会去进行那一活动。例如,学生不仅知道注意听讲可以带来理想的成绩,而且还感到自己有能力听懂教师所讲的内容时,才会认真听课。在两种期待中,班杜拉十分强调效能期待,即自我效能感对人们行为的调节作用。

在学校教育中,学生的自我效能感一经形成,将对他们的行为产生极为深刻的影响,主要体现在:(1)决定人们对活动的选择。高自我效能感的个体倾向于选择富有挑战性的任务,而低自我效能感的个体往往采取拖延、试图回避的方式来处理困难的任务。(2)影响个体的努力和对待困难的态度。个体的自我效能感越强,其努力越具有力度,越能够坚持下去。有很强的自我效能感的个体会以更大的努力去迎接挑战。(3)影响个体的思维模式和情感反应模式。自我效能感低的个体在与环境作用时,会过多地考虑个人的不足,将潜在的学习困难看得比实际更严重。这种思想会产生心理压力,使其将更多注意力转向可能的失败和不利的结果,而不是如何有效地运用其能力实现目标。有充分自我效能感的个体则将注意力集中于情境的要求上,并被障碍激发出更大的努力。

5. 归因理论

归因是人们对自己或他人行为结果的原因的知觉或推断。美国心理学家韦纳(D. Weiner)在总结前人研究的基础上提出了系统的成就归因理论。他认为,能力、努力、任务难度和运气是人们解释成败时知觉到的四种主要原因,并将这些原因分为内外源、稳定性和可控性三个维度。所谓内外源是指所知觉到的原因是个人因素(如能力、努力)还是环境因素(如任务难度、运气);所谓稳定性是指所知觉到的原因是稳定的(如能力)还是不稳定的(如努力、任务难度、运气);所谓可控性是指所知觉到的原因是个人自身能控制的(如努力)还是不能控制的(如能力)。上述每个维度都具有特定的心理意义,分别与期望、情感相联系,成为后继行为的动力。具体而言:

第一,稳定性维度与期望有关。把成功归于稳定的原因将保持高成功期望,归于不稳定的原因则很少增强成功期望;把失败归于稳定的原因将保持低成功期望,归于不稳定的原因则能增强成功的期望。

第二,内外源、可控性维度与情感有关。其中,内外源维度影响自豪与自尊的情感。例如,把成功归于自己比归于外部可以导致更高的自尊和自豪感;把失败归于自己比归于外部更容易产生低自尊甚至自卑感。可控性维度则与内疚、惭愧等情绪体验相联系。例如,把失败归于可控性因素(如努力)则感到内疚,归于不可控因素(如能力)则感到惭愧。

可见,不同的归因方式会产生不同的效果。教学中教师要帮助学生积极归因,因为积极的归因有助于个体保持成功的高期望和积极情绪,从而提高动机水平。与之相反,消极的归因则易降低个体的成功期望,使个体体验到消极的情绪,并降低个体的动机水平。如果一个学生长期处于消极的归因心态,如总是把失败归因于缺乏能力这样内部的、稳定的不可控因素,则会有碍于人格成长。这种不利的归因方式将使其对未来丧失信心,悲观失望。

二、学习动机的激发和培养

培养和激发学生的学习动机不仅是实现教学目标的前提,其本身也是教育的重要目标之一。心理学家关于动机的研究为如何培养与激发学生的学习动机提供了坚实的理论基础。下面分别从内部动机和外部动机两个角度探讨相关的培养措施。

(一)内部动机的激发与培养

1. 激发学生的兴趣和求知欲

(1)注意教学内容和方法的新颖性。

低年级学生的学习兴趣还不稳定,比较笼统、模糊,易对学习过程的形式感兴趣并从中得到满足,任何新颖的、形象的、具体的事物都会引起他们极大的兴趣。因此,小学课堂教学更应注意教学方式灵活多样、教学内容生动活泼以及教具的新颖具体。例如,可以采用图画、幻灯、录像、实验演示、游戏等多种形式来培养学生浓厚的学习兴趣。尤其是随着计算机的普及,各种教育软件将在激发学生的兴趣和动机方面发挥越来越大的作用。

(2)创设问题情境,激发学生的求知欲。

高年级学生的学习兴趣开始明显分化并趋向稳定,兴趣的范围也不断扩大,开始注重学习的内容。那些复杂的疑难问题、能引发较高的智力活动的内容常常吸引着他们的注意。与此同时,和学习形式相关的直接兴趣则相对减少了。因此,对中学生的教学就不能仅仅满足于教学方法的生动活泼,而应注意从教材内容中挖掘深度,提出能引起他们积极思索的问题,激发其求知欲。"创设问题情境"就是一条有效的途径。

创设问题情境就是在讲授内容和学生的求知心理之间制造一种"悬念",将学生引入一种与问题有关的情境中。创设问题情境时应注意问题要新颖有趣,有适当的难度,有启发性,善于将要解决的课题寓于学生实际掌握的基础知识中,造成心理上的悬念。

(3)利用原有动机的迁移。

当学生没有明确的学习目的,缺乏学习动力时,教师可利用学习动机的迁移,因势利导地把学生已有的对其他活动的兴趣转移到学习活动中来。在运用动机迁移原理时,教师必须让学生感受到原有活动与新的学习内容之间的密切关系,从而激发学生学习新知识的动机。

2. 增强学生自我能力的信念和自我效能感

自我能力的信念是动机系统的核心成分,只有当人们感到自己能够胜任某些活动,认为自己在这些方面是有能力的,才会产生对这些活动的内在动机。因此,培养对自我能力的信念是激发与维持学生内部动机的根本策略之一。

(1)让学生获得成功的体验。

要培养学生自我能力的信念,就需要教师为学生创设更多的成功机会,让学生在学习活动中,通过成功地完成学习任务、解决困难来体验和认识自己的能力。实践证明,以下措施对学生是有效的:为学生设置明确、具体和可以达到的目标;让学生根据自己的实际水平开始某项新的学习任务;强调学生从自身的进步中体验成功。

(2)观察学习能力相近者的成功行为。

当一个人看到与自己水平差不多的示范者取得成功,就会增强自我效能感,认为自己也能完成同样的任务。同时,学习者也可以从示范者的表现中学到有效的解决问题的策略或方法,这对自我效能感的建立也会发生作用。

(3)进行归因训练。

如前所述,归因影响自我效能信念,许多学生学习差正是由于把失败归因于能力不足,导致对学习失去信心,并丧失了进一步学习的动力。因此,通过归因训练改变其不良的归因模式,有助于提高其自我效能感,增强学习动力。

积极的归因训练有两层含义,一是"努力归因",引导学生将学习成败归结于努力程度的结果。这样,当学习困难或成绩不佳时,学生不会因一时的失败而降低对将来成功的期望,而是通过更大的努力去争取成功。二是"现实归因",针对一些具体问题引导学生进行分析,帮助学生了解除了努力之外,还有哪些其他因素影响着学习成绩。"现实归因"之所以必要,是因为在任何时候都进行"努力归因"显然是不合适的,有些学习上的问题仅仅依靠增大努力无济于事,相反,如果更大的努力仍然不能够带来进步,学生就会陷入更大的无助感之中。研究表明,当学生学习失败时,使他们归因于学习方法更能够提高学习积极性。因为这样的归因一方面可以使学生继续努力,另一方面又会使他们考虑如何加强认知技能、掌握正确的学习方法和使用各种策略,做到巧学、会学。

3. 发展学生的自主性和责任心

有经验的教师能通过给予学生自主性,把他们引导到自己特别喜欢且值得学习的事情上。下面三种特定的教育行为有助于提高学生的自主性和责任心。

(1)允许和鼓励学生作出选择。

教师在布置学习任务时应给予学生选择的机会,允许学生选择达到学习目标的方法,鼓励学生评价自己的学习等。这不仅满足了学生的自我决定需要,而且也给学生更多的个人责任感。

(2)帮助学生管理自己的课堂行为。

支持自主性的课堂并非不需要课堂管理,但与控制性课堂从外部向学生施加约束和限制不同的是,支持自主性的教师可能会花更多的时间来帮助学生学会自我管理。为了达到这个目标,首先,让学生更多地投入课堂规则的制定;其次,用较多的时间让学生反思需要某些规则的原因以及他们不良行为的原因;再次,给学生机会考虑他们将如何计划、监视和调节自己的行为;最后,让学生回顾一下课堂规则,提一些必要的修改建议。

(3)采用非控制性的、积极的反馈。

学生并非天然成熟的学习者,因此,支持自主性的课堂也难免产生问题。当学生表现不佳或者行为不恰当时,教师应该把这些不好的表现或行为当成需要解决的问题,而不是批评的对象,应尽可能地使用积极的反馈而不是消极的批判性反馈。

4. 引导学生确立学习目标

毫无疑问,与那些试图通过成绩表现自己能力的学生相比,那些致力于知识的理解和掌握,关注自身能力提高的个体更容易受内部动机的激发,学习的自主性更强。因此,教师应让学生明白学习的目标是掌握知识,而不是获得分数。为此,教师可以通过控制课堂教学的诸方面来鼓励学生采用这一适应性目标。前面陈述的培养与激发内部动机的措施都是有利于学习目标定向的,除此之外,最重要的可能就是要进行合理的形成性评价。

学生们如何被评价是影响其成就目标取向的最突出因素之一。传统的评价常常是单一的总结性评价,即给学生打分,评判学生的成绩和不足,将学生置于与同伴比较地位,使得学生把大量的时间和精力花在比较和关心他人的分数上,而不是关心任务本身,这显然是一种成绩目标导向的评价。关注评价的信息反馈功能而不是社会比较功能的评价,则更多的是针对学生在学习过程中使用的学习策略、所取得的进步情况等进行形成性评价,分阶段、视具体情况为学生提供有关学习优点和缺点的有用信息。在这种评价方式下,学生关注自己对学习任务的掌握状况以及是否取得了进步、提高,并且更能从自身的不断进步中增强能力感,从而巩固学习目标定向。

5. 培养学生的成就需要

成就需要是学习动机的基础,是推动个体学习的直接动力。马斯洛的需要层次理论认为,力求成功和实现自我价值是每一个个体都具有的高级需要,但必须以爱和自尊等低级需要的满足为前提。如果学生感到自己不被老师所喜欢,不被同学所认可和接纳,他们就不可能有强烈的动机去实现较高的目标。因此,对班级中那些受到忽视、成就感较差甚至自暴自弃的学生,激励其学习的前提就是,教师改变原先的不良态度,给予他们足够的关爱和尊重。有些教师在这些方面做得特别好,他们很善于捕捉这些学生身上的闪光点并加以发扬,从而有效地激发和培养了学生的成就需要。这些教师的成功经验值得借鉴,因为只有当学生感到自己被理解并受到尊重时,他们才会渴望学习并力图获得成功。

(二)外部动机的激发和培养

关于外部动机的激发与培养措施主要来自于行为主义动机理论。根据这一理论在学校教育中,应通过奖惩、反馈、竞争等外部手段来激发学生的学习动机。

1. 合理奖惩

对正确的行为进行表扬和奖励,对错误的行为进行批评和惩罚,这是中小学教师最常用的激发学生外部动机的方法。总的说来,无论表扬和批评都可以激发学生的学习动机。但研究表明,一次表扬和一次批评,对加强学生的学习动机同样有效,而继续使用表扬与批评,则前者的效果优于后者。

(1)有效奖励。

尽管表扬和奖励的效果得到了肯定,但这并不意味着教师可以滥用奖励。因为外部奖励使用不当,可能会损害学生原有的宝贵的内部动机。为了使外部

奖励有助于引发和巩固学生的内部动机,发挥积极的作用,教师在使用表扬、奖励等强化手段时必须注意:

第一,奖励必须针对学生不感兴趣但需要完成的任务。当学生对学习有明显的浓厚兴趣时,教师完全不必进行外部奖励。因为此时施加外部奖励,很有可能会使学生把注意力集中在奖励而不是任务本身上,从而削弱其活动的内部动机。而当学生对活动缺乏明显的兴趣时,奖励则可以在某种程度上增加其对该任务的兴趣,使学生表现出完成任务的行为并通过在活动中不断的成功而增强行为的动机。

第二,奖励要针对真正的进步与成就。奖励不是目的,而是辅助性评价,给予奖励意味着对个人学有成效的肯定。当学生取得了进步与成就时,恰如其分的适时奖励,可以增加学生的胜任感,从而持久地激励其学习。反之,如果不加区分地进行奖赏,有时非但无助于增强动机,反而可能损害学生的动机。试想,当学生完成了一件极其容易的任务时,教师大张旗鼓地进行表扬,会有什么效果?对学生来说,教师的这种行为无异于一种惩罚,因为如此特别的表扬恰恰传递了一个信息,他的能力是低下的。

第三,尽可能采用社会性而非物质性的奖励。与物质性奖励相比,社会性奖励(如微笑、关切的目光、赞赏等)不仅更容易增强学生的内部动机,而且伴有情感色彩的鼓励和赞扬还可以加强师生之间的情感联系。所以,教师应多采用社会性奖励。

第四,奖励要针对学生的年龄特征。不同年龄的学生,能够激发他们学习的事物也不尽相同。对低年级学生,可能一颗红星、一朵小红花就是有效的强化物,而高年级学生则可能觉得在期末的总评分中加分较有价值。因此,必须对不同年龄的学生提供相应的有力的强化刺激和事件。

(2)合理惩罚。

惩罚通过给学生带来消极体验而遏制不良行为的再次出现。尽管它不一定能保证学生出现好的行为,但毕竟能抑制不良行为,削弱产生同类行为的动机。但值得注意的是,惩罚不是正面教育,必须谨慎使用。

2. 及时反馈

反馈就是让学生了解自己的学习结果。这种信息不仅可对学习活动本身起检验、核对、调节作用,而且让学生了解自己的学习活动的进展情况,本身就是一种巨大的推动力量,会激发学生进一步学习的愿望。学生在了解学习结果后,可以看到自己的进步,提高学习热情,增强努力程度;同时又能看到自己的不足,激发上进心,克服缺点,争取更好的成绩。如果学生在很长的时间之后,仍不能知道自己的进展情况和所取得的成就水平,则不能指望学生会继续保持巨大的学习热情。研究发现,反馈在学习上的效果是很显著的,尤其是每天及时反馈,效果更佳。此外,反馈还应尽可能全面、有针对性,这样可以让学生准确了解自己学业的进展情况及取得的成就,从而受到鼓舞和激励。

3. 适当开展竞赛

竞赛常常被看成是激发学生学习积极性的一种有效手段。因为竞赛可以极大地激发学生的好胜心和求知欲,增强学生的学习兴趣和克服困难的毅力,所以多数人在竞赛情况下学习和工作的效率会有很大的提高。而且,通过竞赛还可获得对自己能力比较实际的估计,较好地发现自己的不足和尚未显现出来的潜力,这也可以起到促进动机、提高成绩的作用。

然而,竞赛也有消极作用。过多的竞赛不仅会失去激励作用,还会造成紧张气氛,加重学生负担,有损学生身心健康。有些人在竞赛情况下反而学得更差,这或是因为他们被刺激过多而超出承受力,或是因为失败而丧失信心和兴趣。为了克服竞赛的负面影响,教师在组织竞赛的过程中应尽可能做到:①按能力分组,使更多的学生有获胜的机会;②按项目分组,使不同特长的学生有施展才华的机会;③鼓励学生自我竞赛,使学生通过与过去比较,从现在的进步中获取学习的动力。

第三节　品德的形成与培养

一、品德与品德的心理结构

(一)品德的概念

品德即道德品质,是指个体按照社会道德准则行动时,对社会、对他人、对周围事物表现出来某些稳定的心理特性或倾向。一个人的品德是通过与道德有关的态度、言论以及一系列的行为举止反映的,是社会道德在个体身上的具体表现。中小学生的品德具体体现在热爱祖国、热爱劳动、热爱科学、勤奋学习、助人为乐、遵守纪律、爱护公共财物等方面。

品德不是天生的。新生儿无品德可言。儿童最初的品德是在社会生活条件影响下,在与人们的交往过程中,通过自发性的观察和模仿产生的;再经由周围成人给予肯定或否定的强化而固定下来。在校学生品德的形成和发展,主要是由学校和家庭根据社会道德要求,施以有目的、有计划的教育影响,通过学生接受社会性的教育,使社会道德要求内化为自身的道德需要,并以此支配行为而实现的。

品德和道德是两个既有密切联系又有严格区别的概念。说它有联系,是因为品德是道德在个体身上的表现,离开道德就谈不上个人的品德;社会道德也只有通过个体品德才能真正地发挥作用,个人品德在某种意义上也构成并影响着社会道德的面貌或风气。说它有区别,第一,两者研究的范畴不同。道德是社会现象,是人们行为的规范和准则,是伦理学的研究对象。品德则是社会道德规范在一个人身上的具体体现,是个体现象,是教育学、心理学研究的对象。第二,两者的形成和发展的条件不同。道德的形成与发展受社会发展规律的制约,不以个人品德有无为转移,具有明显的社会历史性和阶级性。品德的形成与发展不仅受社会的制约,还受个体生理、心理活动的制约。所以,尽管有相同的社会、社会阶层、教育环境,但每个学生的品德行为表现也可能不一致。第三,道德与品德的内容也不尽相同。道德是一定的社会伦理行为规范的完整体系,品德只是道德的部分表现。

(二)品德的心理结构

品德与其他的心理现象一样,是多层次、多水平的有机统一整体,是多种内在的心理因素交互作用的综合。深入剖析品德的心理结构,有助于了解品德的形成过程和发展规律。

1. 品德的心理成分

(1)道德认识是对道德规范及其执行意义的认识。道德认识的结果是形成道德观念和道德原则,并能运用这些观念和原则判断他人行为的是非善恶,调节和控制自己的行为。

道德认识是道德品质的基础。第一,它是道德情感产生的依据。对现实中的各种事件或行为,人们的认识不同,产生的情感也不同。当表现出自己所认同并力图维护的道德观念时,人们会产生积极的情感,否则,会产生消极的情感。第二,道德认识也是道德意志产生的依据。它构成了道德意志的理智成分,离开道德认识,道德意志就无从谈起。第三,道德认识对道德行为具有定向的作用。它与道德情感、道德意志结合在一起调节道德行为。只有在道德认识的基础上,人们才能够分析和认识道德情境,依据一定的道德观念有选择地接受外部影响,调节行为,确定行动的方向,遇事知道为什么做和如何做。

(2)道德情感是伴随着道德认识而产生的一种内心体验。它可以表现为人们根据道德观念来评价他人与自己的行为时产生的内心体验,也可以表现为人们在道德观念的支配下采取行动的过程中所产生的内心体验。例如,对一些模范人物的钦佩,对自己过失行为的羞愧,在做好事时所感到的自豪与满足,这些都是道德情感。

道德情感会影响道德认识的形成,那些引起人们情感上共鸣的道德观念会被人们所接受并用来指导行为。道德情感还会影响道德行为的强度,成为推动行为的动力之一。

(3)道德意志是一个人自觉地调节行为,克服困难,实现一定道德目的的心理过程。道德意志表现为在实现道德目标过程中控制行为的力量。

人们在具有道德认识与道德情感的条件下，是否会产生相应的道德行为，往往取决于道德意志。例如，认识到拿人家东西不对，也为此而感到羞愧，但还是抵挡不住一些好东西的诱惑，从而出现了偷盗行为，这就是道德意志薄弱的表现。道德意志使人能够抵御现实中的各种诱惑，不以外界环境为转移，选择道德目标，并能够克服困难，坚持道德行为，最终达到目标。

(4)道德行为是人在道德观念的支配下表现出来的对他人和社会有道德意义的活动，是完成道德任务达到道德目的的手段。道德行为包括道德行为技能和道德行为习惯。它们与一般的技能、习惯并无区别，只是在用来完成一定的道德任务时，它们便有了道德的性质。

2. 品德心理成分的交互作用

品德由道德认识、道德情感、道德意志和道德行为四个心理成分所构成。在品德结构中，这四种成分是相互联系、相互促进的。

(1)品德心理结构的统一性与差异性。

品德心理结构是其各组成成分相互联系、相互矛盾的统一体。它在个体发展中具有差异性。在个体发展中，道德认识、道德情感、道德行为和道德意志的发展水平各有其不同的特点。因此，有的学生在发展的某一阶段，会出现道德认识与道德行为脱节的现象，也会出现情感胜过理智，或者因缺乏意志而知错不改，不能控制自己的情感和行为的现象。即使是同一年龄的学生，品德心理结构中的诸成分在发展水平上也有差异。

(2)品德心理结构的一致性与均衡性。

品德的形成与发展具有道德认识、道德情感、道德意志和道德行为诸成分发展的一致性与均衡性的特点。如果某一方面有所偏离，就会影响整体品德的形成与发展。若一个人的道德认识水平较低，对道德规范与准则不理解，那么其道德情感、道德意志和道德行为就失去了正确观念的指导。若一个人的道德情感体验不深刻，道德认识就不能发展为推动道德行为的动力。若一个人的道德意志不坚定，道德行为就可能半途而废。若不掌握道德行为方式，其他几个成分则都成为空的。可见，品德的形成是道德认识、道德情感、道德意志和道德行为共同作用的一种综合过程。

(3)品德心理结构的循序渐进性与多开端性。

品德心理发展具有一定的循序性。一般地说，学生的道德认识是遵照由个别到一般、由具体到抽象、由片面到全面、由表面到深刻、由现象到本质的认识规律而发展的；学生的道德判断是遵循从行为后果到行为动机与后果相结合地进行判断的规律而发展的；学生的道德情感是遵循由初级到高级、由简单到复杂、由不稳定到稳定的顺序发展的；学生的道德意志是遵循由薄弱到坚强的顺序发展的；学生的道德行为是遵循由易到难、由低水平到高水平的顺序发展的。学生的品德心理发展有一个从“他律”逐渐地过渡到“自律”的趋势。

学生品德心理的形成可以有不同的开端。在某种情况下，可能是从培养道德行为习惯开始，在另一种情况下，可能是从激发学生的道德情感着手，或者是从提高学生的道德认识着手，也可能从培养道德意志入手，甚至可能是上述四个方面同时并进、相互促进。我们可根据受教育者及其所处情境的不同，缺乏某种品德心理成分来确定道德品质教育的着手点，但无论怎么做都应当使品德心理结构中的四个组成成分得到相应的发展。

二、学生品德的形成和培养

（一）提高学生的道德认识能力

学生的道德认识水平对品德的形成和发展具有重要的作用，因为人们的大部分行为是受认识支配的，只有认识深刻，情感体验才会丰富强烈，才能知道为何行动、怎样行动，并把道德行为坚持下去。因此，道德认识始终贯穿于品德形成的各个方面。道德认识的形成与发展，主要依赖于道德概念的掌握、道德信念的确立和道德评价能力的发展三个维度。道德概念的掌握是道德认识形成的先决条件，道德信念的确立是道德认识形成的关键，道德评价能力的发展则是道德认识形成的主要标志。

1. 促进学生对道德概念的掌握

道德概念的掌握是道德认识形成的先决条件，需要通过社会生活和道德教育来实现，它主要依赖于以下几个方面。

第一，对道德概念的掌握，有赖于形象的事件和感性的经验。学生从幼年起，就从一些具有道德意义的故事、现实事件及成人对他们行为的褒贬、奖惩中形成了一系列的道德表象，而后学生根据头脑中已形成的道德表象，逐渐独立地认识人们行动的是非、好坏。这时，他们对道德行为的评价、判断，多是从行动的表面现象或某些外部特点，或者以行动的直接结果来判断它的好坏，这种道德认识，还停留在表象的感性认识阶段。然而，这种形象的、感性的道德经验是形成道德概念的基础。当有了感性经验时，道德概念的理解就比较容易了。因此，教育者在对学生进行道德教育时，要注意创设道德情境，让学生积累道德经验，提供具体的事例和榜样。

第二，对道德概念的掌握，有赖于道德知识的学习和概括能力的发展。因此，教育工作者要注意对学生进行道德知识的教育和抽象概括能力的培养。只有让学生懂得什么是社会公德、做人的标准，懂得什么是善与恶、美与丑、是与非、公正与偏私、诚实与虚伪、勇敢与冒险、正义与非正义等道德界限，并指导学生应用道德规范来观察和处理问题，学生才会形成正确的道德概念和自觉地产生相应的行动。如果学生对道德概念和道德行为准则搞不清楚，或者理解得不正确，则难以形成正确的道德认识和行为。

第三，对道德概念的掌握，有赖于理解道德行为规范的社会意义和个人意义。对道德的社会意义的理解，也就是要从不同角度去揭示道德行为准则的性质以及它对各方面的作用与影响。离开了理解，人们往往只能了解一些表面的道德条文，它们既不能构成个人牢固的道德观念体系，也不能在道德实践中充分发挥调节作用。

道德概念的理解是一个由浅入深的过程。年幼儿童对行为规范都是从个人意义来理解的，凡是能得到父母或老师准许和赞扬的就可以去做，有可能得到他们反对和批评的就不能做。随着年龄的不断增长以及知识经验的进一步积累，才能逐渐地认识到履行道德要求的社会意义。至于在深刻认识人与人之间道德关系的基础上，能从一定的道德原则和社会面临的共同任务出发，主动地、创造性地调节支配自己的行为，则要到认识发展的高级阶段才能达到。

2. 引导学生把道德知识转变为道德信念

道德信念的确立是道德认识形成的关键。心理学的研究表明，学生从少年期开始，比较自觉的、稳定的道德信念才逐步形成和发展起来。道德信念的形成使中小学生的道德行动更具有原则性和坚定性。学生道德信念的确立，不仅取决于道德认识的深度，而更主要的是通过自己或集体的实践活动获得行动的经验和富有情感色彩的体验。

使学生领会某些道德知识要求并接受有关的劝导是比较容易的，但要想把这些知识与要求真正变为他们自己的东西，成为他们日常行动中经常起作用的动力，就需要通过身体力行，使这些知识被个体经验及集体经验所证明，并被实践结果所引起的内心体验所丰富和加强。当学生亲身体会按一定的道德要求行动会给集体、别人带来好处，得到舆论好评与支持时，他们才会更加具体地认识到道德要求的正确性，并且产生按这一要求继续做好事的愿望。因此，教师要善于利用集体的力量来强化学生良好的道德行为，促进学生将道德认识内化为自己的道德信念。

3. 发展学生的道德评价能力

道德评价能力的发展是道德认识形成的主要标志，学生的道德评价能力是逐步发展起来的，其发展趋势如下：

第一，从“他律”到“自律”，即从仿效别人的评价发展到独立地进行评价。学生的道德评价最初是在别人评价的影响下形成的。开始时，他们常常只是重复老师或别人的评价，以后才逐步学会独立地进行道德评价。在这个阶段，教育者尤其要注意实事求是地给学生作出评价示范，不要轻率地下结论，以免对他们的道德评价能力的发展产生不良的影响。

第二，从“结果”到“动机”，即从依据行为的外部结果过渡到依据行为的动机和意向。学生在评价时,最初只是注意行为的结果和外部原因的分析,往往从直接后果来衡量行为的是非好坏。随着道德认识的提高和个人道德经验的丰富,学生才渐渐转向对行为动机和行为内部原因的分析。教育者可以采用一些方法,促进学生道德判断能力的发展。如对小学低年级学生可以用皮亚杰的对偶故事法,对小学高年级学生和中学生可以采用两难故事法。

第三,从"对人"到"对己",即从偏向评价别人发展到学会评价自己。小学低年级学生,由于自我意识尚未形成,在他们的主观世界中很少意识到"我",因而他们只会评价别人的行为,而不善于评价自己的行为。对别人的行为也多是按照成人的要求作出评价。随着自我意识的发展,到了高中阶段,学生能在评价别人的过程中逐步学会评价自己的行为,从评价自己外显的行为,到逐步学会分析自己内隐的动机。

第四,从"片面"到"全面",即从带有较大片面性的评价发展到比较全面的评价。小学和初中学生的道德评价往往带有表面化、片面性的特点。他们看到一个人在某方面、某场合表现出一种好的行为,就会肯定这个人绝对好;看到别人做错了事,就认为这是个不好的人。同样,他们在评价自己的行为时,也表现出这种片面性和绝对化。到了高中阶段,学生评价自己或别人的行为,才开始带有全面、客观、多层次的特点。

综上所述可以看出,学生道德评价能力的发展和他们的道德认识水平密切相关,也和他们的思维发展与心理成熟程度有关。学生的道德评价能力是逐步发展提高的,其发展是有规律可循的。掌握这一规律,将有助于人们有效地促进学生道德评价能力的发展。

(二)激发学生的道德情感体验

学生的道德情感不是与生俱来的,而是在后天的社会生活和教育影响下逐步形成的。学生在道德情感发展的过程中,需要教育工作者满怀热情地给予引导和培养。道德情感的培养可以通过多种方式和途径进行,从心理学的角度来讲,主要有以下几种基本的途径。

1. 知情结合,激起学生的道德情感体验

教师在讲述道德范例、分析道德准则时应投入真情,充分发挥表情的信号功能,用表情的感染力,激起学生的道德情感体验。例如,教师在讲述道德范例的时候,满腔热情地加以赞扬,会使学生产生羡慕、向往的情感;在批评一些违反道德要求的行为时,用严厉的态度、否定的词语提出批评,使学生对这些行为产生厌恶、愤慨或羞愧的情感体验。因此,教师要用自己真切的感情感化学生。

2. 以美育情,丰富学生的道德情感内容

美育,也称美感教育,是培养学生正确的审美观念、健康的审美趣味和稳固的审美情操的教育实践。美感包括自然美感、社会美感和艺术美感。优美的自

然景色能激起人们热爱家乡、热爱祖国的情怀。经常地引导学生对社会现象的美丑作出评价,不但可以提高他们的道德认识和评价能力,而且有利于他们塑造美好的心灵,蔑视与鞭笞丑恶的行为。让学生了解现实生活中美好的人与事,能使他们更加热爱生活,奋发向上。艺术美感中的优秀文艺作品,往往是形式和内容的统一,能唤起人们对真、善、美的热爱和追求,对假、恶、丑的痛恨和唾弃。可以将它们作为道德情感的教育工具。

3. 真情感化,促进学生道德情感的发展

教师对学生的情感直接影响着学生道德情感的发展。教师对学生真诚的爱与期望,是一种巨大的教育力量,会激起学生对教师的信任感、亲切感,从而乐于接受教师所讲的道理,这就是"亲其师、信其道"。教师的爱又是学生获得积极情感体验的重要来源。学生取得进步时能得到教师的及时肯定和表扬,碰到困难时能得到教师的关心和帮助,都会引起学生高兴、感激等情感体验。这些情感体验可激励学生奋发向上,有利于他们的身心健康。

(三)加强学生道德意志的锻炼

道德意志在由道德认识转化为道德行为的过程中起着中介作用。有的学生有了道德认识,也有道德行为的愿望,但由于意志薄弱,不能作出相应的道德行动。有的学生在道德行为中也能付诸实施,但由于缺乏毅力或不能抵制诱惑,不能坚持到底。所以,要培养学生良好的品德,就必须对学生加强道德意志的锻炼。培养道德意志,可采取以下措施:

1. 让学生获得道德意志的观念和榜样,激发锻炼意志的自觉性

研究表明,向学生发表关于意志锻炼必要性的谈话或引导他们开展讨论,可以使其形成意志观念与发展意志的意向,产生锻炼意志的正确动机;提供良好的道德意志榜样,可以激发学生锻炼意志的愿望。为此,教师应该经常向学生介绍一些英雄模范人物的事迹、科学家的传记,或请优秀学生谈他们自己锻炼道德意志的体会和收获。这些生动的范例,可以强化学生对锻炼道德意志意义的认识,并可以模仿榜样,在学习和生活中自觉地锻炼道德意志。

2. 有意识地指导学生在实践活动中锻炼道德意志

教学与教育活动应成为锻炼学生道德意志的基本途径。例如,从专心上课到认真完成作业,从课内学习到课外学习,从参加劳动、体育锻炼到各项集体活动,教师都应抓住时机去锻炼学生的道德意志。意志是在克服困难的过程中发展起来的,教师应该有意识地为学生创设一些困难情境,给他们提供某些克服困难的条件,激励学生的斗志和行动上的努力。教师还要指导学生养成良好的学习和生活习惯,这样有助于意志力的形成。

道德意志是意志力在道德行为中的表现,但一般的意志力并不能自然而然地转化为道德意志力,它必须通过道德行为的锻炼。为此,教师要指导学生从日

常生活小事做起。例如,在课业负担很重的情况下帮助落后的同学,在极度疲劳的情况下为他人或集体服务;还要求他们经常对自己的行为进行检查、分析和评价,培养自我教育的自觉性。

3. 培养学生抗诱惑的能力

学生常有明知故犯、管不住自己的现象。这是因为,他们在外界一些条件的诱惑下会产生一些不符合道德要求的行为,如违反纪律、考试作弊、拾物归己等不良行为。为此,教师可以采用一些措施来增强学生抗诱惑的能力:一是说理。在抵制诱惑的情境中,告诉学生被禁止的理由,会产生控制行为的效果。二是榜样的强化。社会学习理论的研究表明,通过榜样的强化,会增强学生的抗诱惑能力。三是善于引发和维持学生积极的心境。研究表明,学生处于积极的心境时,表现出较强的抗诱惑能力,对学习和生活充满信心和希望,会乐于为集体、为他人做建设性的事情;而在消极的心境下,抗诱惑能力降低,就有可能在某些诱因的触动下寻衅闹事,向社会或他人发泄自己的烦闷与不满,做出不道德的事情。由此可见,道德意志和心境有着密切联系。

(四)注重学生道德行为的训练

学生的道德品质是通过其道德行为表现出来的,只有学生产生了道德行为,其品德才具有社会价值。道德行为的发展,主要表现为道德行为方式的掌握和道德行为习惯的养成。

指导学生掌握道德行为方式可以采用多种途径。例如,通过对学生守则和各项规章制度的讲解,使学生熟知学校生活中最基本的行为要求;通过课文或故事的讲述,使学生了解在某种道德情境中模范人物行为方式的合理性;组织学生讨论做一件好事所应采取的行动步骤;分析与总结学生道德行为的成功经验与失败教训等等,都是切实可行的办法。教师要让学生知道道德行为的具体要求、规则、步骤,但更重要的是让学生在此基础上概括地认识到在不同情况下决定采取某种行为的客观依据。这种指导、训练,不只是让学生记住几条行动规则,更重要的是使他们逐渐形成独立地、主动地和创造性地选择合理的道德行为方式的能力。

道德行为习惯是指稳定的、经常的、在一定情境下自然而然出现的道德行为方式。有效地培养学生良好的道德行为习惯,需要注意以下几点:

第一,使学生了解有关行为的社会意义,产生自愿练习的愿望。道德行为习惯是与一定的道德认识、道德情感相联系的自动化的行为动作,需要学生运用自己的行动实践,自觉地练习才能形成,这是转化为道德品质的关键。

第二,创设重复良好行为的情境,避免重复不良行为的机会。充分利用表扬和批评的武器,促使形成积极向上的班风和良好的环境氛围,有利于学生养成良好的道德行为习惯。

第三,提供道德行为练习与实践的榜样,让学生模仿。所提供的榜样应和观察者的条件相近似,要有良好的声誉,并能显示出热情的态度和有教养的举止,这样才能更好地激发观察者的模仿意向。

第四,通过活动使学生明确练习的目的和要求。通过各种有益活动使学生在有意练习中明确练习的目的与阶段要求,要不间断地练习,并且让学生知道练习的成效,及时给予强化与反馈。让学生获得成功的体验,同时了解自己存在的不足之处。

第五,注意矫正不良的行为习惯。要让学生知道坏习惯的害处,增强克服坏习惯的信心。

道德品质的培养主要表现在道德认识、道德情感、道德意志和道德行为的形成和发展方面。学生的道德品质可以从不同的方面去培养,有时可从提高道德认识做起,有时可从激发道德情感入手,有时可从培养道德行为和习惯开始。但是,只有在这些基本心理成分都得到相应的发展时,品德才能形成得较为完好。

三、学生不良品德的转化和矫正

(一)学生不良品德产生的原因

学生的不良品德是指学生经常违反道德要求或犯有较为严重的道德过错,最初的表现是一般的过错行为,如故意违反纪律、无礼貌、骂人、小偷小摸、考试作弊、损坏公物等等。

品德不良学生虽属少数,但如不认真对待和正确处理,则既不利于对他们自身的帮助和挽救,又会影响其他学生道德品质的健康发展,甚至还可能危及社会安定。学生的不良品德是在某些客观条件的影响下,通过学生的内部心理活动而形成的,是主观因素与客观因素相互作用的结果。

1. 学生不良品德的客观原因

(1)家庭方面的原因。

家庭是学生接受品德教育的启蒙学校,家庭环境中的某些不当教育或不良因素,是学生形成不良品德的一个重要原因。不良家庭教育和环境对学生不良品德形成的影响主要有:

第一,家庭结构不良。家庭缺乏正常的生活秩序和健全的生活方式,如父母离异、家庭成员相处不和睦、父母两地分居、有偷拿或赌博等行为,会使儿童心灵受到创伤或腐蚀而引起性格变异,导致品德不良。

第二,家庭教育不当。父母教育不当,缺乏管教子女的正确方法,如养而不教,重养轻教;宠严失度,方法不当;父母双方要求不一致,等等。

第三,家风不正。父母言行不检点,身教言教差。家长缺乏表率作用,无视或忽视自己的一言一行可能产生的不良后果,使孩子在不知不觉中受到不良影响，导致品德不良。

(2)学校方面的原因。

学校是专门培养人的教育机构，学生的品德主要是通过学校教育来培养的。但是，如果教育者思想不端正，教育措施不当，都可能妨碍学生良好品德的形成，并在一定程度上间接地造成或助长学生的不良品德。如有的教师只抓智育，片面追求升学率，忽视了对学生思想品德的教育；有的教师对学生缺乏感情，对学生冷漠；有的教师不能正确对待品德不良学生的“反复”过程，没有看到他在反复之前的进步，对矫正品德不良问题缺乏信心；有的教师对品德不良学生睁一只眼闭一只眼，发现问题不能及时解决，使得学生退学或转学。

(3)社会方面的原因。

随着学生年龄的增大，越来越广泛地接触社会的各个方面，他们受社会的影响也越来越大。教育者不能低估那些形形色色的腐朽思想和不正之风对学生可能产生的影响和侵蚀。出于成长发展中的儿童和中小学生缺乏较为全面而深刻的分析能力，那些被社会允许但并不适宜于儿童接触的文艺作品，可能会对学生品德的发展产生副作用，对此教育者应该注意防范，并要对学生进行相应的教育与引导。

2. 学生品德不良的主观原因

(1)缺乏正确的道德观念和道德信念。

不良品德的形成与学生错误的道德认识常有密切的关系。有的学生分不清是非善恶；有的学生不能正确理解有关的道德要求和道德准则，如把违反纪律视为“英雄行为”，把包庇同学的错误看做“讲义气”，等等。

(2)缺乏道德情感。

品德不良的学生缺乏道德情感，他们往往是爱憎不分，好恶颠倒。他们既自卑，又自尊，往往自己瞧不起自己，但又不允许别人蔑视自己，所以常常把成人对他们的管教视为歧视，容易和成人产生对立情绪。他们的情绪消极多变，性情暴躁，喜怒无常，缺乏理智，容易制造恶作剧或寻衅闹事，甚至把自己的快乐建立在别人痛苦之上。这些情感特点既是品德不良的一种结果，也是引起新的不良行为的重要原因。

(3)道德意志薄弱。

有些品德不良学生在道德认识方面并非无知，他们对是非、善恶的判断是清楚的，但他们的道德意志薄弱，正确的道德认识不能战胜不合理的个人需要，个人欲求在外界某种诱因的影响下占了优势，结果作出了违背社会道德规范和侵犯他人或集体利益的行为。当对他进行教育时，他刚刚还表示“决心改正”，但却又由于缺乏自制力，经不起别人的挑动和诱惑而重犯错误。在改正错误的过程中，也难免出现反复和曲折。

(4)由偶然失足到养成不良行为习惯。

不良行为最初的发生可能是偶然的，但是，在侥幸得逞之后，这种不良的行为方式就会与个人愿望的某种满足发生联系，经过多次重复，逐渐养成不良的行为习惯。不良的行为习惯一旦形成，就会使学生在类似情境中自然而然地采取相应的不良行为，任其发展，就必然会导致品德不良。

(二)学生不良品德的转化与矫正

对有不良品德的学生，教育工作者应该认识到这些学生虽然犯有错误，但他们的可塑性很大，在不良环境中容易变坏，但在有利的条件下仍然可以变好。要努力激发他们的自尊心、好胜心和上进心，促使他们向好的方面转化。同时，还应该认识到，对不良品德学生的转化与矫正是一项艰巨而复杂的工作，不能期望一蹴而就，需要耐心细致地做好工作。在教育过程中，一方面要将不良品德学生与其他学生放在平等的位置上，并像对待其他学生一样关心、帮助他们；另一方面应该细致地考察他们的心理状态，从而采取有针对性的教育措施。为使矫正工作取得成效，必须分析学生不良品德的转化过程，为矫正不良品德提供心理学依据。

1. 学生不良品德的转化过程

学生不良品德的转化过程大体可以划分为醒悟、转变与巩固稳定三个阶段。

(1)醒悟阶段。

醒悟是指品德不良的学生在教育或良好环境的影响下，意识到道德过错的危害性，开始产生改正过错的愿望或念头。醒悟阶段是品德不良学生道德观念开始战胜非道德观念的阶段，它是不良品德转化的基础和前提。教育工作者的真诚关怀与教育以及不良品德个体开始认识到坚持错误的危害性，往往能促使学生产生改过自新的意向，促进他们用道德观念战胜非道德观念，并对自己的不良行为产生否定的情绪体验，从而激发正确的道德动机。

(2)转变阶段。

转变是指不良品德的学生有了改过自新的意向之后，在行为上发生一定的转变。对品德不良学生的每一微小进步都要给予肯定、表扬和鼓励，使其进步的愿望变为进步的实际行动，并使其道德行动不断地得到强化而巩固下来。但是，教师必须清醒地认识到这仅仅是开始，在整个转变阶段必然要经过不断的矛盾运动才能最终成为一个新人。在不断的矛盾斗争中，有时还会出现反复，教师不但要允许学生反复，而且要针对他们的反复、动摇有足够的精神准备，从而有针对性、预见性地做耐心细致的转化工作。

(3)巩固稳定阶段。

巩固稳定是指不良品德的学生经过较长时间的转变之后，不再出现反复、动摇，就意味着进入巩固时期；持久的巩固，就进入了稳定阶段。这时学生能按社会主义道德规范行为,并形成稳固的道德品质。不良品德学生改好了,就应该如实地把他们看成一个好青年,因为生活中的重大挫折,常常给人留下终生难忘的创伤。对那些已经转变的中小学生要倍加关心和爱护,充分地信任与鼓励他们,逐步提高要求,不断引导前进,任何歧视与翻旧账的言行都是极为有害的。

2. 学生不良品德的矫正

(1)培养深厚的师生感情,消除疑惧心理和对立情绪。

大部分品德不良的学生认为人们轻视、厌弃他们,从而感到自卑,对周围人存在戒心或敌意。这会使他们在社会交往中离群独处,或到外面结伙为伴,制造事端以泄私愤。再者,当道德要求与学生当前的需要尖锐矛盾时,学生就会产生对立情绪,从而干扰教育效果。面对这些不良品德学生,教师如果急于求成,常常难以生效,而且容易造成僵局。因此,教师要从培养师生之间深厚的情感入手,要亲近、关心他们,要从多方面帮助他们,从而使他们体验到集体的温暖,增强对周围人的信任感,并把教师或同学看做是知心人。此外,也可以用感人的事迹和深刻的道理教育他们,只有入情入理,才能入心。在这种充满着真挚的爱和耐心感化的教育环境下,不良品德学生逐渐能敞开自己的心扉,醒悟过来,并激发上进的欲望。

(2)重视自尊心和集体荣誉感的恢复与培养。

不良品德学生既有自卑感,也有自尊心,两者交织在一起,使情绪复杂多变。教师如果无视他们的自尊心,一味地批评指责,他们就容易表现出对立抵触的情绪。因此,矫正学生的不良品德,一定要重视唤起他们的自尊心,并加以培养。品德不良学生常有自卑感,轻视自己,这会使他们在社会交往中离群独处,也会抑制自尊心和荣誉感。教师的重要任务是要善于捕捉他们身上的"闪光点"和引导他们发挥长处,并及时给予肯定,使他们感到自己还有希望、有前途,这种自我意识会增强他们的自尊心,使他们自重、自强。

教师还应积极给予引导,在自尊心的基础上培养他们的集体荣誉感。这种情感是人们意识到自己作为集体成员的一种尊严的情感,它促使人们根据集体的利益和要求而行动。集体荣誉感是推动人们团结互助的力量,同时也是人们克服个人缺点和错误的巨大动力。所以,教师要为不良品德学生创造条件,加强指导,吸收他们参加班级工作和集体活动,在活动中启发他们意识到自己是集体的一员,引导他们为集体争光,建立健康的集体舆论,维护集体的尊严,珍视集体荣誉,逐步树立集体荣誉感,并能鞭策、制止他们自己的不良道德行为。教师对损害集体利益的学生应坚持以正面教育为主,通过信任和尊重去培养他们的自信心。

(3)形成正确的是非观念,提高辨别是非的能力。

辨别是非就是清醒地认识到行为的正确与错误,它与道德评价能力密切相关。是非观念的欠缺是一些学生常犯错误的原因之一。为此,教师要帮助他们正确地理解道德要求,提高道德评价能力。提高不良品德学生的是非观念,必须从他们现有的实际知识水平出发,逐步地提高要求。要联系他们切身的利害关系进行说服教育,要以正反两个方面的事实的对比来帮助他们,通过启发讨论,提高辨别是非的能力。

(4)增强抗诱惑的能力,巩固新的良好行为习惯。

学生犯错误总是由某些不良诱因引起的。这些诱因既可以是一些外部的客观条件,也可以是一些内部的主观原因。因此,矫正学生的不良品德既要注意改变内部错误观念,又要注意控制不良诱因的影响。新行为的初始阶段,暂时控制或切断他们与外部不良诱因的联系,以免故态复萌,是完全必要的。但是,仅仅依靠避开外部诱因是消极的,既不容易完全做到,也不容易排除在新诱因作用下犯错误的可能。因此,我们要重视消除学生的不合理的欲望、嗜好等内部因素。而且在他们正确的动机与良好的行为习惯已经初步形成之后,可以在有控制的条件下进行“信任委托式”的监督性考验,锻炼他们与诱因作斗争的意志力,进一步帮助他们巩固新的动机与新的行为习惯之间的联系。

(5)正确把握中小学生心理发展的年龄特征与个别差异。

矫正学生的不良品德,既要注意到他们的一般心理特点,又要针对个别差异,如年龄、个性、错误的轻重、态度的好坏、生活的环境等等,采取不同的教育措施,更加有的放矢地进行教育工作。我们要根据中小学生身心发展的年龄特点,从学生的实际情况出发,区别对待,因势利导,促使他们的品德不断地向好的方面转化。教育应考虑年幼和年长学生的不同心理特点。一般而言,年幼儿童的不良品德更多地与道德认识有关,因此应多采用正面引导的方式,在活动过程中加以矫正。年长学生的不良品德常受多种因素影响,需要具体问题具体分析,还应考虑到他们精力充沛的特点,要尽可能创设条件开展各种有益活动,使他们的精力得到正确发挥。

(6)抓住时机,促进转化。

不良品德的转变,一般要经过醒悟、反复、巩固、稳定的过程。有了醒悟,才会有以后的转变。醒悟常发生在行为不良的学生意识到行为的严重性和危害性,并有改正愿望的时候。这时,教育者应抓住这一教育上的关键时机,给予充分鼓励和帮助,肯定那些微小的进步,不怕反复,使学生的好行为得到巩固和稳定。

第四节　学生群体心理

群体是人类活动的基本单位,是沟通个体和社会的桥梁。学校是一个大群体，它包含许多师生员工组成的各种小群体。为了有效地进行管理与教育，教育者不仅要了解学生个体心理的发展特征和规律，还要掌握群体心理的特点及规律，通过组织群体活动，促进个体心理的发展。

一、学生群体心理概述

学校中的群体多种多样，有大有小。学生方面的群体小到两三人，大到班级、年级，乃至整个学校所有的学生。在学校这种特殊的环境中，学校中的各种群体对正处于身心快速发育阶段的学生来说影响是巨大的，直接关系到学生德、智、体、美等整体素质的发展。同时，学生也通过群体活动对其他成员产生影响，以形成某种心理气氛，使群体发生相应的变化。

（一）学生群体心理的概念

所谓群体，又叫社会群体，是两个以上的人在同一目标指引和同一规范的约束之下彼此影响、相互作用、共同活动的集合体，还可称为团体。群体是个体的集合，但不是一定数量个体简单偶然的集合。那些萍水相逢、偶然聚合的电影观众、街头围观者等，都不能称之为群体。学生群体是指学校群体中除教育者和学校的其他工作人员以外的学生个体的集合。

（二）学生群体的特征和类型

作为学生群体应该具有以下特征：

1. 共同的目标

任何群体都有一定的目标，这个目标是群体所有成员进行活动的方向、目的及标准。没有目标，群体不仅失去动力，还会失去存在和发展的价值。也正是由于成员目标的一致，才使群体成员产生共同兴趣和愿望，从而联合在一起。群体目标可能是任务目标，也可能是社会情绪需要的目标。不论每个成员是否都清醒地意识到目标的价值及意义，都要通力合作实现目标。

2. 共同的情感

群体成员之间进行频繁的交往，他们相互影响，相互作用，相互认同，在心理上意识到对方，意识到自己属于某个群体，从而建立起“我们同属一群”的“认同感”和在这个群体内而感到自豪的“归属感”。群体成员在心理上发生共鸣，对成败荣辱有共同感受体验，产生相应的情感和相互情感依赖关系。

3. 共同的价值规范

每个群体内都有共同的价值标准和行为规范，以及由此而形成的约束和控制群体成员的强大压力。群体中的每个成员在行为、思想、态度上都必须遵守这些规范准则，谁如果违反，将受到孤立与惩罚，甚至被取消成员资格。

4. 一定的组织机构

在群体中，每个成员都有一定的地位，扮演着相应的角色。其核心成员占据领导地位,掌握支配群体的权力,并指导控制群体的活动。而多数成员处于从属地位,扮演着相应的角色,且按角色的行为规范进行交往、活动等。

在学校教育中,学生群体的类型是多种多样的,但对学生影响最大的主要有两种类型:正式群体与非正式群体。

1. 正式群体

正式群体指有着规定的正式结构、定员编制,有特定的组织目标,根据正式文件和章程而建立的群体。其成员有固定的编制、规定的权利和义务、明确的职责和统一的目标纪律等,如学校、班级、小组、共青团、少先队等组织。正式群体的共同目标十分明确,全体成员为此而共同努力。这个群体的成员经常接触,互相熟悉,交往频繁。心理上的接近使正式群体成员可以团结一致,能解决面临的问题,但也可能存在一些消极的情绪与态度等。教育工作者的主要对象之一是正式群体,因此应对正式群体中的心理现象有足够的重视和经常的分析。

2. 非正式群体

非正式群体是指自发形成的,没有明文规定和定员编制,成员间以喜爱、兴趣、需要等相容或一致为基础而形成的群体。如学生中自发结成的朋友群体、同乡群体、兴趣小组等。在中学,非正式群体最主要的表现形式为同龄群体(也叫同辈群体),这是中小学生主要的非正式群体,它对中小学生的行为和个性的形成与发展有着重要影响。这种同龄伙伴的关系是亲子关系、师生关系所不能代替的。它可以是健康的,也可以是不健康的。

(三)研究学生群体心理的意义

研究学校群体心理,有助于教师履行自己的职责;有助于教师或班主任了解个体在群体中特有的心理状态与表现,提高课堂教学管理的有效性,提高教学水平和建立与发展班集体;有助于学生适应学校群体生活,提高心理健康水平;有助于学校领导者了解学生群体心理提高管理的实效性,发挥组织的作用,重视班级、社团管理,形成健康的校园文化。

二、学生群体心理效应

(一)社会促进作用和社会懈怠作用

社会促进作用是指有他人在场或许多人在一起从事同样活动时,可以提高个人活动的效率,出现增量或增质。例如,在学校运动会上,若有人观看或有拉拉队助威,运动员的成绩会得到提高;在有许多人阅览的图书馆看书,效果比单独一个人看书的效果好。但也有与此相反的现象,如果有他人在场或与他人一起完成某项任务,不如一个人单独从事某项活动的效果好,即出现减量或减质,这种现象叫社会懈怠作用。日常生活中,这种共同完成一项任务时群体人数越多、个人出力越少的现象是存在的,如“三个和尚没水喝”等俗语,描述的就是这种社会懈怠作用。

群体在什么情况下产生社会促进作用，在什么情况下产生社会懈怠作用，这是一个值得研究的问题。社会心理学的研究表明，影响学生群体对学生个体产生社会促进作用的条件：一是与活动任务的难易程度有关。若个人所进行的活动是简单机械操作或手工操作，则有他人在场时可能提高个人活动的效率；若个人所进行的是需要一系列复杂的判断推理的思维活动，其他人在场时可能降低个人活动效率。二是与能否表现个体优势行为有关。若个体所表现的是优势行为，则他人在场容易起促进作用，反之则降低其表现水平。在符合以上两个条件的前提下，当活动处在竞争状态下，能起社会促进作用，当活动是被他人评价尤其是被教师或同龄异性评价时，能起社会促进作用。对于性意识发展逐渐成熟的中学生，异性的存在会导致特殊的行为效率增加。而性意识尚未得到充分发展的青春期之前的儿童，则不存在这种性别助长现象。

若与上述两个条件相反，则易产生社会懈怠作用。如有的学生反映，有同龄异性在场时，反而显得笨手笨脚、心情紧张。如何避免社会懈怠作用的发生呢？有研究认为，当群体按个体努力程度给予报酬时，当感到任务艰巨，个人有责任多作贡献时，就可以避免社会懈怠作用的发生。在日常工作中，若职责不清，赏罚不明，勤奋与懒惰无法鉴别时，最容易发生社会懈怠作用。

（二）从众与服从

在一个群体里，个人行为受群体影响并与群体保持一致，是常见的现象，从众与服从便是其中两种。学生从进校之日起，就自觉、不自觉地从众、服从，否则就难以适应学校生活。

1. 从众

这是指个人在群体中，会由于真实的或臆想的群体压力而不由自主地在认知或行为上倾向于同群体内的多数人保持一致的现象。每个群体都有自己的规范，它代表着群体内众人认可的行为标准。例如，学生听课时不能随便说话，考试时不能作弊，行人过马路时应该遵守交通规则，等等。如果个体不与大家的行为保持一致，就会感受到来自群体的压力，以致出现内心冲突，因此，个体就会选择从众。正是由于从众，个体才能更好适应群体社会的生活。

从众现象普遍存在于各种群体中。那么，学生为什么会从众呢？

第一，学校群体规范决定了个人必须从众。这是因为，学校群体规范是学校要求它的每个成员必须共同遵守的行为准则，对群体规范的态度决定了个人是否为群体所欢迎。谁遵守规范，谁就受到群体的欢迎与好评；谁违反规范，谁就受到舆论的压力和批评，成为群体内不受欢迎的人。所以，学生为了从群体那里获得接纳、表扬，避免受到群体其他成员的非议或被孤立，常会表现出从众行为。

第二，信息的透明程度也会对个体是否从众产生影响。一个初到陌生环境的人，由于缺乏进行适当行为的依据，必须从其他途径获得行为引导。根据社会比较理论，在情景不确定的时候，其他人的行为最具有参照价值，多数人坚持的观点和意见，尤其会得到信任。例如，当我们面临着必须对一件事情表示自己的态度时，就很容易跟随大多数人的意见。原因就在于，我们都有这样的常识：多数人认准的事总是不会错的。所以，当信息有限、情况模糊、缺乏客观的权威性判断标准而又必须表态时，多数人的行为就会成为个体行为的参照标准。人遇到这种情况就容易从众，表现出“随大流”的行为。

个体在群体内是否从众，还取决于个体的需求。从个体来看，从众现象的产生常常基于以下四种需求：①与大家保持一致，以实现群体的目标；②为取得群体内其他人的好感；③维持良好人际关系的现状；④不愿意感受到与众不同的压力。这就是说，就个体自身的因素而言，人之所以从众，既可能是由于他有关心群体、顾全大局的责任感，也可能是由于他怕压力而把从众视为求得心理安全的手段。当然，有些人从众是由于缺乏自信等人格特征所致。

2. 服从

服从是毫无选择地按照别人的要求去做，有时内心有不情愿的体验。生活里处处有服从现象：在家里服从父母，在学校服从老师，在单位服从领导，在社会上服从权威，等等。无论教师也好，学生也好，都不仅有从众行为，而且有服从行为，因为对于每一个个体来说，他们都面临着来自群体的压力。

教育中使学生服从社会和学校群体规范的意义就在于把学生培养成负责任的社会成员。对此，心理学家已经提出了一些可供参考的意见。

第一，提高学生对服从社会和学校规范的道德认知水平。人服从什么、不服从什么是有道德认知基础的，做教育、管理工作的人不能忽略这一点。

第二，运用群体期待作用。当群体中的每个人都期待个体服从，特别是权威性人物也有此期待时，个体是很难拒绝服从的。

第三，从易于服从的事做起。在服从规范的问题上，一开始要求不要太高，而后逐渐提高要求，这可能是比较明智的。

第四，适度地运用奖励、惩罚和威胁。惩罚和威胁可使群体成员明白不服从规范的严重后果；但若滥用，反而会引起逆反心理，效果适得其反，所以，奖惩都应适可而止。

（三）去个性化与个体社会化

1. 去个性化

所谓去个性化，是指个人自身同一性意识下降，自我评价和控制水平降低的现象。也就是说，在某些情景中，个人在群体压力或群体意识影响下，会导致自我导向功能的削弱或责任感的丧失，并且也可能产生一些个人单独活动时不会出现的行为。在现实生活中，去个性化现象并不罕见。学生起哄、球迷闹事、团

伙斗殴等都属于去个性化现象。去个性化现象的产生,常取决于以下因素:

(1)匿名因素。

匿名是产生去个性化现象的诱因。由于匿名,使人难以辨认个体的真实姓名和身份,个体感觉不到自己与他人的区别,个体对于社会评价的关注,以及通常的内疚、羞愧、恐惧和承诺等行为控制力量都会大大削弱,很容易形成去个性化状态,使个体不受群体规范的约束而表现的为所欲为。现实生活中的许多无端闹事的事例都已经证明了这一点。因此,对学校来说,为了预防去个性化的不良影响,应该尽量消除学生匿名的条件。比如强调学生要佩戴校徽、穿校服,就是为了提高可辨性、减少匿名因素的有利教育措施之一。

(2)责任分散因素。

群体背景会直接导致个人行为责任意识的下降。而责任意识下降的直接结果,就是人们的冒险性意识和行为得到鼓励。此时,个人会变得敢于尝试通常被自我或环境控制的行为,因此,责任分散使去个性化现象的产生有了极大的可能。

2. 个体社会化

个体社会化是指个体在特定的社会和文化环境中,通过学习社会经验即学习知识、技能和社会行为规范,获得社会生活的能力,成为一个社会成员的过程。这个过程是一个极其复杂的过程,是把一个自然人变成一个社会人的过程,其内容非常丰富,既包括社会意识与社会规范的学习,也包括知识技能的学习,还包括社会角色的确认和社会态度的形成等。

当我们谈到个体社会化时,千万不能忽视个体的个性化。当一个社会只允许社会化存在而扼杀个性化时,这个社会就会停滞不前,甚至走向衰退。同样,如果过于强调个体的个性化而忽视了个体的社会化,社会的优秀传统就会丢失,社会的运行就因缺乏规范而分崩离析。这是教育工作者在培养和教育学生处理学生群体问题时必须把握的分寸之一。人们在研究中发现学生群体在促进个体社会化的过程中具有如下心理功能:

(1)满足个体的精神需要。

人的物质需要得不到满足是痛苦的,同样,人的精神需要如果得不到满足也是痛苦的。学生群体对个体心理的影响主要表现在满足个体的精神需要方面。个体在群体中相互交往、相互关心、相互帮助、互赠友情,可以避免孤独、寂寞、恐惧,获得心理上的安全感,同时也满足了归属的需要。特别是当班集体参加竞赛获得荣誉、受到表彰时,学生会进一步增强归属感,会以自己是其中一员而感到自豪。学生在群体中得到同学的尊重和爱护,有了成绩得到他人的承认与称赞,有了忧愁与痛苦能与同学倾诉,得到理解、同情与安慰,这样就能满足自尊与社交的需要。在群体活动中,个体能充当一定的角色,体会到自己是社会一员,找到自己的位置。当个体表现出符合群体规范、符合群体期待的行为时，群体能给个体以支持、鼓励，使个体的活动能坚持不懈，这样可以增加个体的力量感和自信心。此外，群体能对个体的认识产生影响，使个体获得从书本上无法获得的信息，从而改善认知结构，产生对群体的认同感。

(2)促进个性的发展。

俗话说："物以类聚，人以群分。"学生之间也往往是由于某些相同的个性特点而聚集在一起的。学生群体既是某些个性基本相似的个体的集合，也是表现各自个性的舞台。在群体活动中，既表现出各自的个性特点，也反映出个体不同的发展水平，进而促进个性的发展。有的研究认为：缺少同伴群体，个体将难以健康发展。

(3)获得未来社会生活素养。

学生群体是学校生活中的"学生社会"，是社会影响学生个体和个体进入社会的主要通道之一。个体正是在这种"学生社会"中，不仅获得社会生活经验和社会生活能力，而且在与周围环境的相互作用和与他人频繁交往中，接受社会文化的熏陶，掌握社会行为准则，形成社会需要的社会态度、道德观念、行为习惯，学会正确处理人与人之间的关系等。这样，学生群体就促进了个体的社会化。

西方心理学认为，学生群体对个体社会化的影响具体表现在：影响儿童的价值观、态度、能力和认识世界方法的社会化；影响儿童未来心理健康水平；影响儿童在青春期出现问题行为的可能性；给儿童提供了学会控制攻击冲动的环境；影响性别角色同一性的发展；影响儿童理解他人能力的形成；影响儿童的教育抱负和学业成绩。

三、学生中的非正式群体

学生群体中有非正式群体的存在，这是客观存在的事实。有的教育者由于认识的片面性，总是试图拆散非正式群体，但事实上，不仅拆不开，而且很可能适得其反。因此可见，只有正确认识学生中的正式群体与非正式群体，掌握其特点与规律，才能正确地加以引导和教育。

(一)学生非正式群体的特点

学生非正式群体和正式群体一样，都属于群体的一种类型，因而都具有群体的特征。和学生正式群体相比较，学生非正式群体的形成、结构、规范、功能、信息传递等具有自身的独特性。

1. 以共同的心理需要为基础，具有较强的凝聚力

一般来说，维系学生正式群体存在的主要因素是外部因素，如明确的组织制度、规范条约等。而学生非正式群体则与此不一样，维系其存在的主要因素在于内部成员之间有共同的兴趣、爱好，有共同的或彼此接近的观点、利益和习惯，由

于相似性的心理吸引，自然结合而成。成员之间的关系以情感为纽带，以满足个人需要、彼此得到帮助为目的，因而情意相投，心理相容，行为一致，具有浓厚的情感色彩，因此也具有较强的凝聚力。

2. 规模小，人数少

班级内非正式学生群体往往三五成群，自由往来。根据调查，学生自发组织的各种兴趣爱好小组、课外活动小组等的人数一般都在 10 人以下，具有规模小、人数少的特点。

3. 有灵敏的信息传递渠道

学生非正式群体由于其规模小，带有浓厚的情感色彩，所以成员之间在时间、空间上接触机会较多，思想交流特别频繁，信息传递迅速畅通。只要校内外发生一点事情，群体内的学生就会迅速传递信息，直到人人知晓。与此同时，由于这种信息的传递随意性大，且带有明显的好恶倾向，所以，流动信息的客观性在质和量上均有一定的偏差。

4. 自然形成的核心人物

学生非正式群体的核心人物具有一定的权威性，是学生中的“自然领袖”。这种学生的点子多，活动能量大，对于违反了本群体规范的成员，只要核心人物给其他成员一个暗示，大家就会在情绪上排斥他。如对向老师“告密”的学生，伙伴群会嘲笑他、孤立他，甚至惩罚他。

（二）学生非正式群体的作用

1. 不同类型的学生非正式群体的作用不同

学生非正式群体所产生的作用究竟是积极的还是消极的，要根据它们的不同类型进行具体分析。有的学生非正式群体成员之间的友谊、情感交往符合道德规范的要求，思想上积极上进，相互鼓励；学习上争先恐后，相互支持，共同进步；生活上互相关心，互相帮助；在班级活动中，服从正式群体的领导，其自发形成的“头头”与班主任、班干部配合默契，有的本身就是班级干部与骨干。这种学生非正式群体有时还可以发挥学生正式群体难以发挥的作用，能满足学生合理的心理需求。有的学生非正式群体处于“中间状态”，他们或因学习成绩差不多，或因“志同道合”、兴趣相同而常在一起共同玩耍、娱乐，对班级活动时而支持，时而反对，对学生正式群体有时能发挥积极作用，有时起消极作用。还有一类学生非正式群体属于“逆反型”、“后进型”，其成员往往是一些思想品德与学习较差的学生，他们经常产生各种心理障碍，由于在学校班级甚至在家庭中受到嫌弃、遭到冷遇而产生孤独感与自我解嘲、逆反、寻机发泄等消极心理。为寻求相互依托，这些学生往往容易聚合在一起，以变态的自豪感来弥补心灵的空虚，号称什么“四大金刚”、“八大天王”、“十三太保”等，这种非正式学生群体具有明显的盲目性与破坏性。

2. 从对成员的心理影响和行为影响上看，学生非正式群体有积极作用也有消极作用

就积极作用而言，它在一定程度上能满足成员在学生正式群体中难以满足的一些心理需要，如得到周围人理解、同情与信任的需要，交往的需要，休闲的需要，兴趣爱好的满足等；尤其是那些在正式场合不宜显露的思想、情感，只能在非正式群体中表达、宣泄，这对于消除学生个体的心理紧张状态，保持心理平衡是十分重要的；在学生非正式群体中，成员能得到更多的、更及时的精神和物质上的帮助，包括建立在"哥们儿义气"基础上的"两肋插刀"等"帮倒忙"性质的"帮助"；能对成员产生规范作用，个体如有"不够意思"的行为，则会承受压力。虽然方向不一定正确，但毕竟起到了规范作用，这对于增强学生的群体意识和群体价值观是有作用的。在教育实践中，某学生在班级中可能"自甘落后"，而在他的朋友圈中却不肯示弱，就是这个道理。对学生非正式群体如引导得法，可以协助班集体和教师克服困难，解决一些难题，尤其是在"困难学生"的转化上，可能发挥特殊功效。

就消极方面而言，由于学生非正式群体成员之间具有重感情、轻理智的特点，因而容易导致他们的思想和行为产生偏激、冲动和极端，用"江湖义气"取代正确的道德标准，进而妨碍班集体、学校的正常活动；由于学生非正式群体具有较强的凝聚力，若一个班级内有若干个高凝聚力的学生非正式群体，其目标与利益和学生正式群体发生冲突时就容易出现各自为政、相互对立、相互排斥的局面，从而导致班级成为"一盘散沙"，尤其是当"核心人物"的意见与学生正式群体的决策发生冲突时，其群体内成员就会随之产生偏离正确方向的行为，有时甚至闹出一些意想不到的危害班集体和社会的严重后果；由于少数"后进型"学生非正式群体的成员学习上困难多，成绩差，缺乏学习热情和兴趣，追求吃喝玩乐，有的甚至处于绝望状态，思想上失去前进动力与目标，若得不到及时的教育与管理，轻则相互感染，相互强化，对群体成员的心理和行为造成不良影响，重则发展成为对学校、对社会具有破坏性的犯罪团伙，班主任千万不能视而不见。

（三）学生正式群体与学生非正式群体的协调

学生非正式群体既有积极作用，也有消极作用，如何因势利导做好学生正式群体与学生非正式群体的协调工作，是教育者应该关注的问题。

1. 巩固和发展学生正式群体，建设坚强的、积极向上的学生集体

班级是学校进行教育教学工作的基本单位，由于学生正式群体有组织的支持，有明文规定的规章制度，有正常的工作渠道，因此占据主要优势，能克服学生非正式群体的消极影响。从心理学的角度看，一个良好的班集体可以对其成员进行强有力的感化与控制，能满足学生个体归属、尊重等正常的心理需要，促进学生个体的社会化，形成学生的集体意识，使学生得到全面发展。可以毫不过分

地说,学生集体是学生个体成长的摇篮。正如苏联教育家马卡连柯指出的那样:"不管用什么样的劝说,也做不到一个真正组织起来的、自觉的集体所能做到的一切。"所以,建设一个坚强的、积极向上的学生集体,是协调好学生正式群体与非正式群体之间关系的根本保证。

2. 正确对待学生非正式群体

首先,要坚持实事求是的态度,要敢于正视和承认学生非正式群体存在的客观事实。同时,要对学生非正式群体进行具体分析,严格地把它们与搞非组织活动的"小团体"区分开来,更不能用极"左"的观点将学生中的非正式群体扣上"政治小帮派"的帽子。

其次,要科学地进行分析,最重要的是要对是否为非正式学生群体作出正确判断。不能"乱点鸳鸯谱",一看到几个学生在一起活动,就认为是学生非正式群体。同时要分析其性质、作用、形成原因、成员构成、"领袖"人物、发展趋势等,这样才能找到因势利导、发挥其积极作用的方法。

3. 积极引导,循循善诱

教师对不同类型的学生非正式群体要采用不同的引导策略,要坚持一个基本原则,即把学生非正式群体引导到有利于学生身心健康成长、有利于班级建设的轨道上来,使学生非正式群体的目标与班级目标一致,形成合力。需要指出的是,在做学生非正式群体的引导工作中,要特别重视学生非正式群体"领袖"人物的工作,善于发现和积极肯定其优点长处,并给予真诚的关心爱护,扬长避短,引导他们向健康方向发展。千万不要采取"枪打出头鸟"、"杀鸡给猴看"的办法,那样会导致相反的后果。对于确实具有明显破坏作用的学生非正式群体,必须密切注视其活动,及时采取措施,防患于未然,防止其继续恶化变质。如果超越了法律许可的范围,要采取强制解散、坚决打击的措施。

对于积极型的学生非正式群体应该支持和保护。可以利用其成员间感情密切的特点,引导他们相互学习,取长补短;利用其成员间相互信任、说话投机的特点,引导他们开展批评与自我批评;利用其成员间信息沟通迅速的特点,及时搜集学生的相关信息,做到心中有数;利用其成员归属感强、爱好社交的特点,把正式组织无力顾及的工作交给他们去完成,以充分发挥其积极作用。

第十章　教师与教学心理

法国著名作家、教育家罗曼·罗兰曾说过：要撒播阳光到别人心里，先得自己心里有阳光。是的，教师身上是具有巨大的能量的，既能让孩子过得愉快，也能让孩子过得痛苦；既能伤人，也可以救人。所以，只有教师的心里是灿烂的，才能把阳光洒向每个学生。让我们做一个“阳光的老师”，把心灵的“阳光”普照到每一名学生。

第一节　教师心理

一、教师心理健康

（一）教师心理健康的概念

1990年，世界卫生组织（WHO）提出：一个人只有在躯体、心理、社会适应和道德四个方面都健康，才算是完全健康。

心理健康是指个体没有心理疾病或变态，社会适应良好，具有完善的人格和能力，而且能充分发挥心理潜能的一种心理功能状态。良好的心理状态应主要包括三方面的内容：人格完整、情绪积极稳定和人际关系和谐。

（二）教师心理健康的标准

1.世界卫生组织的健康标准

（1）有足够的、充沛的精力，能从容不迫地应付日常生活和工作的压力而不感到过分紧张。

（2）处事乐观，态度积极，乐于承担责任，大事小事都不挑剔。

（3）善于休息，睡眠良好。

（4）应变能力强，能适应环境的各种变化。

（5）能够抵抗一般性感冒和传染病。

（6）体重适当，身体匀称，站立时头、臂、臀位置协调。

（7）眼睛明亮，反应敏捷，眼睑不发炎。

（8）牙齿清洁，无空洞，无痛感，齿龈颜色正常，无出血现象。

（9）头发有光泽，无头屑。

（10）肌肉、皮肤富有弹性，走路感觉轻松。

2. 教师的心理健康标准

教师的心理健康标准，既要包括一般心理健康标准，又要体现教师职业的特殊性，概括起来，包含以下几点：

(1)对教师角色的认同。

勤于教育工作，热爱教育工作，爱生、爱校、敬业、乐业，在工作中获得成就感，满足感。

(2)具有健全的人格。

性格开朗，襟怀坦荡，言行一致，表里如一；有正确的教育观、人生观、学生观，为人师表，诲人不倦，信心坚定，意志顽强，顺境不傲慢，逆境不悲观等。

(3)有良好和谐的人际关系。

①有正确的荣誉观、名利观。

②交往中能了解彼此的权利和义务。

③能客观地了解和理解别人，能够接受对方，包括对方的优点和缺点。

④与别人相处时，正面态度多于反面态度，即尊重、理解、赞美、喜悦多于仇恨、怀疑、妒忌、厌恶等。

⑤积极与他人真诚地沟通，懂得与同事合作，建立和谐的师生关系。

(4)能正确地了解自我、体验自我和悦纳自我。

对自己的能力、优缺点能作出恰当的、客观的评价，不轻易拿自己跟别人比较；能平衡自我与现实、现实与现实的关系。

(5)具有教育独创性。

在教学过程中不断学习，不断进步，不断创造。能根据学生的学习、心理特点富有创造性地理解教材，选择教法，设计教学环节，布置适当的作业，对新的教育观念及思想能正确理解和接受等。

(6)在教育活动和日常生活中，能真实地感受情绪，并恰如其分地控制情绪。

①保持乐观积极的心态，在任何情况下，都能恰当地表达和控制自己，反应适度，行为有序，沉着稳妥地处理学校工作和社会生活中的突发事件。

②不将生活中不愉快的情绪带入课堂，不迁怒于学生。

③冷静处理课堂环境中的不良事件。

④克制偏爱情绪，一视同仁对待学生。

⑤不将工作中的不良情绪带回家庭。

二、教师心理健康现状

近几年研究表明，国内教师的心理健康状况堪忧，教师心理问题比例高于普通人群，且中度或严重心理问题教师的比例也很高；另外，不同类型教师在心理问题的不同方面存在差异。山区学校教师和经济发达地区学校教师心理问题尤其突出；青年教师与中年教师相比，青年教师在人际关系问题、敌对性和情绪问题多于中年教师。有研究表明，重点中学教师的心理健康比普通中学教师差，城市教师比山区教师差；小学与初中阶段男教师好于女教师，而高中阶段则相反。

当前教师群体中最常见的心理健康问题和障碍有：

(1)心身疾病。是指由心理社会因素与个体的情绪状态引发的以躯体症状为主的疾病，教师群体中较常见的有胃病、结肠功能紊乱及慢性肠炎、神经性头痛、神经衰弱等。

(2)人际关系问题。与教师职业有关的人际关系主要包括教师与学生、教师之间、教师与学生家长以及教师与学校领导之间的关系。在人际关系中，教师存在的心理问题主要表现为自我封闭、嫉妒情绪突出、性格孤僻、爱慕虚荣、盲目攀比等。

(3)职业观念与职业行为问题。教师随时要面对来自学生、家长和学校的偶发事件，职业观念与职业行为问题大多是在这种情况下引发的。这些问题在日常工作中主要表现为职业适应性差、态度偏差、情绪紧张等，并且因此而缺少职业自豪感和工作效能感，对学生失去热情、耐心，对教育教学工作缺乏进取心和责任感，对与本职工作相关的建议、问题漠不关心。

三、影响中学教师心理健康的因素

(一)社会因素

随着社会的变迁，现在很多学校都施行教师聘用制，择优录取上岗，教师岗位的竞争加剧，对教师职业的要求也日趋提高；学生家长对子女期望值的日益提高，直接或间接地对教师造成更大的心理压力；教师的劳动强度与其社会、经济地位的失衡；社会对教师职业的高期待；教育系统的变革，经济转型以及由此而引发的价值取向多元化、生存危机等问题……都是导致教师身心不健康的重要压力源。教师所面临的心理冲突有：社会期望角色与教师实际角色的矛盾、角色劳动艰辛与待遇偏低的矛盾、主观高期望与工作实效的矛盾等。

(二)学校因素

学校管理的不民主；一些学校对教师心理健康问题不重视，教师获得支持的需要经常得不到满足；教师评价体系与奖惩制度存在问题，只重视教学的结果；工作量的增加；学校“领导与教师、教师与教师、领导与领导”关系的不协调问题，以及师生关系的不和谐等，都是现代很多教师感到压力和紧张的根源。

(三)教师个人因素

教师的生理素质、心理素质、人格以及生活的经历各不相同，使得教师在心理健康方面也带有不同的个人特点。教师的角色意识模糊、对自身角色缺乏认同、没有正确的自我意识、对自己或他人期望过高、看待问题过于理想化等原因，容易使教师无法接受现实和理想的矛盾，难以应对挫折，以致悲观失望、紧张焦虑；教师某些不健全或不良的人格特征也易诱发不良心理的出现；家庭负担繁重，尤其是有孩子的女教师；知识技能结构的老化也容易使教师产生焦虑感和职业倦怠；教师缺乏必要的心理卫生知识，因而长期压抑的心理不能获得及时调节，在遇到心理困扰时采用一些消极的应对方式，很少有积极的应对策略等。这些个体因素应该是造成教师心理健康问题的内因，当社会因素和学校因素作用于具有这类心理特征的人时，更容易引发心理健康问题。

四、教师心理健康的维护

（一）正确处理好教师队伍中的人际关系

人际关系是指人与人之间通过动态的相互作用建立起来的情感联系。人际交往对于心理健康具有重要的意义，积极的、健康的人际关系是心理健康的重要标志。教师是教育中的主角，担负着培养和教育下一代的重任。教师在学校中所处的人际关系较为复杂。教师的人际关系中首先是师生关系。良好的师生关系既是保证教育有效进行的条件，也是教育的结果。其次是与领导的关系。教师与学校管理者由于所面对的实际问题不同，教育理念不同或与利益相关的问题很容易在教学活动中产生冲突，导致人际关系问题。再次是教师之间的关系。当前社会竞争激烈，进而在学校内部带来了教学中的竞争，这必然导致教师之间的人际关系紧张。最后是与家人的关系。由于长期置身于学校，很多教师往往难以顾及家人，家庭成员的不理解也是让教师感到人际困扰的一大因素。

构建教师良好人际关系的途径与方法：

1. 消除不良人际交往心理是搞好人际关系的重要前提

在现实生活中，常见的影响人际关系的不良心理有：

（1）嫉妒心理。所谓嫉妒，是指对别人在品德、才华、成就、名声等某些方面超过自己，便产生一种莫名其妙的怨恨情绪。

（2）自我中心。这类心理表现为经常以自我为中心，以满足自己的欲望为目的，不顾他人利益和需求。

（3）自卑心理。有自卑心理的人往往总觉得自己的不足太多，优势太少，缺乏自信，行为退缩不前，不愿意与人主动交往；自卑者并不一定是能力低下者，但是凡事期望过高，不切实际，因达不到期望而自我贬低。

2. 提高教师人际交往能力

提高教师人际交往能力是改善人际关系的关键，一方面，要加强教师自我修养，优化个性品质，使自己的性格向良好的方向发展，并能自觉地控制和调整自己的言行。这主要表现在教师要能控制自己的情绪，避免在工作中的急躁和易怒。另一方面，教师应掌握一些人际交往的技能。交往的第一阶段是引起注意，要引起别人的注意，首先要给人良好的第一印象。我们给别人的第一印象是可以自己控制的。这种通过对自己的装束、语言、表情以及动作的控制来影响和改变他人对自己的印象的过程在社会心理学中叫印象整饰。

3. 学校应引导好公平竞争

学校应引导好公平竞争，要以清晰的政策导向作保障，确立明确的竞争目标，制定严格的竞争规则，建立有序的竞争机制，创造公平的竞争氛围。为避免在竞争过程中教师相互之间出现嫉妒、怨恨等情绪，学校应有针对性地组织教师学习有关竞争的文件精神，强化忧患意识，以平和、明智的态度正确对待竞争，积极参与竞争。对于在竞争中处于劣势教师要让他们多找主观上的原因，并鼓励他们自我发展，争取后来居上，对优胜者应该持羡慕不妒忌、赞许不自卑的态度。

（二）正确看待职业倦怠

1. 教师职业倦怠的含义

职业倦怠是研究者们在研究职业压力时提出来的一个概念，指人们因工作时间过长、工作量过大、工作强度过高并且无视个人需要所引起的疲惫不堪的状态。职业倦怠产生时，个体“燃尽或耗竭个人的心智、生理和情绪资源”，其主要特征为：疲乏、冷漠、理想幻灭、沮丧，显示个人已耗尽其能源或适应的能量。我国的研究者们认为，职业倦怠是个体无法应付外界超出个人能量和资源的要求时，所产生的生理、心理、情绪情感和行为等方面的身心耗竭状态。职业倦怠容易发生在医疗护理、教育等与人打交道的行业中，教师是职业倦怠感的高发人群。教师职业倦怠是教师不能顺利应对工作压力时的一种极端反应，是他们在长期压力体验下所产生的生理、情绪、认知、行为等方面的耗竭状态。

2. 教师职业倦怠的特征

职业倦怠的典型症状是工作满意度降低、工作热情和兴趣的丧失以及情感的疏离和冷漠。教师在体验职业倦怠之后容易对学生失去耐心和爱心，对课程准备的充分性降低，对工作的控制感和成就感下降。1981 年，玛勒斯等人确定了职业倦怠的三个核心成分：

(1) 耗竭感。指个体感到自己的能量和资源耗尽、用完。

(2) 去人格化。指刻意在自身和工作对象间保持距离，对工作对象和环境采用冷漠和忽视的态度。去人格化的教师表现为减少接触或拒绝接纳学生；对待有些学生像对待没有生命的物体一样；用带有蔑视色彩的称谓称呼他们；用标签式语言来描述个体学生。

(3) 低个人成就感。指倾向于消极地评价自己、个人成就感降低、自我效能感下降，对自己工作的意义和价值的评价下降，工作变得机械化且效率低下，缺乏适应性。低成就感的教师开始感觉到在他们的工作中不再有什么值得去做。

3. 教师职业倦怠的原因

教师职业倦怠是在外界压力和自身心理素质的互动下形成的。按照应激的资源理论，当工作环境等外部因素对个体的要求持续超过个体具有的有效应对资源时，就会出现心理健康问题，产生职业枯竭。教师产生职业倦怠有内外两方面因素，内部因素是指教师对工作的期望值高而成功的可能性低，教师的自我概念、对于冲突的态度、解决冲突的策略以及他的个性特征都将导致职业倦怠的产生；外部因素有社会期望、工作压力等因素。

(1)社会期望。多数国家都对教育持有很高的期望，对教师有很高的要求。当教育质量差、学生出现问题时，教师就首当其冲地成为责任承担者。这种不断地被监督和谴责会对教师产生难以忍受的压力，从而导致教师心理健康问题的产生。

(2)工作压力。教师的工作压力主要体现在教学工作、教育工作和科研进修三个方面。

①教学工作方面。随着基础教育改革的不断深入，对教师的教学能力有更高的要求。班级人数的膨胀、考试竞争、升学压力、过多的检查与评估等增加了教师的工作负荷，从而给他们带来倦怠感。

②教育工作方面。与过去相比教师必须花费加倍的时间与精力来处理学生的问题。国外的调查表明，管教学生的困难已成为教师压力及倦怠的主要因素。

③科研进修方面。一方面，中小学日益重视以研促教，许多骨干教师除了日常教学，还要承担各种各样的教育科研任务；另一方面，学历进修和各种岗位培训要求教师必须参加，教师承受的各方面的压力越来越多。

3. 教师要学会合理地预防、应对职业倦怠

教师要学会合理地预防、应对职业倦怠，维护自己的心理健康状况。职业倦怠的干预主要有个体干预与组织干预两种途径。

(1)个体干预。个体干预是通过放松训练、认知压力管理、时间管理、社交训练、压力管理和态度改变等增强适应工作环境的能力。具体有以下措施：

①改变观念。教师应对自己的能力和所处的环境有清楚的认识，避免由于不恰当的期望和无效的努力产生职业倦怠。当个体认为自己的付出没有得到回报时，就会产生职业倦怠。因此，教师要学会正确看待自己的工作的意义、工作的预期成果和自己在工作中所能发挥的作用。

②积极的应对策略和归因方式。在面对问题时采用更积极的应对手段，而不是逃避。将挫折的原因归结为个体可以控制的因素，如努力、自己的知识水平等，并提高自己的控制能力。当发现自己有职业倦怠的症状时，要勇于面对现实，反思自己的压力来源，主动寻求专业人士的帮助。

③合理的饮食和锻炼。生理方面的疾病既是教师职业压力的来源之一，又

是职业倦怠的不良后果。因此,教师要进行合理的饮食和锻炼,尤其是体育,它是一种精神娱乐法,可以分散教师的注意力,从而让教师放松紧张的情感或身体。

(2)组织干预。职业倦怠是一种"职业病",它同组织的特点、职业特点的关系更加密切。组织干预的思路是通过削减过度工作时间、降低工作负荷、明确工作任务、积极沟通与反馈、建立有效的社会支持系统来防止和缓解职业枯竭。增进了解,理解教师作为普通人的需求;社会各界应大力宣传教师工作的特殊价值和复杂性,给予教师更多的理解和宽容,使各行各业和各个学生家庭都能与学校共同承担起学生教育的责任;教育管理部门可在有关宣传媒介上开辟教师心理健康教育专栏,成立教师心理健康咨询和诊断机构,准确及时地判断教师心理健康状况,并采取相应的心理保健措施;加大政策上最大限度地对教师的关怀,给教师创造一个建设性的氛围。

第二节　课堂教学心理

一、课堂教学程式的心理分析

(一)课堂教学程式的意义

课堂教学程式即指教师为完成教学目的、任务和内容而采取的一定的教学组织与操作形式。

当前,课堂教学的基本程式可分为三类:

(1)系统传授知识的程式:感知教材—理解教材—巩固知识—运用知识。

(2)在活动中学的程式:设置问题情境—提出并确定问题—研究解决问题的方法—实施方案—检验与评价。

(3)综合型程式:提供学习材料—进行活动、分析、归纳—推导规律、获得结论。

教学系统除考虑教学目的、教师、学生和教学过程等因素外,还必须考虑心理因素。在课堂上,教师、学生的心理是对一定教学程式的反映。一方面,教师在对教学内容进行心理加工时,首先要了解学生的心理,还要注意捕捉学生对自己的教学行为与执教效果的反馈信息,从而不断调整教学。另一方面,教学的最终目的是使学生在掌握知识的同时,培养能力,完善个性。因此,教学中学生的心理活动应该是组织课堂教学活动的出发点,课堂教学程式的建立应以学生在教学时空中心理活动的变化发展为基础。

(二)课堂教学程式的心理要素

1. 注意的组织

注意是心理活动的指向和集中,是一切学习和活动的前提条件。如果个体对作用于感觉器官的刺激信息未加注意，那么，这些信息很快就会遗忘。教师在教学过程中，必须充分调动学生的注意力，在每堂课的开端调动学生的注意力，利用灵活多变的方式来呈现教学内容。

2. 认知方式的指导

认知方式指导是课堂教学最重要的部分。它借助教师的认知指导来调动学生的感知、记忆、思维、想象等认知机能，进而有效开展认知活动。课堂教学中的认知指导，通常是采用讲解、演示、设问及学习迁移等手段来实现的。

讲解是指导学生认知的基本方式。有效的讲解要切题，紧扣教学内容；语言要清晰规范，适合学生的知识水平。

演示是运用各种教学媒体为学生提供感性材料的表演和示范操作方式。教师利用演示指导学生进行观察分析，帮助他们获取第一手材料，为学生进一步的概括奠定基础。

设问是课堂教学进程转换的关键环节。课堂设问一般分为导入新课时设问、新旧知识衔接处设问、障碍处设问、题目变通处设问、重点疑点难点处设问，等等。

学习迁移指导是教学生将所学得的概念、原理、原则等应用到实际中去，使学生学会举一反三的本领。

3. 行为强化

强化是塑造行为、增强行为定型的重要手段。在课堂教学中，教师运用强化手段，可以使学生的认知活动得以增强或矫正。强化有正负之分，正强化主要表现为对学生正确、成功的认知方式及结果的奖励和表扬；负强化则指对学生错误的认知活动及结果的惩罚和批评。强化的方式可以是多种多样的，有言语强化，即发现学生有了所期望的行为后，便给予口头或书面的鼓励和表扬；有符号强化，即鼓励或表扬的方式是某种标志，如红花、红旗等；有动作强化，即利用非语言行为（如微笑、点头等方式）强化学生的认知学习；有活动强化，即把学生的学习活动本身当做强化因素。

4. 心理趋合

心理趋合是指个体在认知活动结束时因圆满完成活动而产生的内心体验和主观感受。这是课堂教学的最终目的。

心理趋合可以是即时趋合，也可以是延时趋合。即时趋合要求教师在教学内容传授结束后，帮助学生在课堂上形成系统的知识结构。延时趋合则主要是依靠教师布置思考题和课外作业等来达到目的，它多用于教材内容相对难以理解或学生成就动机高时。

二、教学过程中常见的心理效应

（一）首因效应

“首因效应”指的是人们在对他人总体印象的形成过程中最初获得的信息比后来获得的信息影响更大的现象。

教师在教学中要注意首因效应的影响，教学是师生双向交流的活动，如果学生对教师或教师的第一堂课的第一印象不佳，势必影响到今后的教学效果。

1. 在首次与学生见面或接触时给学生留下良好的第一印象

学生的认识水平及逻辑思维还不够成熟，辨别能力不强，他们往往凭直觉下判断、作推理、得出结论，当他们的第一印象比较好时，就会把这个好感迁移到教师所教的学科上。

2. 要“超水平”地上好每个章节的第一节课

新教师由于经验不足，往往对教材每个章节的序言不重视，其实每一个章节的序言是整个内容的开篇，讲清讲透一方面可以给学生留下深刻的第一印象，另一方面有利于调动学生学习的积极性，唤起学生的兴趣和好奇心。

3. 要注意每一节课的前面几分钟

由于首因效应的作用，每一节课的前面几分钟是学生注意力最集中的时间，有的教师会利用这几分钟将本堂课的重要内容清晰地进行讲解，学生印象会很深刻。但许多教师不懂得利用学生的首因效应，在课堂的前几分钟讲一些不重要的话题甚至批评学生，当学生集中注意力的前几分钟听了许多不重要的话后已经趋于疲惫；教师在讲教学重点内容时，学生注意力开始分散了，教学效果自然大打折扣。

教师要发挥教学中首因效应的作用，给学生留下良好的第一印象。这要求教师做到：见好第一次面，讲好第一次课，批好第一次作业，处理好第一件意外事件，开好第一次班会。

（二）罗森塔尔效应

罗森塔尔效应是指由于教师对学生的发展抱以的期待和热爱而使学生出现相应发展的现象。

1968 年，美国心理学家罗森塔尔等人随机选择了 18 个教学班中一至六年级的小学生，运用言语推理能力测验对他们进行考察。之后，研究者给这些学生的教师提供了一份名单，并告诉这些教师，名单上的学生今后在学业上会有“迅猛发展”。8 个月后，研究者对 8 个实验班的学生进行复测，结果发现那些列入名单的学生比没有列入名单的学生的智力水平有明显提高。尤其是在一二年级，有近一半学生的智商提高达 10 分以上。实际上，被列入名单的学生完全是随机选择的，他们在智力上并不比没有被列入名单的那些学生优越。

1. 罗森塔尔效应的心理机制

产生这种罗森塔尔效应的心理机制是:①教师对学生的期望是以对学生的总体印象为基础的,这种印象一旦形成,就会对学生的学习成绩及其他方面的行为表现产生相应的期望,这种期望将直接对教师和学生相互作用的方式产生影响。②期望的行为引导教师在实际教育过程中对不同的学生实行区别对待。如果教师对学生期望是积极的,那么,他也将对该学生报以积极对待。并且,教师的这种倾向会由于期望的稳定性在相当长的时间内发挥作用。

2. 教师积极期望的建立

教师要对学生建立积极期望,就应树立三个观念:①把积极的期望看做是教师自身的责任。教师是学生生活中具有特殊意义和期望的“重要他人”,教师对学生的期望和对待,不仅对学生的学习和智力发展有着重要的影响,而且对学生一生的个性发展都具有潜在的、深刻的定向作用。②相信每一个学生都能做得比现在好。人的潜能是无限的,每个人都可以做得比现在好,处在发展早期阶段的学生更是如此。教师对学生的信任能促使学生变得更好。③学生的状况不是一成不变的。任何学生都可以转变现状,朝积极方向发展。关键在于教师要打破成见,使自己对学生的期望尽快完成由低到高、由消极到积极的转变,使学生有一个有利于发展的良好的成长环境。

(三)认知失调效应

认知失调效应是指在一般情况下,人们需要维持自己的观点和信念的一致,以保持心理平衡;倘若在人们的观点或信念中表现出不一致,就会产生认知失调。当出现认知失调时,人的心理就会出现紧张,极力想通过改变自己的观点或行为,以达到新的平衡。

认知失调理论对于有效地开展态度和品德教育工作十分有意义。要改变学生的态度或观点,仅通过道德原则的学习和外部的奖励是不够的,还必须通过学生内部的矛盾运动过程,即从不协调到协调的过程才能实现。态度和品德的学习重点在于人的情感变化,它所要解决的主要问题不是知不知或会不会的问题,而是愿意不愿意或相信不相信之类的问题。

虽然认知失调不一定必然导致态度的改变,但它却为态度转变提供了条件。教师的任务就是要及时抓住这些转变的时机,努力做好学生的思想转化工作。利用认知失调转化学生的工作时,要注意以下问题:①要善于灵活巧妙地激发学生产生认知失调,诱发认知矛盾,使学生产生心理震荡,寻找转化学生思想的突破口。②要善于及时地帮助学生实现“心理平衡”。解决的办法有如下思路:一是降低学生原有认识或行为的重要性;二是增加学生新的认识与行为的重要性;三是寻找新旧认识与行为之间的一致性。

（四）反馈效应

1. 反馈

反馈原是物理学中的一个概念，是指把放大器的输出电路中的一部分能量送回输出电路中，以增强或减弱输出信号的强度。心理学借用这一概念，以说明学习者需了解自己学习的结果，这种了解又会起到强化作用，进而提高学习效率。

2. 反馈效应对学习的促进作用

学生通过反馈知道自己学习的结果，看到自己进步，求知的欲望得到了满足，从而使学习的态度和手段得到强化，激起进一步学好的愿望；通过反馈，知道自己的不足，会确立扬长补短的决心，从而更加努力地学习。教学活动中，利用反馈效应时应当注意：①学习中要及时反馈，避免无目标的学习和不知道自己学习结果的学习方式。②在学生有能力进行作业自我批改时，应尽可能让学生自己进行批改。如果教师批改作业，也应让学生从教师的评语中尽可能具体地了解自己的优缺点和努力的方向。③在动作技能训练中，也要及时地反馈结果，以便学生及时调整动作。④把反馈作为帮助学生取得进步的重要方式。

（五）蔡加尼克效应

蔡加尼克效应是指人们对未完成的工作的记忆优于已完成的工作的记忆的现象。这一现象是心理学家蔡加尼克（B. W. Zeigarnik）于 1927 年发现的。心理学家认为，蔡加尼克效应的心理机制是，结束工作后所引起的心理张力系统业已松弛，而那些未完成的工作所引起的张力系统仍在持续。

蔡加尼克效应的发现，启示教师应注意摆脱那种“满堂灌”的传统教学方式，克服那种只适于滔滔不绝地讲而不适于学生学的弊端，应采用适当中止讲解来帮助学生解决记忆难的问题。另外，这种心理效应还可以解释学生学习中经常发生的遗忘现象。如考试前开夜车记忆，考完后就忘得一干二净；把预定的事情写进记事簿中防止遗忘，到时反倒忘掉了。

三、教师人格魅力与教育

人格是教师魅力的核心，是教师对学生、事业以及自己的态度在其言行中的反映。教师人格魅力并不是一项单纯的性格或特质，而是多方面的综合呈现，它是通过长期的教育实践而形成和发展的独特的感染力、影响力与号召力之总和。它包含教师的威信，但比教师的威信更高一个层次。优秀教师具有非凡的人格魅力。教师的人格魅力体现在渊博的知识、灵动的智慧上，具有学高为师、身正为范的高尚品德，具有诚挚博大的无私爱心，还表现在拥有一定的人文修养上。教师人格魅力的力量是巨大的，对学生有强烈的感召力和凝聚力，可以给学生以震撼人心的影响和冲击。正如乌申斯基所说：“教师的人格对学生的影响是任何教科书，任何道德箴言，任何惩罚和奖励制度都不能代替的一种教育力量。”

教师的人格魅力是有效地影响学生的重要条件，它是建立在师生平等、相互尊重的基础上的。教师有较好的品质与能力，能尊重、热爱、关心学生，对学生认真教诲，循循善诱，学生就会从内心尊重、信任教师。反之，教师如果为了建立自己的威信采取了其他做法，如在学生面前总是摆出一副严肃、冷峻的脸孔，甚至依赖某种不正当的手段（如体罚等）而建立起尊重与被尊重、服从与被服从的关系，学生迫于某种威慑而不得不服从教师的要求。但这样做并不能真正建立教师的威信，它与尊师爱生是背道而驰的，这样的教师是得不到学生尊重的，这种“威信”会给教育工作带来消极影响。

（一）教师人格魅力是影响教育效果的重要心理因素

1. 学生对教师的教诲确信无疑

学生对拥有人格魅力的教师有信任感，确信教师讲授内容的真实性和正确性，这样就提高了学生学习的主动性和积极性，增强了学习动机，在学习过程中学生的心理活动处于兴奋状态，注意力比较集中，思维也比较灵活，因此学习成绩也会有较大提高。

2. 具有人格魅力的教师的要求容易转化为学生的需要

由于学生出自内心尊重并信任有人格魅力的教师，他们坚信按照教师提出的要求去做，就一定能取得好成绩，因此很容易把教师提出的要求转化为自己的需要，加强了学习动机，容易取得好成绩。即使学生对教师的某些要求暂时难以接受，没有立即转化为需要，但由于对教师的尊重，他们也能积极地按教师的要求去做，在行动中进一步去体会教师要求的正确性，也能收到好的效果。

3. 教师的表扬与批评能唤起学生相应的情感体验

表扬与批评是教师教育学生过程中必不可少的手段，这种手段取得的效果会因教师的不同而不同。有人格魅力的教师，无论是表扬还是批评，都容易使学生获得与教师相同的情感体验。

4. 榜样的力量

有魅力的教师受到学生的信任和尊重，并被学生当做学习的榜样。这种教师一般都有较高的情操和修养，生活、工作比较严谨，能力也比较强，学生向这样的教师学习，收到的效果较好。

（二）教师人格魅力形成的基本条件

教师人格魅力的形成主要依赖于教师自身和外界两大类因素。其中，教师自身因素是最重要的。教师自身的因素是指教师有崇高的理想，具备优秀的心理品质和渊博的知识，这是形成人格魅力最重要的条件。具备这些因素的教师对学生充满感情，用自己全部的身心来培养学生；他们努力钻研业务，对教学精益求精，能最大限度地满足学生的求知欲望和广泛的兴趣。同时，这些教师有丰富的精神世界，与学生交往时总能给学生带来新知识，使学生受到潜移默化的感染，这样既受到学生尊重又使学生感到亲切，在学生心目中享有很高的威信。此外，教师的仪表、生活作风与习惯等也是其人格魅力不可缺少的条件。教师的仪表，包括发型、服饰等，反映了人的精神面貌并给学生一定的情绪感染。如端庄整洁的仪表、严谨的作风、文明的习惯等，容易使学生产生积极愉快的情绪，给学生留下良好的印象；容易博得学生的尊重与好感，建立威信。

值得注意的是，不同年龄阶段的学生对教师有不同的体验。年龄小的学生很少分析评价教师的思想修养、道德品质、知识水平、教学能力等，更多地偏重于兴趣和情感方面。年龄较大的学生对教师的态度则直接与教师的品质、能力联系着，教师高尚的道德情操、渊博的知识、广泛的科学文化兴趣和高超的教育能力等，对其形成人格魅力起着更重要的作用。因此，对不同年龄阶段的学生显示出不同方面的品质是形成教师人格魅力不可缺少的条件。

第三节　课堂管理心理

一、教师的领导方式与课堂心理气氛

经大量实验研究证实，教师的领导方式对班集体的社会风气有决定性影响，并且对课堂教学气氛、学生的社会学习、态度和价值观、个性发展以及师生关系均有不同程度的影响。

教师的四种领导方式是：强制专断型、仁慈专断型、放任自流型、民主型。

（一）强制专断型

强制专断型的教师对学生时时严加监视；对学生要求无条件的接受一切命令，严厉的纪律，所以很少给予表扬，认为没有教师监督学生就不能自觉学习。在这种领导方式下的学生在课堂上的心理表现是屈服，但一开始就厌恶和不喜欢这种领导方式。在这种领导方式下的学生，经常推卸责任，易怒，不愿合作，而且可能会在背后攻击别人，只要教师一离开教室，学生就明显松弛。

（二）仁慈专断型

仁慈专断型的教师不认为自己是一个独断专行的人，经常表扬学生并关心学生，他专断的症结在于他的自信。他的口头禅是："我喜欢这样做"或是"你能给我这样做吗"。这种教师以自我为班级一切工作的标准。在这种领导方式下的学生，在课堂上的心理氛围的表现是大部分学生喜欢他，但看穿他这套方法的学生可能会恨他。学生在各方面都依赖教师，没有多大的创造性，屈从，缺乏个人的发展。

（三）放任自流型

放任自流型的教师在和学生打交道中，几乎没有什么信心，或认为学生爱怎么样就怎么样。放任自流的教师很难作出决定，没有明确的目标，既不鼓励学生，也不反对学生；既不参加学生的活动，也不提供帮助或方法。在这种领导方式下的学生，在课堂上的表现不仅道德差，而且学习也差，大多学生喜欢推卸责任、寻找替罪羊，容易激怒；学生之间、师生之间没有合作，谁也不知道应该做些什么。

（四）民主型

民主型的教师在管理学生过程中，喜欢与学生集体共同制订计划和作出决定，在不损害集体的情况下，乐意给个别学生以帮助和指导。这种教师尽可能鼓励学生集体的活动，对学生给予客观的表扬和批评。在这种领导方式下的学生，在课堂上的心理氛围的表现是喜欢学习，喜欢同别人尤其喜欢同教师一起进行学习活动；学生自我管理工作的质和量都很高，学生之间形成互相鼓励的氛围，而且能够独自承担某些责任，无论教师是否在教室，很少出现严重的问题；师生之间与学生之间关系融洽。

在教师的四种领导方式中，相比较而言，民主型的领导方式是最理想的。

二、课堂教学管理

（一）课堂教学管理的概述

课堂教学管理是指教师通过协调课堂内的各种人际关系，吸引学生积极参与课堂活动，有效地实现预定教育目标的过程。

有效的课堂管理，需要教师、学生和课堂情境三大要素的相互协调。教师是课堂教学的组织者与领导者，通过确定课堂管理目标等环节，建立和保持良好的教学条件，使课堂内每个学生都能充分完成教学任务，实现教学目标。学生在课堂管理中虽处于被管理者的地位，但教学是师生双边共同活动，教学目标的实现程度应取决于师生两方面的协同配合。在课堂教学中，教师要妥善地处理人际关系，实现教师、学生与情境三者的协调。

课堂管理实际也就是对课堂中人际关系的管理。课堂是学校中最基本的教学单位，是一种有组织的群体教学活动场所。在课堂内主要有两种角色，即教师与学生，相应的课堂中的人际关系也就是师生关系与学生关系。只有妥善处理好课堂中的各种人际关系，才能实现教师、学生与课堂情境的协调，有效地实现教学目标。否则，人际关系没有处理好，会造成课堂气氛紧张，课堂纪律出现问题，从而干扰正常的教学活动。

（二）课堂管理的功能

课堂管理在课堂教学整个环节中起着重要作用。

教师在教学管理方面的工作包含组织教学活动、评价教学过程和实施课堂管理。课堂管理直接影响着课堂教学与评价的进行，它具有两个基本功能：

1.课堂管理的促进功能

课堂管理的促进功能是指教师在课堂中主动地创设能促进教学的课堂环境，满足学生合理的需要，调动学生积极性，激励学生发挥自身的潜能以促进学习。

课堂管理的促进功能不是通过严厉斥责或放任自流来实现的，需要教师运用管理学、心理学、教育学等相关理论与经验，通过长期的努力来实现。其一，教师要协调好课堂内各种人际关系，形成尊师爱生的师生关系和团结友爱的学生关系，建立自由轻松而有秩序的课堂管理情境，以提高教学效率。其二，要正确处理课堂中正式群体和非正式群体的关系。在课堂教学中，非正式群体对教学效果的好坏产生极大影响，教师运用教学技巧把非正式群体的力量形成合力，共同实现教学目标。其三，教师要创造良好的课堂气氛。课堂气氛是一种心理背景，是教学的软环境。积极的课堂气氛，有利于提高学生学习效率；相反，消极的课堂气氛则会降低学习效率。其四，使学生明确教学目标，使课堂活动朝着预定的目标前进。在课堂教学过程中，使学生明确教学目标，对于教师来说可以卓有成效地、有针对性地完成既定的任务。

2.课堂管理的维持功能

课堂管理的维持功能是指教师在课堂教学中持久地维持良好的内部环境，使学生的心理活动始终保持在课业上，以保证教学任务的顺利完成。课堂教学不是一个静态的过程，而是动态变化的，在教学过程中，难免会遇到各种与课堂教学目标相违背因素的干扰。为了保证教学目标的实现，教师必须有意识地排除消极因素的影响，使教学得以顺利进行。课堂教学管理的维持功能主要表现在：其一，课堂管理有助于维持良好的课堂气氛，教师要选择恰当的教学方法吸引学生注意力，使学生适应教学中的各种情境变化。其二，课堂管理有助于缓和教学中出现的各种矛盾冲突，减少课堂突发事件带来的消极影响，调节教学过程中的紧张和焦虑，维持人际关系的和谐。其三，课堂教学管理中所实施的课堂行为准则的制定要符合教学目标，有助于强化课堂教学秩序，维持课堂教学纪律，并使课堂纪律内化为学生的自觉行为。

（三）影响课堂管理的因素

影响课堂管理的因素很多，社会和学生对教师的角色期望、班集体的特点、学校领导的管理类型、教师自身的素质等，都在不同程度和不同层次上影响着教师的课堂管理方式。

1.社会和学生的角色期望

角色期望是影响教师管理方式的重要因素。角色期望是社会对某一类人在行为表现、意向、动机等方面的期望。对于教师，社会普遍认为教师是社会规范的代言人，其言行都应该符合社会道德规范，要求教师工作态度认真负责，对学生循循善诱。在课堂管理中，教师会不断感受到这种社会的期望，并在实践中最终转化为行为，从而受到社会期望的影响。学生对教师也有期望，教师必须使自己的管理方式与学生的期望保持协调，才能使课堂管理得以有效地进行。

2. 班集体的特点

课堂管理主要是对班集体的管理，因此班集体自身的特点也是影响课堂管理方式的重要因素之一。首先，班集体的规模不同，课堂管理方式也需相应不同，而规模较大的班集体更需要高超的管理技巧。班级性质是影响教师课堂管理的另一个情境因素，不同性质的班级有不同的群体规范和不同的凝聚方式，教师应根据不同的班级性质决定其管理方式。

3. 学校领导的管理类型

教师是课堂管理的主体，同时又是学校领导的管理对象，领导的管理方式必然会潜移默化地影响教师。如果学校领导施行一种专制型管理，与教师很少接触，行使职权时多采用权威式命令，缺乏人情味，那么教师往往对领导产生一种依赖性，缺少主见。而民主管理型的领导尊重教师的意见，对教师的表扬和批评均尽量做到客观公正，在这种管理方式下教师一般态度积极，自觉主动，能创造性地进行教学和管理。放任型领导对学校事务的管理不主动，对教师也是不闻不问，放任自流，教师受其管理方式的影响，一般工作态度也是消极应付，工作绩效不显著。

4. 教师个人素质

课堂管理的主体是教师，管理的效果如何，很大程度上依赖于教师自身素质。教学目标的制定、良好课堂气氛的营造以及课堂纪律的维持，都离不开其行为执行主体——教师。一名优秀的教师应该具有较高的政治思想素养和良好的道德品质以及对教育事业的热爱，只有这样，他才会在课堂内以积极的态度和饱满的热情进行教学和管理，管理才可能有效。这就要求教师具有较强的教学能力。

(四)课堂管理的基本原则

课堂管理的途径和方法有很多，但在具体施行时应该遵循一些基本的原则。

1. 了解学生的需要

学生是教学管理的对象，教师要充分了解并满足学生的需要，才能做好对学生的课堂管理。学生的需要是个体行为和心理活动的内部动力，是个体积极性的源泉。学生的各种需要是其心理活动的动力，是对教学活动的一种心理需求，因此在课堂管理中应高度重视学生的需要。学生的需要是内因，教学活动只有通过这个内因才能取得好的效果，如果教师不关注学生的心理需要，课堂管理就无从实现。

2. 创造积极的课堂人际关系

课堂教学实际上是教师的教与学生的学之间的交流互动过程，良好的师生关系能促进教学效率和学生学习效率，能使师生之间进行广泛的信息交流和情感共鸣，使教师的教育措施更有针对性，更容易被学生接受，从而产生积极的教学效果。

另外，学生群体中良好的合作的同伴交往关系对学习的动机、兴趣以及理想、价值观等都有很大影响，能使学生互相帮助，共同进步。而竞争的关系一方面使个体之间缺乏信任和沟通，另一方面也激发了学生的积极性，使其获得成就感。因此，教师要鼓励学生之间的合作学习，而对竞争应予以有效的调节与控制，使得在两种学习情境中，均能保证学生关系融洽，创造有利于学习的同伴关系。

3. 实行有效的教学措施

教师要熟练地掌握教学过程中的每个环节，实施有效的教学管理措施，使整个课堂情境确实以教学为中心。有效教学关注学生的进步或发展，教师必须确立学生的主体地位，树立"一切为了学生的发展"的思想。有效教学关注教学效益，要求教师有时间与效益的观念，教学效益取决于对单位时间内学生的学习结果与学习过程综合考虑的结果。有效教学更多地关注可测性或量化，如教学目标尽可能明确与具体，以便于检验教师的工作效益。有效教学需要教师具备一种反思的意识，不断地反思自己的日常教学过程，反省自己教学过程的细节，并思考"我的教学有效吗？"

（四）建立相对稳定的课堂规范

课堂是进行教学的场所，为保证教学活动有秩序地进行，必须建立统一的课堂规范，要求每个学生遵守。如上课不迟到、不早退，迟到了要征得教师的同意方可进入教室。课堂规范应是课堂管理的依据，课堂规范一旦形成，就对集体成员产生了普遍的约束力。因此，从学生入学时起，教师就应让其了解规范及其必要性，使学生在正确认识的基础上逐渐形成符合规范的行为习惯；学生也只有在自觉地将规范内化为自己信念的一部分时，规范才真正具有约束力。学生不仅可用规范来约束自己的行为，还可用规范来评价别人的言行，通过班级舆论以纠正偏离规范的其他人的行为。教师在评价学生言行时也应以课堂规范为判断标准，一旦出现违纪行为，则处理有章可循。

三、课堂教学纪律的管理

（一）课堂教学纪律

课堂教学纪律是指在课堂学习环境中，学生必须共同遵守的课堂行为规范，是对学生课堂行为所施加的外部准则和控制，是课堂教学得以顺利进行的重要前提和条件。它可以维持良好的课堂学习秩序,提高教学质量和学习效率。当这种行为规范被学生自觉接受或内化以后,学生就能自觉地自我指导和自我监督,达到自律,这是课堂学习纪律管理的最高境界。

良好的课堂学习纪律具有约束性、标准性、自律性。约束性要求所有学生均应共同遵守;标准性是衡量学生课堂行为是与非的依据;自律性是要求学生自觉遵守、自我监督、调控自己的课堂行为。

(二)课堂学习纪律的功能

1.社会化功能

课堂学习纪律是学生课堂行为的定向工具。学生在课堂学习过程中,总要受课堂学习纪律的制约。学生遵守课堂学习纪律的过程,也是学习为社会和教师赞同与容许的社会行为准则的过程。对这些外部课堂行为准则、规范的接受和内化,会有助于学生的社会化。

2.促进学生人格完善与优化的功能

学生在遵守课堂学习纪律的过程中,会逐步形成和发展独立性、自信、自我控制、坚持、忍耐等优良的人格品质,有助于促进学生人格完善与优化。

3.稳定学生情绪的功能

在课堂学习过程中,没有外部的控制与指导,学生往往显得手足无措,情绪不安。而课堂学习纪律使得学生的行为有所依循,可避免对自己行为的迷惑、担心,降低过度焦虑,从而稳定学生的情绪。

4.发展良好道德品质的功能

课堂学习纪律以强制的力量促使外部行为规范积极内化,有助于学生接受道德准则,形成道德责任感和义务感,使学生把外部的行为规范与自己的自觉要求有机地结合起来,从而自觉地遵守道德规范,形成和发展良好的道德品质。

5.调控与监督的功能

课堂学习纪律是学校和教师用以约束学生课堂行为,调控学生学习活动,维持课堂秩序的工具和手段。

(三)课堂学习纪律的类型

1.依据课堂学习纪律形成的原因分类

依据课堂学习纪律形成的原因,可以将其分为教师促成的纪律、集体促成的纪律、任务促成的纪律和自我促成的纪律四种类型。

(1)教师促成的纪律。它一般适用于低年级,他们需要教师给予较多的监督和指导,需要教师为他们建立课堂秩序,为他们的学习设置一个有结构的情境,教师促成的纪律包括结构的创设和教师对学生的体贴。

(2)集体促成的纪律。它是由学生集体形成的行为规范与准则要求。学生从入学开始,同辈人的集体在促进儿童社会化方面就起着重要的作用。集体纪律的遵守还依赖于集体舆论和心理氛围的压力,这就要求教师创设健康、良好的集体舆论和心理氛围。

(3)任务促成的纪律。它是指由于某一特定学习任务的需要而提出的纪律要求。每一项学习任务都有其特定的纪律要求,任务促成的纪律是以个人对学习任务的理解为前提的,这就要求教师加强学习目的性教育,培养间接兴趣,明确学习任务的重要性。

(4)自我促成的纪律。自我促成的纪律即自律,它是学生纪律发展的最高阶段,也是课堂学习纪律管理的最终目的。教师必须创设条件促使学生向自律发展,这是主体性教育和创造性教育的必然要求。

2.依据课堂学习行为的外部监控程度分类

依据课堂学习行为的外部监控程度,课堂学习纪律可分为强制性遵守纪律、半强制性遵守纪律、自愿的纪律和自觉遵守纪律四种类型。

(1)强制性遵守纪律。学生不明白纪律的准则、规范的含义,不能控制自己的行为,完全依靠外部控制、监督来遵守纪律。

(2)半强制性遵守纪律。学生明白纪律的行为要求,但没有遵守纪律的愿望,需要外部约束与控制。

(3)自愿的纪律。学生明白纪律的行为要求,有遵守纪律的意愿,但由于违规性情境诱因的出现以及自制力差而无法一贯遵守纪律。

(4)自觉遵守纪律。学生能深刻理解纪律的行为要求和意义,有强烈的自觉遵守纪律的需要,能够在所有的课堂环境中自觉约束、调控自己的学习行为,达到习惯化和自动化的水平。纪律是由低级到高级逐步发展的,同时也体现了学生遵守纪律的不同发展阶段。

3.依据课堂学习纪律的内化程度分类

依据课堂学习纪律的内化程度,课堂学习纪律可分为外部纪律和内部纪律两种类型。

(1)外部纪律。外部纪律即他律,是对老师或其他人所代表的权威的服从,自身并无遵守纪律的内心需要和愿望,依靠外部的监督和控制。

(2)内部纪律。内部纪律即自律,有自觉主动遵守纪律的需要和愿望,能自觉控制自己的行为,无须外部监督与控制。学生自律的发展呈现出如下趋势:从经验水平向原则水平过渡,从依附性向自觉性过渡,从外部强制向自我监督过渡,从对规范的服从向习惯性遵守过渡,从消极被动遵守向积极主动自觉遵守过渡。学生自律的形成是一个从他律向自律渐进转化的过程。林崇德提出的“三阶段论”,第一阶段是依靠外部教育要求,第二阶段是过渡阶段,第三阶段是把纪律原则变成自觉行为。

（四）课堂学习纪律管理的一般策略

良好的课堂学习纪律是课堂活动顺利进行的基本前提和保证。组织和管理好课堂学习纪律，是有效地进行课堂教学调控，创设温暖、支持、快乐、接纳性、建设性的课堂内部环境，提高课堂教学管理效率和课堂教学效益的重要途径。课堂学习纪律管理的一般策略有：

1. 建立积极、正向、有序的课堂规则

积极、正向、有序的规则，会使学生之间目标一致，形成愉快和谐的课堂气氛，从而促进学生发展良好的课堂行为，激发学生的成就动机和进取心。良好的课堂秩序是课堂学习纪律管理的目标，是在建立积极、正向、有序的课堂规则的过程中实现的。没有适宜的课堂规则，就不会有良好的课堂秩序，就不可能管理好课堂学习纪律。

课堂规则是在学期或学年初期阶段，通过师生共同讨论制定的明确具体的课堂行为的规范和要求，是对学生在课堂中的期望行为。课堂规则的内容是多种多样的，几乎涵盖课堂的所有方面。从适用规则的活动性质来看，主要有出入课堂规则、点名规则、上下课规则、课间规则、值日生规则等内容；从适用规则的项目性质来看，主要有道德方面的规则、秩序方面的规则、人际方面的规则、安全方面的规则和学习方面的规则等内容。

课堂规则应由教师和学生充分讨论，共同制定；应少而精，内容表述以正向引导为主；应及时制定、引导与调整。

2. 合理组织课堂教学结构，维持学生的注意和兴趣

有国外学者将课堂时间划分为分配时间、教学时间、投入时间、学业学习时间四种层次。在通常情况下，学生在课堂内的学业学习时间越多，学业成就便越高，这就要求教师应使更多学生把更多的课堂时间变为学业学习时间。为此，教师必须合理组织课堂教学结构，优化时间意识，注重课堂时间管理的策略，维持学生学习方面的注意和兴趣，这一方面能提高课堂教学效率和学生的学业成绩，同时也从积极意义上维持了课堂学习纪律。

上课时，要维持团体的注意焦点，运用课堂组织策略和提问技术，确保班上所有的学生在课堂教学的每一部分都投入到学习中去，即使教师只是叫起一个学生回答问题时也是如此。在课堂教学中常常见到教师让一两个学生在黑板上演算或回答问题，而其他学生都无事可做，这样必然会出现更多的课堂纪律问题。

3. 做有效管理者

教师作为有效管理者要善于预防问题，善于引导学生不断地变换活动，善于把学生的注意力集中在学业学习上，不给学生空闲的时间，善于把管理全班和注意个别学生结合起来。心理学家研究发现，有效管理者具备明察秋毫、一心多

用、整体关注和变换管理四个特征。

明察秋毫是指教师应让学生知道，他注意到了课堂里发生的每一件事，学生就会知道自己一直在受教师监督。

一心多用是指同时注意或监督几种活动，这样才能使教师不断地监控全班。

整体关注是指应让所有的学生都投入到课堂学习活动中，而避免把注意力集中在一两个学生身上。

变换管理是指教师要恰当组织课堂教学程序，以使各种活动顺利过渡。

科林指出，有效管理者会避免过渡问题中的“慢悠悠”，它是指开始一个新的活动花去太长的时间，以致学生对新活动丧失了兴趣而出现了学习纪律问题。

4. 区别对待课堂环境中的三种行为

加拿大教育心理学家江绍伦教授将学生在课堂内的行为划分为积极行为、中性行为和消极行为三种形式。

积极行为是指那些与促进教学目标相联系的行为。有效的课堂学习纪律管理，应鼓励学生的积极行为，建立积极行为的正向强化，从而发展学生良好的课堂学习行为，抑制课堂纪律问题。

消极行为是指那些明显干扰课堂教学秩序的行为。教师要针对消极行为的轻重程度选择有效的制止方法，及时制止消极行为。通常采用的制止方法主要有：信号暗示、使用幽默、创设情境、转移注意、移除媒介、正确批评、劝其暂离课堂、利用惩罚等。

中性行为是指那些既不增进又不干扰课堂教学的学习行为，如静坐在座位上思想开小差、看言情或武侠小说、在座位上不出声地睡觉等。

有管理经验的教师总是强化鼓励学生的积极行为，抑制消极行为，使其成为中性的力量。

5. 正确、有效处理纪律问题

课堂环境是复杂多变的，学生正处在成长发展之中，难免会出现一些纪律问题，诸如做小动作、私下说悄悄话、注意力不集中、睡觉、看课外书、打扰其他同学等等。在处理课堂学习纪律问题时，应遵循以最少干预为原则，也就是说要用最简短的干预纠正学生的纪律问题，力争做到既有效处理纪律问题，又无须打断上课。有效处理课堂学习纪律问题的策略有以下几种。

(1)非言语线索的运用。

教师要善于随时随地觉察课堂里每一个学生是否都在专心听讲，当发现有学生表现不良行为，就要运用非言语线索加以制止。非言语线索主要包括目光接触、手势、身体靠近和触摸等。如对表现不良的学生保持目光接触，就可能制止其不良行为，或者走过去停留一下，既可制止不良行为，又不影响课堂教学秩序。

(2)合理运用表扬和惩罚。

教师要想减少学生的不良行为,可以从表扬他们所做出的与不良行为相反的行为入手。譬如,某个学生上课爱做小动作,教师就可以在这个学生认真学习的时刻表扬他。我们还可以采取表扬其他同学的方式来减少某个学生的不当行为,一般选择他邻座的同学或他最要好的同学加以表扬,这样可使行为不当的学生意识到,教师已经知道了他的行为表现,从而使他控制不当行为。在课堂学习纪律管理中运用表扬时应注意:表扬的应该是具体的课堂行为;表扬应让学生产生积极的纪律体验;表扬应及时进行,以对学生的课堂行为给予及时正强化。

诸多研究均显示,少量的、方式适当的惩罚可有效地减少课堂不良行为。教师在运用惩罚时要坚持对事不对人的原则,执行惩罚时既要公平一贯,又要灵活差异。

(3)言语提醒。

教师在学生违反课堂学习纪律后,立即给以简单的言语提醒,将有助于制止纪律问题。言语提示的内容不要纠缠于学生的不良行为,而应是学生应该怎样做的正面提示,因为这表达了对学生未来课堂行为更积极的期望。

(4)运用"舞台情境"的管理策略,合理分配、调整学生座位。

所谓"舞台情境"管理策略,是指通过分配学生座位来激发学生对纪律的追求,从而发展学生的自律态度。我们会发现:坐在前排和中间座位上的学生最易被教师所控制,其课堂行为大多是积极的;而在教室后排的学生总觉得被教师忽视,或者放松要求和约束,以为教师不会注意自己而出现消极行为,或者为了引起教师或同伴的注意而产生过分行为。总之,教师合理地分配和调整学生的座位,会有助于维持课堂学习纪律,同时也是处理纪律问题的有效策略之一。

6. 培养学生的自律品质

自律是学生纪律性发展的最高阶段,是课堂学习纪律管理的最终目的,是良好课堂学习纪律的基本标志,是在教育者的监督指导下,经过长期训练逐步形成的。因此,促使学生养成良好习惯,形成和发展自律品质便是课堂学习纪律管理的最佳策略。

(1)尊重学生人格与严格要求相结合。

学生的纪律问题在客观上是受到各种不良因素的影响,在主观上是由于某些需要没有得到满足,这就要求教师应理解、关心、爱护学生,尊重学生人格。同时,教师要严格要求学生,对学生遵守课堂学习纪律提出明确要求,加强课堂学习纪律的目的性教育。对课堂纪律问题避免采取不闻不问的态度,因为这种态度在某种意义上有意无意地助长了学习纪律不良现象。

(2)外部监控与自我调控相结合。

学生自律的形成是一个从他律向自律渐进转化的过程,科学的教育指导是这种转化的重要途径。自律并不意味着抛弃一切外部的控制、准则和指导，而是在教师的指导、调控下通过对纪律价值不断内化逐渐形成的。

教师的外部监控必须通过学生接受内化以后才能形成自律。自律是学生主体有意识地、自主地、独立地管理自己的课堂活动，有效地调节自己课堂活动的各个过程和环节。自律是以学生的自我意识水平的发展为基础，在课堂学习活动过程中逐渐形成和发展的，具有自觉性、自控性、反馈性等特征。因此，要形成和发展学生的自律品质，必须发展学生的自我调控能力。

(3)利用集体舆论导向和集体规范来约束学生。

集体舆论是在班集体中占优势的、为多数人赞同的言论和意见。集体规范是班集体成员在共同生活中所形成的处理班集体问题的倾向性认识，是约束班集体内学生的行为准则。教师要利用集体舆论导向和集体规范来约束学生。

总之，学生的自律是在课堂环境中，通过与其所属集体成员的互动而形成的。因此，集体舆论和集体规范是学生自律品质形成和发展的有效手段。教师应充分利用集体舆论、集体规范的行为动力效应、助长效应、从众效应、整合效应，来导向、指导、规范和约束学生的课堂学习行为，以发展学生的自律品质；教师要精心培育正确的集体舆论，以集体舆论的压力来促进、监督学生的自律行为；教师要引导学生参与讨论、制订集体规范以给学生自律行为提供导向，以集体中的情绪感染激励学生的自律行为。

第十一章　心理健康与学校教育

世界卫生组织于1948年在其宪章中指出：健康乃指身体上、精神上和社会上的完整状态，而不只是没有疾病和虚弱。在学校开展心理健康教育，对促进学生身心和谐发展、良好心理品质的培养和健全人格的塑造具有重要意义。

第一节　心理健康概述

一、心理健康的含义及其标准

（一）心理健康的含义

心理健康是一个包含有多种特征的复合概念。总的来说，心理健康是指一种心理积极发展的持续状态，表现为主体能主动地、良好地适应，能充分发挥身心潜能，而不仅是没有心理疾病。从这一含义来看，心理健康包含有生理、心理、社会三方面的含义。在生理层面上，是指无神经系统方面的疾病，身体各方面机能正常；在心理层面上，是指个体能形成恰当的自我认识，明确自己的潜能、长处和缺点，并不断发展和完善自我，使自己的能力得以充分展现，人格发展健全，能积极面对现实；在社会层面上，是指个体能在社会环境中有效地适应，能妥善地处理人际关系，其行为符合社会要求且有效率，能为社会作出贡献。

心理健康是人的一种心理状态。心理状态是个体对刺激作出反应时的心理活动特征，可分为心理常态和心理偏态。

1. 心理常态

心理常态也就是心理健康状态。目前对心理健康状态与非健康状态的区分标准一直没有统一的认识。在临床诊断中常用的简易判定标准是：本人自觉正常，他人不觉异常，社会功能完好。

2. 心理偏态

心理偏态即非健康状态，包括心理亚健康状态、心理障碍和心理疾病三种状态。

（1）心理的亚健康状态。

心理的亚健康状态是介于健康状态与疾病状态之间的状态。这种状态往往是由于压力和应激所引起，是一种为时短暂、无迁延和泛化的不适感，通常表现为生活质量低、学习工作效率低、注意力分散、生活缺乏动力、学习没有目标、茫然不知所措，感觉生活没劲；躯体反映为失眠，容易疲劳，身体乏力，食欲不振等。这种心理状态会随压力的改善或应激源消失而自行缓解，大多数人也能自行调整，对个体的社会功能影响比较小，但这种状态如果得不到及时康复，会使心理状态进一步恶化。

(2)心理的障碍状态。

这是一种为时较长，有迁延，还未泛化的心理不适状态。有心理障碍的人常常表现出心理的自控能力差，无法使自己的行为与环境相协调，在社会生活中心理功能受损而出现困难或者障碍等，如成人的社交焦虑、性心理障碍、儿童的多动症等。这种状态的恢复一般需要经过自身的努力和专业的心理辅导。

(3)心理疾病状态。

心理障碍的继续发展将会导致心理疾病。此时，患者大脑功能失常，躯体产生明显的不适感，不能或勉强能完成其社会功能。我国神经精神科学会将精神疾病分为十大类：①脑器质性精神障碍；②躯体疾患伴发精神障碍；③精神分裂症；④情感性精神病；⑤反应性精神病；⑥其他精神病；⑦神经官能症；⑧人格障碍；⑨精神发育不全；⑩儿童期精神疾病。心理疾病患者不能通过自身调整，须经专业心理医生的治疗才能康复。

通常意义上的心理健康教育针对的是常态群体、亚健康状态和心理障碍者，通过心理健康知识的教育和自我调节技能的训练，帮助其提高心理健康水平，促进个体健康发展。

(二)心理健康的标准

对于心理健康的标准，不同的学者提出的标准有所不同。年龄段不同的群体，由于其身心发展特点不同，心理健康的标准也有所不同。中小学生心理健康的标准通常可以归纳为以下几点：

1. 身体健康，智力正常

身体健康主要是指个体无生理方面的缺陷，无先天的遗传性疾病，生理功能完好等。身体健康是中小学生正常学习、生活的基本条件。智力是在认识活动中表现出来的一种能力，包括观察力、记忆力、注意力、思维力与想象力等，是一个人学习、生活与工作的基本的心理条件，也是人适应环境、自我成长的保证，是心理健康的首要标准。

2. 情绪乐观健康

健康乐观的情绪是中小学生心理健康的重要指标，表现为积极乐观的情绪，心胸开阔，既不会患得患失，也不鲁莽冲动，情绪反应适度，能够积极地体察他人的情绪变化，也能够觉察自我的情绪并主动控制和调节。

青春期少年的情绪情感具有明显的两级性，在主导心境上经常有消极体验，他们对人热情,却经常感受到疏离感和孤独感。这一时期的学生还容易感染青春期抑郁症候群,也称无快乐症候群。此症候群带有抑郁症的特征,表现为无目标、无感动、无兴趣、无快乐、自卑等。与青春期抑郁症候群类似的是青春期无聊症候群,主要表现为倦怠感和无聊、空虚感,逃避现实、无精打采、对学业或工作不关心、自我无价值感、社会退缩等。

3. 意志品质逐渐健全,自制性强

中小学生的意志力发展通常落后于认知和情绪情感的发展。少年期学生意志品质的完善,尤其是自制力的培养是中小学生心理健康教育的重要内容。中小学生应对自己的言行举止表现出相应的自觉性和自制力,具有一定的信念和意志力,果断但不草率,面对生活和学习的困难与挑战不逃避、不退让、不依赖,能够主动克服困难,表现出一定的独立性。

4. 人格逐渐完善独立,个性品质良好

(1)能够悦纳自我,形成健康的自我意识。自我意识的健全发展,是中小学生心理健康教育重要的目标。健康的自我意识能激发人的自尊心、自信心、责任心、事业心和自豪感,从而推动人的学习和生活。表现为对自己有较为明确的了解,能客观地认识和评价自己,既能面对自己的缺点和不足,主动加以完善,也能肯定自己的能力和才干,对取得的成绩不骄不躁,对自己提出的要求恰当,对失败和挫折归因正确;行为表现符合中小学生心理年龄特点。

(2)人际关系和谐。和谐的人际关系既是心理健康不可或缺的条件,也是增进心理健康的重要途径。人际关系和谐的表现是:乐于与人交往,在交往中能保持独立而完整的人格,知人知己,能客观地评价别人,取长补短;在交往中能用尊重、信任、友爱、宽容和理解的态度与人友好相处,与集体能保持协调的关系;善于结交知心朋友,与朋友能沟通心灵,友好相处;面对矛盾和分歧,能正确对待,妥善处理,并有乐于助人的愿望和行为,在新环境中能很快地适应。

(3)社会适应良好。中小学生良好的社会适首先表现在学习和社会行为上,对生活和学习的态度积极乐观,对未来充满希望,能够面对现实,乐于参与社会活动,具有社会责任感和相应的道德情操;其次,有积极的人生态度和价值观,有理想、有信念、有抱负,敢于面对现实,勇于承担责任,能树立切合实际的奋斗目标,并为之奋斗。

中小学生正处在身心发展的重要时期,随着生理、心理的发育和发展,社会阅历的扩展及思维方式的变化,特别是面对社会竞争的压力,会产生各种心理问题或行为问题。

二、影响中小学生心理健康的因素

(一)生理和心理因素

1. 小学生的生理和心理

小学生的生理发育远未成熟,身体各部分的机能也处于完善之中,在这个阶段,各系统的发育尤其是神经系统的发育为小学生的心理发展奠定了物质基础,而心理的正常发展也能保证和促进小学生身体的正常发育。例如,坐姿不正会导致脊柱弯曲,用眼不当可能会形成斜视,这些学生常会受同学们的讥笑,进而产生自卑感。小学生的情绪与他们的状态有一定关系,一贯情绪正常的学生常常是挺着胸、抬着头,坐、立、行的姿势正确,精神振奋,动作敏捷,积极参加学校的各项活动,能很好地完成任务;相反,情绪长期低落的学生,往往外表也是病态的,弯腰,驼背,行动迟缓,精神萎靡不振,注意力不集中。近年来,国外研究表明,家庭破裂的子女和非婚生子女遭受虐待、歧视,会影响正常的生长发育,严重的可致身材矮小、骨龄落后、性发育迟缓,成为社会心理性侏儒。这可能是由于不良心理环境对中枢神经系统长期恶性刺激所导致的结果。

2. 中学生的生理和心理

(1)成人感与幼稚感并存。中学生一般认为自己已经成熟,长成大人了,因而在一些行为活动和思维方式上表现出"成人"的特征,在心理上渴望别人把他们看做大人,尊重他、理解他。但由于年龄尚小以及社会经验的局限性,他们在思想和行为上往往盲目性较大,易做傻事,带有明显的小孩子气和幼稚性。

(2)有独立行为。由于成人感的出现,从而增强了中学生的独立意识。他们不愿接受父母过多的照顾或干预,有强烈地表现自己意见的愿望,对一些事情往往会提出过激的言词。但由于其社会经验、生活阅历的不足,不得不从父母那里寻找方法、途径或帮助,再加上经济上不能独立,父母的权威作用又迫使他们去依赖父母。

(3)做事带有冲动性。青春期的中学生自觉性得到了加强,他们一般能自觉地遵守规则,力尽义务,但客观上又往往难以较好地控制自己的情感,有时会鲁莽行事。

(4)逆反心理。处于这一时期的中学生由于其生理激素发生的变化使得他们对待事物总是表现为对抗、不服从父母长辈或教师的说服和命令,有时还会对一些事熟视无睹,漠不关心。因此,父母和教师应注意这一现象,并加以引导。

(二)学校教育因素

1. 灌输式教育束缚学生的个性和思维

以一张考卷作为衡量学生水平的唯一标准,只考知识、技能,把考试当法宝,逼学生学习,视考试为学习的宗旨,应试教育的影响无处不在。现在,"学生做主人”的口号喊得很响,可是多数学生并未真正成为学习的主人,而是在学校片面追求升学率的枷锁下挣扎,整天“分分分,考考考”,被压得喘不过气来;而有的教师也不管学生爱不爱听,听得懂不懂,以为讲多少,学生就能得到多少,这种“填鸭式”的教育不利于发挥学生的主观能动性,束缚了学生的个性和创新思维,进而使学生产生了厌学情绪。

2. 知识教育代替思想品德教育

这种现象不可避免地冲淡了塑造品格、净化灵魂的人文教育,忽视了德、智、体、美、劳等各项活动中的人文教育因素,人为地把它们割裂开来,不利于学生的全面发展。特别是教育内容回避现实和热点问题,缺乏针对性和时代感,没有把理论联系实际,把认识转变为行为,自然会出现高分低能。

(三)家庭教育因素

有些学生的家庭由于经济条件较好,父母对子女无原则地溺爱,使子女不懂得尊重他人,唯我独尊;有的家庭父母过分强调工作忙,忽视了对子女的学习和思想情况的了解;有的家庭不和睦,动辄对子女进行打骂;还有的家庭在教育子女时多用物质刺激,极少关心子女思想品德的成长,当子女出了问题时,就把责任推卸给学校,甚至不愿与学校配合教育,这都容易造成学生人格的畸形发展。

(四)社会不良因素

改革开放后,社会上曾出现“一切向钱看”等不良风气,致使一些中学生的心理受到影响,价值观发生扭曲。另外,违规网吧和手机上网等复杂社会场所的不良信息对中学生的身心也产生了严重危害。

第二节　学校心理健康教育

一、学校心理健康教育的意义

学校心理健康教育的目的主要是促进全体学生的心理健康。对学生个人而言,通过心理健康教育能促进其发展健全的人格,形成良好的心理品质与适当的行为,树立正确的价值观与人生观,成为身心健康的社会成员;对社会而言,心理健康教育能提高国民素质,促进社会文明发展。

(一)心理健康教育是中小学生心理发展的实际需要

中小学生阶段学生正处于身心发展最迅速的时期,他们有较强的探索精神和求知欲,具有巨大的发展潜力。但他们知识经验不足,处理问题的能力较差,因而在面对日益增多的生活、学习等问题时,较易出现各种心理困扰。不适当的环境影响和教育会加剧中小学生的心理困扰,甚至导致心理障碍的产生。心理健康教育可以帮助中小学生认识和解决成长中面对的诸多发展问题,发展良好的心理品质;并且通过培养学生良好的态度、动机等人格特征,可促进学生的学习,最大限度地促进潜力的发挥。

(二)心理健康教育教育是我国社会现代化发展的需要

社会的发展带给人们更多的发展机会和选择机会,为个人价值的实现提供了广阔的空间,但同时也意味着竞争加剧,失败和挫折也随之增多,人际关系复杂多变。现代社会除了在人才的知识技能上提出了更高要求外,在人才的心理品质上也提出了更高的要求。只有那些敢于冒险、勇于挑战,能应对压力,有较抗挫折能力的人才能较好的适应社会。心理健康教育的一个重要目标就是促进学生自我的发展,培养学生独立自主、积极进取和善于选择的人格特征。

(三)心理健康教育是中小学生素质教育的重要组成部分

心理素质是素质结构中的核心部分,素质教育必然包括心理素质教育,心理素质教育即心理健康教育是素质教育的重要组成部分。通过心理健康教育,可以培养积极的情感、良好的意志品质,培养自尊、自信、自爱等自我意识,培养良好的兴趣爱好与价值观,激发学习动机和成就动机等。这些心理素质的形成与发展将为科学文化素质等方面的发展打下坚实的基础。此外,心理健康教育也是思想政治教育的个人主观条件。良好的心理品质是良好的道德品质和思想政治品质的前提条件。具有不良心理品质的人,如自负、心胸狭窄、嫉妒、偏执、自我中心的人是难以形成高尚的道德品质的。

二、学校心理健康教育的目标

心理健康教育的目标,体现并规定了向中小学生进行心理健康教育的目的和要求,是向中小学生进行心理健康教育的依据和准则。有了明确的目标,才能选择相应的教育内容,并对心理健康教育的效果进行评价。因此,中小学生心理健康教育目标的确定是十分重要的。在确定中小学生心理健康教育目标时,应注意面向社会、面向未来,选择有利于适应今后社会的人格特征的、与学校教育目标协同一致的作为我们教育的目标,还要符合中小学生心理发展的规律与特点,并且具有可操作性;目标应针对明确,具体化为可以观察评定的和可以训练培养的心理行为特征,可以通过一定的教育手段和措施来加以训练和改造。

学校心理健康教育的总目标是促进学生心理健康,培养学生良好心理素质与健全人格,矫正或调整学生的各种不良心理与行为,预防学生各种心理疾病的发生,减少产生心理与行为问题的潜在可能性。

学校心理健康教育的具体目标:

(1)矫正与预防中小学生心理与行为问题,促进中小学生心理健康。中小学生中常见的一些心理问题与不良行为,如任性、脾气暴躁、攻击性行为、说谎、恐惧、多疑、焦虑与压抑等等,要通过适当的心理健康教育与行为训练来加以矫正。同时,对有可能出现问题的学生,要及早进行心理健康教育,防止心理与行为问题的出现。

(2)培养中小学生良好的心理素质和健全人格。良好心理素质与健全人格包含多方面的特征:培养自主坚强的人格,帮助中小学生认识自己、接受自己和坚信自己,提高自信心;努力提高中小学生的自觉性、行为的目的性,使他们能够选定自己的目标,根据自己的目标选择实现目标的有效途径;培养中小学生的独立性,培养他们勇敢的品格,鼓励他们勇于挑战,不胆小怕事,不怕苦累;培养中小学生的成就动机,鼓励他们力争上游,尽力做好事情,争取成功;培养中小学生的责任心,敢于承担责任,对自己和自己所做之事负责;培养中小学生的坚持性,做事要有耐心。

(3)培养中小学生的关爱品格,养成良好的社会兴趣和交往技能。通过心理健康教育,让中小学生学会关心人、学会爱人,不仅要关心自己,爱护自己,更要同情他人,关心和帮助他人,包括自己的父母、老师与同伴。还要让中小学生学习社会交往的有关技能,能够倾听他人谈话,自如地表达自己的思想感情,懂得有关的礼节,等等。

(4)培养中小学生乐观开朗的性格特征。通过心理健康教育,帮助中小学生树立正确的人生态度,常常看到生活的光明面,对前途充满希望和信心;培养中小学生的幽默感与开朗的性格,以及应付挫折的心理承受力;帮助中小学生在挫折和困难面前,采取正确的态度和应对方法。

(5)开发中小学生的心理潜能,促进中小学生的智力发展。学习与智力发展是中小学生心理健康教育的主要内容,应培养中小学生的求知欲与学习兴趣;培养中小学生良好的学习方法与学习习惯;训练中小学生的思维,开发中小学生的智能与创造性。

三、学校心理健康教育的原则

(一)教育性原则

教育性原则是指教育者在进行心理健康教育的过程中,根据具体情况提出积极中肯的分析,始终注意培养学生积极进取的精神,树立正确的人生观、价值观和世界观。针对学生在学习、生活、交往中的矛盾冲突所引起的种种心理问题,以及由此而产生的对社会中的人与事的不满言行、错误观点甚至敌对情绪与态度,进行实事求是的分析,明辨是非,帮助他们端正看问题的角度,调整看问题的方法,建立积极的思维模式。

(二)全体性原则

全体性原则是指心理健康教育要面向全校所有学生,考虑到绝大多数学生的共同需要和普遍存在的问题,心理健康教育可用集体的方式进行。当然,面向全体不意味着一定要忽视个别。实际工作中，还要考虑具体问题具体对待，使心理健康教育发挥最大效益。

(三)差异性原则

差异性原则是指学校心理健康教育工作要关注和重视学生的个别差异，根据不同学生的不同需要，开展形式多样的、针对性强的心理健康教育活动，以提高学生的心理健康水平。人是有差异的，青少年学生也不例外，他们具有自己的个性特点，拥有不同的社会背景、家庭环境、生活经验和价值观念。学校心理健康教育不是要消除这些特点与差异，相反是要使学生的差异性、独特性最合适而完美地展示出来，这是学校心理健康教育的精髓所在。

(四)主体性原则

主体性原则是指学校心理健康教育要以学生为主体，所有工作要以学生为出发点，同时要使学生的主体地位得到实实在在的体现，要充分尊重学生的主体地位，充分发挥学生主体作用。其次，心理健康教育是一种助人与自助的活动，让学生"助人"是手段，"自助"才是目的。要达到自助的目的，只有让学生以主体的身份直接参与这一活动，目的方可达到。另外，青少年时期是学生自我意识、独立性迅速发展的时期，贯彻主体性原则不仅发挥了学生的主体作用，还使学生追求独立的需要得到满足。

(五)整体性原则

教育者要运用系统论的观点指导心理健康教育工作，注意心理活动的有机联系和整体性，对学生的心理问题作全面考察和系统分析，防止和克服教育工作中的片面性。学校心理健康教育追求学生人格的整体性发展，最终达到提高学生心理素质和整体素质的目的。从社会价值取向看，它重视学生德、智、体、美等方面的全面发展；从学生自我完善的需求看，它注重学生知、情、意、行等方面的协调发展。从系统的观点出发，学校心理健康教育的对象是一个完整的活生生的人，而人的心理也是一个有机整体。从个体心理的完整性和统一性，个体身心因素与外部环境的制约性、协调性等综合因素出发，全面把握和分析学生心理问题的成因及教育与辅导对策。

(六)保密性原则

保密性原则是指学校在心理健康教育过程中，教育者有责任对学生的个人情况以及谈话内容等予以保密，学生的名誉和隐私权应受到道义上的维护和法律上的保障。保密性原则是学校心理健康教育极其重要的原则，是鼓励学生畅所欲言和建立相互信任的心理基础，同时也是对学生人格及隐私权的最大尊重。在心理健康教育过程中，尤其是个别教育与辅导过程中，学生会向教育者泄露很多个人的秘密、隐私、缺陷，以及由此而产生的心理和行为的困扰、矛盾、冲突等。教育者有责任、有义务对这些信息保密。

四、中小学生心理健康教育的途径和方法

（一）在课堂教学活动中贯彻心理健康教育

1. 教师应营造民主平等、积极合作的课堂心理氛围

教师和蔼可亲的教态，对每一个学生都给予同样的关怀、爱护，有助于形成学生生动、活泼、主动的学习态势以及师生情感的互动。

2. 激发学生的探索兴趣和动机

教师要注意诱发学生的好奇心、求知欲、学习兴趣，进而激活学生的学习动机。教师在学科教学中要根据学科内容特点，改进教学的策略方法，使学生愉快地、兴趣盎然地学习。

3. 对学生进行鼓励性评价，强化学生的成功体验

成功体验对动机的激发作用大于失败的体验，对成绩较差的学生尤其如此。教师在课堂教学中，要善于运用课堂提问、作业等方式，对学生进行鼓励性评价，因人而异地根据不同学生的实际提出不同要求，引导学生正确对待挫折、失败，进而不断激发全体学生的学习动机和积极性。

4. 化解学生在学习活动中的心理困扰

教师要善于观察、了解和理解学生的情绪、情感。对于学生在学习中出现的疲劳、紧张、懒散、分心、烦躁、厌倦等情绪，要善于因势利导地进行调适、疏导，并随机处理各种突发事件，使学生较长时间地保持平静、愉悦的心态，从事有效的学习活动。

5. 重视教师人格力量的作用

中小学生的人格正在形成时期，社会环境，特别是教师的人格对其有重要的影响。因此，教师应该有意识地以自己的自信乐观、善良正直、积极进取、认真负责、锲而不舍等人格特点去影响学生。

（二）在课外活动中进行心理健康教育

教师应该根据学生的身心发展规律和年龄特点，在学生喜闻乐见的课外活动中，巧妙地将心理健康教育的意义蕴涵其中，才能使他们在玩与乐的过程中受到启发和熏陶，并逐步养成良好的心理卫生习惯及其，找到自我心理保健的途径和方法。

1. 将心理健康教育和兴趣小组活动结合起来

在教师的指导下，在课外开展认识、探索、实践的兴趣小组活动中，学生往往有很高的积极性、主动性。如果能够把心理健康的知识和各种兴趣小组的活动结合起来，学生们就更容易接受，效果也就更好。同时，在小组活动中，学生们还可以了解人与人之间的优势和不足，学会合作。

2. 将心理健康教育融入少先队、共青团组织的活动

心理健康教育与少先队、共青团工作的宗旨是一致的，通过主题队会和活动阵地（墙报、宣传栏等）进行心理健康方面的宣传教育，应当成为中小学生心理健康教育工作不可忽略的一条途径。

3. 将心理健康教育与游戏活动结合起来

将心理健康教育的意义蕴涵于游戏活动中，既有趣味性、活动性，又有知识性，学生还可从中体验到合作、团结的意义。学生通过游戏和一些训练活动，能逐步领悟到心理健康的重要性，并且了解到自我心理保健的方法等。

4. 营造和谐的人际环境

和谐、亲切、友好、相互信任、相互尊重的人际关系是心理健康的重要条件。它能使人得到感情的满足、愉快的情绪，培养人的自信、自尊、自爱、乐群、合群等良好个性品质，减少或避免猜疑、多虑、嫉妒、仇恨、戒备等心理障碍。良好的师生关系、同学关系、与父母的关系等是学生心理健康的重要内容。学校应该对学生进行人际交往和人际关系的指导，帮助学生学会交往、学会协作、学会协调、学会谦让等。

（三）个体心理咨询

心理咨询是来访者就心理、精神方面存在的问题，找咨询专业人员进行诉说、商讨和询问，以求心理问题得以解决的过程。在咨询人员的启发和帮助下，在良好人际关系氛围中，使来访者的潜能得到发掘，从而找到产生心理问题的原因，辨明心理问题的性质，寻求摆脱心理困扰的条件和对策，达到恢复心理平衡、增强心理素质、提高适应能力、增进身心健康的目的。心理咨询是介于医疗与思想教育之间的一种专业性的帮助和顾问行为，其对象是存在心理问题的正常人。心理咨询的常见形式有面谈咨询、电话咨询、书信咨询和网络咨询等。

心理咨询对来访者能起到缓解心理困扰作用的机理在于：宣泄，来访者通过将其郁积已久的情绪烦恼与不适行为倾诉给咨询人员，强化来访者对自身问题的认识，获得理解和尊重；领悟，来访者在咨询人员的帮助下，全面、深刻地认识其心理不适与情绪障碍；强化自我控制，使来访者破除某种不良情绪状态和行为方式对自我的禁锢，协调个人与环境的关系，获得内心的和谐；增强自信心，使来访者积极面对生活矛盾，调节自我与环境的协调，以乐观、自信的态度对待人生。心理咨询应遵循的原则有：信赖性原则、整体性原则、指导性原则、差异性原则、保密性原则和矫正与发展相结合的原则。心理咨询常用的技术有：建立咨询关系的技术，如尊重、真诚、热情、共情和积极关注等；参与性技术，如倾听、反应、鼓励、重复、具体化、非言语技术的使用等；影响性技术，如面质、解释、指导、情感表达、自我暴露等技术。

由于心理咨询是建立在心理学基础上，运用专门的心理学技术和手段来助人自助，最终达到良好的心理状态，心理咨询对咨询人员有专业知识和技能的要

求,也有对咨询人员自身人格素质的要求,故在学校教育中应由专门人员来从事这项活动。

(四)团体心理辅导

团体心理辅导是在团体情境下进行的一种心理咨询形式。它是通过团体内部人与人的相互作用,促使个体在团体的人际交往中通过观察、学习、体验,认识自我、探讨自我、接纳自我,改善与他人的关系,学习新的态度与行为方式,以发展良好的、适应的助人的过程。团体咨询的感染力强,影响广泛,效率高,省时省力,特别适合于人际关系不良的人。依据团体辅导的模式和目标的不同,团体心理辅导可分为发展性团体辅导、训练性团体辅导和治疗性团体辅导。学校内所进行的大多是前两种团体心理辅导。

团体辅导改善心理问题的作用机理在于:团体辅导创造了一种被保护的环境、被理解的场所,团体成员在团体中可以将内心中压抑的消极情绪发泄出来,得到别人的关心和安慰;团体成员在团体中可以发现其他人也存在类似的问题,产生心理共鸣,感觉被接纳和被理解;团体成员在互助互利中可以观察团体行为,从而学习自己在实际生活中如何实践、尝试新的体验,发展新的适应行为,改变以往的不良观念,重建理性认识。团体心理辅导也是建立在心理学理论基础上的一种专门活动,有相应的技术要求和操作规划,也应在专业人员指导下开展,以保证其辅导的效果。

第三节　中小学生的常见心理问题与教育

一、中小学生的常见学习心理问题与教育

(一)学习疲劳

1. 学习疲劳及其产生的原因

所谓学习疲劳是指长时间连续紧张学习后由于身心过度疲劳所导致的学习效率下降的现象。学习疲劳包括生理疲劳和心理疲劳,前者指肌肉与神经系统的疲劳,后者是指由心理因素的影响出现情绪烦躁、注意力涣散、思维迟钝、反应缓慢等现象,导致学习效率下降的疲劳。

学习疲劳表现为:在生理方面,出现食欲不振、面色苍白、血压增高、大脑供血不足、头晕、瞌睡或失眠等症状;在心理方面,产生忧郁、烦躁、信心不足、记忆力减退、注意力难以集中、思维迟缓等现象。年龄越小的儿童,由于其神经系统发育还未完善,大脑功能也未健全,在学习过程中越容易产生疲劳。

2. 学习疲劳的预防与教育措施

(1)科学安排课程。课程安排上应当遵循用脑规律,注意难易结合。例如,

上午的第一节课应安排中等难度的课程(如常识课、思想品德课等),第二、三节课可安排难度较大的课程(如数学课、语文课等),第四节课宜安排音乐、美术等轻松的课程,体育课最好安排在一天的最后;主干课程和较难的课程一般不宜安排在星期一上午或星期五下午。

(2)重视课堂教学的心理卫生。教师在教学内容的安排上,应根据课程标准的要求和学生的实际情况,做到精讲巧练、深浅适度,符合多数学生的智力发展水平和已有的经验;教学方法灵活多变,直观有趣,讲练结合。最好的教学是建立在学生的兴趣基础上的、基于兴趣的学习,不易引起学生的疲劳感。此外,在教学环境上,声音、室温、光线、空气流通和课桌椅的安排等,都应满足中小学生身心保健的要求。

(3)减轻学生的学习负担,确保中小学生的休息、睡眠和营养。教师在教学中最好做到即时讲解、即时巩固,切忌"拖堂",以免占用学生的课间和课外活动时间,尽量减少学生课余的作业量。课余学习量适度,符合学生的身心发展规律。科学地组织复习、考试。考试不搞突然袭击,严格控制考试频率。

休息是消除疲劳的重要措施。课间休息对于恢复大脑活动性有重要意义。研究显示,大脑中的记忆蛋白的合成间隔时间是15~20分钟,学习中的休息是保证下一步学习效果的重要条件。当然,课外活动量也要适量,以免活动过量造成学生疲劳。睡眠是中小学生正常发育的必要条件,它不但可以消除疲劳,也能使肌肉和神经系统的功能恢复。有关专家的研究结果表明:小学生每天宜睡10~11小时,初中学生每天宜睡9~10小时,高中学生每天宜睡8~9小时。家庭和学校应加强沟通和协作,努力为中学生创设良好的睡眠环境,保证学生的睡眠时间和睡眠质量。营养是减轻疲劳的重要措施,要增加大脑和身体的营养供给,在饮食上应注意以下问题:要多吃五谷杂粮,尤其是小米和玉米,少吃精米细面;多吃蔬菜水果,特别是碱性食物(芝麻、核桃、花生等),有益于大脑发育;不挑食,不偏食,特别需要注意早餐的营养。

(二)厌学

1.厌学及其产生的原因

厌学是指学生在主观上对学校学习失去兴趣,对学习产生畏难情绪,感到无能和无望,没有学习目标,缺乏学习兴趣、学习动力不足,一提到学习就心烦意乱,焦躁不安。他们对教师或家长有抵触情绪,学习成绩不好,有的还兼有品德问题。带有厌学情绪的学生极易受到其他诱因干扰,出现旷课、逃学或辍学现象。

家庭、学校教育、社会风气以及学生自身因素都会造成厌学。从家庭因素看,有的家长望子成龙心切,期望过高,要求过严,超出其能力水平,给孩子带来较大的学习压力;有的家长在孩子成绩不理想时,采取打骂等粗暴的教育方式,使儿童对学习产生畏惧心理和厌烦情绪;有的家长持"拜金主义"的价值观,不重视学习，对孩子的学习漠不关心，这些都会使孩子产生厌学心理。从学校因素看，教师教法单一失当，引不起学生的学习兴趣，应试教育下的强迫学习，学生学习负担重、压力大，学习的难度与儿童的能力不相吻合，教师对儿童缺少关心等，都有可能造成儿童的厌学情绪。当前社会上的较为普遍的“金钱至上”、“追求享受”以及社会不公等问题，在农村中的一些不良习俗和观念，都是造成儿童厌学的社会诱因。从个人自身原因看，缺乏学习能力，感到学习困难，个性品质不完善，缺乏自信心与毅力，在学习中经历挫折时，容易对学习产生迷惘、困惑、无力、无助的感觉，进而导致厌学。

2. 中小学生厌学的预防与教育对策

（1）家长改变自己的教养态度。父母对孩子的期望不应过高，要求也不能过严，要与儿童的实际能力和心理发展水平相适应。父母还应从社会发展需要和孩子自身的发展需要两方面来正确看待学习的重要性，积极鼓励孩子为社会作贡献，实现自身的价值。改变放任、纵容或过分干涉的教养方式，采取民主式教养方式，创建和谐、民主的家庭气氛，避免粗暴干涉和体罚学生。

（2）教师要提高自身素质，通过灵活多样的课堂教学活动和丰富多彩的第二课堂活动来激发学生的好奇心，培养学生多方面的兴趣和爱好，使学生表现出生动、活泼、积极主动的学习局面，调动其学习积极性。降低考试频率，不使学生超负荷地学习，确实减轻学生的学业负担，促进学生身心健康发展。

（3）家长和教师应满腔热情地对待学业不良的学生，爱护、关心、帮助他们分析造成学业不良的原因，针对不同情况，采用不同的方法，有的放矢地进行补救，坚持多表扬、少批评的教育原则，肯定优点，发挥特长，以培养学生的自信心；建立和谐融洽的师生关系与生生关系，使学生产生积极向上的情绪体验和奋发向学的学习态度；制定适当的学习目标，使其能不断体验到学习的成功，以增强其个人效能感。

（三）考试焦虑

1. 考试焦虑及其产生的原因

考试焦虑是在一定的应试情景激发下，受个体认知评价能力、人格倾向与其他身心因素所制约，以担忧为特征、以防御或逃避为行为方式，由消极的自我评价或他人评价所形成的意识体验。考试焦虑是由多种因素相互作用而形成的，其焦虑水平也受多方面因素的制约，其中有学生自身的内部因素，同时也和学生生活学习的外部环境有密切关系。

（1）人格特征。人格的特征不同，对考试的反应也不一样。“特质性焦虑”是人格特征的一种。具有这种人格特征的人，容易“风声鹤唳”、“草木皆兵”，易于把本来没有危险的人和事视为对自己的严重威胁而形成惶惶不可终日的状态，因而时常惊恐不安、紧张焦虑，造成不必要的心理应激而难于摆脱。

(2)认知评价。如果学生不能正确认识考试的性质,把名次,把前途、理想、个人名誉、家庭幸福等都与考试是否成功联系在一起,若某些重大的考试结果(如中考、高考),直接关系着个人的前途与命运,把考试视为对人生有决定性作用;或担心考试失败后他人对自己的评价、担心自我形象受到损害、担心自己未来的前途等等,势必形成强烈的心理压力,从而形成较强的焦虑反应。

(3)知识准备和应试技能。当学生知识储备不丰富,对学科的基础知识和基本技能掌握不全面,就会对考试缺乏信心,使焦虑水平增高。而缺乏相应的应试技能也是导致学生考试焦虑的主要原因,平时缺乏训练,没有掌握应试技能的学生,在考场上极易出现慌乱。

(4)环境因素。社会舆论、时尚、风气、文化氛围都会对学生的世界观、价值观、抱负水平、态度发生作用,从而导致考试焦虑。如家长的教育方式和期望水平会影响学生的考试焦虑水平;学校管理者如果眼睛只盯在学生的考分上,一心想让学生在各类考试中拔尖扬名,一切教育都是围绕考试,搞题海战术,会导致学生对考试反感和抵触,产生考试焦虑。

2. 降低考试焦虑的教育对策

(1)创造和谐适度的学习气氛,抵制不良社会风气的影响。首先,学校要转变教育思想,坚持"五育"并举的方针,努力创造和谐适度的教育环境和学习气氛,转变上大学是唯一成才之路的片面认识,学校要给学生"松绑",把学生从题海之中解放出来,寓教于乐,这是预防和减轻学生考试焦虑的根本途径。

(2)调整期待水平,正确对待考试。期待水平是影响学生考试焦虑的重要因素,其中既有家长、教师的期待,也有学生自身的期待。过高的期待水平,会给学生造成较强的心理压力。因为目标订得太高,超过学生自身的实际能力,学生会因没有实现的把握而失去信心,同时,也会使学生在考试期间因过分忧虑而分散注意。因此,应调整期待水平,使学生"放下包袱,轻装上阵"。正确对待考试也是降低学生考试焦虑水平的一种必要措施。

(3)培养学生良好的个性品质。学校在教育过程中,要注重发展学生良好的个性,培养正确的人生观、价值观,坚定的信念,崇高的理想,明确的学习动机,积极的学习兴趣,开朗的性格,顽强的意志,良好的情绪状态等非智力因素,是预防和减轻学生考试焦虑,提高心理卫生水平的一项积极措施。

(4)帮助学生提高应试技能,作好应试准备。加强对学生的考前指导,帮助他们提高应试技能,作好心理上、知识上、物品上的准备,对防治考试焦虑有十分重要的意义。

二、自我意识的发展与教育

自我意识是指自己对所有属于自己身心状况的意识,包括意识到自己的生理状况、心理特征以及自己与他人的关系等。自我意识水平对一个人的学习、工作、人际交往等都会产生积极或消极的影响。如果一个人不能准确地了解、科学地认识自己的弱点,又不能充分地把握自己的潜能,将难以在客观环境中展现自己的优势。对学习缺乏自信的学生不仅在学习时会感到痛苦,还往往会出现恶性循环;缺乏自信,导致学习动力减少,以至于学习成绩不佳,最终结果是更加缺乏信心。如果自我意识出现混乱或错误,不仅会导致社会适应困难,与他人难以形成良好的人际关系,甚至会出现精神性的疾病,如抑郁、恐惧、孤独、敌意等心理障碍。

(一)中小学生自我意识发展的特点

1. 小学生自我意识发展的特点

小学阶段的自我意识处于客观化时期,是获得社会自我的时期。从小学生自我意识组成的各因素看,小学生能够形成自我概念,小学生的自我评价能力进一步发展起来,具体表现在:从顺从别人的评价发展到有一定独立见解的评价,评价的独立性随年级的升高而提高;从比较笼统的评价发展到对自己的某个方面或多个方面的优缺点进行评价;开始具有对内心品质评价的倾向;自我评价的抽象概括性有了提高;自我评价的稳定性有了一定的发展。在自我体验和自我调控方面:小学生的自我体验与自我评价发展有很高的一致性。在自我调控方面:小学生的自我调控能力总体还不高。

2. 中学生自我意识发展的特点

中学生自我意识发展的特点主要体现在以下几个方面:

(1)敏感性。中学生非常关注自己的变化,不仅对自己的外形很关注,也很在意别人对自己的智力、个性及人缘等方面的评价。他们敏感于周围人对自己的议论,对那些自己认为重要人物的评价尤为敏感。这些重要人物包括班主任、自己喜欢的教师、与自己关系密切的同学、自己仰慕的异性等。

(2)独立性。初中生由于身体的巨变和性的发育,使他们的自我意识具有明显的独立性,表现为强烈的"成人感"。他们渴望摆脱父母、教师的制约,不再单纯地根据他人的评价来认识自我,带有明显的批判性和独立性,可能用逆反心理对待成人的意见而作出自己的决定。

(3)稳定性。中学生逐渐形成了对自己较为稳定的评价,对自己的认识也趋于合理,从而对自己提出适当的期望,逐渐明确自己将来可以成为怎样的人。决定学生一生事业方向的关键时期大都在中学时期,尤其是高中阶段。

(4)深刻性。中学生的自我意识已逐渐消除表面、肤浅的特征,而趋于深刻。他们对自己行为的归因不再流于表面,能从实质上分析问题,多方面、多层次看待自己的不足和失败;与此同时,他们的情感体验也更为深刻,相应的情操和道德感也得以发展。

（二）中小学生自我意识发展中常见的问题

1. 自我认识偏差

自我认识偏差包括自我角色认识和自我评价偏差。自我角色认识偏差，一方面表现在对自己性别角色认识的偏差。如果在心理和行为方式上认同并表现另一种性别意识和行为，就是一种自我性别角色的认识偏差了；另一方面表现在社会角色认识的偏差方面，对自己的身份、职责、义务、行为方式的认识不当。自我评价的偏差往往表现为不知道自己是个怎样的人，有什么优点或缺点，不能辨别他人的不同看法；对自己的评价时而过高，时而过低。这种自我评价的混乱，造成自我决策的混乱，从而导致行为上的混乱。

2. 拒绝接受自己

这常常是由于自我评价的偏差造成的对自己的不满，如对自己性别的不满，羡慕异性，将自己当成异性角色行事等。有的学生对自己的外貌、身材、智力、能力甚至口音、家庭背景不满，因而不喜欢自己，讨厌自己，常常为自己无力改变现状而感到高度焦虑，缺乏自信，不敢正视现实，出现脱离现实的幻想。

3. 自我中心

从婴幼儿到儿童，自我中心逐渐由以自己为出发点转变为由外界指向自我，表现为过分关注自己的健康，夸大躯体的感受，并且认为他人如自己般关注自己，由此敏感而焦虑。在遇到人际交往的问题时，只注意自己的心理需要，从自己的安危、得失出发，很少考虑他人的利益和感受。

4. 自卑

自卑是由于对自己的认识偏差而产生的一种消极体验，常常会表现出社会退缩行为。具有自卑心理的人，不能察觉自己的优势与长处，夸大自己的错误缺点，认为自己不如别人，并伴随害羞、不安、内疚、忧伤、失望等情绪体验。面对竞争，认为自己总要失败，一旦失败又总是把责任归咎于自己的能力差或命运不好；面对任务，认为自己没有力量而不敢承担，在群体中常常回避他人，不敢正视他人，不敢参与集体活动，不敢出头露面。

（三）中小学生自我意识的完善

1. 帮助中小学生学习有关自我意识的知识

帮助中小学生了解自我意识中生理自我、社会自我、心理自我等相关知识。学习这些自我意识的知识可以帮助学生形成正确的自我认识，建立正确的自我概念，提高自我意识水平，增强自我监控能力，主动调节行为与社会协调一致。同时也可使他们观察他人，对照自己，发展良好的人际交往。

2. 教育中小学生正确认识自己并接受自我

正确认识自己是接纳自我、完善自我的基础。只有正确认识自己，才能科学客观地评价自己，在社会情境中找到自己恰当的角色位置，更好地理解他人，尊重他人，与他人和谐相处，被社会接纳。中小学生正确认识自己时，一般可以通过以下四种途径：

(1)通过了解他人与自己的关系，认识自己的角色，获得有关角色的权利、义务、责任，调节自己的行为，使之符合角色。

(2)通过学习、社会实践、课余活动等发现自己的兴趣爱好、倾向与才能，认识自己的优势与劣势。

(3)通过听取他人对自己的评价，与他人比较，以他人为镜，发现自己的优点与缺点。

(4)通过自我检省，分析自己的长处与劣势，对成功与失败正确归因，调整自我评价。当学生对自己有一定客观、正确的认识后，教师就应该教育学生接受自己，正确对待失败与挫折，认识到人不可能十全十美，缺憾也是一种美。此外，人是不断发展变化的，只要积极努力去完善自己，终究会成长为一个优秀的人。

3. 教会学生保持积极的自我情感体验

学会主动控制自己的情绪，及时消除不良情绪体验，保持积极的心境。消除不良情绪的办法有四种：

(1)合理宣泄。向他人倾诉，或是到旷野处大声叫骂一番，或者痛哭一场，都是宣泄情绪的方法。

(2)运动调节。在运动中情绪能得到放松，让人产生愉悦感受。

(3)转移目标或改变环境，做自己有兴趣的事情，可以听音乐、看电视、做手工等。

(4)理性分析自己的不良情绪是不是因为自己的不良观念导致的，纠正看法，调节情绪，从而学会保持积极的心境。长期的积极心境最终能内化为一个人积极向上、乐观开朗的性格品质。

4. 教育学生主动自我调节和控制行为，使之适当

良好的自我意识不仅表现在自我认识上，还应表现在适当的角色行为上。应教育学生通过不断的实践，最终做到知、情、行相统一，自我评价与他人评价相一致，并通过自我激励、自觉调节和控制自己的行为，实现理想中的自我，树立良性的自我意识。

三、中小学生人际关系问题与教育

(一)中小学生人际关系的特点

1. 小学生人际关系的特点

小学生的人际交往主要包括三个方面：与同伴的交往、与父母的交往、与教师的交往。在这里主要讨论的是同伴关系。

小学生的同伴关系有一个发展的过程，这个过程与小学生认识过程的发展

相适应,也与小学生在班集体中的集体活动经验有关。小学生的同伴关系最初是建立在与外部条件或偶然兴趣一致的基础之上的,如住在同一住宅小区、同一层楼房、同桌、父母相互熟悉等。随着年级的升高,他们逐渐形成了新的交往标准:其一,他们更多选择与自己的兴趣、习惯、性格和经历相和谐的人做朋友;其二,他们愿意选择品行得到社会赞赏的人做朋友,如挑选学习成绩比自己好或能力比自己强的人做朋友。

小学生的同伴关系还有一定的性别特点。心理学研究表明,小学生对他们最喜欢的同伴在性别上的选择态度随着年龄的变化而变化。青春期以前的小学生,都倾向于选择同性同伴,这种现象在小学阶段呈上升趋势。小学生在社会生活中正确地理解自己的性别并将自己投身到同性别的活动中去,是完全正确和必要的。这样有助于小学生对自身性别的接受,逐渐形成符合社会期望、合乎社会规范的行为,并最终适应社会生活。

2. 中学生人际关系的特点

中学生的人际关系以兴趣和爱好作为交往的前提。青少年特别喜欢交往,但与成人的交往不同,其中心内容是在兴趣爱好方面获得彼此的理解、支持和合作,以取得思想上和心理上的共鸣,并从这一点出发来寻求和选择自己的伙伴。

中学生的人际关系受情绪的影响较大,常常因为良好的情绪而相互关系密切,也往往因为不良的情绪而相互分离。青少年情绪的不稳定导致其在人际关系上的不稳定和变化无常,由于认知的差异而带来很多人际的纠葛和矛盾。由于社会经验不足与认识上的相对肤浅,他们对事物的认识比较表面化,对人际交往的复杂性认识不足,在人际交往中对出现的问题和矛盾的处理方法也比较简单。他们在知识方面的差异还会引起怀疑、嫉妒、敏感和厌恶等种种不良心理,从而把人际关系引入误区。中学生的人际关系中充满着渴求自尊自主与不能摆脱依附关系的矛盾。

(二)中小学生常见的人际交往问题

1. 不良交往模式

(1)自我中心型。"自我中心型"的交往模式最突出的特点是"我"字当先。首先,生活上"自我中心"化,表现为不顾及他人的感受和利益,凡事按照自己的意愿行事,要求他人顺从于他,任性妄为。其次,学习上以自我为中心,表现在不愿与他人共同探讨、相互学习,总认为自己是最好的。

(2)自我封闭型。自我封闭型的交往模式主要有以下几种情况:①由于性格内向、孤僻,与他人交往时比较害羞,也比较被动,常有强烈的孤独感;②独立意识和个性过强,认为自己不需要他人的帮助和友谊;③对友谊抱有怀疑态度,认为"人心难测,朋友难交",怀疑朋友之间的友情。

(3)人云亦云型。人云亦云型的交往方式是指对周围人际交往不加辨别地接纳与趋从，往往表现出是老好人般的交友方式，其本质是交友无原则。这种交往模式容易助长不良风气，不利于个体的健康发展，也不利于形成良好的集体风气。

(4)社会功利型。持这一交往方式的人往往把人与人的交往看做交易，认为友谊无所谓真情实意的情感交流，只不过是人与人之间的彼此利用，在人际关系中往往将利益放在首位，一旦利益转移，便可能移情别“恋”。尽管这种人在中学生中占少数，但污染了校园空气。

2. 不良人际心理

不良人际心理主要包括以下几种：

(1)孤独心理。有些学生常常觉得自己处于孤立无援的境地。他们性格孤僻，害怕交往，却又抱怨别人不理解自己，不接纳自己。心理学把因离群索居而产生的一种无依无靠、孤单烦闷的不愉快的情绪体验称为孤独感。

(2)羞怯心理。部分学生由于缺乏自信、对他人的评价过于敏感而导致在人际交往中表现出手足无措、慌乱、语无伦次的现象，叫做羞怯心理。羞怯是一种正常的情绪反应。一般的羞怯心理所引起的生理反应是短暂的，是健康心理的表现，一个不懂得羞愧的人，必定是一个无责任心的人。但是，较严重的羞怯不仅影响中学生正常的人际交往，也会在反复产生与体验中引起恶性循环，导致一部分学生产生交往恐惧。

(3)嫉妒心理。嫉妒是个体内心对他人的优越地位产生不愉快的情绪体验，是对别人的优势以心怀不正为特征的一种不悦、怨恨、恼怒、自惭形秽甚至带有破坏性的负面情绪。中小学生的嫉妒心理主要表现为：对学习成绩优秀、人际交往能力强、工作成就出色的人的嫉妒；对人的才貌产生的嫉妒心理；在爱情中容易走向嫉妒的极端。嫉妒心理由不悦感到明显意识的嫉妒再到强烈的嫉妒感，其行为也有所不同，强烈的嫉妒会使人丧失理智，向对方作直接正面的攻击，甚至出现毁容、伤人、杀人等极端行为，它是变态心理的一种表现。

(4)猜疑心理。中小学生的猜疑心理，是一种神经过于敏感、以怀疑的眼光看待人和事、对人怀有戒备之心的现象。另外，具有猜疑心理的人往往喜欢捕风捉影，传播小道消息，造成班级中人际关系的紧张与不和谐。

(5)社交恐怖症。社交恐怖症是中小学生群体中常见的人际关系障碍，是指个体对正常的社交活动有一种异乎寻常的强烈恐惧和紧张不安的内心体验，从而出现回避反应的一种人际交往障碍。它常常表现为不敢见人，遇生人面红耳赤，在外部环境中内心常处于一种非常紧张、焦虑的状态。社交恐怖症往往会发生泛化，严重者拒绝与任何人发生社交关系，将自己孤立起来，对日常生活和学习造成极大障碍。社交恐怖症患者大多在人格发展中有缺陷。

(二)中小学生应该掌握的五大人际交往基本准则

1. 交往要主动热情

人际关系是互动的,不要总是消极地等待别人来主动关心自己,而要主动地与周围的同学交往沟通。开放的自我是有感染性的,你对别人开放,别人也会对你开放。当你走出故步自封、自我封闭的死圈子的时候,你不仅会对对方有更深一层的认识,更重要的是对自己也会有新的认识和体验。

2. 要理解、尊重对方

每个人都有自己的气质和性格特点,不同的成长背景和生活习惯,所以在与同学交往的过程中,如果能互相理解、尊重,使大家的关系融洽,就能减少不必要的摩擦。

3. 要以诚相待

人与人的交往,最重要的就是真诚和善意,这也是做人的根本原则。口是心非、虚伪傲慢的人是难以交到朋友的。

4. 要宽容谅解

周围的同学(包括自己)都还处于成长的阶段,处理问题常会有很多不妥之处,在许多问题上同学间也会有不同的见解,这就要求能够从对方的角度考虑问题,相互谅解,消除敌意。

5. 消除依赖感

在人际交往中还有一种不健康的心态,就是依赖感过强的人,总是希望别人像父母兄姐一样关心自己,凡事都要别人替自己拿主意,这是缺乏独立意识的表现。过强的依赖感还会发展成为控制欲,他们强求别人和自己一起学习,一起复习功课,向自己通报行动计划,甚至限制别人同其他同学的交往。这是一种人格缺陷,应及时加以纠正。

(三)中小学生人际交往技能的训练

1. 克服不良的人际心理

首先,要确立良好的自我意识,树立起自信心。应排除自我意识中的消极因素,客观认识自己、评价自己,相信自己的实力,肯定自己的优势,也正视自己的差距,扬长避短,挖掘自身的潜能,以积极的心态与人交往。不过分依赖他人的评论,而是有鉴别地采纳,在人际交往中不敏感、不退缩、不逃避。

其次,建立正确的人生观、价值观和友谊观,为自己安排好健康有益的业余生活,培养豁达的人生态度,努力做到心胸开阔。一个没有理想、胸无大志、无所事事的人,在人际交往中往往就容易形成不良的人际交往模式,且常表现出嫉妒心、猜疑心等。

再次,要有意识地、经常性地进行人际交往的适应性训练。在不断与人交往的过程中,通过实践、向他人学习发现自己身上的缺陷,不断调整完善自己;同时，要学会正确地看待他人，关心、尊重、体谅他人，形成适当的交往技能，不断给自己创设良好的人际心理氛围。

2. 建立良好的第一印象

在与人初次交往中，给人留下良好的第一印象，对初次交往的成功有重要作用。首先，应给人一个良好的形象，从仪表到行为举止，都应得当；其次，积极地自我暗示。在人际交往中存在的期待效应，指的是只要热情期待和努力，就能得到所希望的效果。如"我是个受人欢迎的人"、"他们是喜欢我的"、"我乐于与人交往"等的积极暗示能在人际交往中取得好的效果。

3. 掌握交谈的技巧

掌握交谈的技巧应注意以下方面：

（1）与人交谈时应避免以专家自封、对他人指指点点，但若是学习上的交流，则应该诚恳相告。

（2）在谈话时就尽量不涉及个人问题，尤其当对方对某个问题表现犹豫时。所选的话题应尽量符合对方的兴趣或是受欢迎的。

（3）谈话内容应避免虚假。积极的交谈包括真实事件的给与取，也包括个人经验或感情的交流。当交谈的双方能从对方的谈话中获得相应的帮助时，交往就能持续下去。

（4）切忌自我中心。自我中心强烈的人，在谈话中只顾谈论自己，或自己感兴趣的话题，对方很少有参与的机会，或当对方谈话时闷葫芦式地一言不发。这种人无论在什么社交场合都不受欢迎。

4. 学会倾听他人

倾听是人际交往中的一个重要法则。一个好的听众往往比擅长讲话的人获得更多的好感。良好的倾听可以获得信息，得到指导，了解对方的感受，分享其乐趣，或者表达支持。良好的倾听应该注意以下几点：

（1）倾听时要专心听对方谈话，态度谦虚，身体可稍稍前倾，目光注视对方，不要做无关动作。

（2）面部表情随对方的谈话内容适度地变化，也可赞同时轻轻地点一下头。

（3）不要打断对方，要让对方把话说完，也不要随意改变话题。

（4）要巧妙地表达你的意见，适时引出新话题。如"正如你指出的那样，我认为……"，"我比较赞同你刚才的意见，但我更觉得……"。

5. 学会批评的技巧

学会批评的技巧要注意以下方面：

（1）先称赞后批评。因为当我们听到别人赞赏的时候，会产生一种积极、愉快的情绪体验，在此心理状态下，再听到别人的批评或规劝，就比较容易接受。

（2）批评他人前先谈自己的错误。如果我们在批评他人之前能够先谦虚地承认自己也犯过错误,别人就会比较容易接受。

(3)让别人保全面子。那些犯了错误的人尤其有很敏感的自尊心的人,让他们保住面子这一点非常重要。这就要做到不当众批评别人,尤其不要在大庭广众之下对他人横加指责,不要揭短,要就事论事。

(4)批评要因人而异,区别对待。对性格豪爽的人可以直截了当;对理智的人,应采用帮助他查找个人不足促成自我批评的方式;对性格内向的人,应采用循循善诱的态度;对脾气暴躁的人,则应间接、委婉地批评。

四、中小学生网络问题与教育

(一)中小学生网络行为概述

随着网络的普及,中小学生上网的现象已经非常普遍。他们上网主要有以下目的:通过网络与教师和同学交流,查找资料,多渠道学习;与其他人进行网络人际交往,玩游戏,多媒体娱乐;在网上展示自己等。网络的全方位、超时空、互动性和隐蔽性符合中学生好奇、精力旺盛、寻求刺激的心理特点,而网络人际互动的平等性和匿名性也满足了中学生渴望独立、渴望与他人交往的心理需要。但也有一部分学生是出于逃避现实或是在满足其在现实生活中不能获得满足的心理需要,他们在使用网络时不加选择,更容易受网络的影响,上网时间常常难以控制,如沉溺于游戏、用网络中的虚拟人际关系取代现实的人际关系、涉足黄色网站等,不仅影响正常的学习活动,也影响其心理发展,甚至产生心理障碍。

(二)中小学生网络心理问题

1. 网络成瘾综合症

网络成瘾(IAD)通常是指在无成瘾物质条件下的上网冲动失控现象,它主要表现为由于过度和不当地使用网络而导致的社会、心理功能的损害,并伴有和上网有关的耐受性、戒断反应以及强迫性行为等。网络成瘾者对网络有较高的依赖性和耐受性,会不断延长上网时间来满足欲望;从生理上,网络成瘾对身体健康的危害最大,尤其会使人的植物神经功能紊乱,导致失眠、紧张性头痛等;同时还会使人情绪急躁、抑郁、食欲不振,长此以往会造成人体免疫力下降。长时间上网还会造成人的行为孤僻,忽略现实世界的人际互动,逐渐丧失与他人对话交流的能力,无法表达自己的想法、无法跟别人沟通,每天总是对着冷冰冰的电脑,而在现实中,有强烈的孤独感,在遇到问题的时候,也只会用网络游戏的规则来考虑,逐渐丧失正常的人际关系。网络成瘾对中学生的健康成长带来的影响是极为恶劣的,应极早发现,极早处理。

2. 网络人格障碍

过度沉溺于网络还会诱发各种人格障碍,比较突出的有以下两种:一种是攻击型人格障碍。由于网络人际交往具有匿名性、隐蔽性的特点，上网者认为无须对自己的言行承担任何责任，因而常出现攻击性行为，如偏离主题的激烈争论、谩骂、人身攻击等等。道德自律性差的上网者甚至有违法犯罪和不道德的行为。当一个人的某种行为习惯养成之后，有可能转换成个人的人格特点，最终形成攻击性人格。另一种是双重人格障碍。通常一个人应该在不同生活场景中表现出自己统一的人格特点，而由人格分裂引发的双重或多重人格障碍的特征是同一个人具有两种或多种人格身份在不同时间与地点交替出现。部分上网者在网上经常扮演与自己实际身份和性格特点相差悬殊甚至截然相反的虚拟角色，网上网下判若两人，当多重角色之间的冲突达到一定程度或角色转换过频时，就会出现心理危机，导致双重或多重人格障碍。

3. 畸形网恋

畸形网恋多发生在中学生中，中学生性心理的发展使他们渴望与异性交往，网上交友的方式方便快捷，突破了地域、时空的限制，使得一些中学生在上网中很容易发展出网恋。在这里，恋爱方式更加灵活，更容易瞒天过海，可选择的范围更广。但受到条件的限制，网恋中双方的相互了解是片面的、不真实的，个人的缺点或某些目的会借助网络得到很好的掩蔽，大部分网恋的人持有一种游戏的态度。很多网恋聚散匆匆，无果而终，而打着网恋的幌子进行犯罪行为的例子也层出不穷，给当事者造成心理、生理上的双重伤害。

（三）中小学生不良网络行为的原因分析

中小学生有强烈的好奇心，面临的困扰较多，既有学习和竞争带来的压力，也有身心巨变带来的适应问题，还有人际交往中经常出现的各种各样阻碍与困惑，他们对性普遍存在神秘感，希望获得更多的这方面的知识与信息。上网聊天、交友乃至网恋是中小学生获得理解和精神慰藉的一种途径。中小学生的心理不成熟、不稳定，社会阅历浅，意志力薄弱，经不起外界不良诱因的诱惑，缺乏判断是非的能力，因此对一些不健康的网站和游戏常常抱着好奇心，却往往沉溺其中，难以自拔。

此外，中小学生处于自我意识膨胀的时期，他们非常关注自己在群体中的评价、地位和作用，希望在学习和人际交往中能有主动控制感，而一旦在现实生活中遭遇挫折，他们会转而在网络中寻求自身的价值感，感到只有在网络中才是自信的、受人尊重的。

（四）中小学生网络行为问题的教育

1. 加强教育，提高中小学生辨别是非善恶的能力

网络信息并非都是有用的信息，其中有很多是垃圾信息。色情及暴力信息在网上畅通无阻地散播，无疑会引导中小学生的行为和动机趋向犯罪，而且不同文化价值观在网上的交织、冲突无疑会使中小学生丧失辨别是非善恶的标准和

能力,以至于走向非道德主义。因此,必须帮助中小学生树立正确的是非观、善恶观,并以高雅的文化、优秀的寓教于乐的信息引导中小学生远离色情暴力等不健康的信息,促其健康成长。

2. 积极引导中小学生正确认识自我,摆正自我位置

要教育中小学生认识到网上的自我满足、自我实现不是真实的自我满足及自我实现,应该帮助中小学生提高自我意识水平,帮助他们解决主观我与客观我、理想我与现实我的矛盾,促进中小学生自我同一性的确立,将他们从网络的虚拟世界中拉回到现实社会中来,把互联网真正理解成一种工具、一种补充,而不是逃避现实的避风港,使中小学生真正感受到自己的存在价值。

3. 引导中小学生积极参加社会实践

社会实践能力的缺乏导致中小学生通过网络来满足人际交往的需要,以解决心理困扰。应多鼓励中小学生参与社会实践,指导他们在实践中发展人际交往的技能和自我调控的能力,在遇到挫折、面对压力时能采取有效的行为方式来缓解心理困扰,发展良好的人际关系。在平时的教育活动中,应组织丰富多彩的业余活动,给中小学生提供展示自我的舞台,促进他们自我完善。

4. 建立家校协同监管机制,强化外在约束作用

中小学生的意志力还在发展之中,自我控制能力毕竟不够完善,这需要家校携手,共建监管机制。家长与学校可共同制定完备的中小学生网络行为准则,确定中小学生网络行为的具体标准,采取多种形式进行检查和评估,把遵守网络行为规范纳入学生行为测评当中,使学生通过外在评价自觉遵守网络行为准则,以外在约束力帮助学生形成良好的网络行为习惯。

参考文献

1. 张世富,周萍.心理学教学指导[M].北京:人民教育出版社,2004.

2. 皮连生.学与教的心理学[M].上海:华东师范大学出版社,1999.

3. 黄希庭.心理学[M].上海:上海教育出版社,1997.

4. 姚本先.心理学[M].北京:高等教育出版社,2009.

5. 蔡笑岳.心理学[M].北京:高等教育出版社,2007.

6. 高玉祥,程正方,郑日昌.心理学[M].北京:北京师范大学出版社,2009.

7. 全国十二所重点师范大学.心理学基础[M].北京:教育科学出版社,2008.

8. 彭聃龄.普通心理学[M].北京:北京师范大学出版社,2007.

9. 桂守才.基础心理学[M].北京:人民教育出版社,2007.

10. 章志光.心理学[M].北京:人民教育出版社,2002.

11. 叶奕乾.心理学[M].上海:华东师范大学出版社,1991.

12. 黄希庭.心理学导论[M].北京:人民教育出版社,2002.

13. 林振海,陈传锋.心理学[M].广州:广东高等教育出版社,2001.

14. 彭聃龄主编.普通心理学[M].北京:北京师范大学出版社,2001.

15. 陈家麟.当代心理学[M].南京:江苏人民出版社,2003.

16. [美]Dennis Coon.心理学导论——思想与行为的认识之路[M].北京:中国轻工业出版社,2004.

17. 卢家楣等.心理学—基础理论及其教育应用[M].上海:上海人民出版社,2004.

18. 曹日昌.普通心理学[M].北京:人民教育出版社,2004.

19. [美]Jerry M. Burger 等.人格心理学[M],北京:中国轻工业出版社,2000.

20. 闵卫国.教育心理学[M].昆明:云南人民出版社,2006.

21. 郑雪.人格心理学[M].广州:暨南大学出版社,2001.

22. 刘电芝.儿童发展与教育心理学[M].北京:人民教育出版社,2006.

23. 黄希庭.心理学与人生[M].广州:暨南大学出版社,2005.

24. 林崇德.发展心理学[M].北京:人民教育出版社,2009.

25. [美]R. J. 斯滕伯格.超越 IQ——人类智力的三元理论[M].上海:华东师大出版社,2000.

26. [美]理查德·格里格,菲利浦·津巴多.心理学与生活[M].王垒,王甦等,译.北京:人民邮电出版社,2005.

27. 艾森克.心理学——一条整合的途径(上下)[M].阎巩固译.上海:华东师大出版社, 2001.

28. [美]Alan Carr.积极心理学[M].郑雪等译校.北京:中国轻工业出版社, 2008.

29. Best.认知心理学[M]. 黄希庭主,译.北京:中国轻工业出版社,2000.

30. 刘爱伦.思维心理学[M].北京:人民教育出版社,2002.

31. 杨治良等.记忆心理学(第二版)[M].上海:华东师大出版社,1999.

32. 林崇德.学习与发展[M].北京:北京师大出版社,2002.

33. 申继亮等.当代儿童青少年心理学的进展[M].杭州:浙江教育出版社,1997.

34. 许政援等.儿童发展心理学[M].长春:吉林教育出版社,1992.

35. 朱莉娅·贝里曼,戴维·哈格里夫,凯文·霍维尔,伊莉莎白·奥克利福特.心理学与你[M]. 武跃国.武国城,译.钱铭怡,审校.北京:北京大学出版社,2000.

36. [英]茱莉亚.贝里曼.心理学与你[M].北京:北京大学出版社,2000.

37. 朱智贤.心理学大辞典[M].北京:北京师范大学出版社,1989.

38. 潘菽.教育心理学[M].北京:人民教育出版社,1980.

39. [苏联]彼得罗夫斯基.普通心理学(中译本)[M].北京:人民教育出版社,1981.

40. 张春兴.现代心理学[M].上海:上海人民出版社,1994.

41. 高明书.教师心理学[M].北京:人民教育出版社,1999.

42. 梁宁建.当代认知心理学[M].上海:上海教育出版社,2003.

43. 文萍.心理学理论与教育 [M].桂林:广西师范大学出版社,1999.

44. 吴庆林.教育心理学[M].北京:人民教育出版社,2001.

45. 叶奕乾.个性心理学[M],上海:华东师范大学出版社,2001.

46. [美]卡伦·达菲·伊斯特伍德,阿特沃特.心理学改变生活.张莹,丁云峰,扬洋,译.北京:世界图书出版公司北京公司,2006.

47. 莫雷.教育心理学[M].广州:广东高等教育出版社,2005.

48. 施良方.学习论 [M],北京:人民教育出版社,2001.

49. 王小明.学习心理学[M],北京:中国轻工业出版社,2009.

50. 金瑜.心理测量[M].上海:华东师范大学出版社,2001.

51. 叶弈乾,孔克勤.个性心理学[M].上海:华东师范大学出版社,1993.

52. 人民教育出版社师范教材中心组.心理学[M].北京:人民教育出版社,1999.